道路交通 3S + CRInSAR 防灾减灾网格监控研究

芮勇勤　黄晓燕　陈佳艺　陈明芳
杨侣珍　鲍晓军　李永斌　王玉标　编著

东北大学出版社
·沈 阳·

图书在版编目（CIP）数据

道路交通3S+CRInSAR防灾减灾网格监控研究 / 芮勇勤等编著. — 沈阳 ：东北大学出版社，2021.12
ISBN 978-7-5517-2881-2

Ⅰ. ①道… Ⅱ. ①芮… Ⅲ. ①公路运输—灾害防治—交通监控系统—教材 Ⅳ. ①U492.8

中国版本图书馆CIP数据核字（2021）第261731号

内 容 提 要

本书主要围绕交通道路工程防灾减灾关键技术方法、防灾减灾网格体系构建进行研究，并以依托工程进行实际应用，关键技术方法中重点对形变监测中3S+CRInSAR空间监测技术、空间数据挖掘技术进行了研究。利用CR-InSAR技术，选取同一地区不同时段SAR影像，进行雷达差分干涉测量和地面变形数据的提取研究。利用地统计学方法分析高速公路形变场的各向异性，将道路工程DEM和D-InSAR结果导入GIS平台进行空间数据挖掘，并探讨把网格这一新环境引入道路工程灾害预警与诊治系统构建，以网格技术支持将不同等级道路在各个建设时期的灾害综合评价系统整合为一体系，实现道路工程灾害预警与诊治体系中灾害预报、检测、评价、防护、治理等资源的全面共享。通过依托工程进行工程实际应用示例。本书既可以作为高校选修教材，也可以供相关领域工程技术人员自学参考。

出 版 者：东北大学出版社
地址：沈阳市和平区文化路三号巷11号　　邮编：110819
电话：024-83687331（市场部）　　83680267（社务办）
传真：024-83680180（市场部）　　83687332（社务办）
网址：http://www.neupress.com　　E-mail：neuph@neupress.com
印 刷 者：沈阳市第二市政建设工程公司印刷厂
发 行 者：东北大学出版社
幅面尺寸：185 mm×260 mm
印　　张：15.75
字　　数：403千字
出版时间：2021年12月第1版
印刷时间：2021年12月第1次印刷
责任编辑：李　佳
责任校对：潘佳宁
封面设计：潘正一
责任出版：唐敏志

ISBN 978-7-5517-2881-2　　定　价：55.00元

前 言

随着改革开放和经济建设的前进步伐，我国道路工程建设进入了高速发展时期。随着道路工程建设的加快，交通运输也随之进入了一个飞速发展的时期，不但交通流量显著增加，轴载质量也显著增大。重载车辆特别是大幅度超限车辆的日益增加，给道路工程带来了严峻考验。因此，亟需加强对道路工程的形变监测，建立交通道路工程灾害（包括地质灾害，路基、路面、桥梁、隧道病害以及由于病害产生的结构性破坏）预警与防治系统，保证道路工程在设计使用年限内的使用功能，更好服务于交通运输工程。

(1) 研究目的

3S+CRInSAR（指地理信息系统 GIS、遥感 RS、全球定位系统 GPS、人工角反射器 CR 点、合成孔径雷达干涉测量技术 CRInSAR）空间监测技术的发展，为变形监测技术注入了新鲜血液，为揭示交通道路工程变形发生的原因、发展规律以及趋势，解决交通道路工程大空间尺度下微小形变监测问题提供了新的方法和有效手段。同时，数据挖掘技术(SDM)的飞速发展为解决从大量数据中自动、快速、有效地提取隐含的模式和发现知识提供了新的契机，利用不断完善的数据挖掘技术，实现知识和有用模式的提取。网格技术的发展，为实现道路工程中灾害预警与诊治体系中灾害预报、检测、评价、防护、治理等资源的全面共享，形成具有按需服务能力的、强大的防灾减灾数据管理和信息集成处理能力的病害评价基础设施提供了相当的技术支持。

《道路交通 3S+CRInSAR 防灾减灾网格监控研究》一书通过道路工程、地理信息科学、空间信息科学、计算机科学等不同的学科和领域深入渗透和交叉，实现与道路研究相关学科之间的交叉和整合。本书开展的研究为解决道路工程相关研究问题提供一种新的思路和发展方向。

(2) 内容编排

《道路交通 3S+CRInSAR 防灾减灾网格监控研究》主要进行了交通道路工程防灾减灾关键技术方法、防灾减灾网格体系构建、依托工程实际应用示例研究，关键技术方法中重点对形变监测中 3S+CRInSAR 空间监测技术、空间数据挖掘技术进行了研究。全书共包括 9 章内容。

① 研究问题提出

第 1 章交通道路工程防灾减灾研究现状：针对交通道路工程防灾减灾工程目前存在的问题，以及前沿的 3S 空间监测技术基础、空间监测技术的发展状况，提出将 3S、CR-InSAR 新的空间监测技术运用到道路工程形变监测研究中，探讨运用数据挖掘技术(SDM)进行空间海量数据的挖掘。并通过对网格、网格技术的发展研究，提出将网格技术引入到交通道路工程灾害预警与防治系统构建中。

② 防灾减灾关键技术方法

第 2 章 3S+CRInSAR 形变监测及空间数据挖掘：主要进行了 3S+CRInSAR 形变监测空间数据处理与挖掘研究。利用 GIS 的内部空间数据挖掘模式，实现道路工程 DEM 地形信息的提取，挖掘地表坡度与高程之间的关系。为了提取在道路工程形变监测期间获取的大量的空间监测资料以及有用的基础资料中所隐含的有用模式和知识提供了方法。

第 3 章交通道路工程防灾减灾检测监测技术：主要进行了 3S+CRInSAR 空间监测技术的研究。介绍了 3S 空间监测技术基础，GPS、CR-InSAR 空间监测技术，用 GPS 与 InSAR 集成技术监测地表形变。新的空间技术的发展，为解决道路工程大区域小尺度高精度形变监测提供了新的方法，为道路工程灾害预警系统提供了可靠的技术与方法。

③ 防灾减灾网格体系构建

第 4 章道路交通防灾减灾 Grid 网格体系构建：主要介绍交通道路工程除 3S+CRInSAR 空间监测技术外的防灾减灾关键技术方法。防灾减灾关键技术方法，为防灾减灾体系构建提供强大的基础数据资料库，是防灾减灾体系的重要组成部分。由网格理念形成道路工程防灾减灾网格理念。运用网格、网格技术、网格体系结构的知识，探讨将网格这一新环境引入到道路工程灾害预警与诊治体系构建中。

④ 依托工程实际应用示例

第 5 章 3S+CRInSAR 与 SDM 融合网格技术应用：开展了道路工程防灾减灾网格及其技术的研究，详细构建了道路工程灾害综合评价技术体系。重点开展 3S+CRInSAR 监控技术——禹登高速公路、3S+CRInSAR 与 SDM 的地表形变演化——禹登高速公路、道路病害检测养护 GIS 管理系统研究。

第 6 章 3S+CRInSAR 道路灾害预警与交通流网格：详细建立道路工程运营期灾害预警与诊治系统分支、道路工程安全性预警 GIS 管理系统。重点进行 BeiDou 北斗卫星导航系统、CC 云计算的 3S+CRInSAR 网格技术、道路灾害预警国家网格构建、道路灾害预警省区网格体系——中南地区（湖南省）、3S+CRInSAR 的城市交通流控导——郑州市环城区研究。

第 7 章采空区路基路面变形破坏规律与控制：在采空区路基路面数值模拟分析和采动区路基路面工程稳定性分析的基础上，开展采空区“活化”路基路面工程实例分析和振西煤矿浸水路基路面变形研究。

第 8 章浅埋大跨径连拱隧道施工空间力学特性：建立了隧道施工过程数值模拟方法，根据依托工程概况，开展了大跨径连拱隧道明暗洞体、仰坡及路堑边坡稳定性分析和重载建筑物下大跨径连拱隧道施工过程空间力学效应分析研究。

最后，希望《道路交通 3S+CRInSAR 防灾减灾网格监控研究》一书，在交通道路工程的防灾减灾等方面，能给予广大读者启迪和帮助。

由于编者水平有限，加之时间仓促，书中难免有疏漏和错误，恳请读者不吝赐教。

编著者于虎苑

2021 年 8 月 18 日

目　录

第 1 章　交通道路工程防灾减灾研究现状

1.1　问题提出

随着进入 21 世纪，以及美丽中国城镇化建设深化改革与建设的快速发展，截至 2013 年，我国高速公路超过 10 万 km[1]。《交通运输“十二五”发展规划》到“十二五”末，国家的高速公路网将基本建成，高速公路总里程达到 10.8 万 km，届时将覆盖 90%以上的 20 万人以上城镇人口城市[2]。

尽管道路交通与铁道工程实现了快速发展，特别是高速公路与高速铁路的飞速建设，逐步适应快速增长的交通流量、载重质量。但由于道路与铁道工程勘察设计、施工建设过程不可避免的缺陷问题，以及各种致灾因素（车轮路面磨损、冲击、暴雨、日晒、冰雪、冻融等），使得道路与铁道工程结构物使用中出现病害与损害，如自身结构功能退化、寿命缩短，以至于严重中断交通，造成人员、财产损失。可见，加强对道路工程的形变监测，进行灾害预测、预警工作显得尤为重要。目前，交通道路工程变形监测研究尽管已经受到不同学科领域众多学者的重视，创造了多种理论和方法，但是对于实现大面积、高自动化、高精度的交通道路工程变形监测问题的研究还不够深入。如何选择适于交通道路工程这种特殊构筑物大空间尺度下微小形变监测技术、最优化的方法以达到精度要求等是目前面临的问题。另一方面，利用 GIS 强大的空间和属性数据库，能够快速存储道路工程连续形变监测中所获取的大量的图像数据和基础数据，但是空间分析技术的发展远远比不上数据库技术，面对海量的空间数据，如何从中提取有用的模式和知识，逐渐实现道路工程形变的监测自动化和智能化，改进变形监测的效率和形式，丰富变形监测的内容，以提高决策的科学性，却还是个难题。这使得道路工程变形监测出现一种尴尬局面：一方面我们能方便地获取各种现成的数据信息；另一方面由于空间数据的数量、大小和复杂性都在飞快地增长，已经远远超出了现有的分析和解译能力，我们却不能充分利用既有资料，从大量数据中自动、快速、有效地提取隐含的模式和发现知识进行全面高效监测。

此外，面临交通道路工程在设计、施工和运营时期可能发生的灾害（地质灾害，结构物病害以及由于病害产生的结构性破坏的统称），建立交通道路工程灾害监测预警预报与防治体系，采取切实可行的避让、预防、养护及治理措施，保证畅通安全，是值得研究的重要问题。

1.2　研究目的及意义

为了揭示交通道路工程变形发生的原因、发展规律以及趋势，必须利用新的技术手段进行全面监测。3S+CRInSAR 空间监测技术的发展，为形变监测技术注入了新鲜血液，为解决交通道路工程大空间尺度下微小形变监测问题提供了新的方法和有效手段。合成孔径雷达干涉测量技术（InSAR），是一种使用微波探测地表目标的主动式成像技术，SAR 图像分辨率高，每一分辨元的影像信息记录地表反射的能量大小和相位信号[3]。人工角反射器技术（CRInSAR）是在某些特定的形变监测区域或监测目标，通过对人为布设的一定数量尺寸、规格严格统一的并具有稳定散射特征的反射器的回波相位进行干涉测量，获得高精度的视线方向形变量。与传统测量技术相比，InSAR 具有成本低、精度高、全天时成像、覆盖范围大、能够获得大面积连续的变形信息等明显优势，在大范围地表变形监测中表现出巨大的应用潜力，可以更好地反映地表形变信息。特别是 CRInSAR 技术，可用于相关性很弱或失相关地区，能够实时形变监测应付突发事件，也可用于长期变形监测，监测范围不受限制，且精度高。辅以 GPS 技术进行道路工程变形监测，能保证测量精度控制在较高的范围内，通视、距离不受限制，劳动强度较小。此外，将 GPS、InSAR 数据进行融合将突破单一技术应用的局限，进一步提高监测精度和适用范围[4-6]。同时，数据挖掘技术（SDM）的飞速发展为解决从大量数据中自动、快速、有效地提取隐含的模式和发现知识提供了新的契机，利用不断完善的数据挖掘技术，实现知识和有用模式的提取。集预报、检测、评价、防护、治理等各项措施系统，构建交通道路工程灾害预警与防治体系，建立具有服务能力、病害数据和信息集成处理功能的评价基础设施。近年来，网格技术是新兴的一门信息新技术，可实现道路工程中基于病害与灾害预报、检测、评价、防护、治理等资源的全面共享的灾害预警与诊治体系构建。建立 GIS 技术支持的道路工程灾害综合评价系统，以网格技术支持的交通道路工程灾害预警与诊治体系的构建，实现交通道路工程在各个建设以及营运时期灾害综合评价系统整合为一个体系，形成如图 1-1 所示的基本构建模式，利于进行交通道路工程灾害评价、预报与防治工作，有利于提高我国当前快速发展的交通道路工程灾害评价预警与信息化的基础管理设施水平。

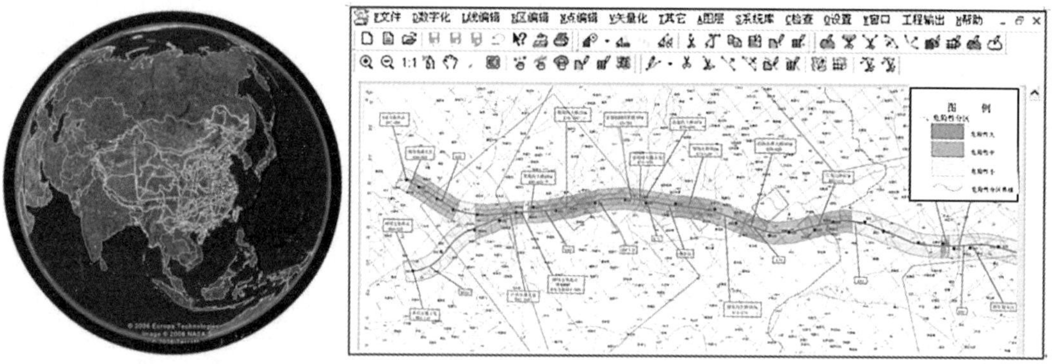

图 1-1　基于网格技术的道路工程防灾减灾体系

1.3　InSAR 技术

合成孔径雷达干涉技术（Interferometric Synthetic Aperture Radar，InSAR）出现于 20 世纪 60 年代末。InSAR 是 SAR 与射电天文学干涉测量技术结合的产物，利用传感器的系统参数和成像几何关系等精确测量地表某一点的三维空间位置及微小变化，该技术现已成为微波遥感领域的研究热点。重复轨道差分干涉测量技术（Differential InSAR，D-InSAR）是在 InSAR 的基础上发展起来的，它以合成孔径雷达复数据提供的相位信息为信息源，对两幅以上干涉图或对一幅干涉图加一幅地面数字高程模型（DEM）图进行再处理的一种技术，它可以有效地去掉地形、轨道基线距离等因素对相位的影响，使所要探测的信号更加清晰，精度更高，其精度已经达到了 mm 级。主要用于监测地表形变，它为快速、高精度监测大范围的地面形变（与地震、火山活动等有关）提供了新的途径，将成为对地观测技术中最具竞争力的手段之一[7-11]。作为一种新兴的地面形变研究方法，InSAR 技术在地面沉降监测方面发挥了愈来愈明显的作用，国内外已有诸多实例。1969 年，Roger 和 Ingalls 率先将 SAR 技术应用到了金星和月球表面的观测，利用雷达干涉测量成功地提取了月球表面的高程面。1974 年 Graham 利用机载合成孔径雷达数据获取了满足 1∶25 万地形图精度要求的高程数据；1985 年 JPL 开始研究利用机载侧视雷达估算高程；1986 年以 Zeber 为首等人利用机载侧视雷达进行地表观测的应用研究；1988 年 Goldstein 等人将机载图像处理的方法应用到 SEASAT 观测数据中来，开始了干涉合成孔径雷达的研究。

目前，可提供干涉测量数据源的星载 InSAR 系统有日本的地球资源卫星 JERS-1，美国的"航天飞机成像雷达飞行任务"SIR-C/X-SAR，加拿大的资源调查卫星 RADARSAT-1 和欧洲空间局的环境卫星 ENVISAT、ERS-1 和 ERS-2 等，如图 1-2 所示。其中，以欧空局和美国的系统影响最大，保持了对地观测数据的持续性和稳定性，对 InSAR 重复轨道干涉测量的研究也具有重大的意义[12-14]。

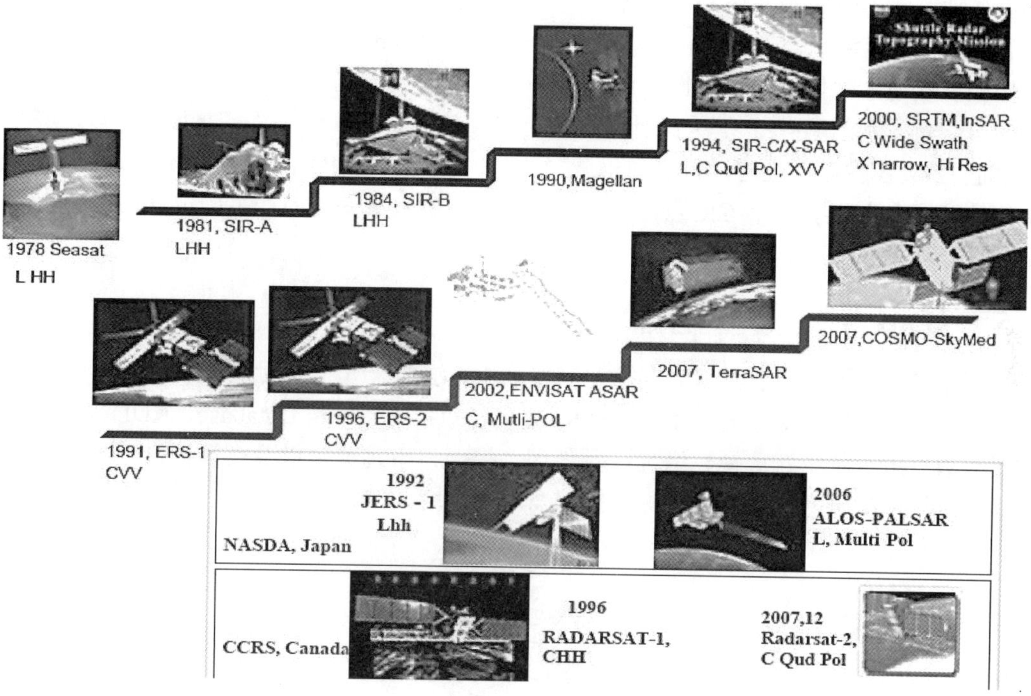

图 1-2　星载 InSAR 系统

从 20 世纪 90 年代中后期以后，InSAR 技术已经从纯理论研究进入实用研究，特别是 D-InSAR 技术逐渐成熟，应用领域不断扩展。1996 年 Carnec 等利用了 D-InSAR 观测地下煤矿开采造成的地面沉降；1997 年 Biegert 等应用不同卫星在美国加利福尼亚州 Belridge 和 Lost 山油田 D-InSAR 数据对该区的地面沉降进行了研究；1999 年 Wegmuller 等利用 ERS 数据监测意大利 Bologna 城的沉降情况；2000 年日本的 Nakagwa 等人利用 JERS-1L 波段 SAR 研究 Kanta 北部平原的地面沉降。

同年，英国的 BNSC ADP2 计划也开展此项研究任务，Mark Haynes 等人与英国国家空间中心利用 ERS-1/2 SAR 数据研究了 Grevena 地区近 3 年的地面沉降。我国对 InSAR 这一新技术的研究仍处于起步阶段，2000 年，李德仁院士等利用 SAR 数据，对天津市地面沉降进行研究。2001 年，刘国祥等用 D-InSAR 技术研究在近海回填地基上建立香港赤腊角机场的稳定性。2002 年，单新建等利用西藏那曲地区玛尼乡的六景 ERS-1/2 数据成功地获取了玛尼地区同震形变场，并对形变特征和震源构造进行了分析。2006 年唐山市利用 1997 年至 2006 年期间的 ENVISAT 数据监测唐山市地面沉降情况，取得了相当可喜的成果[15-18]。

总而言之，全世界已经越来越关注合成孔径干涉雷达测量技术在监测地表形变的应用，各种基于 D-InSAR 的试验和研究也在各国如火如荼地展开，InSAR 技术在不久的将来会成为最好的监测地表形变的方法之一。

1.4 CRInSAR 技术工程应用

CRInSAR 技术有着 PS 技术所有优点，因为 CR 点可以视为人造的标准最佳 PS 点[19]。这些角反射器 CR 的后向反射强度远远大于周围的参照物，在 SAR 图像上会呈现出一个个明显的亮点。由于这些 CR 点对雷达波反射很强，经过几年的时间后，它们仍然保持着很高的相干性，这有利于对研究区域进行长时间序列的持续监测。

1998 年，Haynes 等人在希腊开始的 SNAP 计划用 CR 技术监测了取科林斯湾和克利特岛两条地震活动带。2006 年，Timmen 等人利用 CR 技术对德国的图林根州维斯马特矿区进行微形变的监测，与 GPS 的数据做比较，精度达到 5 mm。2001 年，德国的夏耶博士在我国的三峡地区的长江沿岸布设了 10 个 CR 点，监测出人为的对 CR 点 1 cm 的上下移动。2003 年，意大利的 Ferretti 等人设计了一个可以精确设定水平和高程变形的 CR 点，并对此 CR 的一系列图像做了处理，得出了很好结果[20-22]。2004 年，NPA 团队在伦敦西部 Wraysbury 水库的护堤上安装了 7 个 CR 点，监测水库堤岸因蓄水量变化而产生的位移，在去除大气影响后得到了 mm 级的变形精度。

1.5 SDM 空间数据挖掘

近年来，国内外关于空间数据挖掘的理论和方法的研究十分活跃。1989 年 8 月于美国首次出现了从数据库中发现知识[23-29]（Knowledge Discovery in Database，KDD），KDD 是通过对数据进行收集、选择、清理、预处理、挖掘、模式选择以及解译评价等，最终得到知识的过程，构筑为空间数据挖掘和知识发现金字塔，如图 1-3 所示。

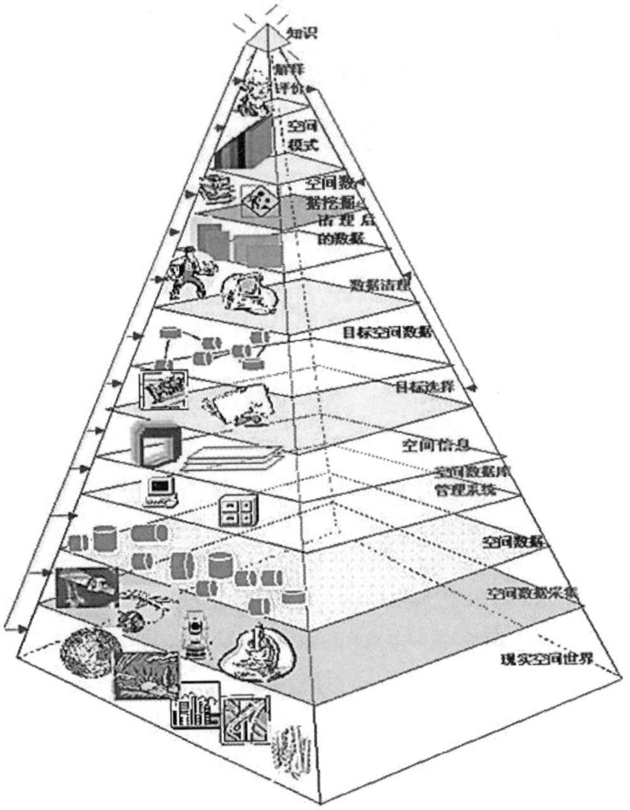

图 1-3　空间数据挖掘和知识发现金字塔

1994 年李德仁院士首次提出了从 GIS 数据库中发现知识——KDG（Knowledge Discovery from GIS）——的概念[30]。目前，空间数据挖掘技术已成为最热门的话题。加拿大西蒙·弗雷泽大学计算机科学系 Han Jiawei 教授领导的小组，在 MapInfo 平台上建立了空间数据挖掘的原型系统。Murra Y.和 Estivill Castro 回顾了探测性空间数据分析的聚类发现技术，分析了基于统计学、数据挖掘和地理信息系统的空间模式识别和知识发现方法。Koperski，Adhikary 和 Han 总结了空间数据挖掘的发展，认为数据挖掘已经从关系数据库和交易数据库扩展到空间数据库。中国地质大学开发的系统 MORPAS 也是对空间数据挖掘的一个尝试，取得了一定的成果[31-32]。将空间数据挖掘工具与 GIS 紧密集成可以充分利用 GIS 存储、管理空间数据的功能[33]，同时使得 GIS 中的有限数据变成无限的知识，使 GIS 成为智能的信息系统，对于有效地处理海量空间数据、提高空间分析的自动化和智能化水平、为全球变化和区域可持续发展提供有力的分析工具具有重要的意义。

因此，利用高速公路 GIS 空间数据库，深入研究公路 DEM 与空间变形监测数据的数据挖掘理论与方法，并应用于高速公路现代化建设与变形监测研究，将成为公路工程、地理信息系统与数据挖掘领域的新兴课题和研究热点。

1.6　Grid 网格技术研究与应用

(1) 网格

美国 Globus 项目人 Ian Foster 在《网格的剖析》中谈道[34-35]：“网格是以互联网为基础的新兴技术，互联网提供电子邮件、网页浏览等功能，而网格是在动态变化的多个虚拟机构间共享计算、存储及其他资源，协同解决问题。”网格将互联网、计算机、数据库、传感器、远程设备等融为一体，提供丰富的资源、功能和服务。

李国杰院士谈道[36]：“网格是继传统因特网、万维网之后的第三代因特网应用，在继传统因特网实现计算机硬件联通、万维网实现网页联通基础上，尝试实现互联网上计算、存储、通信、软件、信息、知识资源的全面联通，最终实现网络虚拟环境上资源共享和协同工作，消除信息、资源孤岛。”网格的共享、协作理念如图 1-4 所示。

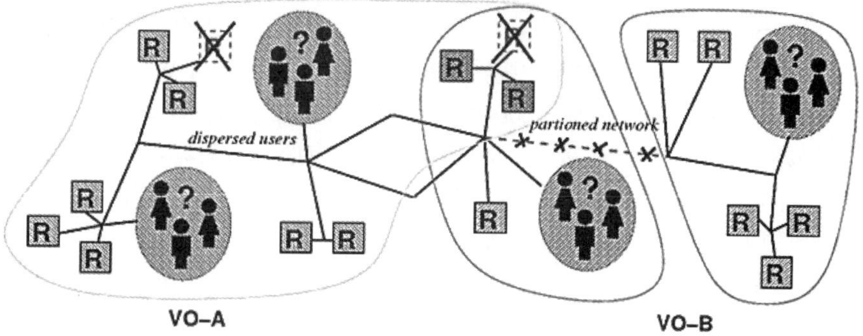

图 1-4　网格的共享、协作理念

“网格”英文“Grid”，这个“Grid”取自“Power Grid”，与“格子”没有关系。而“Power Grid”就是电力网（格），网格是借鉴电力网（Electric Power Grid）概念提出的。电力网与网格组成对比如图 1-5 所示[12]。李三立院士将网格与宽带网络进行比较[37]：“信息高速公路（宽带网络）是信息传输和获取的信息基础设施，先进计算基础设施（即网格）则是信息处理的信息基础设施，互联网实现网格化之后，人们像用电一样按照自己的需求享受超级服务，根本不需要知道服务商提供者”。

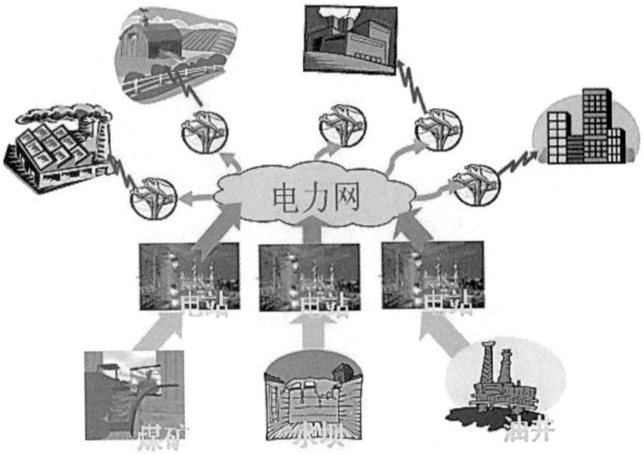

(a) 电力网构成示意图

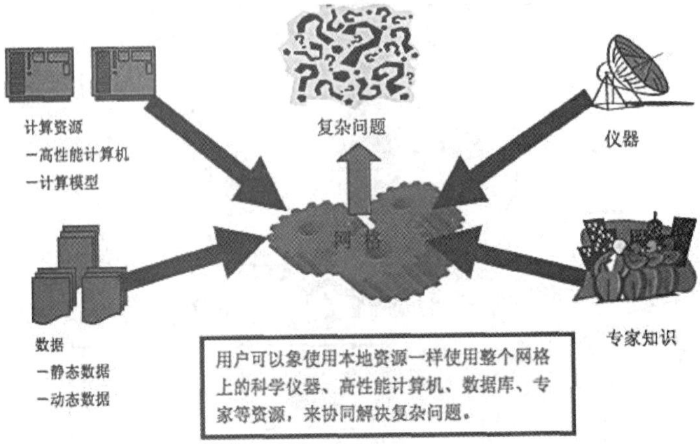

(b) 网格组成示意图

图 1-5 电力网与网格构成示意对比图

(2) 网格发展与应用

网格发展经过了以千兆网的测试床、元计算实验为主的萌芽阶段（20 世纪 90 年代早期）；早期实验阶段（20 世纪 90 年代中期到末期）：如 1995 年的 I-WAY 项目[38]、学术性软件项目及应用实验；迅速发展阶段（2002 年至今）：出现大量网格计算项目，工业界也对此技术产生了兴趣。目前国内外主要从标准开发与制订方面开展研究，其应用获得了极大扩展，除计算网格，还出现了数据、仪器、虚拟现实、服务、信息及知识网格等，网格应用可解决更复杂的问题，为科研、社会、经济发展服务。

网格应用主要有[37]：

① 分布式超级计算：用高速网络将不同地点的超级计算机连接起来，并用网格中间件软件"黏合"起来，形成强大的计算平台。比如军事仿真项目（SF Express），是在分布式环境中分解运行军事仿真任务，利用 Globus Toolkit 动态管理功能进行场景分发、资源配置与管理、信息及日志服务、监视等。数字相对论是第二个引人关注的应用，是在利用网格求解爱因斯坦相对论方程后，再进行天体运动规律的模拟研究，如图 1-6 所示。

② 分布式仪器系统：网格将分布在各地的贵重仪器系统变成易于管理、弹性系统，方便用户使用，提高仪器利用率。代表性项目如美国能源部支持的 Xport 项目，能提供远程仪器使用规划、操作，数据获取、筛选及分析等功能。

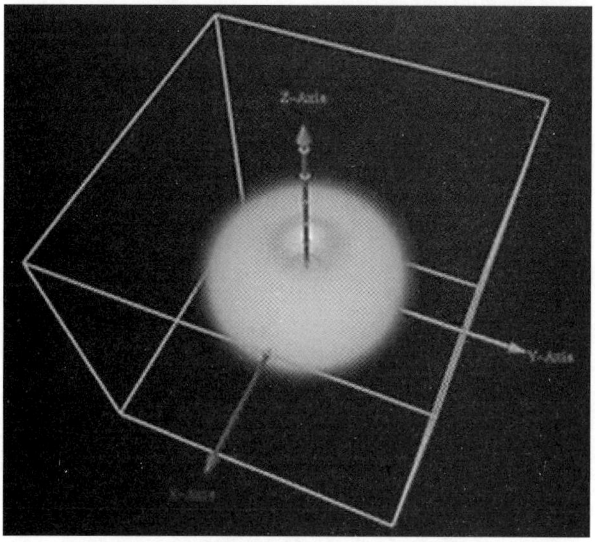

图 1-6　分布式超级计算——数字相对论

③ 数据密集型计算：侧重于数据存贮、传输和处理功能的数据网格。代表性项目如数据网格 DataGrid 项目，由欧洲原子能研究机构 CERN 开展。

④ 远程沉浸：特殊的网络化虚拟现实环境，可以随意漫游、相互沟通、与虚拟环境交互改变等。扩展形成的“人/机/人协作”模式，提供协同环境，集成数据库实时访问、数据挖掘、高性能计算等。

⑤ 信息集成：信息网格是通过统一的信息交换架构和大量中间件，向用户提供“信息随手可得”式的服务，如图 1-7 所示。

图 1-7　信息集成——信息随手可得

网格信息集成能无缝融合和沟通分布在世界各地的应用程序和各种信息，形成新的商业机会。

(3) 网格技术的发展

网格概念是由实际应用中的、具体的网格问题驱动的，为解决这些网格问题而出现的技术就是网格技术，网格技术是推动网格前进的主要力量。网格技术从其所处的不同层次进行划分，分别是网格应用、网格编程、网格核心管理及网格底层支持技术[37]，层次关系如图 1-8 所示。

图 1-8　网格技术层次划分

学术界和企业界历经十多年的研究和开发，网格技术开始成型，发展过程分为自定义方案、Globus 工具集、开放式网格服务体系结构、受管理的共享虚拟系统[39-41]四个阶段，如图 1-9 所示。

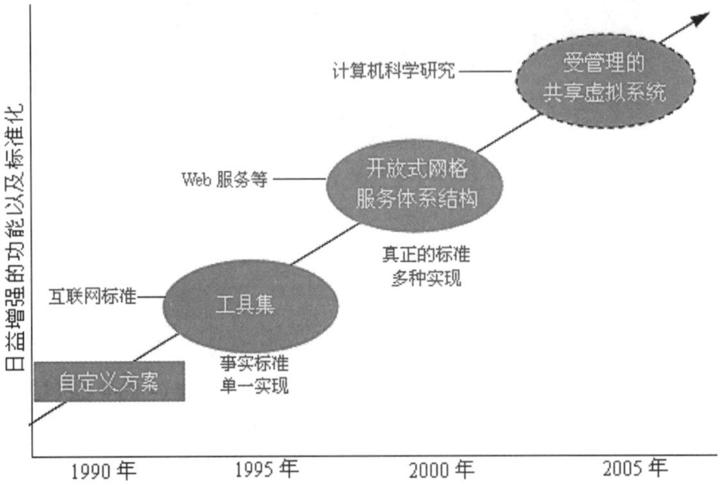

图 1-9　网格技术的发展

Grid World China 2005 会刊上一段话引人深思："未来网格对人类生活的影响一定是革命性的，现在的你如果还不知道什么是网格，那你就会像十年前不知道因特网的人一样只能永远跟在网络后面寻找自己的机会。"走开放标准路线、多技术融合、构建网格操作系统、形成信息综合服务商、服务网格是重要产品方向，将是未来网格技术的发展趋势。

(4) 网格技术国外应用研究现状

网格的应用为网格技术发展提供了实验和实践条件，网格技术发展日益完善，应用领域和范围广泛。美国、欧洲、英国、荷兰等国家在网格技术的研究上有很大进展。

① 美国 NPACI、IPG、ASCI、GIG、NEES Gird[42-47]。NPACI（National Partnership for Advanced Computational Infrastructure）是美国自然科学基金资助的 PACI 项目的重要部分，通过收集数据（试验或是数字图书馆）、分析数据（运行计算网格模型）、共享数据（Web）、发布结果（数字图书馆）方式运作。NPACI Grid 由分布在网格站点的硬件、软件、网络、数据资源构成；IPG（Information Power Grid）是美国 NASA（National Aeronautics and Space Administration）构造的网格计算实验，通过网络将 NASA 分布资源连接起来，解决计算与数据管理等问题；ASCI（Accelerated Strategic Computing Initiative）是主要用于军事目的的高性能计算发展计划，通过计算模拟进行核武器全方位研究，由美国能源部和三个国家重点实验室共同承担；GIG（Global Information Grid）是美国军方全球信息网格，是其 2010 网络中心战计划的基础性研究项目，在于建立以商业技术为基础、分布式运行与传送系统；NEES Gird 是美国地震工程网格，将计算网格与研究工程地震的大型科学实验设备结合在

一起，进行远程沉浸、操作实验，共享网格中的数据、计算资源，协同制订实验计划、实施、分析和发布等。

② 欧洲数据网格（Data Grid）。目标是建立提供超强计算能力、更大尺度数据库共享的计算基础设施，负载调度、网格监控，进行数据、构造层、海量存储管理，数量级从数百 TB 级到 PB 级[48]，欧洲数据网格如图 1-10 所示。

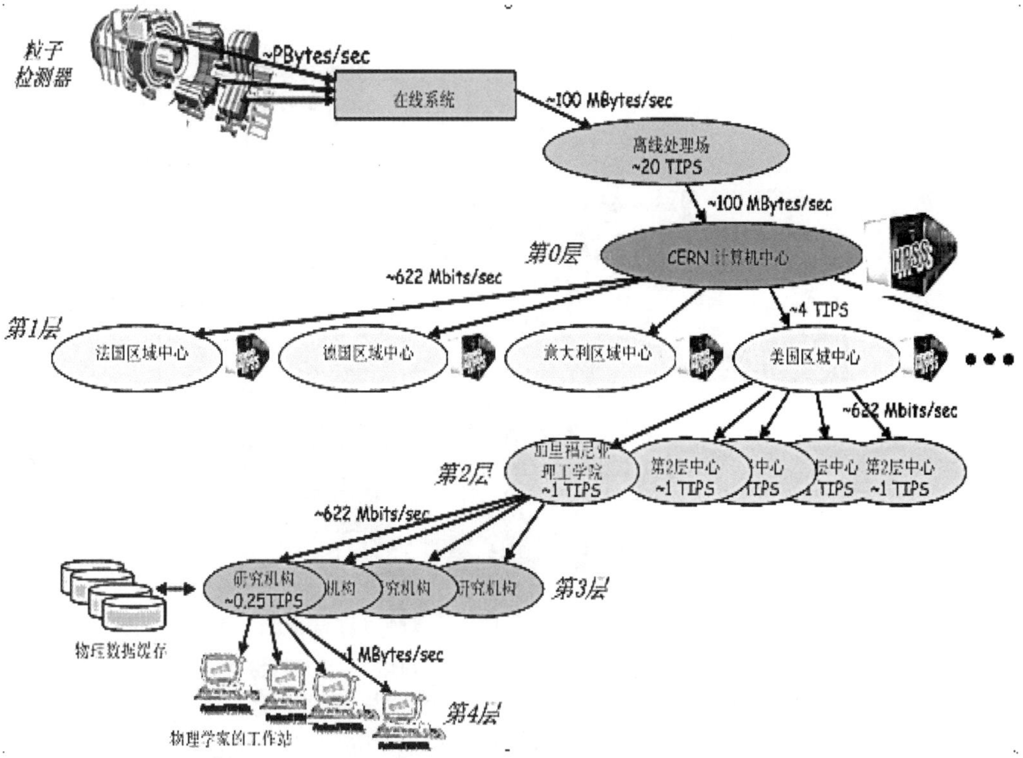

图 1-10　欧洲数据网格

③ 英国政府研制英国国家网格（UK National Grid）；法国投入 1000 万美元（前 3 a）启动国家网格计划；荷兰国家网格计算计划主要使大学研究人员在生物信息、粒子物理科研项目合作。

④ 网格论坛。有欧洲网格论坛[49]、全球网格论坛 GGF（Global Grid Forum）[50]。

⑤ 网格建设。NCSA 建造了 NTAN（National Technology Grid），后出现 STARTAP（Science Technology And Research Transit Access Point）[51]，将扩展为连接全世界的网格 Igrid（International Grid）[52]。

(5) 网格技术国内应用研究现状

① 中国国家网格（China Grid，CNGird）[53-54]。主要项目是由中国科学院牵头的“国家高性能计算环境”，支持科学与工程计算、网络信息服务和数据库应用，具有资源共享、协同工作的能力，长期目标是提高计算网格系统的性能、可扩展性及可用性，将高性能计算服务送到科教、企业、政府等用户上，目前包括北京、南京、上海、合肥、长沙、武汉、成都、西安等试验点，如图 1-11 所示。

② 中国教育网格（CerGrid）[55]。重要项目是“先进计算基础设施北京上海试点工程”[57]，其目的是为实现跨学科、跨地域合作、人才培养，建立主要为教育系统各单位提供资源共享的科研、教育、培训等计算基础设施。

(6) 网格体系结构研究现状

网格之父 Ian Foster 将网格体系结构定义为："划分系统基本组件，指定系统组件的目的与功能，说明组件之间如何相互作用的技术"[56]，定义强调组件与组件之间的相互作用。网格体系结构就是关于如何建造网格的技术，给出网格的基本组成与功能，描述网格各组成部分的关系以及它们集成的方式或方法，刻画支持网格有效运转的机制，即说明各个部分如何集成为一个整体，通过何种机制实现整体的功能[57]。

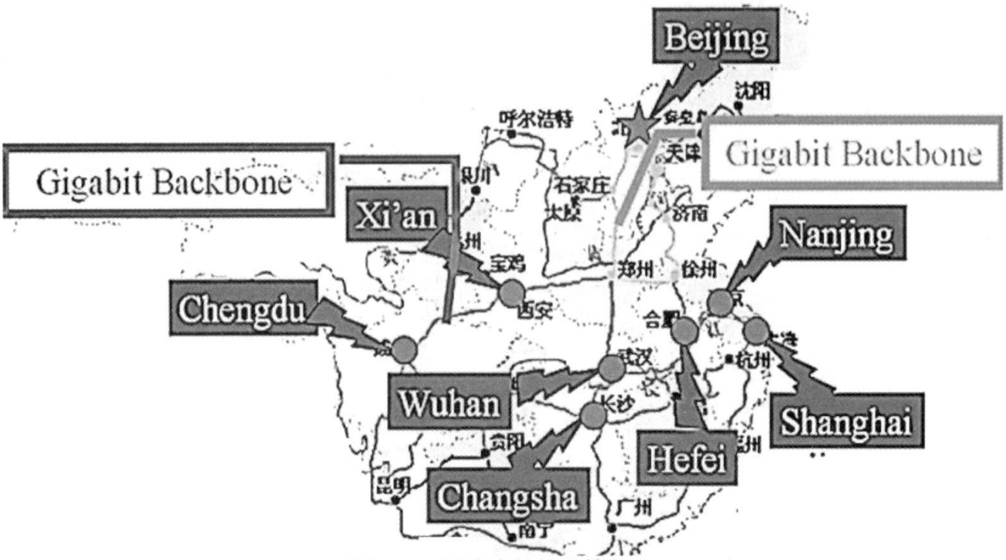

图 1-11　国家高性能计算网格

(《网格计算技术发展现状及趋势》，肖侬，国防科大)

网格的体系结构贯穿着"分""合"两条主线，是"分"与"合"的统一体。"分"的作用是网格体系结构能够标识出网格的基本组成部分，清楚地说明网格整体是由哪些关键部分结合在一起形成的，对各个部分的功能、目的、特点等进行清晰的描述，使人们能够了解各个组成部分的作用；在"分"的基础上，进一步描述"合"的功能，其作用按照一定的方式进行组织、集成这些部分，形成一个具有特定功能的整体对外提供服务。根据分代的方法说明网格计算体系结构的发展路线如图 1-12 所示[40]。

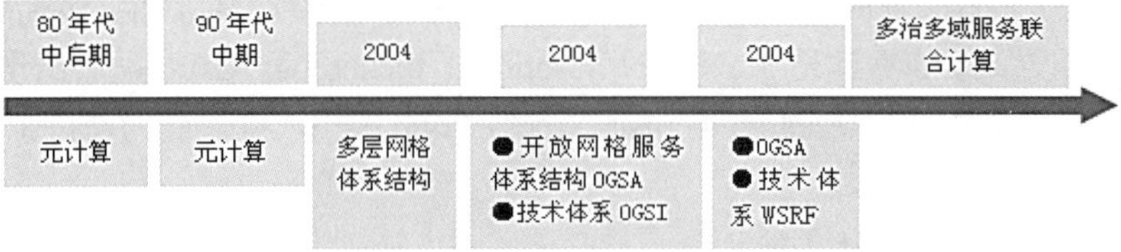

图 1-12　网格计算体系结构发展路线图

到目前为止，比较重要的网格体系结构有两个：一个是 Foster 等在早些时候提出的五层沙漏结构；另一个是在以 IBM 为代表的工业界的影响下，在考虑到 Web 技术的发展与影响，Foster 等结合 Web Service 提出的开放网格服务结构 OGSA[58]。

① 五层沙漏结构[59]是以"协议"为中心的"协议结构"，其结构简单，结构模型如图 1-13 所示。

② 开放网格服务体系结构（Open Grid Services Architecture，OGSA）。OGSA 是继五层沙漏结构之后最重要、最新的网格体系结构[60-62]，是一个由节点和连线构成的框架，该框

架的节点是网格服务（即维持和管理网格体系），而网格服务之间的连线是网格服务相互交流时所用的语言，OGSA 目的是将 Globus 的功能融合到 Web Service 这个框架中。与五层沙漏体系结构相比，OGSA 是根据现有的 Globus 工具包的经验发展起来的四层模型[63]，如图 1-14 所示。从上往下依次是用户应用层、集群服务（目录处理、诊断和监测）、资源和连接协议（服务器、网络连接）、构造层（网络上的所有设备、存储、计算机、连接、传感器等），网格的核心是集群服务、资源和连接协议层。

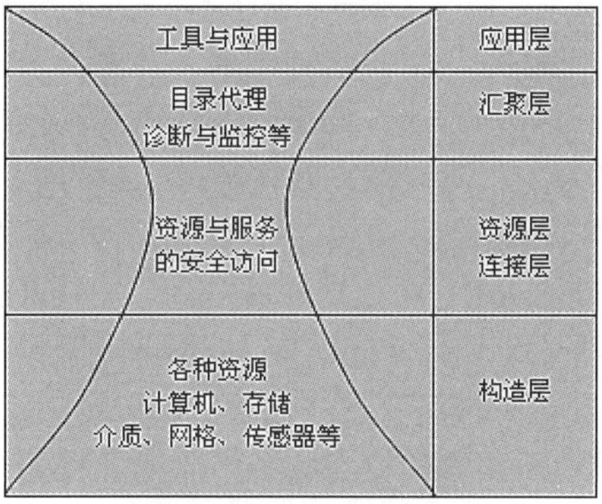

图 1-13　五层沙漏结构

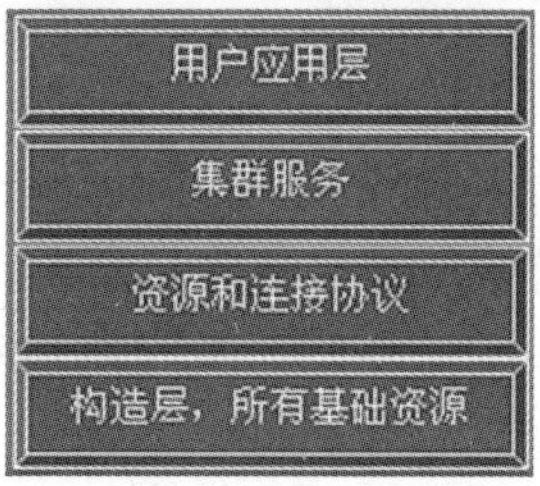

图 1-14　OGSA 的四层模型

1.7　3S+CRInSAR 与 Grid 技术应用道路交通研究启示

交通道路工程网格技术体系在灾害预警系统研究启示如下：

① 运用前沿的 GIS，GPS，RS，InSAR，CR-InSAR 空间监测技术进行大面积的地表沉降变形的研究非常多，但将其应用到交通道路工程这种特殊的条带区域，在大区域小尺度高精度形变场中的形变监测中尝试引用 3S+CRInSAR 空间监测技术，并应用 SDM 技术提取条带形变数据，解决道路工程灾害预警中灾害形变数据的监测与提取基础工作。

② 交通道路工程防灾减灾工作包括灾害的预报、检测、评价、防护、治理等各项措施系统，所用到的基础设施种类多，灾害预警与防治工作资源量大，Grid 网格技术能够整合海量、分布的各种灾害数据资源，实现全面共享，为解决目前海量灾害数据资源应用和测报中的问题提供了有效可行的技术途径。

③ 针对已有研究者对网格技术在灾害预警工作中的应用做了探索，如“基于网格技术的虚拟地震会商系统研究”[64]，针对传统地震会商特别是应急会商，存在信息利用不充分、专家知识集成效率低等问题，引进网格技术建立虚拟地震会商平台的研究；“自然灾害测报网格及其实现的关键技术研究”[65]，对自然灾害测报网格概念、研究内容及框架体系进行了初步探讨等；启发了开展基于网格思想的道路工程灾害预警与诊治体系的研究，构建道路灾害预警网格。从所查阅的文献资料来看，基于网格思想的道路工程灾害预警与诊治体系的研究还尚未见到。

1.8 主要研究内容

《道路交通 3S+CRInSAR 防灾减灾网格监控技术》主要开展了交通道路工程防灾减灾关键技术方法、防灾减灾网格体系构建、依托工程实际应用示例的研究，关键技术方法中重点对形变监测中 3S+CRInSAR 空间监测技术、空间数据挖掘技术进行了研究。具体研究内容包括：

① 通过查阅相关文献资料，结合工程应用实例，系统总结道路工程病害与灾害调查方法、现场检测技术、常规监测技术、空间监测技术、室内土工试验方法、室内模型试验模拟分析方法、计算机数值模拟分析方法、处治措施、预测预报技术等，形成道路工程防灾减灾关键技术方法，建立道路工程防灾减灾网格虚拟平台的丰富基础数据资源库。

② 道路工程防灾减灾关键技术方法中，特别分析前沿的 3S 空间监测技术、3S+CRInSAR 空间监测技术、SDM 空间数据挖掘技术、3S+CRInSAR 形变场空间分析方法的理论，结合依托工程开展了 3S+CRInSAR 技术应用于禹州至登封高速公路监控、3S+CRInSAR 与 SDM 技术应用于道路变形演化。

◎在系统分析现代空间监测技术的特点与应用研究现状的基础上，结合禹登高速公路 InSAR 变形监测工程实例，利用二轨法提取该区域的地表形变信息，通过 GPS 三维定位资料来约束 InSAR 的变形模型，进而研究提高几何定位的精度、减小大气传输误差和卫星轨道误差对 InSAR 影像数据影响的方法。

◎开展公路 D-InSAR 条带形变信息挖掘方法的研究，提出一种适合公路条带 LAMBDA 稀疏相位解缠方法，从而有效地解决常规解缠方法带来的误差问题。

◎根据 D-InSAR 变形监测结果，将各时间段的雷达差分干涉测量的结果形成变形时间序列，研究禹登高速公路变形规律和变形发展趋势。

◎基于高速公路 GIS 信息平台，利用 GIS 的内部空间数据挖掘模式，提取高速公路 DEM 地形信息，揭示高速公路的地形特征和分布规律。

◎研究地质统计学的高速公路形变场各向异性分析方法，选择基于变异函数的适合形变场分析的最佳拟合模型，实例分析高速公路形变场的各向异性与分布规律，从而解决高速公路空间变形演化和安全运营问题。

③ 探讨把网格这一新环境引入到道路工程灾害预警与诊治系统构建中，研究构建道路工程防灾减灾网格体系结构，详细建立不同等级道路在各个时期的灾害综合评价系统，共用网格虚拟平台上的资源。

◎通过查阅大量国内外网格、网格技术、网格体系结构的相关文献资料，初步形成道路工程防灾减灾网格理念；并结合道路工程自身结构组成特点，以及道路工程灾害特征，构建道路工程防灾减灾网格结构体系。

◎共享网格虚拟平台上的道路工程防灾减灾关键技术方法资源，以 GIS 技术支持，详细建立各等级道路在不同建设时期的病害与灾害综合评价系统，形成道路工程防灾减灾网格体系。

◎建立依托工程病害检测与养护 GIS 管理系统应用；进行中南地区（湖南省）道路灾害预警网格体系构建与示例；通过研究 3S 与城市交通流控制导航的关系，分析郑州市环城区道路网关键节点交通状况，进行环城区道路交通流评价，进行依托工程 3S+CRInSAR 城市交通流控导。

◎对依托工程运用 FLAC^{3D} 数值分析软件进行路面数值模拟分析，同时进行比例模拟模型试验分析，将分析结果与现场监测结果进行对比，分析采空区路基路面变形破坏规律，提出对应的处治措施。

◎对依托工程运用 Midas/GTS 数值分析软件开展重载、建筑物下大跨径连拱隧道施工过程空间力学效应分析和岩体质量弱化对隧道施工过程空间力学效应影响分析，认证了监控量测数据，优化施工方案。

1.9　研究技术路线

通过系统归纳总结形成道路工程防灾减灾关键技术方法，建立道路工程防灾减灾网格虚拟平台的丰富基础数据资源库，特别分析前沿的 3S 空间监测技术、3S+CRInSAR 空间监测技术、SDM 空间数据挖掘技术、3S+CRInSAR 形变场空间分析方法的理论。同时，以网格、网格技术、网格体系结构的相关知识，构建道路工程防灾减灾网格结构，共享虚拟网格平台上的防灾减灾关键技术方法基础数据资源，以 GIS 技术支持，详细建立各等级道路在不同建设时期的道路工程灾害综合评价系统，形成道路工程防灾减灾网格技术体系。

结合依托工程开展了 3S+CRInSAR 技术应用于禹州至登封高速公路监控、3S+CRInSAR 与 SDM 技术应用于道路变形演化。建立依托工程病害检测与养护 GIS 管理系统应用；进行中南地区（湖南省）道路灾害预警网格体系构建与示例；进行依托工程 3S+CRInSAR 城市交通流控导示例；进行依托工程。本研究技术路线见图 1-15。

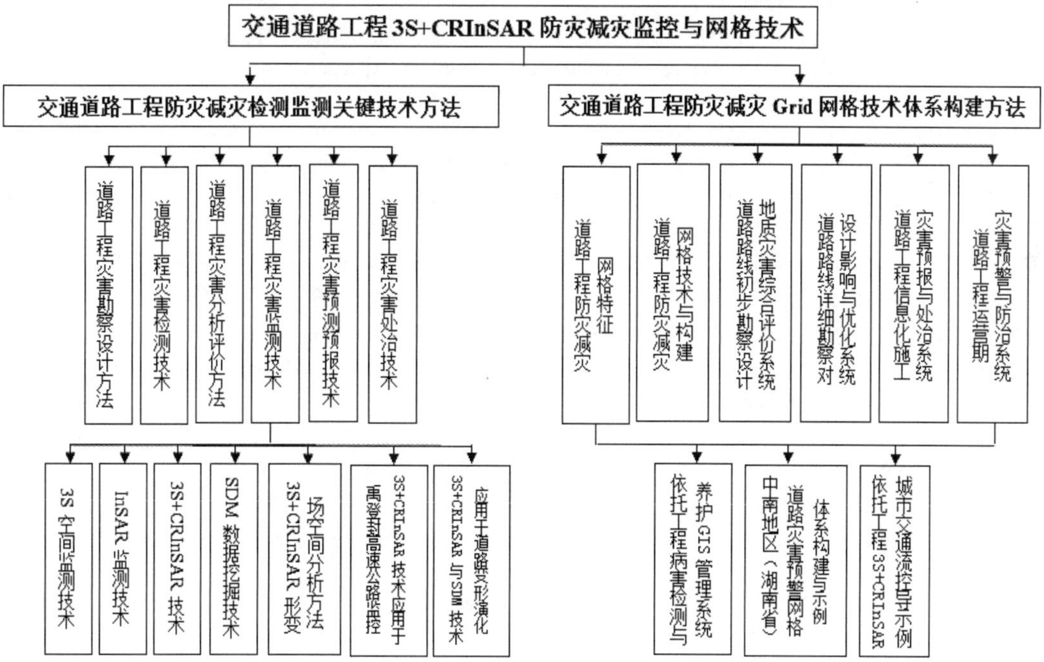

图 1-15　研究技术路线

1.10　研究创新点

① 引用前沿的 3S+CRInSAR 空间监测技术，在大区域小尺度高精度形变场中进行形变监测，并应用 SDM 技术提取道路工程路面、红线范围内的地表条带形变数据，解决道路工程灾害预警中灾害形变数据的监测与提取基础工作。

② 将网格这一新环境引入到道路工程灾害预警与诊治系统构建中，研究构建道路工程防灾减灾网格体系结构，详细建立不同等级道路在各个时期的灾害综合评价系统，共用网格虚拟平台上的资源。

主要参考文献

[1] 国家高速公路网规划[EB/OL]. http://news. xinhuanet.com/ziliao/2009-12/28/content_12717997.

[2] 2012—2016 年中国高速公路行业投资分析及前景预测报告[EB/OL]. http://www.ocn.com.cn/reports/2006099gaosugonglu.

[3] 成英燕，贾有良，党亚民. 用 InSAR 技术进行形变监测的研究[J]. 测绘科学, 2006, 31(3): 56-58.

[4] 焦明连，蒋廷臣. GPS-InSAR 数据融合用于地表形变监测的研究[J]. 海洋测绘, 2008, 28(4): 8-10.

[5] 范青松，汤翠莲，陈于，等. GPS 与 InSAR 技术在滑坡监测中的应用研究[J]. 测绘科学, 2006, 21(5): 60-62.

[6] 独知行，阳凡林，刘国林，等. GPS 与 InSAR 数据融合在矿山开采沉陷形变监测中的应用探讨[J]. 测绘科学, 2007, 32(1): 55-57.

[7] 孔祥生，苗放，刘鸿福. 采用遥感技术监测煤炭开采沉陷灾害的应用及前景展望[J]. 地球科学进展, 2004, 19: 242-244.

[8] 贾有良，成英燕，党亚民，等. 差分干涉测量技术用于城市地面沉降监测[J]. 测绘科学, 2006: 30-37.

[9] 吴立新，高均海，葛大庆，等. 基于 D-InSAR 的煤矿区开采沉陷遥感监测技术分析[J]. 地理与地理信息科学, 2004, 20(2): 22-25.

[10] CHATTERJEE R S, ENEDICTE FRUNEAU B, RUDANT J P. Subsidence of Kolkata (Calcutta) City India during the 1990s as observed from space by Differential Synthetic Aperture Radar Interferometry (D-InSAR) technique[J]. Remote Sensing of Environment, 1990, 102: 176-185.

[11] CHANG Z Q, GONG H L, ZHANG J F. A feasible approach for mproving accuracy of ground deformation Measured by D-InSAR[J]. Journal of China University of Mining & Technology, 2007, 17(2): 262-266.

[12] 姜岩，高均海. 合成孔径雷达干涉测量技术在矿山开采地表沉陷监测中的应用[J]. 矿山测量, 2003, 1: 5-7.

[13] 晏明星. 雷达差分干涉测量在唐山市地面沉降监测中的应用研究[D]. 成都：成都理工大学, 2008.

[14] 谌华. CRInSAR 大气校正模型研究及其初步应用[D]. 北京：中国地震局地质研究所, 2006.

[15] 黄玉琴. 基于 SAR 图像的城市形态时空变化的研究[D]. 北京：中国科学院遥感应用研究所, 2006.

[16] TUPIN F, ROUX M. Detection of building outlines based on the fusion of SAR and optical features[J]. Journal of Photogrammetry & Remote Sensing, 2003, 58: 71-82.

[17] 陈强. 基于永久散射体雷达差分干涉探测区域地表形变的研究[D]. 成都：西南交通大学, 2006.

[18] 胡俊. InSAR 监测地表三维形变的研究[D]. 长沙：中南大学, 2008.

[19] 向荣. CRInSAR 大气校正及监测地表变形的研究[D]. 长沙：中南大学, 2007. 11.

[20] XIA Y, KAUFMANN H, GUO X F. Differential SAR interferometry using corner refletors[J]. IEEE, 2002, 48: 51-58.

[21] DOWMAN J, LAYCOCK J, UPTON M, et al. Precise geocoding from SAR data and the combinbination of SAR with other data sets[J]. IEEE, 2003, 56: 71-85.

[22] NICO G, REFICE A, Guerrieo L, et al. A new algorithm for interferometric DEM geocodig[J]. IEEE, 2003, 59: 161-167.

[23] RAUCOULES D, COLESANTI C, CAENEC C. Use of SAR interferometry for detecting and assessing ground subsidence[J]. Geoscience, 2007, 339: 289-302.

[24] 李莉，王海清. 地理空间数据挖掘与知识发现[J]. 测绘科学, 2005, 30(3): 24-27.

[25] 陈国旭，李忠，陈秋成. 多源地质空间数据挖掘方法研究[J]. 有色金属, 2008, 60(3): 19-23.

[26] 雷宝龙，刘艳，邹瑜. 基于 GIS 的空间数据挖掘模型研究[J]. 软件导刊, 2007, 3: 7-9.

[27] 张瑞菊. 空间数据挖掘方法及其与 GIS 集成模式的应用研究[D]. 青岛：山东科技大学, 2003.

[28] BELLMANN M, VOJDAUI N. Creating business knowledge by fuzzy data mining : in knowledge management in fuzzy databases[J]. Studies in Fuzziness and Soft Computing, 2000, 39: 287-301.
[29] 陈安, 陈宁, 周龙骧. 数据挖掘技术及其应用[M]. 北京: 科学出版社, 2006.
[30] 李德仁. 信息新视角: 悄然崛起的地球空间信息学[M]. 武汉: 湖北教育出版社, 2000.
[31] 朱玉全, 杨鹤标, 孙蕾. 数据挖掘技术[M]. 南京: 东南大学出版社, 2006.
[32] 王树良. 基于数据场与云模型的空间数据挖掘和知识发现[D]. 武汉: 武汉大学, 2002.
[33] BURROUGH P A. GIS and geostatistics: essential partners for spatial analysis[C]//SHI W Z, MICHAEL F, GOODCHILD, et al. In Proceedings of the International Symposium on Spatial Data Quality'99. The Hong Kong Polytechnic University, 1999, 10-20.
[34] 刘鹏, 王毅. 未来信息技术: "网格"的来龙去脉[EB/OL]. http://www.cc-ie.com/tech/Article_Show.asp. ArticleID=1798.
[35] FOSTER I, KESSELMAN C. The Grid: blueprint for a new computing infra- structure[M]. Morgan Kaufmann Publishers, Inc. , 1999.
[36] 徐志伟, 冯百明, 李伟. 网格计算技术[M]. 北京: 电子工业出版社, 2004.
[37] 都志辉, 陈渝, 刘鹏. 网格计算[M]. 北京: 清华大学出版社, 2002.
[38] The I-WAY Project[EB/OL]. http://www.iway.org/.
[39] SMARR I. Catlett metacomputing C[J].communication of the ACM, 1992, 35(6): 44-52.
[40] FOSTER I, KESSELMAN C. Globus: a metacomputing infrastructure toolkit[J]. Internatlonal Journal of aupercomputer applications, 1997, 11(2): 115-128.
[41] 孙九林, 李爽. 地球科学数据共享与数据网格技术[J]. 地球科学学, 2002, 27(5): 539.
[42] NCSA Project[EB/OL] . http://www.ncsa.uiuc.edu/.
[43] NPACI Project[EB/OL] . http://www.npaci.edu/.
[44] JOHNSTON W E, GANNON D, NIZBERG B. Information power grid implementation plan: research, development, and testbeds for high performance, widely distributed, collaborative, computing and information systems supporting science and engineering[EB/OL]. http://www.nas.nasa.gov/IPG, 1999.
[45] ASCI Project[EB/OL]. http://www.lanl.gov/projects/asci/asci.html.
[46] 美国军事网格 GIG (Global lnformation Grid) [EB/OL]. http://dmsweb.belvoir.army.mil/ gigcrd.pdf.
[47] Neesgird Project HomePage[EB/OL]. http://www.neesgrid.org/index.php.
[48] BEN SEGAL. Grid computing: the European Data Project[J]. IEEE Nuclear Science Symposium and Medical Imaging Conference, 2000(10): 15-20.
[49] European Grid Forum[EB/OL]. http://www.egrid.org/.
[50] Global Grid Forum HomePage[EB/OL]. http://www.globalgridforum.com/.
[51] STAR TAP HomePage[EB/OL]. http://www.startap.net/.
[52] International Grid[EB/OL]. http://www.Globus.org/documentation/incoming/inet99.pdf.
[53] Chinagrid Homepage[EB/OL]. http://www.chinanrid.net/.
[54] Chinese NHPCE Project[EB/OL]. http://www.grid.ac.cn.
[55] CerGrid HomePage[EB/OL]. http://www.cergrid.cn/.
[56] 肖侬. 网格体系结构[D]. 长沙: 国防科技大学计算机学院, 2015.
[57] FOSTER I, KESSELMAN C, NICK J, et al. The physiology of the prid: an open grid services architecture for distributed systems integration[EB/OL]. http://www Globus.org/research/papers/ogsa.pdf.
[58] OGSA 描述[EB/OL]. http://www.gridforum.org/ogsi-wg/drafts/ogsa_draft2. 9_2002-06-22.pdf.
[59] OGSA 规范[EB/OL]. http://www.gridforum.org/ogsi- wg/drafts/GS_Spec_draft03_002-07-17.pdf.
[60] GGF 的 OGSI 工作组[EB/OL]. http://www.gridforum.org/ogsi-wg/.
[61] 开放网格服务架构[EB/OL]. http://www.e-yinchuan.com/zsdd/zsdd-indeX-6.htm.
[62] FOSTER I, KESSELMAN C. 网格计算[M]. 金海, 等译. 北京: 电子工业出版社, 2004: 24-25.
[63] FOSTER I, KESSELMAN C, TUECKE S. The anatomy of the grid: enabling scalable virtual organizations[J]. International of Supercomputer Applications, 2001, 15(3): 200-222.
[64] 黄静. 基于网格技术的虚拟地震会商系统研究[J]. 地球物理研究. 2004(12): 29-30.
[65] 钟延江. 自然灾害测报网格及其实现的关键技术研究[J]. 地质灾害与环境保护, 2005(4): 17-21.
[66] 陈佳艺. 基于 InSAR SDM 技术的高速公路空间形变与演化研究[D]. 长沙: 长沙理工大学, 2010.

[67] 杨侣珍. 基于 GPS CR-InSAR 技术的高速公路采空区路基变形监控研究[D]. 长沙: 长沙理工大学, 2009.

[68] 黄晓燕. 公路工程防灾减灾网格技术研究[D]. 长沙: 长沙理工大学, 2007.

[69] 鲍晓军. 高速公路路基路面病害科学检测与预防养护研究[D]. 长沙: 长沙理工大学, 2010.

[70] 陈明芳. 高等级道路工程安全性评价与 InSAR 监测 GIS 管理系统研究[D]. 长沙: 长沙理工大学, 2008.

第 2 章　3S+CRInSAR 形变监测及空间数据挖掘

新的空间技术的发展，为解决道路工程大区域小尺度高精度形变监测提供了新的方法，为道路工程灾害预警系统提供了可靠的技术与方法。3S 空间监测技术包括地理信息系统（GIS）、遥感（RS）、全球定位系统（GPS）。人工角反射器技术（CR-InSAR）是预先在监测区域架设一定数量尺寸、规格严格统一的人工角反射器，该技术最大限度地提高了数据的利用率。而空间监测获取的大量监测资料、基础资料中隐含许多有用的知识模式，需要通过深度挖掘（SDM）来加大研究的深度与广度。

2.1　3S 空间监测技术

2.1.1　GIS 地理信息系统

地理信息系统（Geographic Information System，GIS）是以地理空间数据库为基础，运用计算机硬、软件系统，对地理分布数据采集、储存、管理、运算、分析和显示，提供动态、空间的地理信息，为研究、决策提供服务。它是一门交叉性学科，综合地理学、测量学、空间科学、计算机科学、信息科学和管理科学于一体[1]。地理信息系统通过数据库管理系统将在分析处理问题中使用的空间数据与属性数据关联，共同进行管理、分析与应用。GIS 强调空间分析，通过研究、设计空间分析模型进行空间数据的解析[2]。

2.1.2　RS 遥感

遥感（Remote Sensing，RS）从广义上来讲[3]，遥感是远距离的非接触探测技术。从狭义上来讲，遥感指利用可见光、红外、微波等探测仪器，从远距离、高空，以至于外层空间的平台上，通过摄影或扫描、信息感应、传输和处理，识别探测对象的性质和运动状态的现代化技术体系。遥感技术是从高空到地面各种对地球观测的综合性技术系统的总称。它由遥感平台、探测传感器以及信息接受、处理与分析应用等组成，周期性地提供监测对象数据和动态情报。

2.1.3　GPS 全球定位系统

美国全球定位系统（US Global Position System，GPS）是美国国防部建立的卫星授时与测距导航系统，主要由空间星座、地面监控和用户设备组成，如图 2-1 所示。

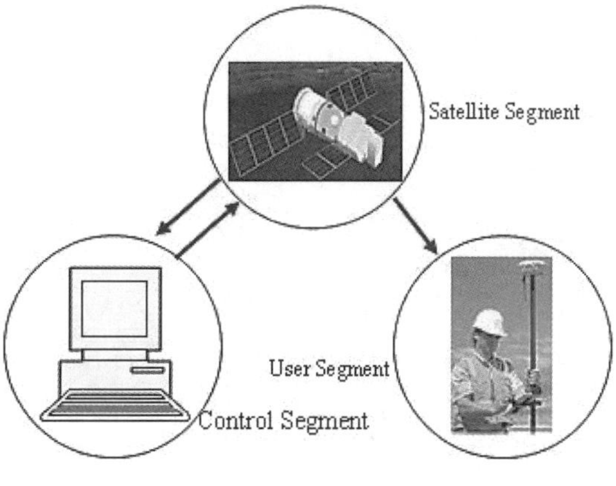

图 2-1　GPS 组成图

卫星星座是由 24 颗卫星组成，分布在 6 个轨道面上，每个轨道面上有 4 颗卫星，如图 2-2 所示，每颗卫星装有 4 台高精度原子钟，发射表频率信号，为 GPS 定位提供高精度时间标准。地面监控包括卫星监测站、主控站和信息注入站等地面站组成。用户设备接受 GPS 卫星发射的无线电信号，获得定位、观测信息，经数据处理完成定位工作，由 GPS 接收机硬件、数据处理软件、微处理机、终端设备组成[4]。

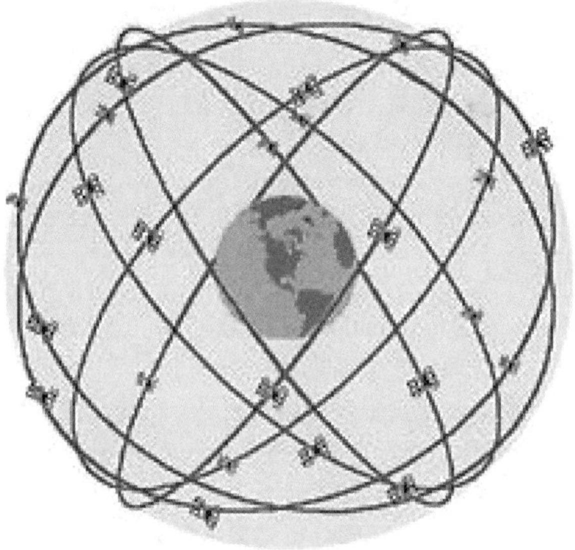

图 2-2　GPS 卫星星座

2.1.4　3S 一体化融合

① RS 与 GIS 的集成。GIS 是分析、处理和显示空间数据的系统，而遥感影像则是空间数据的一种形式，类似于 GIS 中的栅格数据。因此，GIS 和 RS 很容易在数据的功能上进行集成。GIS 作为遥感图像的处理工具，可进行基于 GIS 数据的几何纠正、辐射纠正、图像分类、感兴趣区域选取。RS 作为 GIS 的数据来源，可以进行地物要素提取、DEM 数据生成、土地利用变化及地图数据更新。

② GPS 与 GIS 的集成。主要是利用 GPS 的实时空间定位数据以及 GIS 的地图数据和空间分析技术，来实现不同的具体应用目标。定位，如 LBS；测量，记录 GPS 测量轨迹，通过 GIS 计算距离、面积等。进行车辆、船只、飞机等移动物体的动态监控、调度与导航。GPS 与 GIS 的集成如图 2-3 所示。

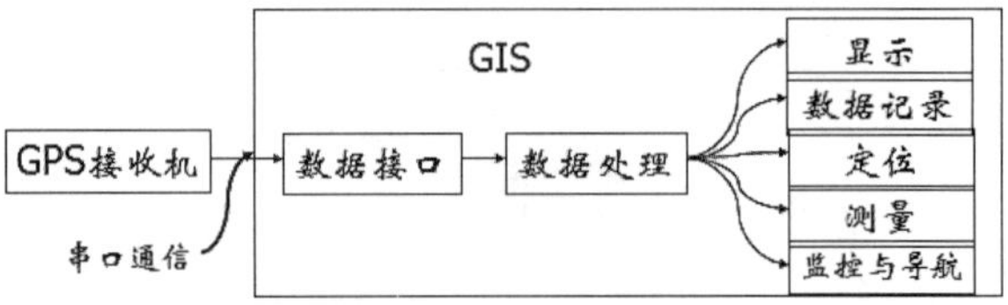

图 2-3　GPS 与 GIS 的集成

③ 3S 的集成。3S（地理信息系统 GIS、遥感 RS、全球定位系统 GPS）[5]技术为科学研究、政府管理、社会生成提供了新的观测手段、描述语言和思维工具。3S 结合应用，三者相互作用形成了“一个大脑，两只眼睛”的框架，即 RS 和 GPS 向 GIS 提供或更新区域信息及空间定位，GIS 进行相应的空间分析，提取有用的信息，进行综合集成，为决策提供科学的依据。3S 间关系如图 2-4 所示。

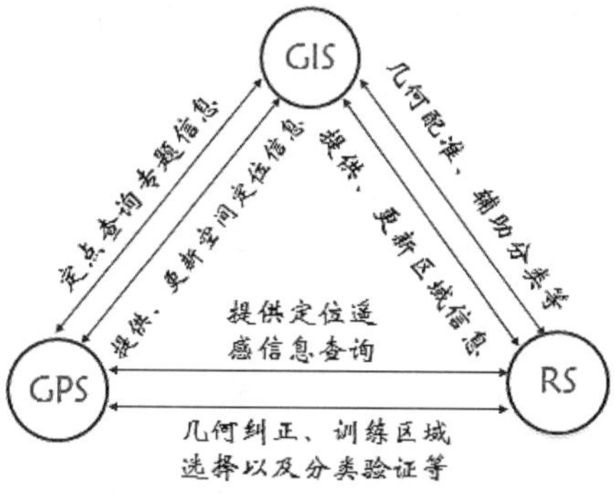

图 2-4　3S 的集成

2.2　3S+CRInSAR 空间形变监测技术

2.2.1　InSAR 空间监测技术

① 合成孔径雷达干涉测量[6-7]（Interferometric Synthetic Aperture Radar，InSAR）技术是用一个天线沿着飞行轨道不断移动，在移动过程中定时对同一地物发射电磁波脉冲信号，接收并储存回彼信号振幅和相位信息，通过数次观测角度略有差异的同侧观测数据，计算地面上对应点的相位差，从而计算出该点的高程。

② 根据获得两幅 SAR 图像方式不同，分为顺轨、交轨、重复轨道干涉测量三种模式。

③ InSAR 基本原理（重复轨道干涉测量为例）。

卫星以微小几何视差经过几乎相同轨道对同一地区成像两次，获得道路路面、路基、红线范围内同一景观 SAR 复图像对，目标与天线位置的几何关系，SAR 复图像上产生相位差，形成干涉条纹图。通过分析传感器高度、雷达波长、波束视向及天线基线距间的几何关系，精确计算 SAR 图像上点的坐标、形变信息[8-10]。

卫星轨道和地面目标的相对几何关系如图 2-5 所示。

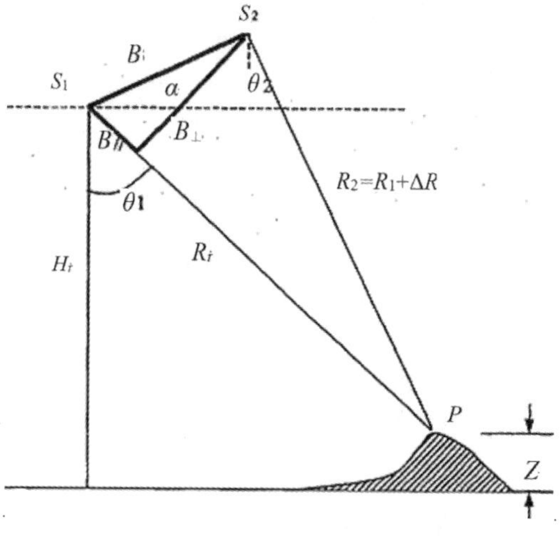

图 2-5　InSAR 成像几何示意图

图 2-5 中，S_1，S_2—两幅天线位置；B—两幅天线间距离；α—基线与水平方向夹角；$B_{/\!/}$—基线沿斜距方向的分量；$B_{\perp}$—基线垂直于斜距方向的分量；H_i—卫星 S_i 的高度；θ_i—卫星 S_i 的视角；R_i—卫星到地面上点 P 的斜距，i=1，2，对应卫星 S_1，S_2，令 $R_2=R_1+\Delta R$；Z—地面上点 P 的高程。

复数 SAR 影像精确配准后，对应像素值共轭相乘，形成干涉条纹图，有

$$u_1 = |u_1|e^{j\varphi 1} \tag{2-1}$$

$$u_2 = |u_2|e^{j\varphi 2} \tag{2-2}$$

$$u_{int} = u_1 u_2^* = |u_1||u_2|e^{j(\varphi 1-\varphi 2)} \tag{2-3}$$

相位由往返路径确定的相位、随机相位（地面分辨率单元不同的散射特性造成）两部分组成，表达式为

$$\varphi_1 = -2\frac{2\pi}{\lambda}R_1 + \arg\{\varepsilon_1\} \tag{2-4}$$

$$\varphi_2 = -2\frac{2\pi}{\lambda}(R_1 + \Delta R) + \arg\{\varepsilon_2\} \tag{2-5}$$

式中，$-2\frac{2\pi}{\lambda}R_1$和$-2\frac{2\pi}{\lambda}(R_1+\Delta R)$—往返路径确定的相位；$\arg\{\varepsilon_1\}$和$\arg\{\varepsilon_2\}$—随机相位（地面分辨率单元不同的散射特性造成）；2—系数，往返双程相位差。

假定$\arg\{\varepsilon_1\}\approx\arg\{\varepsilon_2\}$，则有

$$\emptyset = \varphi_1 - \varphi_2 = \frac{4\pi}{\lambda}\Delta R \tag{2-6}$$

由于

$$B_{\parallel} = B\sin(\theta - \alpha) = R_1 - R_2 = -\Delta R \tag{2-7}$$

故有

$$\emptyset = -\frac{4\pi}{\lambda}B_{\parallel} \tag{2-8}$$

由干涉图得到是相位主值，真实的相位需通过进行相位解缠得到。由余弦定理

$$\cos\angle PS_1S_2 = \frac{{R_1}^2 + B^2 - {R_2}^2}{2R_1B} = \frac{(R_1+R_2)(R_1-R_2)}{2R_1B} + \frac{B}{2R_1} \approx -\frac{\Delta R}{B} + \frac{B}{2R_1} \tag{2-9}$$

其中：$\angle PS_1S_2 = \frac{\pi}{2} - \theta_1 + \alpha$，则

$$\cos\left(\frac{\pi}{2} - \theta_1 + \alpha\right) = \cos\left[\frac{\pi}{2} - (\theta_1 - \alpha)\right] = \sin(\theta_1 - \alpha) \tag{2-10}$$

$$\sin(\theta_1 - \alpha) = -\frac{\Delta R}{B} + \frac{B}{2R_1} \tag{2-11}$$

对于星载雷达系统，通常$B \ll R_1$，由公式（2-6）则有

$$\theta_1 = \alpha - \arcsin\left[\frac{\lambda\Phi}{4\pi B}\right] \tag{2-12}$$

$$Z = H_1 - R_1\cos\theta_1 \tag{2-13}$$

式中，H_1—雷达主传感器的高程；Z—地面点的高程。

由推导得到的式（2-12）、式（2-13）说明了干涉相位差与地面点 P 的高程 Z 的关系，要计算地面点 P 的高程 Z，只要已知天线位置参数（H, B, α）和雷达成像系统参数（θ，λ），即可计算得到。

2.2.2 D-InSAR 技术

(1) 地表形变干涉测量相位组成

一般干涉图中包括地形、形变信息，要获得精度较高的地表形变信息，可通过 D-InSAR 技术从干涉图中消除地形因素影响[11-13]，但有如时间、空间失相关，大气效应等很多因素

影响 D-InSAR 监测地表形变的精度。D-InSAR 技术监测地表形变干涉测量相位的组成表达式如下

$$\varphi = \varphi_{\text{topography}} + \varphi_{\text{displacement}} + \varphi_{\text{atomsphere}} + \varphi_{\text{flat}} + \varphi_{\text{noize}} \tag{2-14}$$

式中，$\varphi_{\text{topography}}$—地形相位。

地面的高低起伏会使得雷达信号在雷达视线方向上的传播距离发生变化，从而在干涉图中形成复杂的相位。当利用 D-InSAR 测量地表形变的时候，地形信息为干扰信息，往往掩盖了形变信息，因此需要利用地形干涉数据对或外部 DEM 将地形信息从相位中剔除。

$\varphi_{\text{displacement}}$—地表形变引起的相位，在前后两次观测的时间段内，地表产生的形变会引起斜距的变化，该变化在干涉图中形成变形相位。

$\varphi_{\text{atomsphere}}$—大气效应产生的相位，当雷达波经过大气的对流层和电离层到达地表和返回天线时，都会使得信号的传播路径发生延迟和弯曲，从而引起了干涉相位的变化。大气效应一般没有明显的规律，在时间和空间上都没有一致性，因此是影响 D-InSAR 精度的重要原因之一。目前一般利用 MERIS、MODIS 或 GPS 数据来尽量减弱大气相位对于干涉图的影响。

φ_{flat}—平地相位，也称平地效应，当 SAR 卫星获取地表信息时，即使地表没有任何的地形起伏和形变，干涉图中也会产生具有规律性变化的干涉条纹。该条纹的产生是由于地球是椭球体，而 SAR 雷达又是侧视成像。

因此，入射角的不断变化引起了斜距的连续变化。平地相位是系统性的相位，可以根据多普勒方程、斜距方程、椭球方程以及雷达的几何参数等准确求出。

φ_{noize}—噪声引起相位，如系统噪声，地表变化、影像配准、基线去相关、影像聚焦不一致产生的噪声等，在处理干涉相位时，要尽量避免和消除这些噪声给干涉图带来的影响。

D-InSAR 差分干涉通过相关方法的合理处理，将干涉测量相位组成表达式中的 $\varphi_{\text{topography}}$，$\varphi_{\text{atomsphere}}$，$\varphi_{\text{flat}}$，$\varphi_{\text{noize}}$ 项消除，这样就只有地表形变引起的相位 $\varphi_{\text{displacement}}$。

(2) 二轨法

目前 D-InSAR 常用的手段有二轨法、三轨法和四轨法等，如图 2-6 所示。

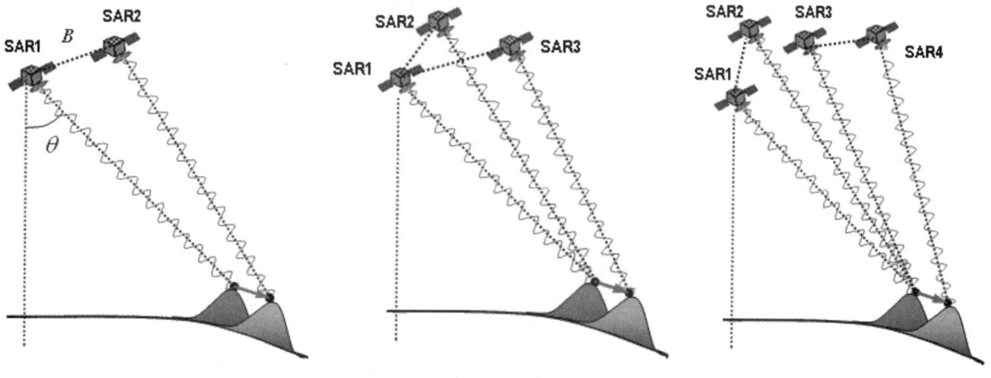

图 2-6 二轨法、三轨法和四轨法的示意图

三轨法就是利用了研究区域三幅 SAR 影像，其中 2 幅获取在地表形变发生之前，1 幅在之后。再以其中 1 幅获取在形变发生之前的影像作为主影像，余下两幅分别作为辅影像与之进行干涉，生成两幅干涉图：一幅反映地形信息；另一幅反映地形加形变信息。再将两幅影像进行差分处理，就得到只含有地表形变信息的相位图。

四轨法与三轨法类似是获取三幅获取在形变前的影像和一幅获取在形变后的影像。其中两幅获取在形变前的影像组成反映地形信息的干涉图，剩下一幅影像与获取在形变后的影像组成反映地形加地表形变的干涉图。同样对这两幅干涉图进行差分，得到形变相位。

二轨法差分干涉测量是借用外部 DEM 数据模拟研究区域的地形相位，与地表形变发生前后 SAR 影像生成的干涉图进行差分，从干涉图中剔除地形相位，得到研究区域形变相位信息，成像几何关系如图 2-7 所示。

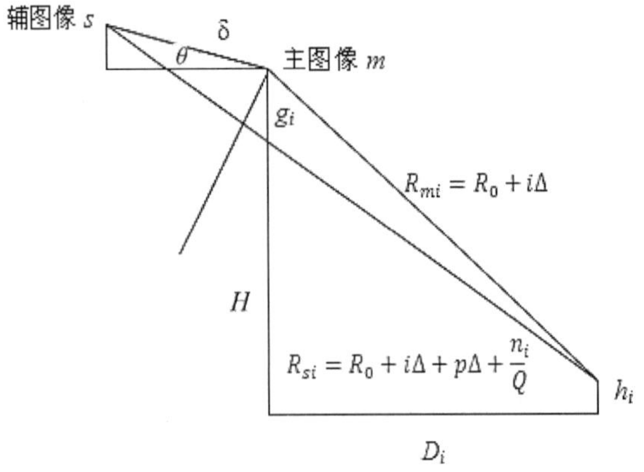

图 2-7　D-InSAR 二轨法差分干涉成像几何关系示意图

由余弦定理，则有

$$R_{si}^{\ 2} = R_{mi}^{\ 2} + \delta^2 - 2\delta R_{mi}\cos\left(\frac{\pi}{2} + g_i\right) = R_{mi}^{\ 2} + \delta^2 + 2\delta R_{mi}\sin g_i \tag{2-15}$$

$$\sin g_i = \frac{R_{si}^{\ 2} - R_{mi}^{\ 2} - \delta^2}{2\delta R_{mi}} \tag{2-16}$$

所有长度用像元大小表示，每个斜距像元包含的半个波长数目用 Q 表示，主图像第一列所对应的斜距长度用 R_0 表示。令

$$\Delta = \frac{\lambda Q}{2} \tag{2-17}$$

则有

$$R_{mi} = R_0 + i\Delta \tag{2-18}$$

$$R_{si} = R_0 + i\Delta + p\Delta + \frac{n_i}{Q} \tag{2-19}$$

式中，i—像元数；p—主图像和辅图像在近距的距离差；n_i—条纹数。

得到

$$\sin g_i = \frac{p\Delta + \lambda n_i/2}{\delta} + \frac{(p\Delta + \lambda n_i/2)^2}{2\delta(R_0 + i\Delta)} - \frac{\delta}{2(R_0 + i\Delta)} \tag{2-20}$$

式（2-20）中，$\frac{p\Delta + \lambda n_i/2}{\delta}$ 值接近 1，占决定性地位，其他项取值在10^{-4}～10^{-5}间。

i 处的条纹数决定高程值h_i，定义条纹所造成的高度差，即高度模糊度h_α

$$h_\alpha = \mathrm{d}h_i / \mathrm{d}n \tag{2-21}$$

$$\frac{\mathrm{d}h_i}{\mathrm{d}n} = R_m \frac{\mathrm{d}g_i}{\mathrm{d}n}\sin(g_i - \theta) = R_m \frac{\mathrm{d}(\sin g_i)}{\mathrm{d}n}\frac{\sin\ (g_i - \theta)}{\cos g_i} \tag{2-22}$$

如果条纹数的变化为 1，则式（2-22）近似为

$$\frac{\mathrm{d}(\sin g_i)}{\mathrm{d}n} \approx \frac{\lambda}{2\delta} \tag{2-23}$$

那么

$$h_a \approx \frac{\lambda}{2}\frac{\lambda R_0 + i\Delta + p\Delta + \dfrac{\lambda n_i}{2}}{\delta}(\tan g_i \cos\theta - \sin\theta) \tag{2-24}$$

如果 g_i 已知，则可以推出

$$\frac{n_i}{Q} = \sqrt{(R_0 + i\Delta)^2 + \delta^2 + 2\delta(R_0 + i\Delta)\sin g_i} - (R_0 + i\Delta + p\Delta) \tag{2-25}$$

2.2.3 CRInSAR 技术

角反射器技术（Corner Reflector，CR-InSAR）[14-15]是为解决传统 D-InSAR 中时空去相关和大气效应等瓶颈问题，获得高精度的视线方向形变量，以提高区域地表形变监测的精度和可靠性，预先在监测区域架设一定数量尺寸、规格严格统一的角反射器。这些角反射器 CR 可以把接受到雷达波信号几乎完整地反射回去，不改变雷达波的入射角度，在 SAR 影像上呈现明显的亮点，可以在雷达图像上被准确地识别出来，如图 2-8 和 2-9 所示。

图 2-8 角反射器 CR

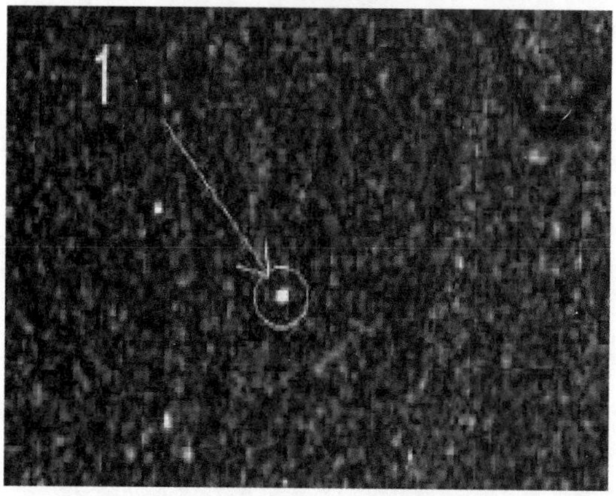

图 2-9 角反射器 CR 在影像的显示

该方法最初是由德国的夏耶等人在 1993 年提出的，并用该方法监测了 CR 点 1cm 精度的上升和下降，该方法使 InSAR 技术从传统的大面积观测转向了点观测。CR-InSAR 技术不需要大量的 SAR 影像数据，两张即足够，最大限度地提高了数据的利用率，而且角反射器的位置是可以精确测定的。在被监测地区所获取的有着较长时间间隔的或基线距较大的雷达影像都可以被利用上，而不必考虑时间变化因素。通过对角反射器 CR 进行时空分析，消除大气影响因素，精确观测地表形变的 3 mm 量级的微量形变。

由于 CRInSAR 技术只对角反射器上的相位进行处理，因此角反射器的制作和安装非常重要。最常见的角反射器为等腰直角三角形三面角角反射器，其雷达散射截面的计算公式为

$$\sigma_{\max} = \frac{4\pi l^4}{3\lambda^2} \tag{2-26}$$

在安装角反射器的时候，根据要接收的 SAR 卫星的入射角，来调整角反射器的仰角，使得角反射的法线方向，即开口平面垂线与雷达入射方向保持平行。并且还应该调整角反射器的底边方位角使得其与 SAR 卫星的飞行方向保持平行。

此外，为了在 SAR 影像中更好地识别和提取角反射器，应尽量将角反射器安置在背景反射特性较弱的地方。

与常规 InSAR 技术相比，CR-InSAR 具有独特的技术优势：

① 无需人员看护，能够对某些重点目标进行连续长期的监测。

② 监测精度高，垂直形变测量精度可以到 3～5 mm 量级。

③ 点面结合的监测手段，不仅有大面积的形变场，而且有很多高精度点位上的形变量，对于现象的解释更为全面和准确。

④ CR-InSAR 成本更为低廉，架设角反射器的费用比购买或者租用测量型双频差分 GPS 的费用都要低。

⑤ 最大限度地提高了数据的利用率。使 CR-InSAR 技术拥有了广阔的应用前景。

2.2.4 InSAR 与 GPS 技术

由于受到时间、空间失相关，大气效应等影响，易造成 InSAR 图像的错误解释，而且 InSAR 数据本身无法消除或消弱时间、空间失相关及大气效应的影响，而 GPS 技术可以实现高精度定位、准确测定大气延迟及卫星轨道误差[14-17]。

(1) GPS 监测技术

GPS 定位用于测量的是一种载波相位的相对定位技术，一般有静态、快速静态和准动态相对定位三种定位模式[14]。静态相对定位主要用于高精度的国家级大地控制、地球形变监测；快速静态相对定位工程应用如图 2-10 所示，用于小范围工程、地籍、土木工程测量等；而线路、工程、地形测量宜选用准动态相对定位方式。

图 2-10　快速静态相对定位测量工程应用

GPS 监测技术具有测站间无需通视、可同时提供监测点的三维位移信息的优点，GPS 变形监测系统可实现长期的全天候观测，精度高、易于操作，从采集、传输、处理、分析、报警到入库，可实现数据处理的全自动化。但另一方面，GPS 水平位移监测精度较高，垂直位移的监测精度较低；GPS 动态变形监测数据处理的方法所达到的精度不能满足高精度动态变形监测的需要；GPS 技术本身易受干扰；在高山、峡谷、地下、建筑物密集地区和密林深处等区域不能进行监测，精度和可靠性得不到保证；GPS 技术获取的只是形变体上部分离散位移信息。

⑵ 多天线全球定位设备（Multi-an-tenna GPS）

① 形变监测时，采用几台 GPS 接收机、人工定期逐点采集数据、通过后处理获得各期之间的变形的模式。这种模式简单、经济、成本低，GPS 接收机可以与其他工程共享，但只能间断地进行形变监测，不能实现自动化。

② 在每个监测点上安置 GPS 接收机，不间断、全天候自动监测。这种模式能自动、连续地进行形变监测，但所需 GPS 接收机数量随监测点数的增加，监测成本高。

③ 多天线全球定位设备[18-19]是在综合考虑上面两种模式的优缺点基础上，对标准 GPS 的改进，如图 2-11 所示，由基站接收机、GPS 多天线控制器、天线序列组、数据控制处理中心几部分组成。

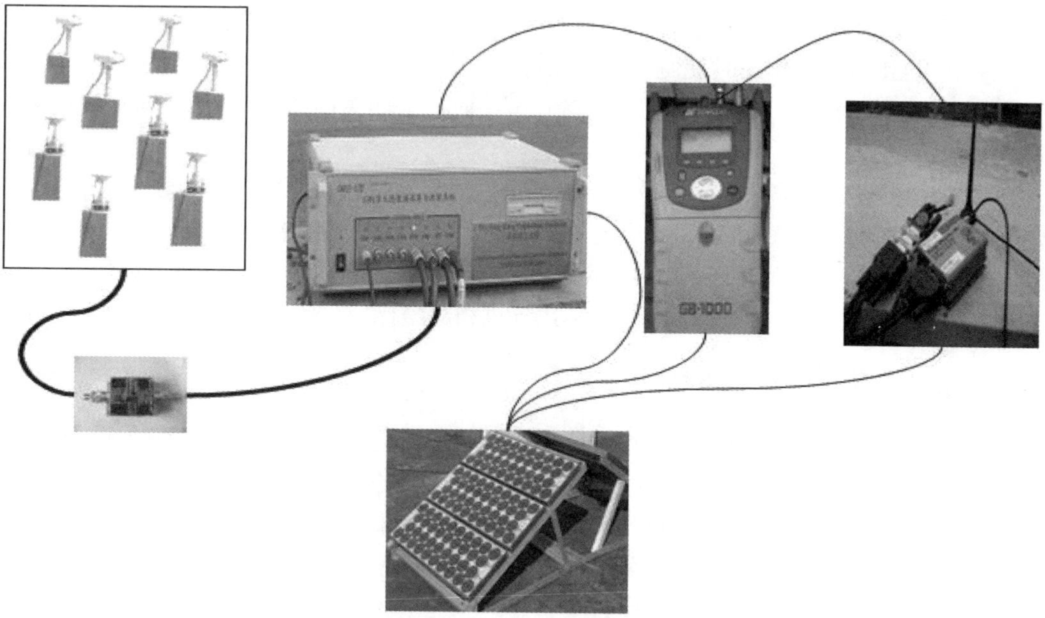

图 2-11　多天线全球定位设备（Multi-an-tenna GPS ）

（引自香港理工大学丁晓利教授 GPS 讲座 ppt）

⑶ GPS 与 InSAR 融合技术在道路路面、路基、红线范围条带地表形变监测

① 道路路面、路基、红线范围条带在使用过程中形变量小且缓慢，而 InSAR 对大气传输、卫星轨道误差、空间基线、地表散射去相关，时态不相关误差敏感，严重影响 InSAR 精度，甚至引起错误的解译。但 GPS 监测技术能消除大气传输误差的影响，GPS 与 InSAR 数据融合：GPS 监测数据可以精确时间尺度上大气传输的误差影响；GPS 定位结果可以修正雷达卫星轨道误差；相位整周模糊度搜索时，利用 GPS 整周模糊度求解算法中的最小二乘模糊去耦调节法，建立合适解算模型，求解到整周数。

② 为消除大气影响、轨道参数不确定性，以及其他系统性误差对 InSAR 数据的影响，在道路路面、路基、红线范围条带关键位置处安装若干个角反射器 CR，GPS 精确测定角反射器 CR 三维坐标，通过比较分析 CR 在 SAR 影像坐标系统和地理坐标系统中的位置，精确确定角反射器 CR 对应的几何位置关系，以此作为控制标准，校正 InSAR 数据 DEM 和形变分布图。

③ D-InSAR 监测得到的道路路面、路基、红线范围条带变形信息，反演路基、路面移动参数；根据反演参数、GPS 监测数据，形成多个跨越 SAR 卫星重复周期的准 GPS 形变结果；进行高时间频率 GPS 数据在时间、空间域内内插；利用双内插双估计方法如卡尔曼滤波对格网中监测点进行估计，得到道路路面、路基、红线范围条带的不均匀沉降值，解析不均匀沉降的过程和规律，预测不均匀沉降可能的变化趋势，进行道路路面、路基、红线范围条带灾害预警与防治工作。

(4) InSAR、GPS 技术的互补性

① InSAR 空间分辨率高（可达到 1 m×1 m），而且提供的是整个研究区域面上的连续形变信息，可用来提高 GPS 低空间分辨率的点定位观测，大尺度观测道路路面、路基、红线范围条带不均匀形变。

② GPS 高程精度薄弱，而 InSAR 对地表高程信息极为敏感，特别是利用角反射器 CR，精度可达毫米级，可将 GPS 技术高平面位置精度与高程变形精度有效统一。

③ InSAR 可被看作瞬时观测，两幅图像获取时间间隔不能太长，但 GPS 具有很高的时间分辨率 GPS 可提高 InSAR 时间分辨率，解决时间失相关问题，极大程度地改变时间域分辨能力。

④ InSAR 以遥感成像方式获取数据，对于大气参数变化、卫星轨道参数误差敏感，干涉像对之间空间基线和时间基线受一定限制；连续观测 GPS（CGPS）网可提供大气层延迟影响和卫星轨道误差，可用于校正 InSAR 数据大气误差影响。

⑤GPS 获得高精度的绝对坐标，InSAR 提供相对坐标。

2.3 SDM 空间数据挖掘技术

高速公路形变空间监测获取的大量监测资料、基础资料中隐含许多有用的知识模式，需要通过深度挖掘来加大研究的深度与广度。利用 GIS 的内部空间数据挖掘模式，实现提取高速公路 DEM 地形信息、挖掘地表坡度与高程间关系，选择基于变异函数的适合形变场分析的最佳拟合模型，分析高速公路形变场的各向异性和分布规律，为解决高速公路空间变形演化和运营安全提供技术支持。

2.3.1 GIS 与 SDM 空间数据挖掘

(1) GIS 特点

GIS 的核心功能之一是对空间数据进行分析，提取、传输地理信息，挖掘隐含在空间数据背后的信息，为解决实际问题提供辅助决策支持。空间分析技术包括查询与量算、缓冲区分析、叠加分析、网络分析、空间插值、统计分类分析、地形分析等功能[20]。

(2) GIS 中的空间数据模型

空间数据模型是空间数据特征的抽象，是为了方便地理实体在空间数据库中的存储，矢量模型和栅格模型为 GIS 中最常用的空间数据模型。

① 矢量模型。矢量模型中地理实体是通过连续地记录点、线、面等基本要素的坐标来精确表示，而其属性用其他数据项来表示，具有"位置明显，属性隐含"的特点。在矢量结构中，空间实体是显式描述的，点的位置由坐标对来表示，线的位置与形状由其中心轴线上的抽样点的坐标来表示，面的位置与范围由范围轮廓线上的抽样点坐标串来表示。该结构可以对复杂数据以最小的数据冗余进行存储。现有的 GIS 系统主要是基于矢量的，具有比较成熟的管理和建立矢量数据库的能力。同时，目前多数 GIS 软件都可以将数字正射影像数据、遥感数据作为背景影像与矢量数据、DEM 数据进行套合显示。

② 栅格模型。把地球空间看作一个在空间上处处有定义的连续整体，将地球表面划分为大小均匀的规则网格阵列，每个网格为一个栅格，有唯一的行列号，并包含一个代码。空间位置由栅格的行、列号来唯一地确定标识，具有"属性明显、定位隐含"的特点。栅格结构中，用一个栅格表示点状地物，用沿线走向的一组相邻栅格表示线状地物，用具有相同属性的相邻栅格集合表示面状地物或区域。栅格模型是面向空间的表示方法，它通过对投影空间的直接量化，隐式描述空间物体之间的关系，其数据结构较为简单。在数据分析方面，栅格方法是对空间的整体描述，所以易于实现基于空间位置的分析。一般情况下，栅格数据分析的结果以图形方式表示既直接又方便[21]。

(3) *SDM 空间数据挖掘*

SDM 是在空间数据库的基础上，综合利用一定的理论方法，相关的信息技术，从大量含有噪声、不确定性的空间数据中，提取事先不知道、隐藏在其中的可信、新颖、感兴趣、潜在有用且最终可理解的知识，为技术决策与经营决策提供不同层次的知识依据[22]。SDM 是数据挖掘的一个新的研究分支[23]，是对空间事物或对象的几何、属性数据、空间关系，按照一定的度量值和临界值，从中抽取知识并进行相关的预处理、抽样以及数据变换，是一个多步骤相互连接、反复进行的人机交互过程。基本特性主要有：

① SDM 是基于空间数据的一种决策支持过程，具有数据动态变化、含噪声、数据不完整、信息冗余、数据稀疏和数据量超大等技术难点。

② SDM 的数据源是真实的、大量的、含噪声的，早已以电子形式存储在空间数据库中。原始空间数据可以是结构化的、半结构化的。数据源支持相应的发现，但发现的知识是隐含的，事先不知道的。

③ SDM 是发现，而不是证明。发现是自动或至少计算机辅助下的交互半自动的多个步骤之间相互影响、反复调整、螺旋上升，从数据集中挖掘以模式来表示的知识。

④ SDM 所挖掘的知识都是面向具体领域的，具有特定的前提约束条件和相对性。发现的空间知识可以被用于信息管理、查询优化、决策支持、过程控制等，还可以用于数据自身的维护。

(4) *空间数据挖掘方法*

数据挖掘技术应用到变形监测数据方面，主要体现在对观测资料拟合、预测及可视化。常用到的数据挖掘方法主要有以下几种：

① 统计方法。它是空间数据分析常用的方法，侧重于处理数字型数据的非空间特性分析。如在对空间事物和对象的规律、模式提取中，经常用到回归、方差、主成分、因子分析方法等。但是由于在 SDD 中，空间对象属性的相关性很强，而应用统计方法时却要事先假设资料的统计不相关性，因而统计分析方法在空间数据挖掘中的使用受到了一定程度的限制。

② 可视化技术。可视化数据分析技术拓宽了传统的图表功能，使用户看到数据处理的全过程，监测并控制数据分析过程用图表等方式把数据特征用直观的方式表述出来。运用可视化技术可以对历史和现在的数据有深刻的认识，这对揭示数据的状况、内在本质及规律性起到了很大的作用。在此基础上，对未来事物的发展做出定性预测，"3S"技术更进一步推动了可视化技术的发展。

③ 判定树方法。其出发点是用于分类与预测。在空间数据挖掘中，通过对利用训练空间实体集生成测试函数、根据不同取值建立分支、重复建立下层节点和分支的过程形成判定树，再对判定树进行剪枝处理，转化为据以对新实体进行分类的规则。其不受原始数据的约束，可以是数值型、非数值型数据，直观、易于理解。

④ 人工神经网络方法。主要用于获取分类知识，但获得的知识隐含在网络结构中，不易被理解和解释。分类精度高、对噪声具有稳健性。

⑤ 空间关联规则挖掘方法。关联规则可以记为 A⟹B，A 和 B 同时出现的概率称为支持率，当 A 发生时 B 也发生的概率就称为可信度，可根据支持度和可信度对地表移动发展状态做出预测。

⑥ 基于分形的时间序列模式预测方法。研究地表移动数据时间序列所具有的分形特征，利用分形理论中 R/S 时间序列理论，分析发现具有分形特征的时间序列模式的方法。用 R/S 方法可以从具有分形特征的时间序列中寻找出地表移动演化规律，从而预测时间序列未来的发展趋势，利用 R/S 进行有效的时间序列模式挖掘[24]。

⑦ 空间分析方法。利用 GIS 空间分析模型和操作方法，对 GIS 空间数据进行深挖掘、深加工，形成新的丰富的信息与知识。通过对综合属性数据、拓扑、缓冲区、距离、叠置、网络、地形、趋势面和预测等分析，建立目标在数据空间上的相连、相邻和共生关联规则等，以及发现目标间最短、最优路径等辅助决策相关知识[25]。

⑧ 空间特征与趋势探测方法。空间特征是从空间目标集合经过它的相邻扩展后的集合中，发现明显不同相对频率，从而提取空间规则。空间趋势探测挖掘是从一个开始点出发，发现一个或多个非空间性质的变化规律[26]。

综上所述，根据 GIS 空间数据特征与趋势，挖掘道路形变场的空间分布数据理论、方法，应用于道路工程灾害预警与防治工作。

2.3.2 GIS 与 SDM 空间数据挖掘关联

空间数据库发展的主体是地理信息系统，随着自动数据获取设备的迅速发展，日益丰富的空间和非空间数据收集存储于大空间数据库中。但 GIS 的分析功能还很弱且不灵活，只局限于一些图形操作，迫切需要数据挖掘技术不断进步，从海量数据中发现知识，这就必然要求空间数据分析、挖掘方法相结合，充分利用 GIS 存储、管理空间数据的功能[27-29]。GIS 中大量的空间、属性数据，包含丰富、复杂的语义信息，使得基于 GIS 的数据挖掘特别需要综合知识的支持和结合。

2.3.3 GIS 与 SDM 空间数据库可挖掘的知识分类

知识类型决定空间数据挖掘能够解决什么问题,空间知识的基本类型是规则和例外，规则主要包括空间特征、区分、关联、分类、聚类、序列、预测和函数依赖等共性或个性规则，例外是规则以外的偏差。

① 将目标（数量、大小、形态几何特征）分成点、线和面状，形成目标的某类或几类空间一般共性特征的实体几何和属性。

② 空间特征规则汇总了目标类空间数据的一般特性，多为对空间的类或概念的概化描述，存在于特征空间的不同认知层次。空间区分规则所附的比较度量用以区分目标类和对比类。

③ 目标类和对比类由挖掘的目的而定，对应的空间数据通过数据库检索查询即可获得。可以通过把目标类空间实体的空间特征，与一个或多个对比类空间区分规则。

④ 空间分类规则根据空间区分规则把空间数据库中的数据映射、预测、分类。空间回归规则与空间分类规则相似，使其预测值是连续的。

⑤ 空间聚类规则是空间对象根据类内相似性最大和类间相似性最小的原则分组或聚类，并据此导出空间规则。

⑥ 空间聚类规则与分类规则不同，它不顾及已知的类标记，在聚类前并不知道将要划分成几类和什么样的类别，也不知道根据哪些空间区分规则来定义类。空间聚类规则可用于空间实体信息的概括和综合。

⑦ 空间数据库关联规则中可以附加不确定性度量。关注对象是 GIS 中的空间数据库；GIS 中的空间关联规则是 GIS 数据库中反映空间对象结构以及空间关系的一些隐含规则，是 GIS 空间关系或空间数据的不同子集之间的层次结构与相互关系的主要体现。

⑧ 空间依赖规则是建立不同空间实体或不同属性的函数关系。空间预测规则是基于可用的空间数据挖掘，通过空间分类、回归、聚类、关联或依赖规则，预测空间未知的数据值、类标记和分布趋势等。描述形式常常为数学公式。在预测之前，可以使用相关分析识别和排除对预测无用或无关的属性或实体。

⑨ 空间序列规则基于时序，揭示空间数据挖掘中数据随时间的变化规律或趋势，并建立数学模型。用于挖掘空间序列规则的空间数据库，如同一地区不同时间的历史空间数据。空间序列数据挖掘和知识发掘中，用户可以只挖掘某一时期内空间数据中隐含的空间模式，是一种空间序列规则挖掘。空间例外是大部分空间实体的共性特征之外的偏差或独立点，是与空间数据库或空间数据仓库中的数据的一般行为或模型不一致的数据对象的特性。

综上所述，基于 GIS 数据空间知识之间是相互联系、密切相关的，因此经常要同时使用多种规则共同来解决实际问题[30-31]。

2.3.4　GIS 与 SDM 空间数据挖掘的集成模式

GIS 与空间数据挖掘技术集成进行空间数据挖掘，通过简单的文件信息的交换机制，实现二者之间的信息交换与共享。该集成模式的优点是：便于开发通用型的挖掘系统。缺点是：开发 GIS 数据处理算法较为烦琐，松散耦合式 GIS 数据库与空间数据挖掘技术见图 2-12 所示。嵌入式为内部空间数据挖掘模式。用 SDM 或 GIS 的内置语言、命令及应用接口，将空间数据挖掘技术融合到 GIS 的空间分析功能模块中。这种方法把空间数据挖掘作为 GIS 数据分析的一种工具。该集成模式的优点是：充分利用 GIS 已有的空间数据处理功能，提供统一的用户界面，最大限度地减少用户开发工作量。

嵌入式 GIS 数据库与空间数据挖掘技术见图 2-13 所示[32]。混合型空间模型利用 GIS 的空间信息提取功能和形象表达知识模块，而挖掘模块则独立于 GIS 软件，这样既能有效利用 GIS 已有功能又能保持挖掘系统较大的灵活性，混合型 GIS 数据库与空间数据挖掘技术见图 2-14 所示。

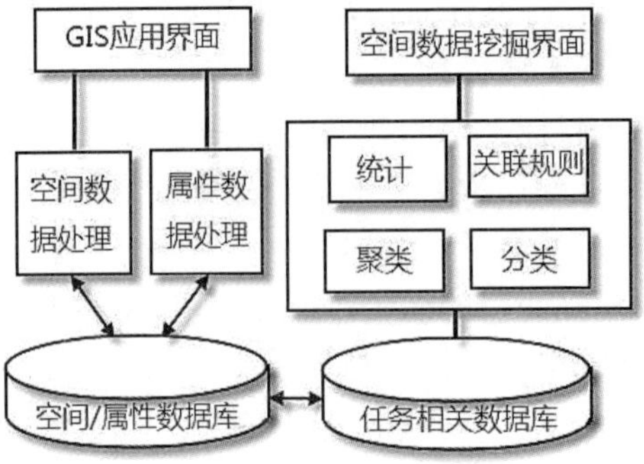

图 2-12　松散耦合式 GIS 数据库与空间数据挖掘技术集成框架

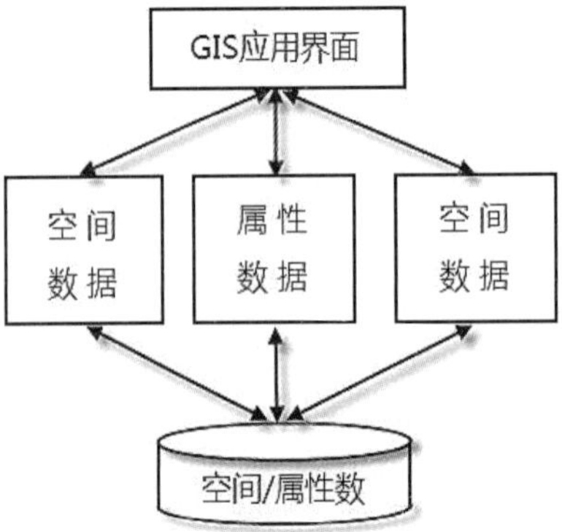

图 2-13　嵌入式 GIS 数据库与空间数据挖掘技术集成框架

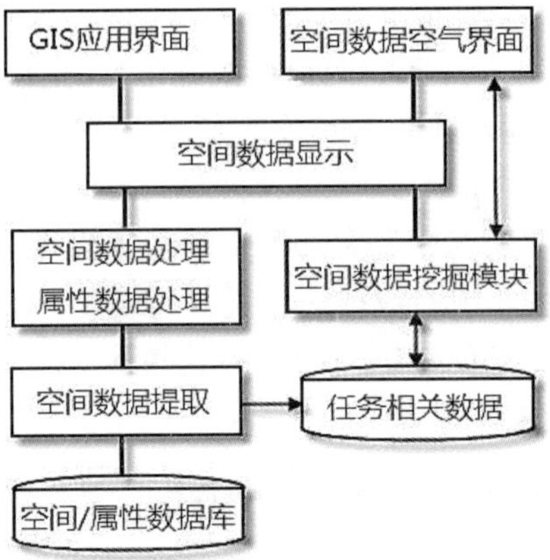

图 2-14　混合型 GIS 数据库与空间数据挖掘技术集成框架

2.4　3S+CRInSAR 形变场空间分析方法

2.4.1　高速公路形变场空间分析方法

(1) 数字地形分析方法

DEM 数字地形分析方法是形变场空间分析的基础，基于数字信息分析技术—数字地形分析方法[33-34]，DEM 可以进行地形分析，如洪涝灾害模型、滑坡监测与分析、地表形变运动、土地利用规划等分析模型的基础数据。以道路 DEM 为基础数据，可以进行地表的形变分析，以及地形多集性、多层性特征分析（如高程的一阶次坡度、坡向等信息提取，高阶次曲率等地形信息提取），进而确定地形因子提取算法，根据实验区域地形特征主要从微观层面予以确定。

(2) 地质统计学分析方法

地质统计学又称地统计学，起源于 20 世纪 60 年代，是在法国著名统计学家 G.Matheron 大量理论研究的基础上逐渐形成的一门新的统计学分支学科，早期主要应用于研究地质现象的空间结构并进行空间估值。地质统计学区别于经典统计学的最大特点是：地质统计学既考虑到样本值的大小，又重视样本空间位置及样本间的距离，弥补了经典统计学忽略空间方位的缺陷。地质统计学作为一种空间分析方法，将空间自相关性或变异性引入了统计估计和插值中。这种空间自相关关系能够反映空间变量的空间结构和变异信息，通常由变量场所反映的空间结构往往受控于一定的形成因素和因素组合。因此，应用地质统计学的理论及相应的方法研究空间分布数据的结构性和随机性，或空间相关性和依赖性，或空间格局与变异，并对这些数据进行最优无偏内插估计，或要模拟这些数据的离散性、波动性非常合适。

近年来，地质统计学结合实际需要，与多学科相互渗透，形成了一系列实用有效的新方法，地质统计学的理论体系得到了不断的补充和完善。随着 GIS 技术的迅速发展，空间数据极大丰富，对空间分析功能提出了一个新的要求，越来越多的科研项目需要借助于地质统计学来分析空间数据。是以 GIS 为平台，结合地质统计分析了高速公路形变场的各向异性，可分为以下 3 个步骤：

① 对原始数据进行初步分析，计算样本容量、样本平均数、样本方差等。

② 计算变异函数值，并采用适当的模型对变异函数曲线进行拟合。

③ 分析空间数据场的各向异性。

2.4.2 高速公路 DEM 地形信息挖掘

(1) DEM 地形的数学表达

高速公路 DEM 建立是形变场空间数据挖掘工作展开的基础，以栅格数据形式表现的 DEM 空间数据，显示高程数字，如地质构造与岩性方信息、坡面形态及太阳辐射等数据信息。DEM 空间数据挖掘技术对其表征的显式和隐含的空间知识进行挖掘和发现，其研究成果具有重要的理论意义和实际意义。

数字地面模型（DTM）是进行三维空间数据处理与地形分析的关键、核心挖掘数据[35]，是区域 D 上的三维数据向量有限序列，它可描述为

$$\{V_i = (X_i, Y_i, Z_i \quad i = 1, 2, \ldots, n)\} \tag{2-27}$$

式中，X_i，Y_i—平面坐标$(X_i, Y_i \in D)$；Z_i—（X_i，Y_i）对应的高程值。

(2) 高速公路 DEM 的表达

目前，开展地形形变研究与灾害预警工程应用，DEM 分为规则的格网 GRID、不规则的三角网 TIN 以及等高线的模型等。

① 规则的格网模型。规则的格网模型（GRID）生成的 GRID 原始采样点可以是规则的，也可以是不规则的。格网单元值通过分布在格网的地形采样点挖掘提取，如规则网格采用矩形、正三角形、正六边形，并进行计算机处理和存储，如图 2-15 所示。

规则的格网 DEM 结构模型是在一组垂直正交的网格上，量取每一网格交点上的高度，将高程值记录成一个规则二维矩阵的结构，一般可用数学表达式描述：

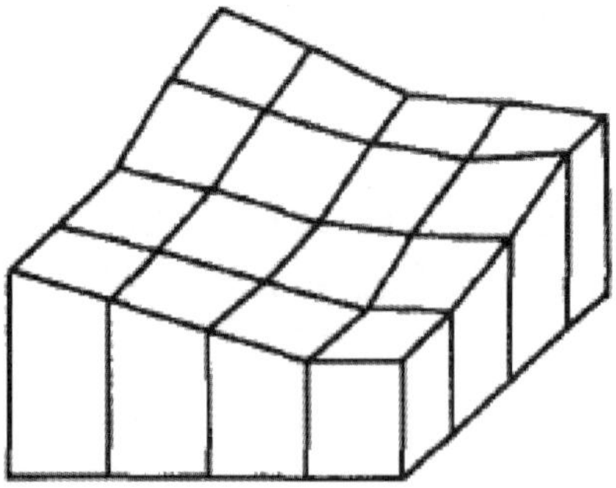

图 2-15 规则格网 DEM

$$\mathrm{DEM}=\{Z_{ij}\},\quad (i=1,2,\dots,m;\ j=1,2,\dots,n) \tag{2-28}$$

点与点间的距离代表数据空间分辨率的大小，分辨率直接影响空间分析结果和地图显示效果，分辨率的大小取决于原始地图的比例尺和绘制地图时最小的单位。在没有增加地图精度的情况下，分辨率过大会需要更大的存储空间和更长的操作时间。

② 不规则格网的模型。不规则的三角网模型（TIN）用互不交叉、互不重叠的三角形网络来描述地形表面，如图 2-16 所示。

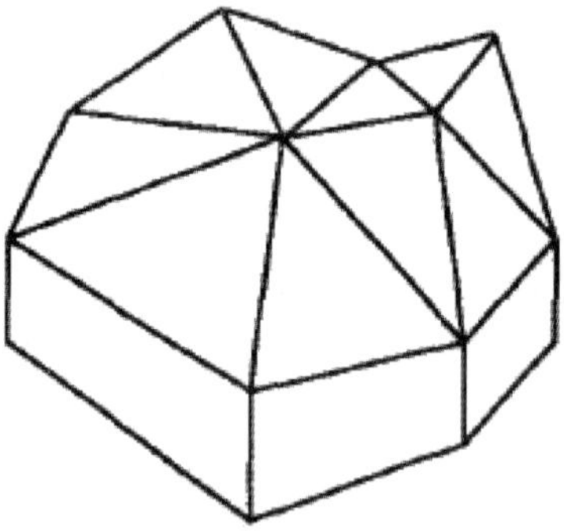

图 2-16 不规则三角网 DEM 示意图

图 2-16 中地形地表数学特征为三维空间的线性分段模型，连续不可微。因此，与规则的格网 DEM 相比，TIN 不规则的格网三维空间模型保持了原始采样数据点，如真实地描述山脊、山谷、地形断裂线等。

③ 等高线模型。等高线模型是等高线集合，用线状要素的矢量数据表示 DEM，实现地形图的数字化，揭示地表特性的变化规律，可以转换为规则的格网模型（GRID）或不规则的三角网格网模型（TIN）。

(3) 高速公路基本地形因子计算

面对种类繁多的地形因子，本研究目标为挖掘高速公路形变场的相关性，如平原、谷地、高山各种地貌的变化[36]，通过坡面坡度反映起伏程度，通过剖面曲率和平面曲率成果反映坡面间过渡与转折。研究依托河南省禹登高速公路，该地区地势平坦，高速公路带状构筑物地形起伏小且非常连续，长度较长但宽度小等，并且利用该地区坡度、坡向、平面曲率和剖面曲率描述地形的起伏变化。

① 坡度是反映斜坡的倾斜程度和地表形变状况，如图 2-17 所示，是法线方向 N 与垂直方向 Z 间的夹角，坡度值比较低则地势较平坦，坡度值高则地势较陡峭。基于 DEM 的坡度提取采用几何平面拟合或差分计算方法进行，如图 2-18 和表 2-1 所示。

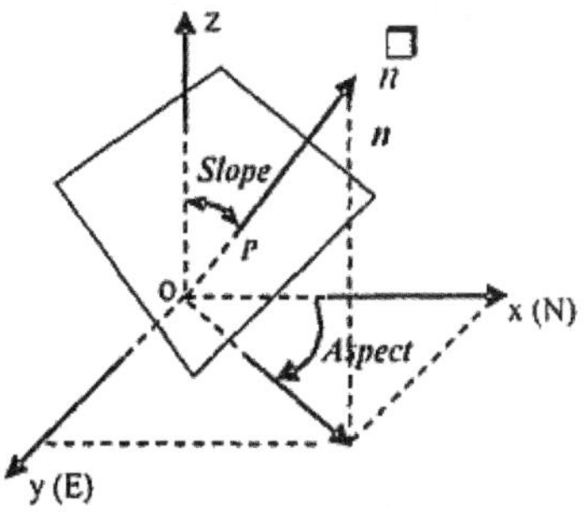

图 2-17　地表单元坡度示意图

$i-1, j-1$	$i-1, j$	$i-1, j+1$
$i, j-1$	i, j	$i, j+1$
$i+1, j-1$	$i+1, j$	$i+1, j+1$

图 2-8　3×3 分析窗口

表 2-1　基于 3×3 的栅格分析窗口的坡度坡向算法

<table>
<tr><td rowspan="6">数值分析方法</td><td colspan="3">最大坡降法（O'Callaghan et al.，1984）</td></tr>
<tr><td colspan="3">二阶差分法（Fleming et al.，1979；Unwin，1981）</td></tr>
<tr><td colspan="3">简单差分算法（Jones，1998）</td></tr>
<tr><td colspan="3">边框差分（Chu et al.，1995）</td></tr>
<tr><td rowspan="2">三阶差分法</td><td colspan="2">加权（Sharpnack and Akin，1969）</td></tr>
<tr><td colspan="2">不加权（Horn，1981；Unwin，1981）</td></tr>
<tr><td rowspan="6">局部曲面按拟合法</td><td colspan="3">线性回归平面（Sharpnack and Mark，1969）</td></tr>
<tr><td rowspan="4">二次曲面</td><td rowspan="2">限制</td><td>加权（Wood，1996）</td></tr>
<tr><td>不加权（Wood，1996）</td></tr>
<tr><td rowspan="2">非限制</td><td>加权（Horn，1981）</td></tr>
<tr><td>不加权（Evans，1980）</td></tr>
<tr><td colspan="3">不完全四次曲面（Zevenbergen et al.，1987）</td></tr>
<tr><td colspan="4">空间矢量法（Ritter，1987）</td></tr>
<tr><td colspan="4">快速傅里叶变换（Papo et al.，1984）</td></tr>
</table>

DEM 栅格数据为离散地表点高程值，由 DEM 计算地表的坡度，计算差分形式：

$$S^T(i,\ j) = \sqrt{(\mathrm{d}z/\mathrm{d}x)^2 + (\mathrm{d}z/\mathrm{d}y)^2} \tag{2-29}$$

在点（i，j）处的$\mathrm{d}z/\mathrm{d}x$和$\mathrm{d}z/\mathrm{d}y$可用该点周围的 8 邻域离散点的高程值计算：

$$\begin{aligned}\frac{\mathrm{d}z}{\mathrm{d}x} &= \left(Z_{i-1,\ j-1} + 2\times Z_{i,\ j-1} + Z_{i+1,\ j-1}\right)\\ &\quad -\left(Z_{i-1,\ j+1} + 2\times Z_{i,\ j+1} Z_{i+1,\ j+1}\right)/8\times G\end{aligned} \tag{2-30}$$

$$\begin{aligned}\frac{\mathrm{d}z}{\mathrm{d}y} &= \left(Z_{i-1,\ j-1} + 2\times Z_{i-1,\ j} + Z_{i-1,\ j+1}\right)\\ &\quad -\left(Z_{i+1,\ j-1} + 2\times Z_{i+1,\ j} Z_{i+1,\ j+1}\right)/8\times G\end{aligned} \tag{2-31}$$

式中，G—DEM 空间分辨率。

② 坡向。坡向是反映斜坡面对的方向，是法线方向水平投影向量的方位角 A。

$$\tan A = (-\sigma_z/\sigma_y)/(\sigma_z/\sigma_x) \qquad (-\pi < A < \pi) \tag{2-32}$$

GIS 空间数据挖掘中，通常使用二阶差分计算方法以提高计算速度和精度，点 i，j 在 X 方向上的斜度为

$$(\sigma_z/\sigma_x)_{ij} = \left(z_{i+1,\ j} - z_{i-1,\ j}\right)/2\sigma_x \tag{2-33}$$

式中，σ_x—格网间距（沿对角线时σ_x应乘以$\sqrt{2}$）。

地面高程数字分析算式如下：

$$\begin{aligned}(\sigma_z/\sigma_x)_{ij} = \Big[&\left(Z_{i-1,\ j-1} + 2\times Z_{i,\ j-1} + Z_{i+1,\ j-1}\right) \\ &- \left(Z_{i-1,\ j+1} + 2\times Z_{i-1,\ j} + Z_{i-1,\ j-1}\right)\Big]/8\sigma_x\end{aligned} \tag{2-34}$$

同理计算其他方向的坡度。

③ 曲率因子。地面曲率因子在 DEM 数据中求算高程的微分分量采用三阶反距离平方权差分算法。栅格为 3×3 的模板分析窗口[26-29]，如图 2-19 所示。

a	b	c
d	e	f
g	h	i

（a）高程分析窗口

a'_x	b'_x	c'_x
d'_x	e'_x	f'_x
g'_x	h'_x	i'_x

（b）M 值分析窗口

a'_y	b'_y	c'_y
d'_y	e'_y	f'_y
g'_y	h'_y	i'_y

（c）N 值分析窗口

图 2-19　提取地面曲率的分析窗口

图 2-19 中：M—X 方向高程变化率；N—Y 方向高程变化率；a，b，c，d，e，f，g，h，i—分别代表各个栅格元的高程值。

则有

$$M = \frac{\partial z}{\partial x} = \frac{(a+2d+g)-(c+2f+i)}{8\times Cellsize} \tag{2-35}$$

$$N = \frac{\partial z}{\partial y} = \frac{(a+2d+g)-(c+2h+i)}{8\times Cellsize} \tag{2-36}$$

式中，$Cellsize$—栅格的格网间距。

将 p 和 q 值分别组成两个栅格矩阵，以此为基础数据，进行差分运算，得到地表曲面 $Z=f(X，Y)$的二次导数 r，s，t。

$$r = \frac{\partial^2 z}{\partial x^2} = \frac{(a'_x+2d'_x+g'_x)-(c'_x+2f'_x+i'_x)}{8\times Cellsize} \tag{2-37}$$

$$s = \frac{\partial^2 z}{\partial x \partial y} = \frac{(a'_x+2b'_x+c'_x)-(g'_x+2h'_x+i'_x)}{8\times Cellsize} \tag{2-38}$$

$$t = \frac{\partial^2 z}{\partial y^2} = \frac{\left(a'_y+2b'_y+c'_y\right)-\left(g'_y+2h'_y+i'_y\right)}{8\times Cellsize} \tag{2-39}$$

式中，r—X 方向上高程变化率的变化率（剖面曲率）；s—X 方向上高程变化率在 Y 方向上的变化率（平面曲率）；t—Y 方向上高程式变化率的变化率（水平曲率）。

通过上述计算得到曲率因子，其计算流程如图 2-20 所示。

2.4.3　高速公路形变场地质统计学分析

由于研究对象是高速公路空间数据，主要研究内容是高速公路地形分布规律、DEM 以及变形监测数据的空间相关性，地统计学能够描述这种空间相关性，并且将具有很好的插值方法和设计最优化采样方法。所以，采用地统计学分析方法对本次实验进行分析最为适

合。运用地统计学分析空间数据分布规律的关键问题在于对高速公路 DEM 及变形监测数据的空间结构分析和变异函数模型建立，并在此基础上对高速公路进行空间局部估计，绘制高速公路 DEM 及变形变异函数图。高速公路 DEM 及其变形监测数据的变异函数说明了随着样点间距离的变大，公路高程点及变形量差异的变化情况，变异函数模型的建立，以确定不同方向的相关性和异质性。为了准确地表征高速公路 DEM 和变形监测数据的空间格局，还要借助 GIS 制图技术，从中导出各样本点坐标，并绘制相关底图作为参照系。

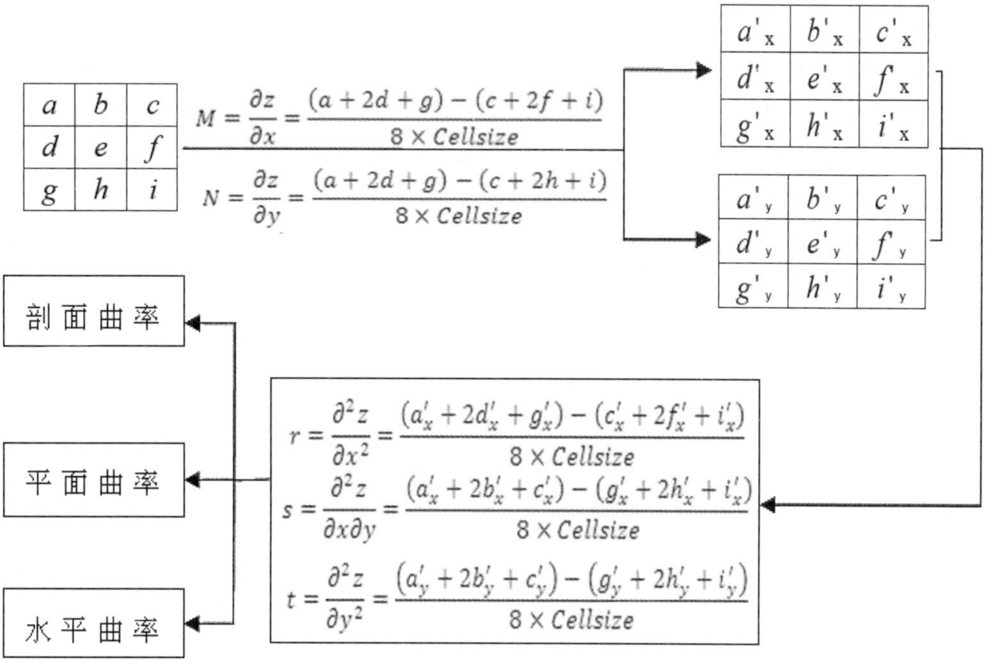

图 2-20　地面曲率提取步骤流程图

2.4.3.1　区域化变量

以空间点x的三个直角坐标x_u，x_v，x_w为自变量，随机场$\gamma(x_u, x_v, x_w)=\gamma(x)$称为一个区域化变量或区域化随机变量。区域化变量$\gamma(x)$在观测前是一个随机场；观测后就得到$\gamma(x)$的一个实现，每一个实现$\gamma(x)$是一个普通的空间三元实函数（或空间点函数）。DEM 高程场数据区域化变量可写成$\gamma(x,y,z)$，X 和 Y 为平面坐标，z 为高程坐标；D-InSAR 变形监测数据区域化变量为$\gamma(x,y,\Delta z)$，X 和 Y 为平面坐标，Δz为高程方向的变形量。

本研究将高速公路高程值与形变看成区域化变量，从这个角度出发来反映高速公路变形场的结构性和相关性。高速公路高程值的取值$\gamma(x)$是不确定的，可以看成一个随机变量，这就体现了其随机性；同时，在空间两个不同的采样点x与$x+\Delta x$（Δx为空间距离）的高程$\gamma(x)$和$\gamma(x+\Delta x)$具有某种程度的自相关，这种自相关依赖于两点间的距离Δx及变量的特征，一般来说$|\Delta x|$越小，相关性就越好。这种自相关反映了高程值的连续性和关联性，也体现了高程变量的结构性。

高速公路变形量受到如煤矿开采、公路自重、车辆荷载和气候变化等多种因素的影响，变形量呈现出较大的随机性。相反在高速公路空间两个不同采样点的变形量与$\gamma(x)$值也具有一定的相关性，主要体现在公路相对稳定变形较连续区域范围内。

2.4.3.2 半变异函数基本特性

① 半变异函数。其也称半方差函数，是一个关于数据点的半变异值与数据点间距离的函数，成为描述区域化变量随机性和结构性特有的基本手段，是地质统计分析所特有的基本工具。对半变异函数的图形描述可得到一个数据点与其相邻的数据点的空间相关关系图。

一维条件半变异函数，空间点x在一维x轴上变化，其 $Z(x)$在点x和$x+\Delta x$处的值 $Z(x)$与 $Z(x+\Delta x)$差的方差一半，记为半变异函数：

$$\gamma(\Delta x)=\frac{1}{2}Var[Z(x)-Z(x+\Delta x)] \tag{2.40}$$

根据$\gamma(\Delta x)$和ΔX点绘成图，用数学公式拟合就可以得到理想半变异函数模型。$\gamma(\Delta x)$表示了空间点 X 在一维 X 轴上空间变异格局，而且半变异函数于最大间隔 1/2 处才有意义。半变异函数是为了描述区域化变量结构性和随机性并存的空间特征而提出的。$\gamma(\Delta x)$空间依赖性、异质性水平差异显著，因此$\gamma(\Delta x)$存在各向同性和各向异性。

图 2.21 是$\gamma(\Delta x)$函数图，通过该图可以说明变量的空间相关性。$\gamma(\Delta x)$是地理现象分布中的空间依赖性、异质性的综合衡量指标，具有块金值、基台值、变程及分维数四个重要参数。

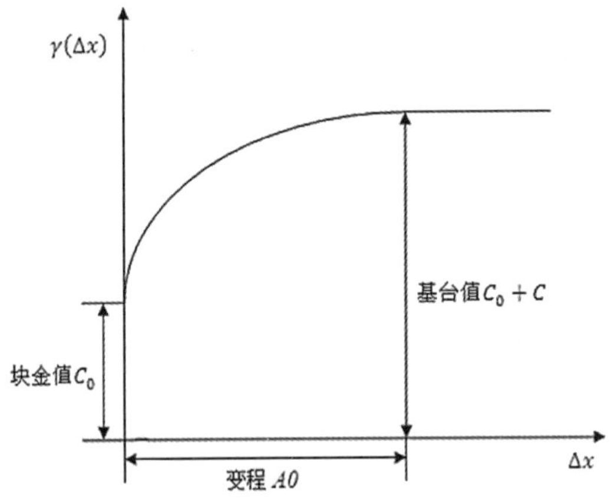

图 2.21 $\gamma(\Delta x)$半变异函数图

其中，$\gamma(\Delta x)$在尺度与相关变异中最重要的参数是指示空间相关范围大小的变程 A_0，变程 A 在不同方向上的大小揭示了各向同性或各向异性程度，在此范围之内数据具有较好的空间相关性，此范围之外则空间相关性较差或无相关性。

② 当间隔距离$\Delta x=0$ 时，$\gamma=(\Delta x)=C_0$，该值称为块金值，块金值是指在小空间范围内观测值具有较大变异，表示随机部分的空间异质性。块金值C_0越大表明观测值空间相关性越差，如果C_0值大小与基台值相当则表明观测值不具有空间相关性。块金值包括两个部分即采样过程的误差，和空间上过程的不连续性，在空间上反映了抽样间距的差异。因此，小于最小抽样距离时的空间变异性和测量及分析误差通过块金综合反映。

◎当$\Delta x=A_0$时，$\gamma(h)$从非 0 值达到稳定常数基台值—C_0+C。

◎C_0+C与块金值C_0之差为 C—空间自相关引起的空间异质性。

◎C_0+C—系统属性或区域化变量最大变异，其值越大，空间差异性程度越高。

③ 与C_0+C相似，C_0不能用于比较变量间的随机性差异，但是 $C_0/(C_0+C)$反映C_0方差占总空间异质性 $SH(Z)$变异的大小。

◎$C_0/(C_0+C)$较高，如 $C_0/(C_0+C)>75\%$，表明随机部分引起空间异质性程度 SHR 较高。

◎$C_0/(C_0+C)$接近于 1，表明区域范围内某一变量在整个尺度上具有恒定变异，空间相关性较差；

◎$C_0/(C_0+C)<25\%$，表明区域化变量在较小尺度范围变化较小，有较强的空间相关性。

④ 分维数 D—半变异函数$\gamma(\Delta x)$的曲率，即变异函数 $Z(X)$曲线斜率变化，反映了空间数据的分维状况[28,29]。

◎变异函数 $Z(x)$曲线斜率的急剧变化，说明区域化变量在不同尺度上受到多个重要过程控制；

◎变异函数 $Z(x)$曲线斜率平缓，说明整个尺度上多个过程同等重要。

2.4.3.3　半变异函数的拟合模型

半变异函数$\gamma(\Delta x)$是协方差函数，是同一个变量在一定相隔距离上差值平方的期望值。差值越小，说明在该距离内该变量的相关性越好，反之亦然。实验半变异函数可通过常用的几种理论模型进行拟合，具体分析如下：

(1) 有基台模型

① 线性模型

$$\gamma(\Delta x)=\begin{cases}C_0+b\Delta x & 0<\Delta x<\alpha\\ C_0+C & \Delta x\geq\alpha\end{cases}\tag{2.41}$$

式中，C_0—截距（块金）；b—斜率。

② 球形模型

$$\begin{cases}0 & \Delta x=0\\ C_0+C\left(\frac{3\Delta x}{2\alpha}-\frac{1\Delta x^3}{2\alpha^3}\right) & 0<\Delta x\leq\alpha\\ C_0+C & \Delta x>\alpha\end{cases}\tag{2.42}$$

式中，C_0—截距（块金）；C—$Sill$-C_0；Δx—延迟距离。

③ 指数模型

$$\gamma(\Delta x)=\begin{cases}0 & \Delta x=0\\ C_0+C\left(1-\mathrm{e}^{-\frac{\Delta x}{\alpha}}\right) & 0<\Delta x<3\alpha\end{cases}\tag{2.43}$$

式中，C_0—截距（块金）；C—$Sill$-C_0；指数模型的变程为 3α，当 $C=1$，$C_0=0$ 时，称为标准指数模型。

④ 高斯模型

$$\gamma(\Delta x)=\begin{cases}0 & \Delta x=0\\ C_0+C\left(1-\mathrm{e}^{-\frac{\Delta x^2}{\alpha^2}}\right) & 0<\Delta x<\sqrt{3}\alpha\end{cases}\tag{2.44}$$

式中，α不是变程，当$\Delta x=3\alpha$时，$\gamma(h)=C_0+C$。

因此，高斯模型的变程为$\sqrt{3}\alpha$，即半变异函数渐近线与基台值差小于基台值 5%的距离，高斯、指数模型基台值不与半变异函数渐近线出现相交。

当 $C=1$，$C_0=0$ 时，半变异函数即为标准高斯模型。

⑤ 二次模型

$$\gamma(\Delta x)=\begin{cases}C_0+C[2\Delta x-\Delta x] & \Delta x<1\\ C_0+C & \Delta x\geq 1\end{cases}\tag{2.45}$$

式中，C_0—截距（块金）；C—$Sill$-C_0；Δx—延迟距离。

⑥ 立方模型

$$\gamma(\Delta x)=C(7\Delta x^2-8.75\Delta x^2+3.5\Delta x^2-0.75\Delta x^2)\tag{2.46}$$

(2) 无基台模型

① 无基台线性模型

$$\gamma(\Delta x)=\begin{cases}C_0+\omega\Delta x & \Delta x=0\\0 & 0<\Delta x<\sqrt{3}\alpha\end{cases}\qquad(2.47)$$

② 无基台对数模型

$$\gamma(\Delta x)=C_0+Ctg(\Delta x)\qquad(2.48)$$

③ 幂函数模型

$$\gamma(\Delta x)=C[\Delta x^2]\ 0<n<2\qquad(2.49)$$

(3) 纯金块模型

$$\gamma(\Delta x)=\begin{cases}C_0 & \Delta x>0\\0 & \Delta x=0\end{cases}\qquad(2.50)$$

(4) 半变异函数理论模型选择

① 无基台时，选用的半变异函数理论模型宜用幂函数模型；

② 有基台且在原点时，具有二次特征，选用的半变异函数理论模型宜用高斯模型；

③ 有基台且$\Delta x>\alpha$时，方差图完全水平，选用的半变异函数理论模型宜用球状模型；

④ 其他情形时，选用的半变异函数理论模型宜用指数模型[37-38]。

2.4.3.4 各向异性分析

变异函数具有方向性，区域化变量在几个方向上变化时就要考虑变异函数$\gamma(\Delta x)$在不同方向上的变化，如果变异函数$\gamma(\Delta x)$在各个方向上的变化都相同时，称为各向同性，不同的计算方向变异函数所提示的空间数据场变化趋势不同，则称为各向异性。变程 A_0 可以被看作影响半径的一种表述，各向异性不同方向半变异函数具有不同变程，其影响范围成为椭球体，即各向异向椭球体。可见，建立各方向的变异函数，进行各向异性分析，确定合理影响范围。影响高速公路高程数据场与变形数据场的因素众多、结构复杂，且在不同的方向上的变化是非均匀的，具有不同的变异特征。要准确地衡量高速公路高程数据场和变形数据场的空间变异特征，对于不同方向上的变化必须采用不同的理论模型进行拟合。各向异性变异函数是高程数据场与变形数据场空间变异的重要组成部分，变异函数不仅与样点间隔距离（矢量）Δx有关，而且与空间方向(Q)有关，各向异性半方差$\gamma(\Delta x, Q)$表示变异函数沿着某一方向随着距离的变化所得到的值，也就是说某种结构因素和随机因素在不同方向上可能存在的不同影响。因此，统计不同方向的变异函数对于进一步分析变形数据和高程数据空间变异特征具有重要意义，为实验区域高速公路变形监测、区域形变场预测管理工作提供科学依据。本研究分别计算了东—西、南—北、东南—西北、东北—西南四个方向的变异函数，系统默认的线性模型，依据变异函数曲线重新选用更为合适的高斯模型与指数模型进行拟合。拟合度较高，与实际情况相当符合。

2.5 大区域、小尺度、高精度条带形变数据挖掘方法

为了精确地了解道路条带的变形情况，进行条带形变数据挖掘试验，本次实验情况：于道路沿线布设 12 个反射器 CR，即作为后向反射强度的参照物，即 SAR 图像上的亮点，易于干涉图精确配准，进而提高监测精度。

此外，利用 GPS 与 InSAR 融合的技术优势，不但可以测出各 CR 点相应的三维坐标，还能利用 GPS 对流层资料改正角反射器点的大气延迟，更可方便地对公路条带离散像元的相位进行解缠。

2.5.1 道路路面、路基、红线范围地表形变特征

考虑到本项目是以监测道路的不均匀沉降变形为主，将公路路面、路基、红线范围地表作为条带进行数据提取，展开不均匀沉降形变研究。道路虽然在幅度影像上反射强度较小（呈现较暗颜色），但其相位信息却更加稳定。道路路面、路基、红线范围地表表现为条带状，其宽度基本均匀分布。为了精确地监控道路路面、路基、红线范围地表条带的形变变化情况，通过 SAR 影像寻找其位置，并将其相应坐标挖掘提取。对于道路路面、路基、红线范围地表像元的相位稀疏特性，以及像元间的不连续性，进行道路路面、路基、红线范围地表离散点的相位解缠需要大型数据处理计算完成。针对道路路面、路基、红线范围地表高程起伏较小且连续的特征，相位变化往往不会出现突变，利用 GPS 与 CRInSAR 技术融合优势，建立道路路面、路基、红线范围地表条带的 LAMBDA 稀疏相位解缠算法模块，进行道路路面、路基、红线范围地表条带离散像元的相位解缠，有利于提高常规解缠方法的精度。

2.5.2 LAMBDA 的稀疏相位解缠

(1) 角反射器 CR 相位解缠

角反射器 CR 相位解缠的进行是利用 GPS 中常用的模糊度解算方法 LAMBDA[39-40]，该解缠算法是精度较高的有效算法，LAMBDA 的稀疏相位解缠具体方法为：

① 利用最小二乘原理，考虑模糊度整数特性，搜索整周模糊度。

② 开展角反射器 CR 变形参数的解算。

③ 运用相关系数的可靠特性，确定角反射器 CR 相位中的高程。

④ 根据角反射器 CR 坐标和轨道矢量已知数据，准确确定角反射器 CR 的卫星坐标。

LAMBDA 的稀疏相位解缠算法计算原理：

$$y = Aa + Bb + \varepsilon \tag{2.51}$$

式中，y—观测值向量；a—未知整周模糊度向量；b—待求位置参数向量；A，B—整周模糊度向量和待求位置参数向量系数矩阵；ε—测量随机误差向量。

(2) LAMBDA 的稀疏相位解缠

LAMBDA 的稀疏相位解缠算法搜索整周模糊度如下：

① 若整周模糊度的属性不是整数特性，用最小二乘法原理进行实数和其参数求解；

② 根据 LAMBDA 的稀疏相位解缠算法的搜索准则，求得变换后模糊度的整数解，再通过整数变换的逆变换，最终获得整周模糊度的整数解；

③ 利用获得的整周模糊度的整数解，进一步求解得到相应的位置参数。

(3) 反射器 CR 长期监测预测方程

假设角反射器 CR 的变形具有 1 个线性项和 2 个周期项，进而构建角反射器 CR 长期监测的分析预测方程，用 LAMBDA 的稀疏相位解缠算法进行角反射器 CR 模糊度的求解，进而进行道路路面、路基、红线范围地表条带变形模型的解算。

分析预测方程为

$$R(t,j)\sum_{d=1}^{3} \alpha_d^j \cdot P_d(t) \tag{2.52}$$

$$P_1(t) = t \qquad P_2(t) = \sin(2\pi t/T) \qquad P_3(t) = \cos(2\pi t/T)$$

角反射器 CR 监测的分析预测方程可以写为

$$\Delta\varphi_{i,j} = -2\pi \cdot \Delta K_{i,j} + \Delta\varphi_{\mathrm{topo}}^{i,j} + \Delta\varphi_{\mathrm{atmos}}^{i,j} + \frac{4\pi}{\lambda}\sum_{d=1}^{3}\alpha_d^j\left(p_d(t^i) - p_d(t^0)\right) + S_j + \varepsilon_{i,j} \tag{2-53}$$

式中，i—干涉对序列号；j—角反射器 CR 序列号；$\Delta\varphi_{i,j}$—第 j 个角反射器 CR 相对于参考角反射器 CR 相位差；$\Delta K_{i,j}$—第 j 个角反射器 CR 相对于参考角反射器 CR 相位差的整周模糊数；$\Delta\varphi_{\mathrm{topo}}^{i,j}$—第 j 个角反射器 CR 相对于参考角反射器 CR 的相位差的地形相位差；$\Delta\varphi_{\mathrm{atmos}}^{i,j}$—第 j 个角反射器 CR 相对于参考角反射器 CR 的相位差的大气相位差；S_j—系统误差；$\varepsilon_{i,j}$—观测相位的随机误差。

角反射器 CR 监测获得的形变数据，进而建立函数模型矩阵，分析预测方程为

$$y_1 = A_1 a + B_1 b + \varepsilon_1 \tag{2.54}$$

其中：

$$A_1 = \begin{bmatrix} -2\pi & & & & \\ & -2\pi & & & \\ & & \ddots & & \\ & & & -2\pi & \\ & & & & -2\pi \end{bmatrix} \quad y_1 = \begin{bmatrix} \Delta\varphi_{1,j} - \Delta\varphi_{\mathrm{topo}}^{1,j} - \Delta\varphi_{\mathrm{atmos}}^{1,j} \\ \Delta\varphi_{2,j} - \Delta\varphi_{\mathrm{topo}}^{2,j} - \Delta\varphi_{\mathrm{atmos}}^{2,j} \\ \Delta\varphi_{3,j} - \Delta\varphi_{\mathrm{topo}}^{3,j} - \Delta\varphi_{\mathrm{atmos}}^{3,j} \\ \vdots \\ \Delta\varphi_{N,j} - \Delta\varphi_{\mathrm{topo}}^{N,j} - \Delta\varphi_{\mathrm{atmos}}^{N,j} \end{bmatrix} \quad b = \begin{bmatrix} \alpha_1^j \\ \alpha_2^j \\ \alpha_3^j \\ S_j \end{bmatrix}$$

$$a = \begin{bmatrix} \Delta K_{1,j} \\ \Delta K_{2,j} \\ \vdots \\ \Delta K_{N,j} \end{bmatrix} \quad B_1 = \frac{4\pi}{\lambda}\begin{bmatrix} p_1(t^1) - p_1(t^0) & p_2(t^1) - p_2(t^0) & p_3(t^1) - p_3(t^0) & 1 \\ p_1(t^2) - p_1(t^0) & p_2(t^2) - p_2(t^0) & p_3(t^1) - p_3(t^0) & 1 \\ \cdots & \cdots & \cdots & \cdots \\ p_1(t^N) - p_1(t^0) & p_2(t^N) - p_2(t^0) & p_3(t^N) - p_3(t^0) & 1 \end{bmatrix}$$

其中，a为相位模糊度参数，可以利用 GPS 中的 LAMBDA 的稀疏相位解缠算法求得，通过解算求得角反射器 CR 形变参数。利用二轨法开展的 D-InSAR 处理方法，进行 SAR 影像处理，对道路路面、路基、红线范围地表条带提取插值，最终提取其 D-InSAR 条带变形信息。

2.6 本章小结

① 本章详细分析了前沿的 3S+CRInSAR 空间监测技术,包括地理信息系统（GIS）、遥感（RS）、全球定位系统（GPS）、InSAR 技术、人工角反射器 CR 点，3S+CRInSAR 空间监测技术能够快速、精确监测交通道路工程路面、路基、红线范围地表条带形变，为道路工程灾害监测、预测预报提供了新的技术方法与新的手段。空间监测技术的优缺点对比如表 2-2 所列。

② 高速公路 DEM 建立是之后形变场空间数据挖掘工作展开的基础，DEM 空间数据挖掘技术对其表征的显式和隐含的空间知识进行挖掘和发现。

③ 在道路沿线周围布设角反射器 CR，能够更加精确地了解道路条带的变形情况，利用 GPS 与 CRInSAR 融合的技术优势，不但可以测出各反射器 CR 相应的三维坐标，还能利用 GPS 对流层资料改正角反射器点的大气延迟，更可方便地对公路条带离散像元的相位进行解缠。

④ 借助 GIS 制图技术，能准确地表征道路 DEM 和变形监测数据的空间格局。开展空间数据挖掘技术的深入研究，为解决道路空间变形演化和安全运营问题提供数据支持。

表 2-2 空间监测技术的优缺点

监测技术（仪器）		优点	缺点	适用范围
空间监测技术	GPS 监测技术	不要求点与点通视；多点快速测量；测效率高；精度高；三维量；全天候作业的特点	通视；同时卫星数要求在 5 个以上；短基线时误差大；面状测量成本高	地面沉降变形
	GPS 一机多天线变形监测	简单、经济、自动化，能连续监测变形	费用高，要求通视	滑坡监测
	InSAR 星载合成孔径雷达干涉监测技术	连续空间覆盖、高度自动化和高精度监测、高精度	具有一定的周期性，实时监控差	形变监测，测绘学，气象学，专题制图，
	CR-InSAR 技术	相关性很弱或失相关地区；实时监测,长期监测；监测范围可大小；监测精度高	大气效应误差；角反射器点的相位解缠的问题；	矿区、公路、建筑物、沉降变形
	InSAR 技术与 GPS 技术的融合	高精度定位；高时间分辨率；高空间分辨率	工作量大	地面变形沉降监测

主要参考文献

[1] 吴信才. 地理信息系统原理与方法[M]. 北京：电子工业出版社, 2009: 3-10.

[2] 胡新丽. 斜坡工程地质灾害信息系统[M]. 北京：中国地质大学出版社, 2005.

[3] 彭望琭. 遥感概论[M]. 北京：高等教育出版社, 2010: 1-20.

[4] 高成发. 卫星导航定位原理与应用[M]. 北京：人民交通出版社, 2011: 1-5.

[5] 范文义. “3S”理论与技术[M]. 哈尔滨：东北林业大学出版社, 2003.

[6] 丁晓利, 陈永奇, 李志林, 等. 合成孔径雷达干涉技术及其在地表形变监测中的应用[J]. 紫金山天文台台刊, 2000, 6.

[7] 焦明连, 蒋廷臣. 合成孔径雷达干涉测量理论与应用[M]. 北京：科学出版社, 2009: 6-20.

[8] 何秀凤. InSAR 对地观测数据处理方法与综合测量[M]. 北京：科学出版社, 2012: 5-10.

[9] SAMSONOVA S V, TIAMPOA K F, RUNDLE J B. Application of DInSAR-GPS optimization for derivation of three-dimensional surface motion of the southern California region along the San Andreas fault[J]. Computers & Geosciences, 2008, 34: 503-514.

[10] POWER D, YOUDEN J, ENGLISH J. Churchill InSAR evaluation of landslides in support of roadway[J]. Design and Realignment, 2009, 3: 3848-3851.

[11] 胡俊. InSAR 监测地表三维形变的研究[D]. 长沙：中南大学, 2008: 6-16.

[12] 陈基炜. InSAR-GPS-GIS 数据整合在地面沉降研究中的应用[J]. 大地测量与地球动力学, 2008, 24(3): 87-91.

[13] 刘国林, 张连蓬, 成枢, 等. 合成孔径雷达干涉测量与全球定位系统数据融合监测矿区地表沉降的可行性分析[J]. 测绘通报, 2005, 11: 10-13.

[14] 杨侣珍. 基于 GPS、CR-InSAR 技术的高速公路采空区路基变形监控研究[D]. 长沙：长沙理工大学, 2009.

[15] 陈佳艺. 基于 InSAR、SDM 技术的高速公路空间形变与演化研究[D]. 长沙：长沙理工大学, 2010.

[16] 罗海滨, 何秀凤. 应用 InSAR 与 GPS 集成技术监测地表形变探讨[J]. 遥感技术与应用, 2006, 21(6): 493-495.

[17] 芮勇勤, 陈佳艺, 丁晓利. 基于 InSAR 与 GPS 技术的公路采空区变形监测[J]. 东北大学学报(自然科学版), 2010, 31(12): 1773-1776.

[18] 丁晓利, 黄丁发, 殷建华, 等. 新一代多天线 GPS 系统研制[J]. 测绘通报. 2003, 12.

[19] DING X L, CHEN Y Q, HUANG D F, et al. Slope monitoring using GPS: a multi-antenna approach[J]. GPS World, 2000(25): 893-916.
[20] 李满春, 任建武, 陈刚, 等. GIS 设计与实现[M]. 北京: 科学出版社, 2006.
[21] 李德仁, 王树良, 李德毅. 空间数据挖掘理论与应用[M]. 北京: 科学出版社, 2006.
[22] 孙元军. 土地利用空间数据挖掘方法及其应用研究[D]. 北京: 中国地质大学, 2008.
[23] HAN J, FU Y. Exploration of the power of attribute-oriented induction in data mining[C]//FAYYAD M, PIATETSKY-SHAPIRO G, SMYTH P. Advances in knowledge discovery and data mining. California: AAAI/MIT Press, 1996: 399-4213.
[24] 徐铭杰. 遥感图像数据挖掘体系与实现技术研究[D]. 郑州: 中国人民解放军信息工程大学, 2003.
[25] GOODCHILD M F. Measurement-based GIS[C]//SHI W Z, MICHAEL F, GOODCHILD, et al. Proceedings of International Symposium on Spatial Data Quality'99. The Hong Kong Polytechnic University, 1999: 1-9.
[26] 栾元重, 吕法奎, 班训海. 动态变形观测与预报[M]. 北京: 中国农业科学技术出版社, 2007.
[27] 王旭红. 遥感影像数据挖掘技术研究[D]. 西安: 西北大学, 2005.
[28] KOPERSKI K, ADHIKARY J, HAN J. Spatial data mining: process and challenges survey paper[C]//Workshop on Research Issues on Data Mining and Knowledge Discovery (DMKD'96), Montreal, Canada, 1996: 216.
[29] 肖志强. SAR 图像中道路网络提取及 GIS 空间数据更新方法研究[D]. 长沙: 中南大学, 2004.
[30] 王旭红, 周明全, 耿国华. 遥感影像信息挖掘的框架研究[J]. 计算机应用与软件, 2006, 23(6): 16-18.
[31] 李爽, 姚静. 空间关联模式发现[M]. 北京: 科学出版社, 2007.
[32] 马超飞. 基于关联规则的遥感数据挖掘与应用[D]. 北京: 中国科学院遥感应用研究所, 2002.
[33] 周启鸣, 刘学军. 数字地形分析[M]. 北京: 科学出版社, 2006.
[34] 晁玉忠. 基于 DEM 的数字地形分析[D]. 武汉: 武汉理工大学, 2008.
[35] 查正军. 基于数字高程模型(DEM)的地形特征提取[D]. 上海: 同济大学, 2007.
[36] 马荣华, 蒲英霞, 马晓东. 基于分形的 DEM 数据不确定性研究[M]. 北京: 科学出版社, 2007.
[37] 王建, 白世彪, 陈晔. Surfer8 地理信息制图[M]. 北京: 中国地图出版社, 2004.
[38] 张仁铎. 空间变异理论及应用[M]. 北京: 科学出版社, 2005.
[39] 龙江平, 丁晓利, 李志伟, 等. LAMBDA 方法在 CR-InSAR 相位解缠中的应用[J]. 大地测量与地球动力学, 2008, 28(3): 100-103.
[40] 陈佳艺. 基于 InSAR、SDM 技术的高速公路空间形变与演化研究[D]. 长沙: 长沙理工大学, 2010.

第 3 章　交通道路工程防灾减灾检测监测技术

我国是世界上地质灾害最为严重的国家，修建交通道路与铁道工程经常会遇到如崩塌、滑坡、泥石流、岩溶等复杂的地质灾害。而且由于道路与铁道工程勘察设计、施工建设过程中不可避免的缺陷问题，以及各种致灾因素（车轮路面磨损、冲击、暴雨、日晒、冰雪冻融等），使得道路与铁道工程结构物在使用中出现病害与损害，道路工程实体使用功能下降，服务寿命减少。道路工程灾害的调查方法、检测技术、监测技术、土工试验方法、模型试验方法、计算机数值模拟分析、评价方法、治理措施、预测预报技术等防灾减灾关键技术方法，是道路工程灾害预警体系能够正常运行、发挥作用的重要基础支持。

3.1　交通道路工程防灾减灾

道路工程经过可行性研究、勘察设计、施工建设等过程，才能正式投入运营使用，要减少灾害对道路工程的影响，要从道路工程建设的各个环节加强控制。

① 路线初步勘察设计阶段，应按照国家有关强制性条文规定，进行有关国土资源、环境保护、水土保持、文物等的评估工作。综合考虑建设用地地质灾害危险性等级、地震安全性因素的影响，进行路线方案设计优化，尽可能绕避不良地质灾害。

② 路线详细地质勘察设计阶段，应充分征求相关主管部门的意见，收集平面、立面交叉基础资料，对设计路线平、纵断面、桥梁、隧道进行施工图优化设计。地质勘察设计过程中，综合考虑运用新技术，如导线测量采用 GPS 测量技术，保证控制测量成果准确可靠，采用数字化地形图，保证选线、定线及优化设计等。

③ 施工过程中，强调信息化施工，依据设计指导施工，根据施工监测信息优化施工方案[1-3]，信息化施工把设计修正纳入施工中和施工后，监测技术的发展和应用，使信息化控制成为可能。

④ 运营期，运用先进的空间监测技术、预测预报技术，建立灾害预警机制，争取灾害最佳诊治时间，进行及时必要的预防、养护及治理。

3.2　道路工程地质灾害勘察设计方法

3.2.1　道路工程地质勘察方法

道路工程地质勘察的任务是运用工程地质学的理论和方法，认识道路通过地带的工程地质条件，为道路工程的测设和施工提供依据和指导，以正确处理工程建筑与自然条件之间的关系，充分利用有利条件，避免或改造不利条件。

道路工程地质勘测主要采用研究既有资料、调查与测绘、勘探、试验与长期观测等几种方法[4]。

① 研究既有资料。收集区域地质、地形地貌、水文地质、特殊地质地段及不良地质现象、地震、气象、其他有关资料及工程经验等。

② 调查与测绘。地质调查主要通过直接观察和访问群众的方法，需要时可配合适量的勘探和试验工作；地质测绘在无航摄资料时采用路线法，在有航摄资料时，通过立体镜判释、实地调查测绘，绘制工程地质图。

③ 勘探方法有挖探、简易钻探、钻探、地球物理勘探等。挖探能取得详尽的直接资料和原状土样，但劳动强度大且勘探深度有限；简易钻探方法工具轻、体积小、操作方便、进尺较快、劳动强度较小；钻探能获得深部地层的可靠地质资料，主要用于不良地质现象的勘探；地球物理勘探即物探与调查测绘、挖探、钻探密切配合，综合物探，能取得较好的效果。

④ 试验是对土石工程性质进行定量评价必不可少的方法，是解决复杂工程地质问题的主要途径，包括室内试验和野外试验。

⑤ 长期观测是工程地质勘测的重要方法，在某些情况下是必需的。观测工作可以在勘测设计阶段进行，也可以在施工阶段进行，还可以在运营阶段进行；观测期限可以是一年的，也可以是多年的。

3.2.2 道路工程设计方法

公路勘察设计新理念"六个坚持，六个树立"[5]，核心是围绕科学发展观的要求，通过采用灵活设计（"合理选用技术标准"）和创作设计，实现"安全、环境优美、节约资源、质量优良、系统最优"的目标，公路设计新理念如图 3-1 所示。

图 3-1 公路设计新理念

3.3 道路工程病害检测技术

(1) 路基压实度检测

通过对路基压实度的检测，预估路基的强度、刚度以及使用寿命，路基压实质量是道路工程施工质量管理重要的内在指标。现场压实度检查试验方法[6]，对粗粒土和路面结构采用灌砂法、水袋法，必要时采用钻孔取样蜡封法；对细粒土，可用环刀法、灌砂法；核子密度仪可作适时快速检控时应用，但需与常规方法对比，验证其可靠性。

(2) 刚性承载板试验

根据我国路面设计规范规定[7-8]，路面结构设计中路基力学性能参数采用路基回弹模量，路基回弹模量确定方法主要有刚性承载板法、贝克曼梁法、换算法、查表法、CBR 法、室内试验测定法、路表弯沉盆反算法等。现场刚性承载板试验如图 3-2 所示[9]。

图 3-2 施工现场承载板试验

(3) 沥青路面平整度检测

路面平整度指标是评定路面使用质量、施工质量及现有路面破坏程度的重要指标测定方法，检测设备大体分为断面类平整度测定、反应类平整度测定及主观评估法[10]，断面类检测设备测定路面表面凸凹情况，常用的有 3 m 直尺和连续式平整度仪；反应类检测设备测定由于路面凸凹不平引起车辆颠簸的情况，即舒适性能指标，常用的是车载式颠簸累积仪。连续式平整度仪现场测试[11]如图 3-3 所示。

图 3-3　连续式平整度仪检测

(4) 沥青混凝土路面强度检测

路基路面强度力学指标主要是在荷载作用下的弯沉值 l_s。高等级公路的弯沉值宜采用自动式弯沉仪或落锤式弯沉仪（FWD）测定，其他各级公路可以采用贝克曼梁测定。FWD 是一种脉冲动力弯沉仪，它模拟汽车荷载对路面施加瞬时冲击作用，得到路面瞬时变形情况，其测量结果精确、信息量大，测试速度快。FWD 快速检测现场如图 3-4 所示。

图 3-4　FWD 快速检测

(5) 路面破损检测

裂缝类、松散类、变形类、接缝及其他类等五大类病害是路面破损的主要类型[12]。高等级道路路面破损调查宜采用先进快速的调查方法，其他各级道路可采用人工现场调查的方法。路面破损现场调查[11]如图 3-5 所示。

图 3-5　路面破损现场调查

(6) 地质钻孔检测

属于有损检测，检测结果能直观、准确地反映隐蔽工程的病害情况，辅以试验检测可对其质量进行量化。现场地质钻孔检测如图 3-6 所示。

图 3-6 地质钻孔检测

(7) 探地雷达（GPR）技术

它是一种无损检测技术，根据土质、岩层及地下介质的电导率及介电常数的差异，相邻两种物质的电性差异形成反射界面，地质雷达探测发射电磁波，电磁波以短脉冲形式由地面向下反射，当碰上有电性差异的界面时，电磁波反射回地面，测定所需时间，从而探测深度。道路工程的组成特性，具有采用 GPR 的前提条件，利用 GPR 技术，可探测路基路面内部沉陷及潜蚀洞穴的形状、深度、大小及分布规律，为快速治理路基沉陷提供依据。探地雷达现场勘测如图 3-7 所示。

图 3-7 探地雷达（GPR）技术

(8) 地震映像法（浅层地震法）

它是一种地球物理方法，基本原理是人工激发发射传感器向地下介质发射机械波，当弹性波传播过程中遇到波阻抗界面时，就会发生反射、折射和投射现象，反射回地面的弹性波被接收传感器接收，分析对比反射波的走时和振幅，区分和探测地下隐蔽的结构。道路工程的组成特性，具备浅层反射工作的物性前提，可检测已开裂面层以下基层的开裂程度及可能隐含的裂缝，分析路面开裂的可能原因。地震映象检测主要适应以纵向裂缝为主，同时也兼顾横向裂缝，探测深度一般为 30 m，桥位重点地段不小于 50 m。地震映像现场检测如图 3-8 所示。

(9) 数字钻孔成像检测

数字式钻孔成像系统是一种智能型勘探设备，由数字式全景钻孔摄像系统、前视全景钻孔电视两部分组成，集电子、视频、数字、计算机应用技术于一体的数字式全景钻孔摄像系统。该系统有全景观察、测量、计算和分析的功能，使钻孔地质信息采集完整且准确；对较为破碎区域内的钻孔，用全景观察范围广、距离远的数字式前视全景钻孔电视能清晰、直观地得到孔内破碎状态、破碎体及裂隙内充填物、裂隙发育情况等。当路基路面内部出现裂缝密集、坑槽、沉陷、松散、破碎严重地段，钻孔取芯质量差，采用数字钻孔摄像技术，可准确了解路基路面不同深度病害发育与损害程度情况，为病害调查和正确评价提供详细可靠的资料。数字式钻孔成像检测现场如图 3-9 所示。

图 3-8　地震映像检测

图 3-9　数字钻孔成像检测

(10) 全断面开挖检测

全断面开挖检测手段是一种有损检测技术，若路面出现的严重病害地段对整个道路的行车安全没有直接影响，或该病害地段开挖对全线不会造成直接经济损失和进度影响，可考虑将该病害地段中的一段进行全横断面开挖检测，准确了解病害产生、发展情况。

3.4　路基路面病害常规监测方法

(1) 断面变形监测

主要是对路基路面垂直、水平位移进行观测，水平位移主要采用测斜仪进行监测，测斜基本原理如图 3-10 所示，垂直位移主要采用分层沉降仪进行监测，分层沉降仪基本结构如图 3-11 所示，路基侧移与沉降现场观测如图 3-12 所示。

(2) 光纤应变监测

对于大型边坡工程，对边坡稳定性要进行安全监测，采用伸缩计、倾斜仪等传统点式监测手段只能监测安装点的位移情况，不能了解整个边坡体大范围的位移情况。利用光在光纤中的反射及干涉原理，研究产生各种光纤传感器，如 BOTDR（Brillouin Optic Time Domain Reflectometry）[13]，适合于大型长大建筑物如堤防、隧道、库岸边坡及大型露天矿边坡的监测，通过与光纤情报通信网连接，可做到及时、无人值守监测；布拉格光纤光栅传感器 FBG（Fiber Bragg Grating）适合用于高速高精度的实时监测，图 3.13 为 FBG 在边坡监测中的应用。

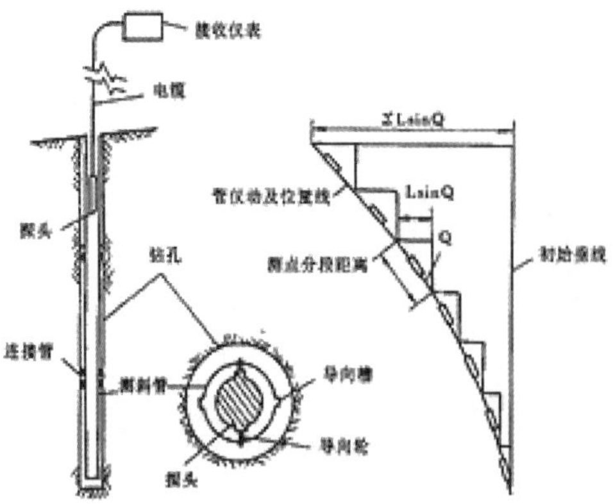

图 3-10　测斜的基本原理

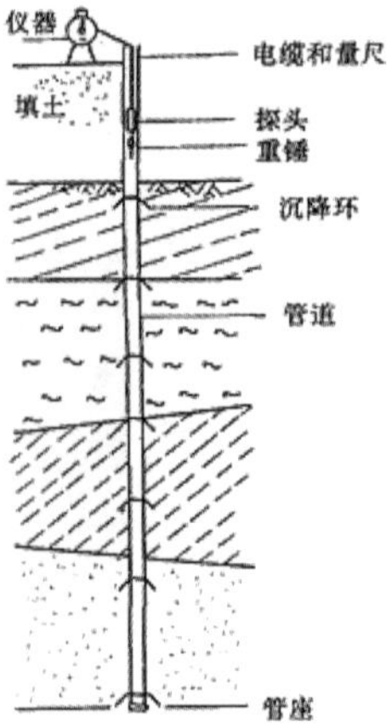

图 3-11　分层沉降仪的基本构造

图 3-12　路基侧移与沉降观测

图 3-13　FBG 实际边坡应用

(3) 三维激光扫描

快速掌握三维地形数据对灾害发生可能性的监视、实时信息取得以及评价等技术是必不可少的，三维激光扫描（3D laser scanning）技术包括地上型三维激光扫描和飞机搭载型三维激光扫描技术两种[13]，如图 3-14 所示，地上型三维激光扫描仪可以取得地物的距离数据、激光受光强度数据及 RGB 彩色画像。

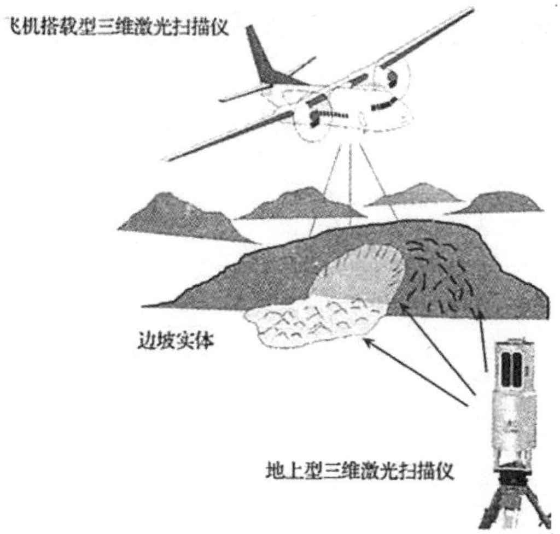

图 3-14　飞机搭载型和地上型三维激光扫描仪

(4) 声发射（Acoustic Emisson，AE）监测技术

声发射技术探测表征岩体内部状态变化，解决了矿山生产中的问题，在地震预测和山体滑坡等地质灾害中得到了应用和发展[14]，道路工程滑坡灾害发生前会发出一定频率的声波，如果提前监测到这一频率的 AE 信号，加以分析处理，就可进行滑坡灾害的预警工作。

3.5　道路工程灾害分析评价方法

路基路面病害分析评价方法逐步由定性走向定量，主要的定量分析方法为数值分析方法，此外还有物理模型、现场监测分析、有限元位移分析、有限元失稳－强度折减反分析等分析评价方法。

3.5.1　路基工程安全性评价

(1) 路基变形失稳影响因素与模式

路基的常见破坏模式与影响因素如表 3-1 所示[15-16]。

表 3-1　路基破坏模式与影响因素

破坏模式	路基破坏原因
路基沉陷	一是路基本身的压缩沉降；二是由于路基下部天然地面承载力不足，在路基自重的作用下引起沉陷或向两侧挤出而造成的
路基沉缩	因路基填料选择不当，填筑方法不合理，压实度不足，在路基堤身内部形成过湿的夹层等因素，在荷载和水温综合作用之下，引起路基沉缩
地基沉陷	原天然地面有软土、泥沼或不密实的松土存在，承载能力极低，路基修筑前未经处理，在路基自重作用下，地基下沉或向两侧挤出，引起路基下陷
路基沿山坡滑动	在较陡的山坡填筑路基，若路基底部被水浸湿，形成滑动面，坡脚又未进行必要的支撑，在路基自重和行车荷载作用下，整个路基沿倾斜的原地面向下滑动，路基整体失去稳定
不良地质水文条件造成路基破坏	公路通过不良地质条件（如泥石流、溶洞等）和较大自然灾害（如大暴雨）地区，均可能导致路基的大规模毁坏

(2) 路基工程安全性评价标准与方法

① 采空区稳定性分析评价方法与标准[17-18]。下伏采空区路基稳定性评价方法见表 3-2 所列。

在对采空区路基稳定性评价前，首先应对采空区地表变形进行观测，内容见表 3-3。采空区稳定性进行初步评价主要判据见表 3-4 所列。稳定性初步评价之后，按剩余沉降量大小、倾斜率和水平变形量等指标，将老采空区路基划分为三个地基稳定性类型地区，见表3-5 所列。

表 3-2　采空区路基稳定性分析评价

分析评价方法		适用说明
分析方法	预计法	经验公式法,如负指数函数法、典型曲线法；在波兰推广使用的 BudrYk-Knothe 理论法；概率积分法；此外有灰色预测方法、稳健统计方法、采空区矢量法、模糊数学方法等，但这些方法尚需在实践中进一步验证
	解析法	解析法是以数学力学为基础，将空洞和地质条件等，按一定的原则抽象为一个理想数学力学模型，然后按照数值方法予以求解，如结构力学方法等
	半预计半解析法	预测法和解析法的结合
	数值模拟方法	有限单元法、边界单元法、离散单元法及有限差分法等；此外还有灰箱方法、表面元等方法等
评价方法	计算地基承载力、剩余地表变形量、残留空洞的稳定性、地表破坏范围评定	

表 3-3　采空区地表变形情况调查一览表

地表变形特征值	地表变形特征及分布规律	大面积采空区 地表移动盆地
①最大下沉值 ②最大倾斜值 ③最大曲率值 ④最大水平位移 ⑤最大水平变形	①地表陷坑、台阶和裂缝的形状、宽度、深度、分布规律 ②地表变形分布与地质结构（岩层产状、主要节理、断层、软弱层）关系 ③地表变形分布与采矿方式（开采边界、工作面推进方向、巷道分布）关系	①均匀下沉区 ②移动区 ③轻微变形区

表 3-4　采空区稳定性初步评价主要判据

判据	对稳定有利	对稳定不利
地质构造	无断裂，褶曲、裂隙不发育	有断裂,褶曲、裂隙发育
矿层与岩层产状	岩层完整性好、强度高、厚度大	岩层破碎，为软质岩石，厚度小，有互层
地层与岩性	厚度块状，灰岩、砂岩	薄层灰岩、泥灰岩、白云质岩，有互层
顶板情况	顶板厚度与跨度比值大，直接顶厚度与采高比值大，顶板岩层完整性好、强度高、厚度大	顶板厚度与跨度比值小，无直接顶或老顶，顶板完整性好及强度较差、分层厚度小
开采时间	较早	较晚
开采方式	长壁式	房柱式
开采层数	单层	多层
顶板管理	填充法、全垮落法	不垮落法、局部垮落法
采厚采深	采厚较小，采深较大	采厚较大，采深较小
地面变形	无明显变形迹象	裂缝、隙落坑等发育，变形速率大
物理地质现象	不发育	滑坡、崩塌等现象发育，因地表变形引发
工程地质现象	不存在	近期建筑物损坏严重
地下水	无地下水	地下水活动强烈，洞内严重漏水
地震烈度	小于 7°	大于或等于 7°
地表施工荷载	较小	较大

表 3-5　高速公路采空区段路基类型划分表

评价指标	地基类型		
	稳定	基本稳定	不稳定
地表下沉 W/mm	≤200	$200<W\leq300$	>300
倾斜 i/（mm/.m）	≤±3	$3<i\leq6$	>6
水平变形 ε/（mm/m）	≤±2	$2<\varepsilon\leq4$	>4
曲率 K/（mm/m^2）	≤±0.2	$0.2<K\leq0.4$	>0.4

② 岩溶地区路基安全性评价。高速公路下伏岩溶洞穴时路基稳定性分析评价方法见表3-6 所列。我国铁路地基岩洞穴顶板安全厚度估算方法见表 3-7 所列[19]。

表 3-6　岩溶区路基稳定性分析评价

平面解析法	计算较为简单,对工程设计建设具有一定的指导作用,但因为计算条件过于简化,其计算结果往往和实际的情况有一定的出入
数值模拟法	较好地模拟实际岩溶洞穴的发育分布情况,能就具体问题做出较为准确的稳定性评价。工程地质领域应用数值模拟手段还存在一些局限性

表 3-7 顶板安全厚度的估算方法

类型	方法
完整顶板安全厚度	荷载传递线交汇法 厚跨比法 成拱分析法
不完整顶板安全厚度	洞穴顶板坍塌堵塞估算法 按破裂拱概念估算

③ 软土地区路基安全性评价。软土地基路堤稳定验算采用瑞典圆弧滑动法中的固结有效应力法、改进总强度法、简化 Bishop 法、Janbu 普遍条分法进行，验算时施工期的荷载只考虑路堤自重，营运期的荷载考虑路堤自重、路面增重及行车荷载，分别计算稳定安全系数。

(3) 路基边坡工程安全性评价标准与方法

① 边坡稳定性分析方法见表 3-8 所示[16,20]。

表 3-8 边坡稳定性分析方法与原理

分析方法		主要原理
定性分析	历史成因分析法	通过边坡形成的地质历史及稳定性影响因素，对其演变和发展趋势、稳定性做出评价与预测；对已发生过滑坡的边坡，则判断其能否复活或转化
	工程类比法	利用已有自然或人工边坡的稳定性状况及其影响因素、有关设计等方面的经验，并把这些经验应用于类似所要研究的边坡稳定性分析和设计中
	图解法	图解法是在计算机和图解分析的基础上，制订成图或表，用查图或查表法进行边坡稳定性分析，包括诺模图法和投影图法
定量分析	极限平衡分析法	极限平衡法是假定边坡在某个滑动面达到了静力极限平衡而破坏，且在该面上满足 Mohr-Coulomb 破坏准则，然后根据滑动体的静力平衡条件导出安全系数计算式
	极限分析法	假定滑动面为直线破裂面，用一个满足平衡条件并且在任意点都不违背屈服准则的假想应力场确定破坏荷载的一个下限，而上限是通过一个与流动法则相容的速度场得到的
	数值分析法	数值分析方法能算出边坡体内每一点的应力和位移。最常用的数值分析方法是有限单元法（FEM）和边界单元法（BEM）
随机理论分析法		通过现场调查获得影响边坡稳定性影响因素的多个样本，然后进行统计分析，求出各自概率分布及其特征参数，再利用可靠性分析方法求解边坡体的破坏概率即可靠度
物理模型分析法		形象地模拟边坡岩土体中的应力大小及其分布和变形破坏机制及其发展过程等
现场监测分析法		通过现场监测所获得信息如位移、位移速度、应力、地下水等有关特征，对公路边坡岩土体稳定性做出评价和预测

② 边坡稳定性分析标准。路堤稳定安全系数如表 3-9 所示，路堑边坡安全系数标准如表 3-10 所示。

表 3-9 推荐的稳定安全系数

分析内容	计算方法	地基情况	计算采用的地基平均固结度及强度指标	安全系数
路堤稳定性	简化 Bishop 法	—	—	1.35
路堤和地基整体稳定性	简化 Bishop 法	地基土渗透性较差、排水条件好	取 U=0，地基土采用直剪固结快剪或三轴固结不排水剪指标	1.20
			按实际固结度，采用直剪固结快剪或三轴固结不排水剪指标	1.40
		地基土渗透性较好、排水条件良好	取 U=1，采用直剪固结快剪或三轴固结不排水剪指标	1.45
			取 U=1，地基土采用快剪指标	1.35
路堤沿斜坡软弱层滑动	不平衡推力法	—	采用直剪快剪或三轴不排水剪指标	1.30

表 3-10 路堑边坡安全系数

公路等级	路堑边坡安全系数	
高速公路	正常工况 非正常工况 I 非正常工况 II	1.20～1.30 1.10～1.20 1.05～1.10

③ 边坡工程安全性评价流程。通过安全性影响因素分析、安全系数计算、安全系数标准判断来进行边坡工程的安全性评价工作，流程如图 3-15 所示。

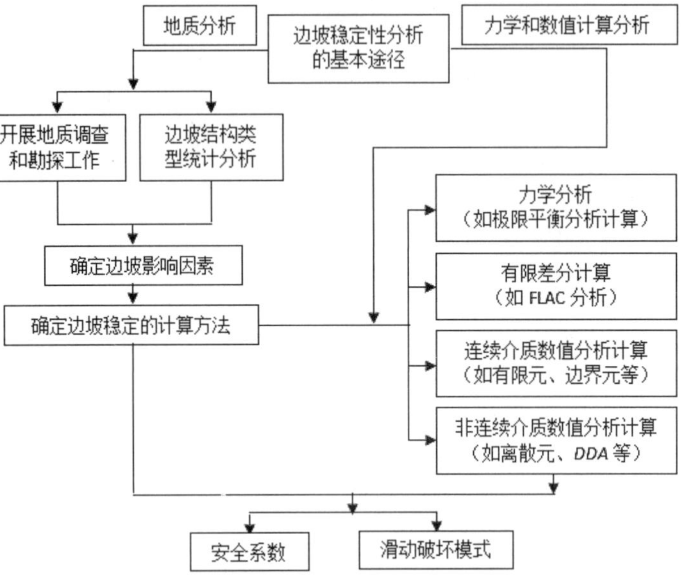

图 3-15　边坡工程安全性评价流程图

3.5.2　路面工程安全性评价

(1) 路面常见病害类型与影响因素

沥青路面和水泥混凝土路面的常见病害与影响因素见表 3-11 所列。

表 3-11　路面常见病害与影响因素

路面类型	病害类型	产生原因
沥青路面	路面不均匀沉陷	主要发生在软土地基或路基压实度不足的路段，前者由于堆载预压时间不足或处理效果不理想，在铺筑路面和开放交通以后，软土地基继续沉陷；后者由于路基压实度的不足，产生不均匀沉陷
	裂缝	荷载型裂缝主要由行车荷载作用产生，常发展为较宽的网状裂缝或龟裂，路面结构强度不能满足交通状况的表现；非荷载型裂缝的影响因素包括路面结构组合、路基路面材料性质、环境因素（气温、干湿状况、冰冻等）、道路使用年限、施工因素等
	车辙	柔性路面的车辙与路面各结构层及路基的抗变形能力有关，而半刚性基层沥青路面车辙主要取决于沥青面层的高温稳定性
	平整度较快变差	路基不均匀沉陷、面层热稳定性不足产生推挤和拥包、面层或基层施工水平较低，导致材料或厚度存在较大变异性等
	抗滑能力不足	面层混合料抵抗行车荷载磨光作用的能力较差，随着运营时间增长，道路表面很快变得光滑
水泥混凝土路面	板块开裂	对混凝土路面开裂起主要作用的因素有路面结构组合、混凝土板抗弯拉能力、荷载水平、特殊环境条件等。早期路面大量开裂一般反映了路面材料与结构设计不合理或整体施工质量较差
	接缝处破损	包括接缝材料损坏或散失、接缝张开、边角剥落、唧泥、错台、拱起等。
	表面破损	包括表面网状细裂缝、层状剥落、起皮、露骨、集料磨光、坑洞等。通常反映出混凝土材料性能存在缺陷
	板块沉陷	通常由路基沉陷引起

(2) 安全性评价指标体系

从沥青路面承载能力、抗滑性能、平整度和路面破损状况方面对沥青路面行驶安全性进行评价，建立评价指标体系，如图 3-16 所示。

参照《公路沥青路面养护技术规范》，获取沥青路面各调查指标所需要的设备，列于表 3-12。

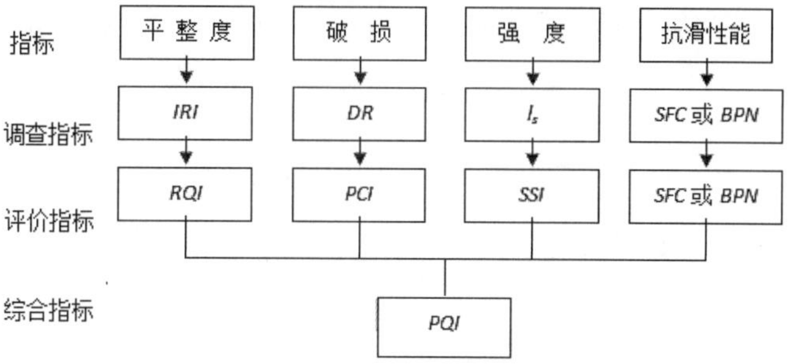

图 3-16　评价指标关系

表 3-12　路面状况调查设备表

调查内容	调查设备	备注
路面破损状况	直尺等直观调查设备	可配备路况摄影车
路面结构强度	贝克曼梁弯沉仪及弯沉车	可配备自动弯沉仪或落锤式弯沉仪
路面平整度	路面平整度仪或三米直尺	
路面抗滑能力	摩擦系数仪	可配备横向力系数仪
路面车辙深度	路面车辙测试仪	

(3) 沥青路面安全性评价

① 路面结构承载能力评定。路面结构强度系数（*SSI*）为

$$SSI=L_T/L_S \tag{3-1}$$

式中，L_T—该年不利季节容许弯沉值；L_S—实测弯沉代表值。

高等级沥青路面结构强度分级评价标准见表 3-13 所列。

表 3-13　结构强度评价标准

评价指标	优	良	中	次	差
SSI	≥1.0	[0.83,1.0）	[0.66,0.83）	[0.5,0.66）	<0.5

② 抗滑性能评定。抗滑性能评价标准如表 3-14 所列。

表 3-14　路面抗滑能力评价标准

评价等级 / 评价指标	优	良	中	次	差
横向力系数 *SFC*	≥50	[40,50）	[30,40）	[20,30）	<20
摆值 F_b（*BPN*）	≥42	[37,42）	[32,37）	[27,32）	<27

③ 路面平整度评价。连续平整度仪与国际平整度指数（*IRI*）关系：

$$\sigma=0.5926IRI+0.013 \tag{3.2}$$

路面行驶质量指数（*RQI*）与国际平整度指数（*IRI*）关系：

$$RQI=11.5-0.75\times IRI \tag{3.3}$$

平整度的养护质量标准要求见表 3-15 所列。

表 3-15　沥青路面平整度标准

评价指标	优	良	中	次	差
RQI	≥8.5	[7.0,8.5）	[5.5,7.0）	[4.0,5.5）	<4.0

④ 路面破损状况评价。

沥青路面各类破损类型及其严重程度描述见表 3-16 所列。

根据路面破损状况评价标准见表 3-17 所示。

⑤ 路面综合评价。路面的综合评价指标 *PQI*：

$$PQI=PCI'\times P_1+RQI'\times P_2+SSI'\times P_3+SFC'\times P_4 \tag{3.4}$$

式中：P_1，P_2，P_3，P_4—指标权重；PCI'，RQI'，SSI'，SFC'—指标赋值，查相应规范。

表 3-16　沥青路面破损分类分级

破损类型		分级	外观描述	分级指标	计量单位
裂缝类	龟裂	轻	初期龟裂，缝细、无散落，裂区无变形	块度：20～50 cm	m^2
		中	裂块明显，缝较宽，无或轻散落或轻度变形	块度：＜20 cm	
		重	裂块破碎，缝宽，散落重，变形明显，急待修理	块度：＜20 cm	
	不规则裂缝	轻	缝细，不散落或轻微散落，块度大	块度：＞100 cm	m^2
		重	缝宽，散落，裂块小	块度：50～100 cm	
	纵裂	轻	缝壁无散落或轻微散落，无或少支缝	缝宽：≤5 mm	m^2
		重	缝壁散落重，支缝多	缝宽：＞5 mm	
	横裂	轻	缝壁无散落或轻微散落，无或少支缝	缝宽：≤5 mm	m^2
		重	缝壁散落多，支缝多	缝宽：＞5 mm	
松散类	坑槽	轻	坑浅，面积小（＜$1m^2$）	坑深：≤25 mm	m^2
		重	坑深，面积较大（＞$1m^2$）	坑深：＞25 mm	
	麻面		细小嵌缝料散失，出现粗麻表面	—	m^2
	脱皮		路面面层层状脱落	—	m^2
	啃边		路面边缘破碎脱落，宽度为 10cm 以上	—	m^2
	松散	轻	细集料散失，路面磨损，路表粗麻	—	m^2
		重	粗集料散失，多量微坑，表面剥落	—	
变形类	沉陷	轻	深度浅，行车无明显不适感	深度：≤25 mm	m^2
		重	深度深，行车明显颠簸不适	深度：＞25 mm	
	车辙	轻	变形较浅	深度：≤25 mm	m^2
		重	变形较深	深度：＞25 mm	
	搓板		路面产生纵向连续起伏，似搓板状的变形	高差：≤25 mm	m^2
	波浪	轻	波峰波谷高差小	高差：≤25 mm	m^2
		重	波峰波谷高差大	高差：＞25 mm	
	拥包	轻	波峰波谷高差小	高差：≤25 mm	m^2
		重	波峰波谷高差大	高差：＞25 mm	
其他类	泛油		路表呈现沥青膜，发亮，镜面，有轮印	—	m^2
	磨光		路面原有粗构造衰退或丧失，路表光滑	—	m^2
	修补损坏面积		因破损或病害而采取修复措施进行处治，路表外观上已修补的部分与未修补部分明显不同	—	m^2
	冻胀		路基下部水分向上聚集并冻结成冰引起路面结构膨胀，造成路表拱起和开裂	—	m^2
	翻浆		因路基湿软，路面出现弹簧、破裂、冒浆的现象	—	m^2

表 3-17　路面破损状况评价标准

评价指标	优	良	中	次	差
PCI	≥85	[70,85）	[55,70）	[40,55）	＜40

路面综合评价标准见表 3-18 所列。

表 3-18　路面综合评价标准

等级 \ 评价指标	优	良	中	次	差
综合评价指标 *PQI*	≥85	[70,85）	[55,70）	[40,55）	＜40

3.5.3　隧道工程安全性评价

(1) 隧道工程安全性影响因素

隧道工程安全性影响因素见表 3-19 所列[21-23]。

(2) 隧道的破坏模式

① 围岩破坏方式见表 3-20 所列[24]。

② 初期支护破坏。初期混凝土喷层支护结构主要是拉裂、冲切破坏，锚杆拉断或拔出破坏如图 3-17（a）所示，锚杆剪断破坏如图 3-17（b）所示[25]，锚杆拉断、剪断共同破坏如图 3-17（c）所示。

表 3-19　隧道常见病害及其原因

病害		产生原因	危害
结构类	衬砌变形、衬砌裂损、衬砌强度降低	①地质影响：当围岩压力过大或分布不均超过衬砌的实际承载能力时，衬砌就会产生裂缝、变形或位移，严重时，会形成局部掉块、失稳，甚至拱坍、边墙倾倒 ②地形影响：隧道在傍山靠水时容易产生偏压，当洞顶覆盖层较薄时，往往会造成衬砌开裂 ③地下水影响：地下水的动静压作用，也可将衬砌压裂，严寒地区的冻胀也是衬砌开裂的重要原因之一 ④衬砌结构形式的影响：由于衬砌计算时的假定与实际受力状态有一定的差异，当相差较大时，容易引起衬砌开裂 ⑤施工方法和施工质量的影响：由于施工方法不当，施工质量不好，造成围岩松动，压力增大，混凝土达不到设计要求，以及衬砌背后回填不密实，在运营后就会引起结构变形裂损 ⑥运营维护的影响：经过长期的运营，若养护工作跟不上，就会造成施工中发生的裂损继续发展，整治达不到应有的效果，而原来没有裂损的衬砌也可能产生新的病害	衬砌结构失稳破坏，净空变小而侵限等，将使隧道结构的稳定性造成不同程度的破坏，使衬砌结构的安全可靠性降低，造成危及行车安全的重大问题
防排水类	渗漏水和涌水、防排水	①施工质量的影响：施工时由于混凝土不密实，接缝处理不当，防水层质量不好，造成隧道运营后涌漏水 ②设计不合理：设计时对地下水考虑不周，造成隧道涌漏水或排水设施不完善 ③运营维护的影响：在运营中出现涌漏水，如不及时处理或处理方法不当，病害将会更加严重	隧道渗漏水不仅增加隧道内湿度，造成电路短路等事故，危及运输安全，而且还会造成衬砌开裂或使原有裂缝发展变大，加速衬砌的损坏；当地下水有侵蚀性时，会使衬砌混凝土产生侵蚀，并随着渗漏水的不断发展，使混凝土侵蚀日益严重，在寒冷地区还会产生冻胀病害等

表 3-20　隧道围岩的破坏方式

破坏方式	破坏机制	破坏形式说明
脆性	张裂	应力超过抗拉强度，层壮围岩在顶部、侧墙折断，沿结构面拉裂
延性	剪切	应力超过抗剪强度，沿结构面滑移，侧墙产生剪切破坏
延性	塑性流动	围岩遇水膨胀，产生塑性流动延性破坏

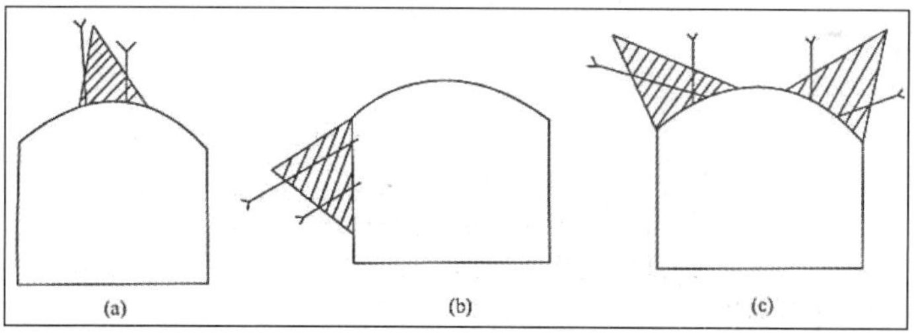

图 3-17　锚杆破坏模式

③ 二次衬砌破坏。二次衬砌破坏模式见表 3-21 所列[25-26]。

表 3-21　二次衬砌的破坏模式

破坏模式	基本原理
拉裂	拱顶或高边墙在较大压力作用下弯曲变形产生较大的拉应力而导致拉裂，另外，在较弱围岩中，隧洞仰拱也可能出现拉裂破坏
剪切	指围岩压力及地基附加应力作用下产生的应力状态超过抗剪强度，如达到 Mohr-Coulomb 屈服准则规定的破坏
冲切	局部不稳定块体压力作用或地基附加应力作用下产生的冲切破坏
变形	指围岩压力作用下产生过大变形导致侵入隧道建筑限界或其他附属设施的损害

(3) 隧道稳定性判据与安全性评价

① 围岩强度、极限应变、位移判据[27-30]强度破坏准则是围岩强度判据的理论基础；原位岩体极限应变值可通过室内试件实验来求得；围岩位移不能超过预留变形量，容许位移速率、位移加速度、收敛比等位移变化率，我国使用“收敛比”作为判据。

② 稳定性位移判别：根据施工实测位移 u 与隧道极限位移 u_0，建立判别准则：

·如果 $u<u_0$，隧道稳定；

·如果 $u>u_0$，隧道不稳定。

3.5.4 桥梁工程安全性评价

桥梁工程安全性评价主要内容如下：

① 安全性影响因素。桥梁主要病害及其成因如表 3-22 所示[31-33]，从设计、施工和运营方面的影响，桥梁承载能力、承重结构损伤和外观缺损是影响桥梁安全性的主要因素。

② 安全性评价方法。常用的桥梁安全性评估方法如表 3-23 所示。

③ 安全性评价指标体系。建立桥梁安全性评价指标体系，如图 3-18 所示。

④ 承载能力的评价指标和评价标准，如表 3-24 所列[34-36]。

⑤ 承重结构损伤评价。桥梁承重结构损伤评价标准如表 3-25 所示。

⑥ 外观缺损评价。桥梁缺损状况评定标准如表 3-26 所示[37-38]。

表 3-22　桥梁主要病害及其成因

部位		主要病害	产生原因
上部结构		①桥面表层的缺陷与病害； ②水平、竖向和网状裂缝； ③支座的病害； ④桥头跳车等	①设计不当：主要包括结构不合理、计算上出现差错以及图纸不完善等几个方面，由此造成结构强度不足、稳定性不好、刚度不足。 ②施工不当：主要指施工质量不好，施工中使用材料的规格与性能不符合要求，操作违反规程等。 ③营运方面：主要是指交通流量的增加，运载重量的增大，地震、洪水、泥石流等自然灾害的影响，以及海水，污水的侵蚀作用
下部结构	墩台基础	①不均匀沉陷； ②滑移和倾斜，以及基底局部冲空； ③基础结构物的异常应力和开裂	在桥梁的使用过程中，墩台除了有和施工过程中一样的蜂窝、麻面,漏筋、孔洞、缝隙夹层和缺棱掉角等质量病害外，由于墩台暴露在自然界中，再加上车辆荷载、水的冲刷、冬季冻融化学作用等其他因素的作用，这些缺陷还会加深、发展
	墩台结构	①水平、竖向和网状裂缝； ②剥落、空洞、老化； ③钢筋外露、锈蚀； ④结构变形、移位等	

表 3-23　常用桥梁评价方法

方 法	原 理
层次分析法	影响桥梁结构状况的因素很多，且有主有从，相互制约。有些因素影响虽小，但积累到一定程度就会发生质变，从而危及整个结构的使用状况。所以桥梁综合评价不能单纯地考虑重要构件，应兼顾次要构件，但也不能主次不分，使评价工作量大、繁杂
模糊综合评估法	该方法是以模糊数学为基础，应用模糊关系合成的原理，将一些边界不清、不易定量的因素定量化，对实际问题进行评估的方法
模糊神经网络法	采用神经网络的结构和模糊逻辑的推理机制，将神经网络和模糊系统有机结合在一起。模糊技术和神经网络技术的融合可以有效地发挥各自的优势并弥补各自的不足

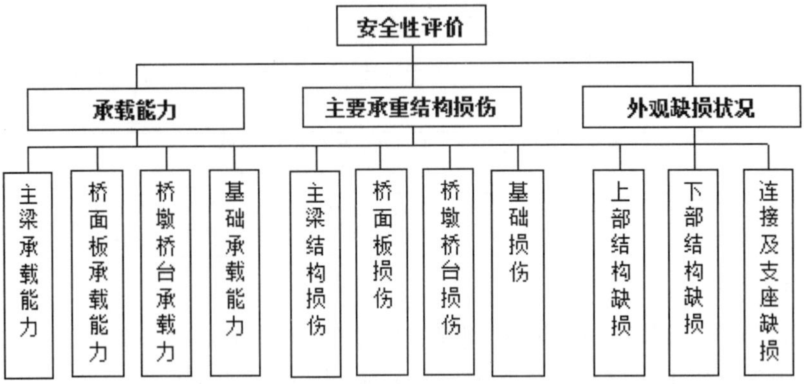

图 3-18　桥梁安全性评价指标体系

表 3-24　承载能力评定标准

承载能力等级	《公路养护技术规范》中的规定	R/r_0S	处理对策
一类（完好状态）	承载能力没有比设计降低	≥1	不需加固
二类（较好状态）	承载能力比设计降低 5%以内	≥0.95，且<1	小修，不需加固
三类（较差状态）	承载能力比设计降低 5%～10%	≥0.90，且<0.95	中修，不需加固
四类（坏的状态）	承载能力比设计降低 10%～25%	≥0.75，且<0.90	特殊检查后大修、加固或更换
五类（危险状态）	承载能力比设计降低 25%以上	<0.75	特殊检查后确定处治对策

表 3-25　桥梁主要承重构件结构损伤评定等级标准

项目 \ 类别	优	良	中	差	劣
裂缝开裂度（d/D）	≤0.4	(0.4,0.7]	(0.7,1.0)	[1.0,1.3)	≥1.3
钢筋锈蚀率（s/S）	≤0.01	(0.01,0.05]	(0.05,0.1)	[0.1,0.2)	≥0.2

注：d—构件最大裂缝宽度；D—构件允许最大裂缝宽度；s—主筋锈蚀面积；S—原全截面主筋面积。

表 3-26　桥梁缺损状况评定等级标准

等 级	特　征
优	重要部件功能与材料均良好，结构基本无缺损现象
良	结构基本完好，材料有少量（≤5%）轻度缺损或污染；裂缝宽度小于《规范》限值；整体无明显变形
中	重要部件功能良好，材料有局部（≤5%）轻度缺损或污染；裂缝宽度接近《规范》限值；次要部件有较多（≤10%）中等缺损或污染
差	重要部件材料有较多（≤10%）中等缺损，裂缝宽度超过限值；或出现轻度的功能性病害，但发展缓慢；次要构件有大量（10～25%）严重缺损，并进一步恶化
劣	重要构件材料有大量（10～20%）严重缺损，裂缝宽度严重超过限值；或出现中等功能性病害，且发展较快；次要构件有 25%以上严重缺损，严重影响正常使用

说明：① 表中《规范》指交通部《公路养护技术规范》。② 本表特征描述主要从结构整体考虑，涉及具体的细部构件，其特征描述可参考交通部《公路养护技术规范》桥梁技术状况评定标准表 4.2.23

3.6　本章小结

① 系统总结了道路工程地质灾害与路基路面病害调查方法、现场检测技术、常规监测技术、室内土工试验方法、室内模型试验方法、计算机数值模拟分析方法、处治措施、预测预报技术等，这些技术方法与 3S+CRInSAR 形变监测技术是道路工程防灾减灾网格技术体系中丰富的基础技术资源。

② 针对道路工程防灾减灾关键技术与方法，归纳总结出道路工程灾害无损检测技术和有损检测技术与方法，并进一步明确了其使用条件和测试设备的合理使用方法。同时，提出了道路工程防灾减灾关键监测测试技术器件和适用说明，见表 3-27。

③ 重点分析归纳出路堤路堑边坡工程稳定分析评价、采空区路基稳定性分析评价、下伏岩溶洞穴路基沥青路面使用性能评价方法，以及相应的测试仪器设备和适用说明，汇总形成的道路工程灾害分析评价方法见表 3-28。

④ 通过对道路工程防灾减灾预报技术的边坡变形失稳、地质超前预报方法进行总结，提出道路工程灾害处治技术方法和相应的测试仪器设备和适用说明，见表 3-29。

表 3-27　道路工程防灾减灾关键技术与方法

道路工程防灾减灾关键技术与方法				适用说明
方法类别			测试设备	
无损检测	平整度检测技术	断面类平整度	水准测量	费工、速度慢，适用于测定路段很少的情况
			梁式断面仪	半自动,数据精确，速度较水准快
			激光断面仪	最早由美国通用汽车公司提出，称为 GMR 类断面仪
			纵断面分析仪	法国桥路中心实验室生产，是一种惯性断面仪 APL
			3 m 直尺法	曾使用广泛，精度低，速度慢，用于施工质量控制
			连续式平整度仪	应用普遍，用于竣工验收和数据采集
		反应类平整度	车载式颠簸累积仪	在我国应用正趋于大量使用中
			激光平整测试系统	适于准确、快速的大面积检测
		主观评估法		对路面平整度作粗略评估时使用
	弯沉检测技术	静力弯沉法	贝克曼梁	应用广泛；精度低、速度慢、工作量大
			自动弯沉仪	测定总弯沉值,应用中要换算,使用受限
		稳态动力弯沉法	轻型动力弯沉仪	静力预载大；施加动荷小
		脉冲动力弯沉法	落锤式弯沉仪 FWD	国际上广泛应用，应用步入规范化、标准化阶段
	抗滑性能检测技术	定点式摩擦系数法	摆式仪	速度慢，效率低，结果误差大，具有一定的片面性
		连续式摩擦系数法	锁定轮型	连续测试，可检测出峰值
			侧向力型英 SCRIM	整体式系统，牵引车发生故障会使整个不能使用
		构造深度法	断面类	激光断面仪，检测粗构造纵断面计算构造深度
			体积类（铺砂法）	速度慢，手工铺砂误差大，还有激光构造深度仪法
			流出仪	根据出水率确定构造深度
	人工现场调查法			路面状况破损检测
	静载检测试验			确定路基、路面材料回弹模量
	探地雷达技术（GPR）			探测速度快、非接触、分辨率高,应用前景广泛
	浅层地震法			近几年发展起来的广泛采用的浅层地球物理方法
	压实度及含水量（核子仪法）			适时快速监控，但需与常规方法进行对比
有损检测	压实度及含水量（环刀法、灌砂法）			灌砂法是广泛使用的方法，测试效率低
	数字式钻孔成像检测			目前新开发的一种全新的先进的智能型勘探设备
	地质钻孔检测			准确地反映隐蔽工程的病害情况，进度慢，效率低
	全断面开挖检测			严重病害地段准确反映病害情况，一般很少采用
监测	沉降监测	监测桩		最简便，但只能测定建筑物表面的沉降值
		沉降杯		管理设要求比较高，少用
		沉降板		目前沉降观测最常用的手段，影响填土压实施工
		磁环沉降仪		垂直位移，得到不同深度在不同时期土体压缩量，影响填土压实施工
		水压式剖面沉降仪		测整个剖面连续沉降曲线，精度低，操作复杂，气候干扰大，寒冷地区无法用
		水平测斜仪		精度高，操作方便，可得到整个剖面的沉降曲线，对填土施工无干扰，不受气候影响，造价比较高，破坏补救难度较大
	倾斜监测	边交汇法		全站仪测量，水平位移测量，观测方便、精度高、可实现观测自动化
		测距高程导线法		全站仪测量，垂直位移测量,可以直接确定相互通视的两点的高差
		多点位移计		监测边坡深部某一部位某一方向的位移
		钻孔测斜仪		用于测量边坡深部水平位移
	压力盒			内部应力测定
	孔隙水压力仪			测定孔隙水压力，确定土的固结程度
	无线遥控监测技术			边坡动态监测
	GPS 监测技术			结合电子测距及常规测量手段研究地面沉降变形
	GPS 一机多天线变形监测			自动连续地监测变形，降低成本
	InSAR 监测技术			得到了空前的发展，广泛应用于形变场监测等
	InSAR 与 GPS 技术融合			实现高空间分辨率和高程变形精度的有效统一
	三维激光扫描技术			公路工程破坏发生前后的快速监视及信息获取
	光纤应变监测技术			大型长大建筑物的监测、高速高精度的实时监测
	声发射监测技术			研究材料或结构变形或损伤的角度进行滑坡监测

表 3-28　道路工程防灾减灾关键技术与方法

道路工程防灾减灾关键技术与方法				适用说明
方法类别			测试设备	
道路工程灾害分析评价方法	路堤路堑边坡工程稳定分析评价	定性分析方法	历史成因分析法	根据边坡的地貌形态演变、岩性地质构造、水文地质边坡变形体的外形和内部变形迹象、周期性规律判定、区域性等条件预测和评价边坡的稳定性
			工程类比法	目前应用最广泛的一种边坡稳定性分析的方法
			图解法	包括诺模图法和投影图法。诺模图法主要用于土质或全风化的具有弧形破坏面的边坡稳定性分析。投影图法主要用于岩质边坡岩体稳定性分析
		定量分析方法	极限平衡分析法	瑞典圆弧法、条分法、Janbu 法等
			极限分析法	极大值和极小值原理
			数值分析法	不仅能算出边坡体内每一点的应力和位移，同时还能考虑边坡复杂的外形、分层和荷载情况；包括有限元法、离散单元法、非连续变形分析方法、拉格朗日分析法、流形元法等
		随机理论分析方法	通过现场调查,进行统计分析，求出影响边坡稳定性影响因素的多个样本的概率分布及其特征参数，再利用某种可靠性分析方法，求解边坡岩土体的破坏概率即可靠度	
		物理模型方法	光弹模型、底摩擦试验、地质力学模型、离心模型、刚体失稳模型试验	
		现场监测分析方法	由于现场监测结果直观可靠，利用监测结果对边坡的稳定性进行分析，成为目前边坡工程中稳定性评价极其重要的一种方法	
		有限元位移反析法	是利用现场量测位移来反推系统（工程区域）的力学特征及其地质背景的初参数（即工程区域内的力学特性参数、初始地应力等）	
		有限元失稳－强度折减反分析方法	反分析路基工程的破裂失稳过程,并得出极限状态下岩土体的强度参数	
	采空区路基稳定性分析评价	分析方法	预计法	经验公式法，如负指数函数法、典型曲线法；在波兰推广使用的 BudrYk-Knothe 理论法;概率积分法；此外有灰色预测方法、稳健统计方法、采空区矢量法、模糊数学方法等,这些方法尚需在实践中进一步验证
			解析法	如结构力学方法
			半预测半解析法	预测法和解析法的结合
			数值模拟方法	有限单元法、边界单元法、离散单元法及有限差分法等，此外还有灰箱方法、表面元法等
		评价方法	计算地基承载力、剩余地表变形量、残留空洞稳定性、地表破坏范围评定	
	下伏岩溶洞穴路基	平面解析法	计算较为简单，对工程设计建设具有一定的指导作用，但因为计算条件过于简化，其计算结果往往和实际情况有一定的出入	
		数值模拟法	较好地模拟实际岩溶洞穴的发育分布情况，能就具体问题做出较为准确的稳定性评价。工程地质领域应用数值模拟手段还存在一些局限性	
	沥青路面使用性能评价	《公路沥青路面养护技术规范》规定方法		
		层次分析法		要充分地考虑主观影响的程度
		模糊数学方法	系统分析法	隶属函数选择不合适,容易引起较大的误差
			灰色理论方法	
			回归分析法	受地域条件的限制，结果难以满足各方面的要求
		神经网络路面使用性能评价	前馈神经网络	目前应用最广泛的网络模型
			模糊神经网络	不受主观等因素影响，有一定的实用价值
			混合 GANN（遗传算法和人工神经网络）	科学、精确、易于实现，是一种实用的评价模型
		物元模型路面状况综合评价		克服了以往路面综合状况评价中存在主观影响因素过多、权重不确定性等问题

表 3-29　道路工程防灾减灾关键技术与方法

道路工程防灾减灾关键技术与方法				适用说明
方法类别		测试设备		
预报技术	边坡变形失稳	空间预报		边坡表面失稳区域预测、剖面位移矢量失稳区域预测、监测失稳深度预测
		中长期预报		减速蠕变段、蠕变等速段、加速蠕变段
		时间预报		灰色系统理论、等维信息灰色系统模型、Verhulst 模型、尖点突变模型、GMDH 建模相空间理论、等维信息 Verhulst 模型、等维信信息尖点突变模型
	地质超前预报	地质调查与推断		使用最早的方法,在隧道埋深较浅、构造不太复杂的情况下，其准确性高
		探地雷达探测		适用于深埋隧道和富水地层以及溶洞发育地区，探测的距离较短
		反射地震预报		可靠地预报不良地质体，很难对前方岩体工程类别变化提供更可靠的信息
		TSP 超前预报		隧道内反射地震法，深度偏移成像处理，深埋长距离地下工程地质超前预报
		TRT 反射地震法		对反射界面位置、岩体波速和工程类别划分精度较高，较 TSP 法有较大改进。
道路工程灾害处治技术	路堤路堑边坡工程	边坡防护	工程防护	护面墙、干（浆）砌片石、混凝土预制块、土工合成材料
			绿色植物防护	植草、铺草皮和植树等
			柔性支护与防护	三维植被网、钢绳网主动防护
			综合防护	框格防护
		边坡加固	预应力锚固技术	新型材料研究：胶结式内锚头,聚丙烯纤维混凝土
			抗滑桩、挡土墙、削坡和灌浆	
	沟壑地形	软基处理		排水固结法、桩体挤密加固法、换填法、加筋路堤法、反压护道法、强夯法
		陡坡路堤		坡面残积土的处理、陡坡错台处理、盲沟与截水沟等防排水措施、支撑渗沟
	桥头跳车预防与处理			地基处理、桥头路堤填料、台背填筑方法、桥头路面处理、桥头路堤防护、土工合成材料应用、施工质量、结构物台背反开挖施工处理、搭板设计优化
	采空区路基的失稳一般处治措施	路基处治	开挖回填	适用于路基挖方边坡上的采空区
			充填	适用于开采后顶板尚未垮落的采空区非注浆充填
			桥跨	适用于开采规模较小、开采深度小于 100 m 的采空区
			注浆	开采规模较大、开采深度（埋深）小于 250 m 的采空区
		路面结构与开采协调	调整路面板接缝宽度	减少板约束影响产生的内应力，增加板抵抗变形能力
			双层配筋混凝土结构	适用于高等级道路
			合理安排开采时间	使地表剧烈变形破坏期避开冬季低温期，以使路面材料变形适应采动地表变形
			限制一次开采高度	沿公路轴向协调开采,将地表位移变形降低到 50%以下
	下伏岩溶洞穴路基失稳处治措施		路基上方的岩溶泉和冒水洞，宜采用排水沟将水截流至路基外。对于路基基底的岩溶泉和冒水洞，宜设置集水明沟或渗沟，将水排出路基	
			对于稳定路堑边坡上的干溶洞,洞内宜采用干砌片石填塞	
			位于路基基底的开口干溶洞，当洞的体积不大、深度较浅时,宜予以回填夯实；当洞的体积较大或深度较深时，宜采用构造物跨越。对于有顶板但顶板强度不足的干溶洞，可炸除顶板后进行回填，或设构造物跨越	
			通过溶洞围岩分级或计算判断下伏溶洞有坍塌可能时，宜采用相应方法加固	
	库区路基不均匀沉降处理措施		采用低级路面过渡	目前用得较多的处治措施，比较被动的手段
			土工合成材料	特殊地基或软基地基处
			超轻质 EPS 泡沫	减轻路基本身的重量
			压力灌浆法	可以直接改善土体结构，固结土体，控制沉降
			强夯法	通过整体提高被处治体的密实度来减少不均匀沉降变形。其作用效果明显，施工速度快
	沥青路面早期病害处治	沥青混凝土路面病害处治	重新翻修	早期破损非常严重，已经不能满足行车的要求
			开窗修补	早期病害程度较一般时,混凝土路面损坏不严重
			灌缝处理	早期病害程度轻微，整个沥青混凝土路面的损坏较小
		路基病害处治	软弱地基	粉喷桩、高压注浆、碎石桩等措施
			路基侧向滑移滑塌	反压坡道和抗滑挡土墙
			桥涵端部、高填深挖结合部	预先压浆处理
			路基的含水量超标	做好防排水设施

主要参考文献

[1] 夏才初, 李永盛. 地下工程测试理论与监测技术[M]. 上海: 同济大学出版社, 2000: 114-116.
[2] RALPH P, POWDERHAM A. Rethinking construction[J]. Ground Engineering. 1999, 3(17): 187-197.
[3] 关宝树. 隧道力学概论[M]. 成都: 西南交通大学出版社, 2009.
[4] 李斌. 公路工程地质[M]. 北京: 人民交通出版社, 2001, 177-189.
[5] 新理念公路设计指南[M]. 北京: 人民交通出版社, 2005.
[6] 公路工程质量检验评定标准: JTAN F80/1—2004(213)[S]. 北京: 人民交通出版社, 2004.
[7] 公路水泥混凝土路面设计规范: JTAN-D40—2003[S]. 北京: 人民交通出版社, 2003.
[8] 公路沥青路面设计规范: JTJ-014—1997 [S]. 北京: 人民交通出版社, 1997.
[9] 芮勇勤. 高速公路结构物台背特别开挖与施工技术研究[R]. 郑州: 河南省交通厅科技项目, 2006.
[10] 曾凡奇. 道路无损检测技术[M]. 郑州: 河南人民出版社, 2005, 10(111).
[11] 芮勇勤. 叶集至罗山高速公路南半幅路基路面病害快速检测与处治技术[R]. 郑州: 河南省交通厅科技项目, 2006.
[12] 王珊. 高等级公路病害机理与整治方法新技术实用手册(第 1 册-第 4 册)[M]. 哈尔滨: 哈尔滨地图出版社, 2003: 1185-1188.
[13] 谢谟文, 蔡美峰. 信息边坡工程学的理论与实践[M]. 北京: 科学出版社, 2005: 163-167.
[14] 张森, 王洪宇. 声发射光纤检测方法的研究[J]. 光通信技术, 2005(3): (61).
[15] 邓学均, 张登良. 路基路面工程(公路与城市道路专业用)[M]. 北京: 人民交通出版社, 2000: 48-49.
[16] 周传敏. 高陡路堤路堑边坡降雨渗流地震动力影响分析[D]. 长沙: 长沙理工大学, 2006: 15-19.
[17] 杨文孝. 高速公路下伏煤矿采空区勘察与处治方法研究[D]. 西安: 长安大学, 2005: 8-14.
[18] 童立元, 刘松玉. 采空区对高速公路危害性特征与评价方法研究[J]. 公路交通科技, 2005, 22(11): 4.
[19] 程晔. 岩溶区高速公路路桥基础稳定性评价方法与应用研究[D]. 长沙: 湖南大学, 2005: 14-15.
[20] 包承纲, 王清友. 土坡稳定性分析[M]. 北京: 清华大学出版社, 1988: 42-46.
[21] 李治国. 病害隧道调查及裂缝治理技术[J]. 现代隧道技术, 2002(增刊): 441-446.
[22] 黄波, 吴江敏. 运营隧道状态的综合评判[J]. 世界隧道, 2000(1): 58-60.
[23] 方利成. 隧道工程病害防治图集[M]. 北京中国电力出版社, 2000: 36-41.
[24] 张强勇. 岩土工程强度与稳定计算及工程应用[M]. 北京: 中国建筑工业出版社, 2005: 97-102.
[25] 张永兴, 王桂林, 胡居义. 岩石洞室地基稳定性分析方法与实践[M]. 北京: 科学出版社, 2005: 19-28.
[26] 周一勤. 半圆石拱桥承载能力的讨论[J]. 中南公路工程, 1991(3): 50-53.
[27] 勒晓光. 高地应力区山岭公路隧道围岩稳定性分析位移判据探讨[C]//全国公路隧道会议论文集. 北京: 人民交通出版社, 2001: 9-13.
[28] 李晓红. 隧道新奥法及其监控量测技术[M]. 北京: 科学出版社, 2002: 1.
[29] 朱永全. 隧道稳定性位移判别准则[J]. 中国铁道科学, 2001, 22(6): 80-83.
[30] 孙均. 地下工程设计理论与实践[M]. 上海: 上海科学技术出版社, 1995: 13-25.
[31] 贺利锋. 混凝土梁桥常见病害分析及加固技术[J]. 石家庄铁路职业技术学院学报, 2006, 5(1): 42-44.
[32] MARK G, STEWART D V, ROSOWSKY D V. Reliability-based bridge assessment using Risk-ranking Decision Analysis[J]. Structural Safety, 2001(23): 397-405.
[33] AASHTO. Guide specifications for strength evaluation of existing steel and concrete bridges [S]. 1989: 26-31.
[34] 民用建筑可靠性鉴定标准: GB 50292—1999[S]. 1996.
[35] 公路养护技术规范: JTJ073—96[S]. 1996.
[36] 徐鸿儒. 钢筋混凝土梁桥安全性评估[D]. 济南: 山东大学土建与水利学院, 2001: 16-24.
[37] 陆亚兴, 殷建军, 姚祖康, 等. 桥梁缺损状况评价方法[J]. 中国公路学报, 1996, 9(3): 55-61.
[38] 陈明芳. 高等级道路工程安全性评价与 InSAR 监测、 GIS 管理系统研究[D]. 长沙: 长沙理工大学, 2008.
[39] 何发亮. 隧道施工期地质超前预报技术的发展[M]//隧道工程地质与声波探测技术. 成都: 西南交通大学出版, 2005: 145.

[40] 赵永贵. 隧道地质超前预报研究进展[J]. 地球物理学进展, 2003, 18(3): 460-464.
[41] 芮勇勤. 蠕动边坡稳定性及其变形、失稳的预测与控制[D]. 徐州: 中国矿业大学, 1998: 45-58.
[42] 黄国明, 苏文智. 斜坡蠕滑预报的相空间理论[J]. 水文地质工程地质, 1996, 4: 236-242.
[43] 李炼, 陈从新. 露天矿边坡的位移监测与滑坡预报[J]. 岩土力学, 1997, 12: 516-522.
[44] 贺春宁. 岩质高边坡变形破坏机制模拟与失稳控制研究[D]. 长沙: 长沙理工大学, 2001.
[45] 公路勘察设计院. 公路设计手册: 路基[M]. 北京: 人民交通出版社, 1997: 136-142.
[46] 李旭东. 三维植被固土网垫在路基边坡防护上的应用分析[J]. 东北公路, 2000, 23(3).
[47] 谭宝龙. 高等级公路边坡植物防护方法的研究[J]. 华东公路, 1998(4).
[48] 方向池, 柏松平. 高原山区高速公路边坡防护[J]. 公路, 2002, 7: 218-223.
[49] 袁臻. 地下采动及溶洞路基失稳数值模拟[D]. 长沙: 长沙理工大学, 2002.
[50] 黄晓燕. 公路工程防灾减灾网格技术研究[D]. 长沙: 长沙理工大学, 2007.

第 4 章　道路交通防灾减灾 Grid 网格体系构建

道路运输属于平面服务，具有机动、灵活、适应性强、直达、迅速的特点，可实现库与库运输，单车运量小。根据按需求建设道路，综合道路使用任务、功能及远景交通量等指标，将道路工程划分为高速、一级公路、二级公路、三级公路、四级公路五个等级[1]，各等级道路根据公路行业设计、施工规范要求，经过可行性研究、勘察设计、施工等必要建设过程，建成投入使用。各等级公路的相继建成，逐步由小区域范围的公路网扩大发展形成国家公路网，满足日益膨胀的公路交通客运、货运要求，甚至时刻准备为战时服务，公路网构成示意如图 4-1 所示。

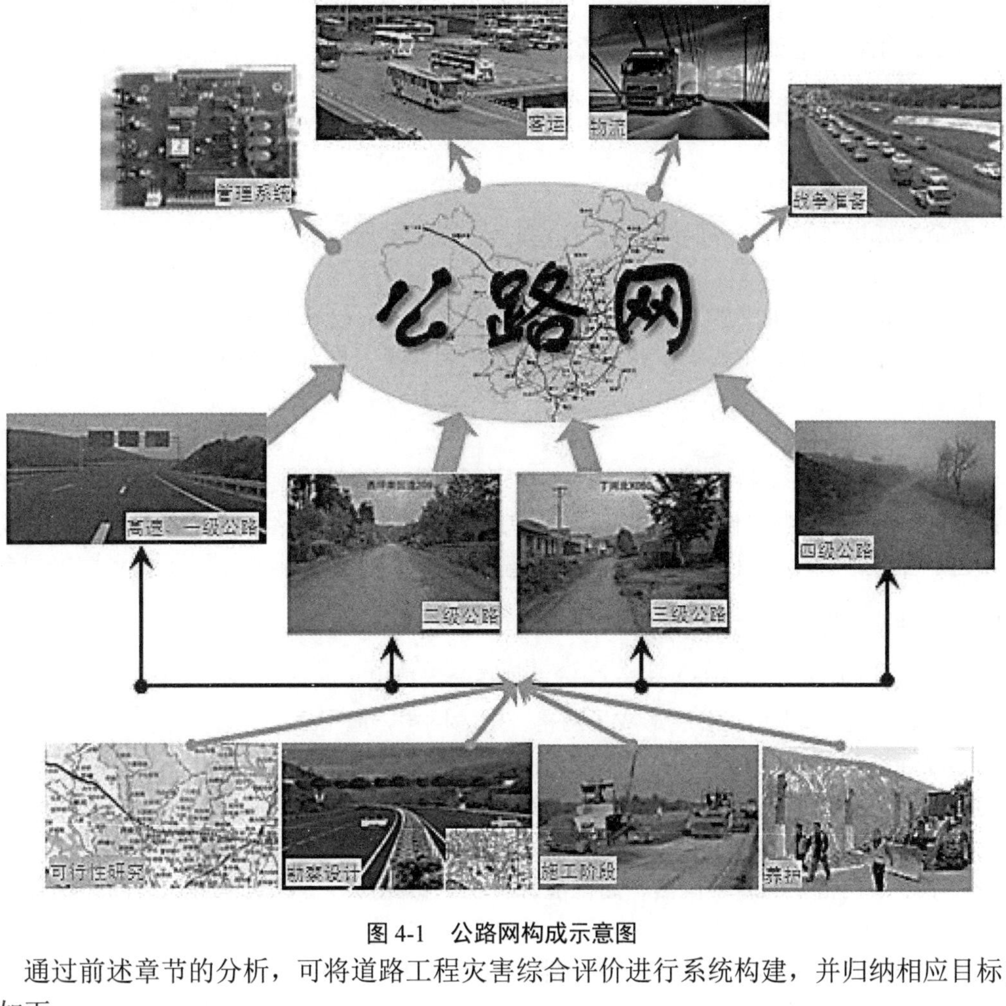

图 4-1　公路网构成示意图

通过前述章节的分析，可将道路工程灾害综合评价进行系统构建，并归纳相应目标内容如下。

① 我国道路工程灾害防治工作一直处于被动状态。传统的档案式管理方式无法适应日益增加的道路工程灾害业务数据，纸质资料随着时间推移不断地老化、磨损，造成信息的丢失；也不便于业务数据查询检索，资料利用率极低；灾害数据更新维护手段落后，数据采集和更新方法无法满足实时、准确地反映道路状况变化的现状资料要求；传统的档案式管理使道路工程灾害处治决策缺乏支持手段。

② 道路工程防灾减灾问题在一定程度上具有地理的含义，随着 GIS 技术的成熟与发展，及其在气象、海洋、洪水、地质、地震、农作物、森林等灾害系统中的成功应用，引入 GIS 技术，开展以 GIS 技术支持的道路工程灾害综合评价系统研究，将推进集成化、高效化、可视化的道路工程灾害系统建设。

③ 以 GIS 技术支持，收集存储各等级道路（高速、一级、二级、三级、四级）在可行性研究、路线初步勘察设计、详细勘察设计、信息化施工等不同建设时期，以及运营期的灾害监测业务数据；根据地质灾害和路基路面、桥梁构造物病害形式、大小，共享虚拟网格平台中的数值模拟分析计算软件、室内模型试验模拟分析方法、专家意见、评价方法等基础设施、数据库资源，进行灾害的诊治工作，形成道路工程灾害综合评价系统。

④ 建立各等级道路在不同时期的灾害综合评价系统，利于道路工程灾害数据的更新维护，实时、准确地反映道路状况变化的现状要求，方便查询检索，高效率利用灾害业务数据，为道路工程灾害处治决策提供可靠的支持。

4.1 道路工程防灾减灾网格特征

4.1.1 网格问题

网格到底能干什么，可以简单把网格解决的问题分为两类[2]。

(1) 0/1 问题

通过网格支持才能够解决，它是促使网格概念产生、网格早期试图解决的主要问题，推动科学技术的发展，主要集中在尖端科研与国防领域，而且以大规模计算和海量数据处理为主。

(2) $0<\alpha<1$ 问题

其问题没有网格支持也可以解决，但有了网格支持就可以使解决方案得到大幅度优化并提高；$0<\alpha<1$ 问题促使工商业界通过这类问题的解决，以更经济、更高效的方式，满足企业自身生产、管理以及更广大的一般消费者的需求；$0<\alpha<1$ 问题推动了网格的发展。

4.1.2 道路工程防灾减灾网格

① 借鉴电力网（Electric Power Grid）的概念，提出了网格（Grid）概念[3-4]。

② 由电力网的思想，发展形成了网格。电力网中，应用水力、煤、石油、风力及高科技光能源等资源进行发电，形成国家电力网，服务于学校、工厂及千家万户。用户只要很方便地插上电源插头，就能充分共享电力网上的电力资源，而不需要知道电力资源来自哪个发电站，是通过哪种资源方式产生的电力资源。网格中，用户可以像使用本地资源一样，充分共享整个网格上的科学仪器、高性能计算机、数据库、专家资源等，协同解决复杂的问题。

③ 由电力网到网格，启发了交通道路工程防灾减灾网格的思想，构建交通道路工程防灾减灾网格，在进行道路工程地质灾害、路基路面病害预警与诊治工作时，用户可以充分共享道路工程防灾减灾网格上的预测预报技术、灾害类型调查、检测方法、监测技术、分析评价方法、以往相关防灾减灾工程经验、防护及处治措施等资源，共同协调，适时、准确、有效地进行道路工程地质灾害与路基路面病害的预警与诊治工作。交通道路工程防灾减灾网格构成示意如图 4-2 所示。

图 4-2　道路工程防灾减灾网格组成示意图

4.2　道路工程防灾减灾网格技术与构建

4.2.1　网格技术

网格技术提供了共享和协调使用各种不同资源的机制，因此使得我们能够从地理上、组织上分布的组件中创建出一个虚拟计算系统，这个虚拟计算系统充分集成了各种资源以获得理想的服务质量[5-12]。网格技术包括：当计算跨越多个机构时，支持管理证书和策略的安全解决方案；资源管理协议和服务，支持安全地远程访问计算和数据资源以及协同分配多种资源；信息查询协议和服务，提供关于资源、组织和服务的配置信息和状态信息；数据管理服务，在存储系统和应用之间定位和传输数据集。

4.2.2　道路工程防灾减灾网格技术

针对目前我国交通道路工程灾害预警与诊治工作面临的困难，利用网格技术的特点，开发交通道路防灾减灾工程的网格环境，在网格上提供观测资料库、辅助判据库的服务，可以给予解决或改善。

① 对各等级道路在可行性研究、勘察设计、信息化施工等不同建设阶段，以及运营期的道路工程地质灾害、路基路面病害综合评价系统所获取的海量灾害数据进行共享、整合，将海量灾害数据快速、合理地转换为信息，向社会提供信息服务。

② 对海量地质灾害与病害数据和信息进行深度开发、整合集成，通过数字化、网络化实现一体化的空间信息组织管理与共享，满足不同领域、不同范围的用户需求。利用网格技术，可以提供各种跨地域的空间信息服务，实现高性能协同分析处理，实现道路工程防灾减灾工作的主流程信息化。

③ 集预报、检测、评价、防护、治理等交通道路工程防灾减灾关键技术方法的服务能力、病害数据和信息集成处理功能的评价基础设施，建立 GIS 技术支持的道路工程灾害综

合评价系统，构建网格技术支持的交通道路工程灾害预警与诊治体系，使交通道路工程在各个建设、营运时期的病害与灾害综合评价系统整合为一个体系，实现交通道路工程中灾害预报、检测、评价、防护、治理等资源的全面共享，提高我国当前快速发展的交通道路工程灾害评价预警与信息化基础管理设施水平。

4.2.3 国家道路工程防灾减灾网格构架

建设道路工程防灾减灾网格省级节点，组成国家道路工程防灾减灾网格，同国家教育网格一样，国家道路工程防灾减灾网格将是国家网格的重要组成部分。国家道路工程防灾减灾网格示意如图 4-3 所示。

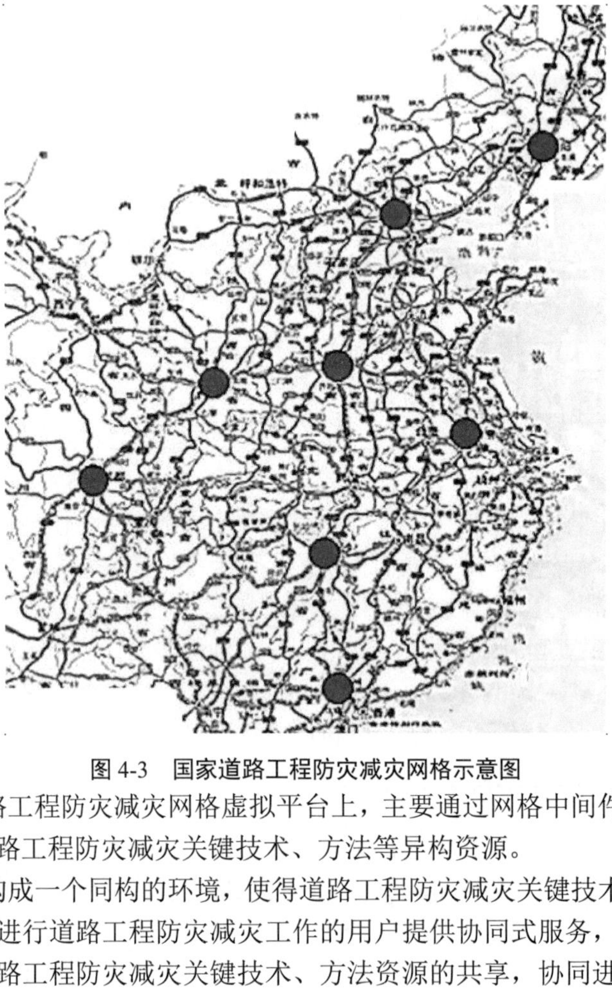

图 4-3　国家道路工程防灾减灾网格示意图

① 在国家道路工程防灾减灾网格虚拟平台上，主要通过网格中间件[13-14]，共享分布于整个互联网上的道路工程防灾减灾关键技术、方法等异构资源。

② 异构资源构成一个同构的环境，使得道路工程防灾减灾关键技术、方法资源能够为分布于全国各地、进行道路工程防灾减灾工作的用户提供协同式服务，实现全国范围内所有广域网范围内道路工程防灾减灾关键技术、方法资源的共享，协同进行道路工程灾害的预警与诊治。

③ 网格中间件并不是一种软件，而是虚拟平台上基于分布式处理的一类软件，这些软件最大的特点就是它们的网络通信功能；网格中间件通过运行于多种硬件和平台，实现中间件之间、中间件应用之间的互操作，以满足大量的应用需要。

4.2.4 国家道路工程防灾减灾网格体系构建

道路工程防灾减灾网格采用面向“服务”的设计思想，采用分布式、多层开放式的网格体系结构，可以按照需求横向设置多个服务器，纵向设置多层、多级服务器[15-17]。根据道路等级划分情况、国家道路网构成特点，国家道路工程防灾减灾网格体系结构纵向设置三层服务管理体系。

纵向第一层：设置一级服务器，主要进行空间数据基础设施管理、各省级节点综合管理服务；纵向第二层（各省级节点）：根据道路等级划分情况，横向设置 5 个二级服务管理机构；纵向第三层服务器主要根据道路建设使用阶段，针对具体的每一条道路设置 1 个三级服务器。道路工程防灾减灾网格总体结构示意图如图 4-4 所示。

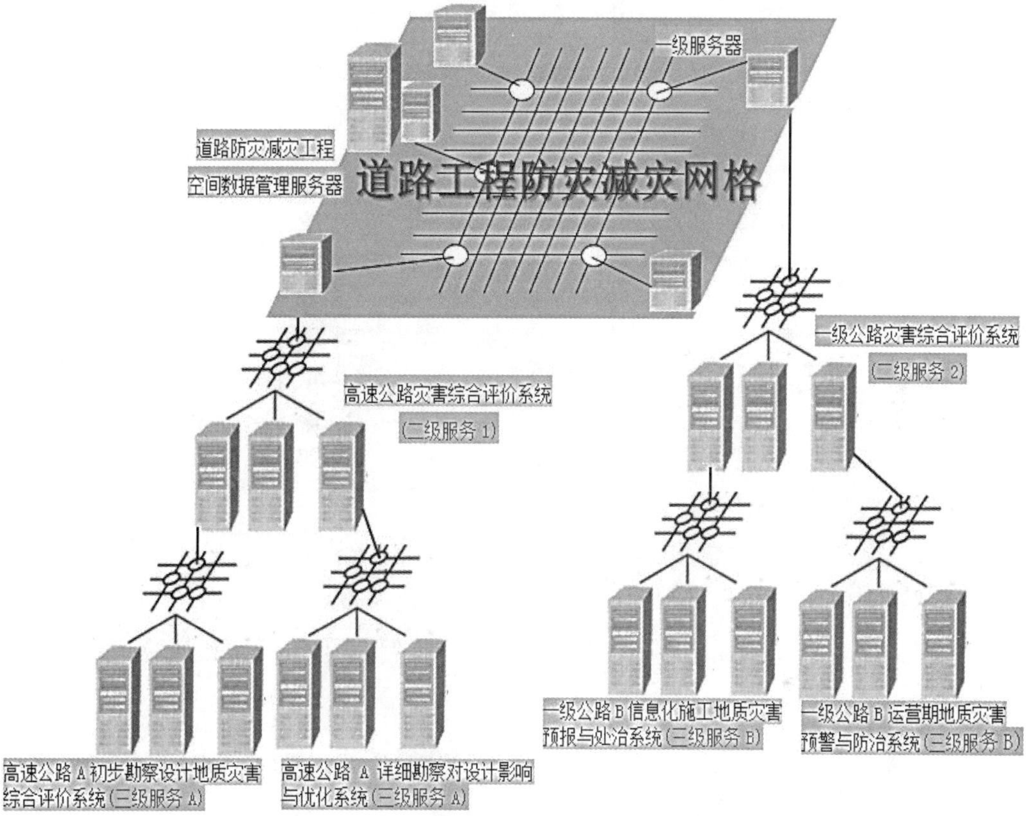

图 4-4　道路工程防灾减灾网格总体体系结构示意图

(1) 纵向第一层（国家网格虚拟平台）

道路工程防灾减灾国家网格虚拟平台上设置一级服务管理器，进行空间基础设施、各省级节点的综合协调管理服务。

道路工程防灾减灾空间基础设施管理服务器包括道路工程灾害类型及调查方法、检测方法、监测技术、分析评价方法、诊治措施、预报技术以及专家经验数据等基础设施，结构组成示意图如图 4-5 所示。

(2) 纵向第二层（省级网格节点）

纵向第二层属于各省级网格节点管理层，主要是根据道路等级划分情况，各省级道路工程防灾减灾网格横向设置 5 个二级服务器，分别进行各等级道路工程的灾害预警与诊治管理，具体包括：二级服务器 1：高速公路灾害综合评价系统管理；二级服务器 2：一级公路灾害综合评价系统管理；二级服务器 3：二级公路灾害综合评价系统管理；二级服务器 4：三级公路灾害综合评价系统管理；二级服务器 5：四级公路灾害综合评价系统管理。结构组成示意图如图 4-6 所示。

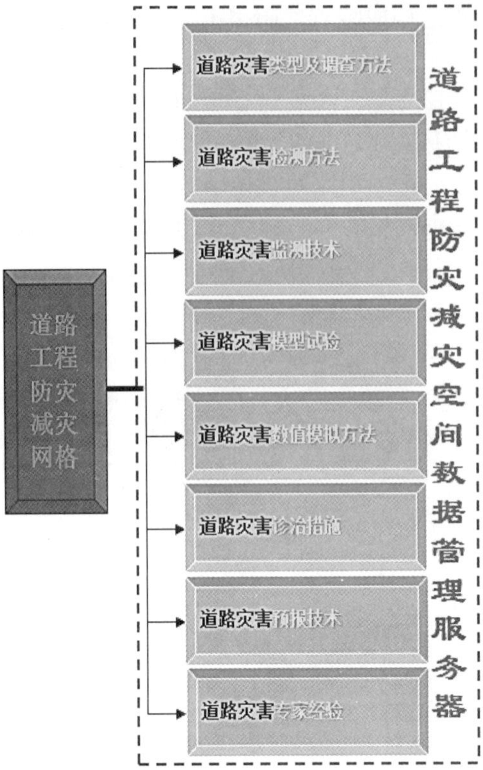

图 4-5 道路工程防灾减灾网格平台结构图

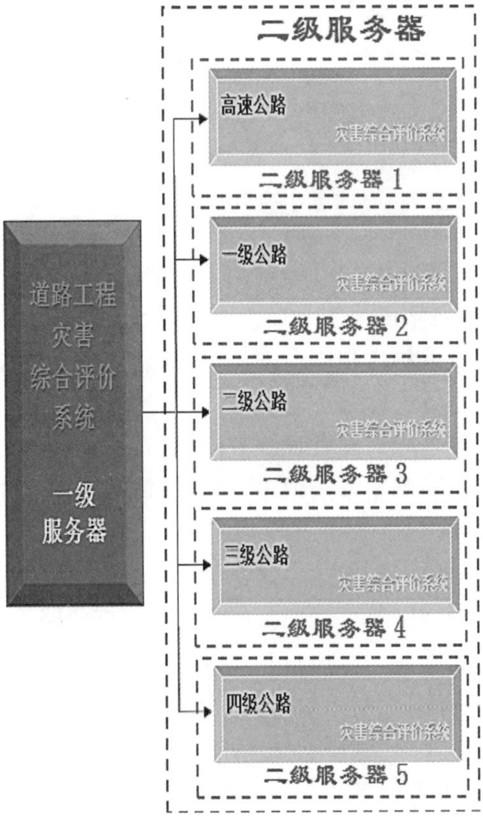

图 4-6 道路工程防灾减灾网格一级服务器体系结构图

(3) 纵向第三层

根据各等级划分情况，设 5 个二级管理服务器，分别是二级服务器 1，进行高速公路灾害综合评价系统管理；二级服务器 2，进行一级公路灾害综合评价系统管理；二级服务器 3，进行二级公路灾害综合评价系统管理；二级服务器 4，进行三级公路灾害综合评价系统管理；二级服务器 5，进行四级公路灾害综合评价系统管理。

每一个二级服务器下，针对具体每一条道路设置 1 个三级服务器，对该条道路的可行性研究、初步勘察设计、详细勘察设计、信息化施工、运营期阶段的灾害综合评价系统进行综合管理。假设有 *n* 条道路，则就共有 *n* 个三级服务器。现假定有 5 条道路，分别是高速公路 A、一级公路 B，二级公路 C，三级公路 D，四级公路 E，分析灾害综合评价系统服务器管理结构组成。

① 二级服务器 1，下设三级服务器 1，对某高速公路 A 路线可行性研究地质灾害综合评价系统、初步勘察设计地质灾害综合评价系统、详细勘察对设计影响与优化系统、信息化施工地质灾害预报与处治系统、运营期灾害预警与防治系统进行综合管理。结构组成示意图如图 4-7 所示。

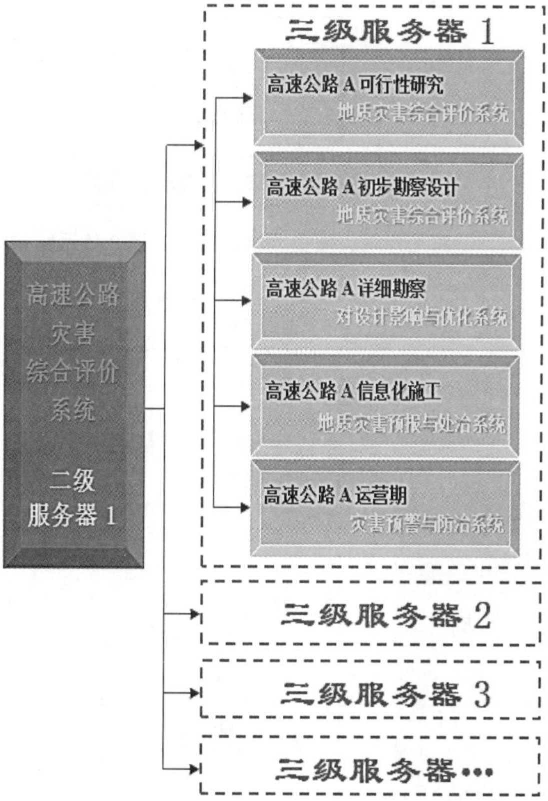

图 4-7　道路工程防灾减灾网格二级服务器 1 体系结构图

② 二级服务器 2，下设三级服务器 1，对某一级公路 B 路线可行性研究地质灾害综合评价系统、初步勘察设计地质灾害综合评价系统、详细勘察对设计影响与优化系统、信息化施工地质灾害预报与处治系统、运营期灾害预警与防治系统进行综合管理。结构组成示意图如图 4-8 所示。

③ 二级服务器 3，下设三级服务器 1，对某二级公路 C 路线可行性研究地质灾害综合评价系统、初步勘察设计地质灾害综合评价系统、详细勘察对设计影响与优化系统、信息

化施工地质灾害预报与处治系统、运营期灾害预警与防治系统进行综合管理。结构组成示意图如图 4-9 所示。

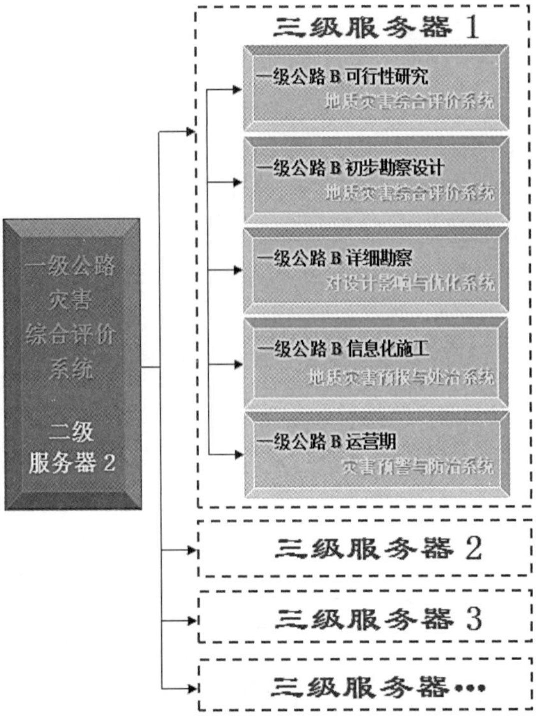

图 4-8　道路工程防灾减灾网格二级服务器 2 体系结构图

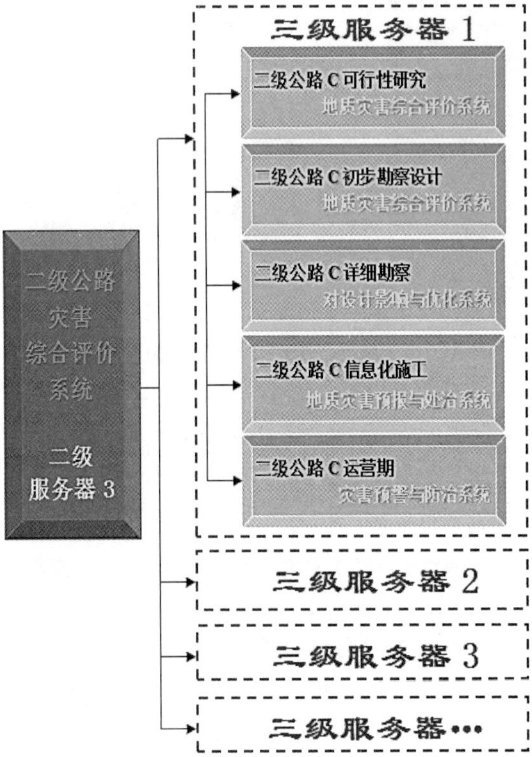

图 4-9　道路工程防灾减灾网格二级服务器 3 体系结构图

④ 二级服务器 4，下设三级服务器 1，对某三级公路 D 路线可行性研究地质灾害综合评价系统、初步勘察设计地质灾害综合评价系统、详细勘察对设计影响与优化系统、信息化施工地质灾害预报与处治系统、运营期灾害预警与防治系统进行综合管理。结构组成示意图如图 4-10 所示。

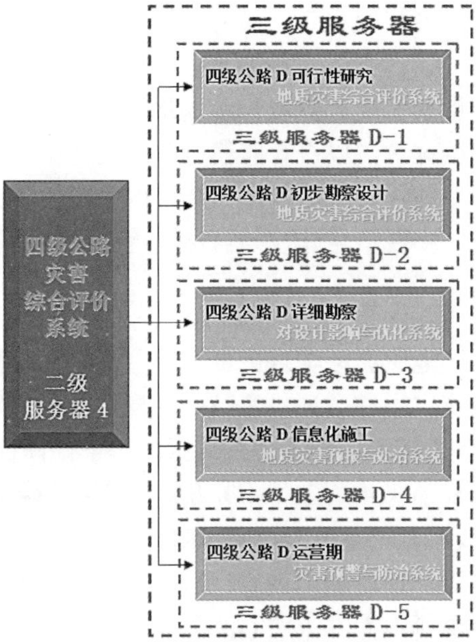

图 4-10　道路工程防灾减灾网格二级服务器 4 体系结构

⑤ 二级服务器 5，下设三级服务器 1，对某四级公路 E 路线可行性研究地质灾害综合评价系统、初步勘察设计地质灾害综合评价系统、详细勘察对设计影响与优化系统、信息化施工地质灾害预报与处治系统、运营期灾害预警与防治系统进行综合管理。结构组成示意图如图 4-11 所示。

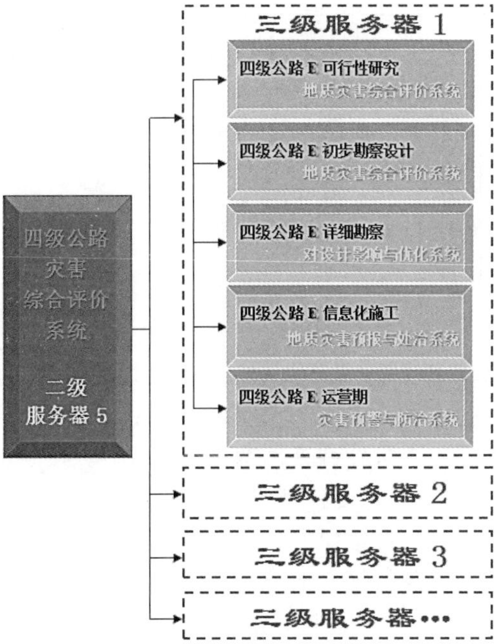

图 4-11　道路工程防灾减灾网格二级服务器 5 体系结构

4.3 路线初步勘察地质灾害综合评价与设计体系

4.3.1 地质灾害综合评价与设计

一般道路包括两阶段设计过程，两阶段设计中的初步勘察设计工作是在道路工程经过工程可行性研究、编写可行性研究报告、对可行性研究报告进行初步审查、复审合格后进行的。在初步外业勘察中，通过野外实地调查，收集沿线自然地理概况资料，对选线范围内复杂的地质进行必要的地质钻孔，获取详细的地质资料。同时，对选线范围内可能或已经出现的地质灾害进行分析评价，以进行路线方案的比选工作；在此基础上，以 GIS 技术支持，建立道路路线初步勘察设计线路方案比选 GIS 系统。由此形成道路路线初步勘察设计地质灾害综合评价系统，实现道路建设与自然环境相和谐及资源的有效利用。

4.3.2 体系构建

道路路线初步勘察设计地质灾害综合评价系统主要包括总模块和 4 个子模块。总模块：道路路线初步勘察设计地质灾害综合评价系统；子模块 1：道路路线初步勘察设计地质灾害调查；子模块 2：道路路线初步勘察设计线路区地质条件评价；子模块 3：道路路线初步勘察设计线路方案比选；子模块 4：道路路线初步勘察设计线路方案比选 GIS 管理系统。

(1) 总模块：道路路线初步勘察设计地质灾害综合评价系统

以道路路线初步勘察设计地质灾害调查、线路区地质条件评价、线路区方案比选为基础，建立公路路线初步勘察线路方案比选 GIS 管理系统，形成道路路线初步勘察设计地质灾害综合评价系统总模块，如图 4-12 所示。

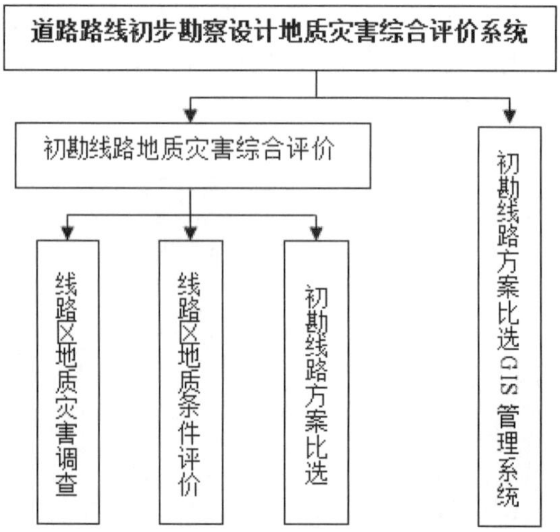

图 4-12 公路路线初步勘察设计地质灾害综合评价系统（总模块）

(2) 子模块 1：道路路线初步勘察设计地质灾害调查

其主要工作是进行地质灾害野外调查，搜集相关资料。按照国家有关规定，如《建设用地地质灾害危险性评估报告》《水土保持方案大纲》《公路工程场地地震安全性评价工作报告》等，进行有关国土资源、环境保护、水土保持、文物等评估工作，以促进项目顺利实施。对沿线地形、地貌、气象特征、地层及岩性、地质构造、地震水平、水文地质情况等自然地理概况进行调查；发现不良地质，如断裂构造，路线边坡顺层滑动、崩塌，滑坡，泥石流等。建立道路路线初步勘察设计地质灾害调查子模块 1，如图 4-13 所示。

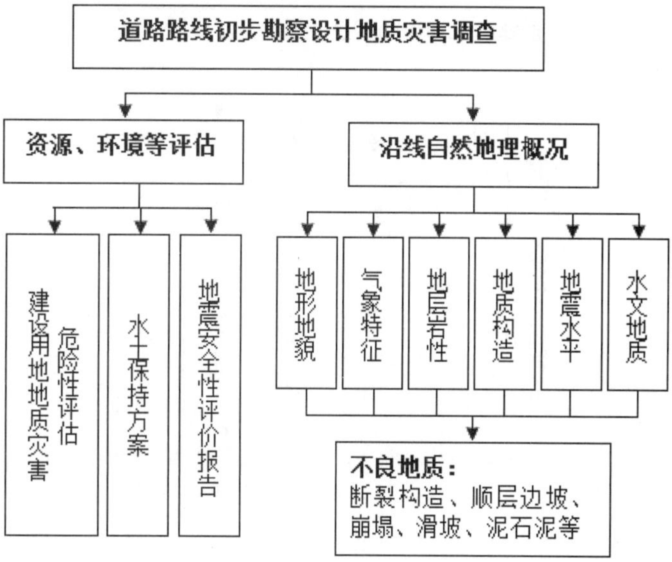

图 4-13　道路路线初步勘察设计地质灾害调查（子模块 1）

(3) 子模块 2：道路路线初步勘察设计线路区地质条件评价

在初步野外地质调查、资料搜集的基础上，对正线、比较线线路区范围的地质条件进行评价，为路线方案比选提供可靠的技术支持。

路线初步勘察设计阶段的地质条件评价，主要根据线路段的地貌成因类型、工程地质及水文地质测绘，结合钻探等综合勘察手段揭示的地层岩性，进行地形、地貌单元划分；对不良地质选择如专家经验、工程类比、规范评价等相应的分析评价手段，正确进行评估。建立道路路线初步勘察设计线路区地质条件评价子模块 2，如图 4-14 所示。

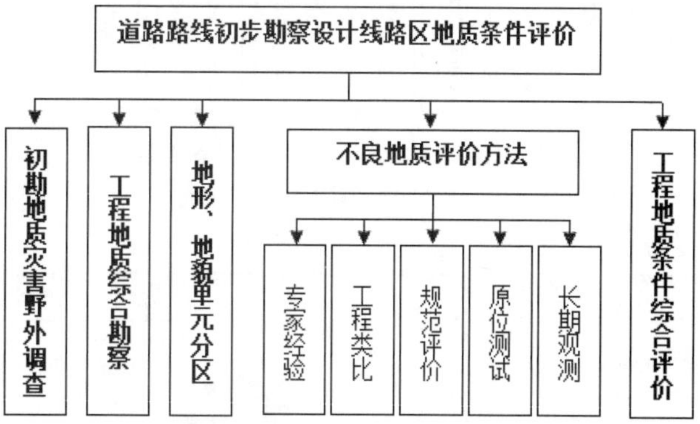

图 4-14　道路路线初步勘察设计线路区地质条件评价（子模块 2）

(4) 子模块 3：道路路线初步勘察设计线路方案比选

通过野外初步勘察线，正线、比较线线路区地质条件评价，在此基础上进行路线方案比选，解决路线起、终点间路线基本走向问题。

方案选择主要考虑的因素有：路线在政治、经济、国防上的意义；路线在交通网系中的作用，与沿线农田水利等建设的配合及用地情况；工程地质和水文地质的影响；工程造价与营运、管理、养护费用综合考虑；路线与周围环境、景观相协调。建立道路路线初步勘察设计线路方案比选子模块 3，如图 4-15。

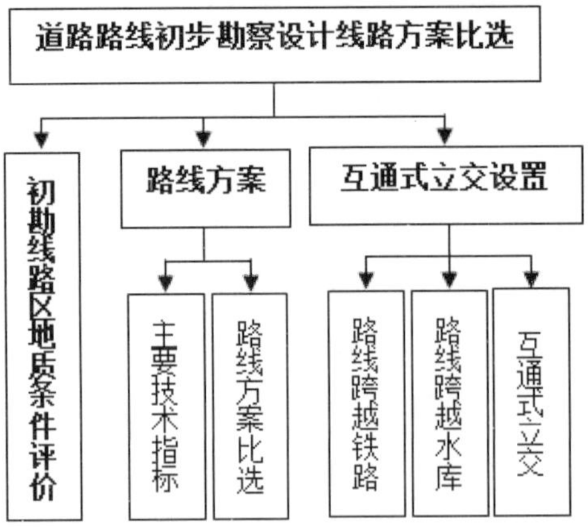

图 4-15　道路路线初步勘察设计线路方案比选（子模块 3）

(5) 子模块 4：道路路线初步勘察设计线路方案比选 GIS 管理系统

以 GIS 技术支持的线路方案比选 GIS 管理系统具有数据输入、检索、数据统计、图形浏览、媒体播放、信息输出等功能。建立道路路线初步勘察设计线路方案比选 GIS 管理系统子模块 4，如图 4-16 所示。

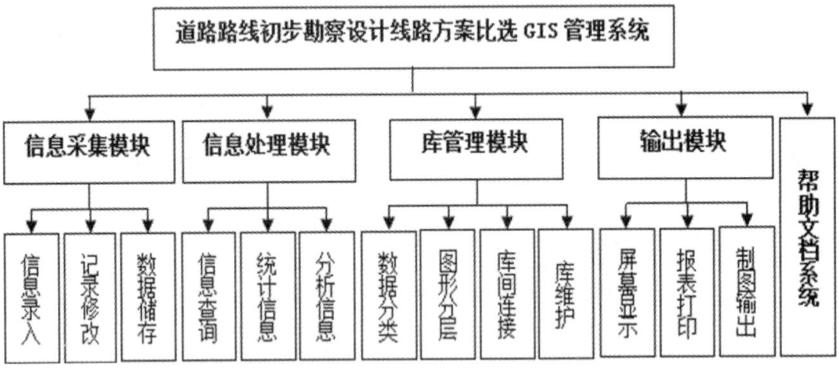

图 4-16　道路路线初步勘察设计线路方案比选 GIS 管理系统（子模块 4）

在道路路线初步勘察设计线路方案比选 GIS 管理系统中，以图像、文字等多种方式表现路线初步勘察设计线路方案比选信息，如图 4-17 所示。

图 4-17　道路路线初步勘察设计线路方案比选 GIS 管理系统信息

4.4　路线详细勘察设计优化体系构建

4.4.1　路线详细勘察设计优化

两阶段设计工作的第二阶段是详细勘察设计。在此阶段，要充分考虑道路的建设条件，进行线路设计优化，并进行详细的路基路面、排水防护、桥梁涵洞、隧道、路线交叉、交通工程、沿线设施以及环境保护设施的设计。在此基础上建立道路路线详细勘察对设计影响与优化 GIS 管理系统，形成道路路线详细勘察对设计的影响与优化系统。

4.4.2　体系构建

道路路线详细勘察对设计影响与优化系统主要包含总模块和 4 个子模块。总模块：道路路线详细勘察对设计影响与优化系统；子模块 1：道路路线详细勘察对路基设计要求；子模块 2：道路路线详细勘察对地基勘察要求；子模块 3：道路路线详细勘察对设计影响与优化；子模块 4：道路路线详细勘察对设计影响与优化 GIS 管理系统。

(1) 总模块：道路路线详细勘察对设计影响与优化系统

了解道路路线详细勘察对路基设计以及对地基勘察要求，进行详细地质勘察，对路线设计进行优化，以 GIS 技术支持，构建道路路线详细勘察对设计影响与优化 GIS 管理系统，形成道路路线详细勘察对设计影响与优化系统。建立道路路线详细勘察对设计影响与优化系统总模块，如图 4-18 所示。

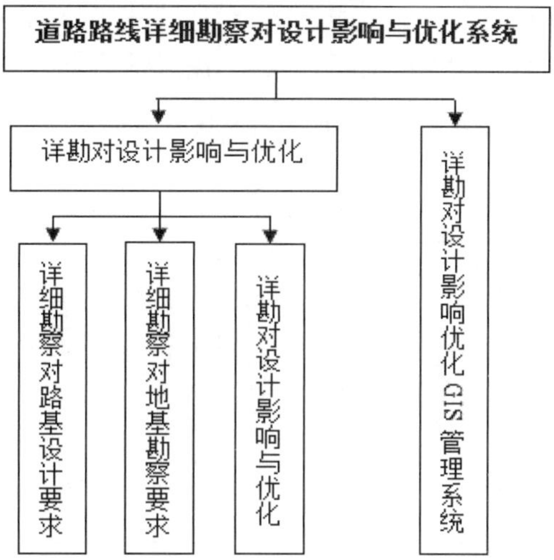

图 4-18　道路路线详细勘察对设计影响与优化系统（总模块）

(2) 子模块 1：道路路线详细勘察对路基设计要求

道路路线详细勘察要求满足路基具有足够的整体稳定性、足够的强度、足够的水稳定性。整体稳定性评价主要进行路基边坡稳定性评价、软土地基路基稳定性评价控制，对地质和水文条件复杂或高填深挖路基的边坡，应进行稳定性分析，稳定性分析计算方法可参照“道路工程防灾减灾关键技术与方法”所提供的方法具体选用；软土路基稳定性计算方法有条分法、$\varphi=0$ 法和总强度分析法等。路基强度评价主要控制填料与压实、路基土的承载力和路基的沉降指标。水稳定性评价是通过确定道路自然区划，得到分界相对含水量建议值，划分土基干湿类型，正确确定路基临界高度和路面厚度。建立道路路线详细勘察对路基设计要求子模块 1，如图 4-19 所示。

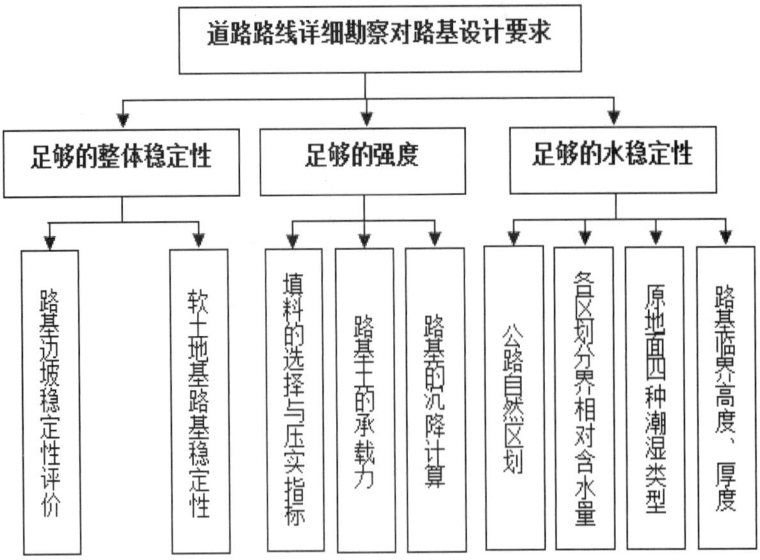

图 4-19　道路路线详细勘察对路基设计要求（子模块 1）

(3) 子模块 2：道路路线详细勘察对地基勘察要求

在详细勘察阶段，道路路线地基勘察应查明沿线地层岩性、地质构造、水文地质条件和土的物理力学指标，斜坡地段还应查明上覆土层与基岩接触面的横向坡度和软弱结构面的分布特征，同时对勘探点布置要求、岩土试验项目有相应的要求，回弹模量的测定宜采用现场承压板法。建立道路路线详细勘察对地基勘察要求子模块 2 如图 4-20 所示。

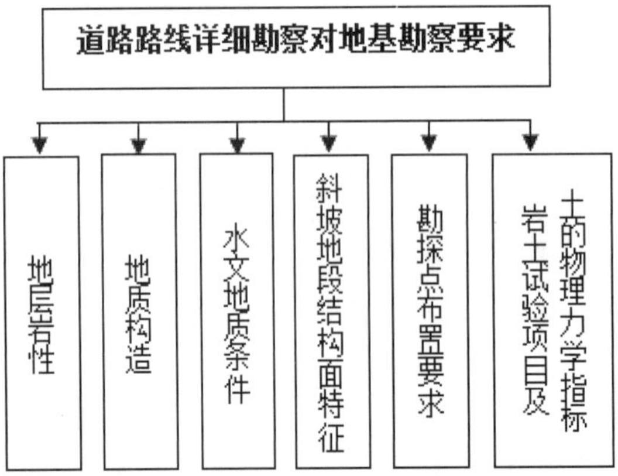

图 4-20　道路路线详细勘察对地基勘察要求（子模块 2）

(4) 子模块 3：道路路线详细勘察对设计影响与优化

通过路线详细勘察，对路线平面线型、纵面线型进行设计优化，尽可能保证设计路线的填挖平衡，降低工程造价；线型确定后，进行详细的路基、路面、排水防护、桥涵等构造物优化设计，将路线范围内已存在或未来可能出现的地质灾害对道路的影响控制在最低范围。建立道路路线详细勘察对设计影响与优化子模块 3，如图 4-21 所示。

(5) 子模块 4：道路路线详细勘察对设计影响与优化 GIS 管理系统

以 GIS 技术支持构建的道路路线详细勘察对设计影响与优化 GIS 管理系统，具有数据输入、检索、数据统计、图形浏览、媒体播放、信息输出等功能。建立道路路线详细勘察对道路路线设计影响与优化 GIS 管理系统子模块 4，如图 4-22 所示。

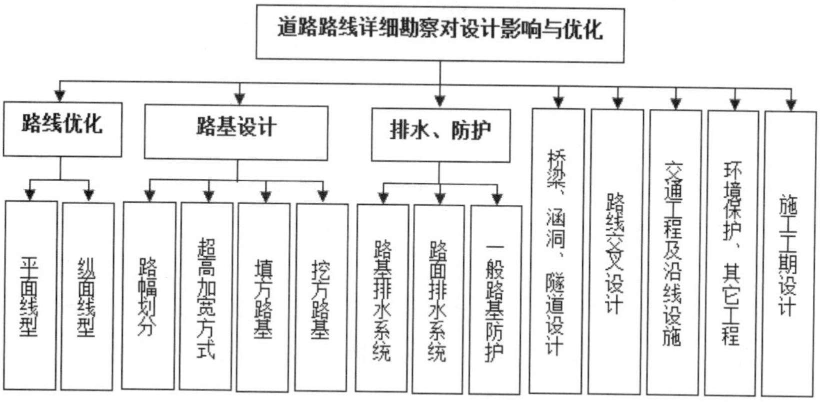

图 4-21　道路路线详细勘察对设计影响与优化（子模块 3）

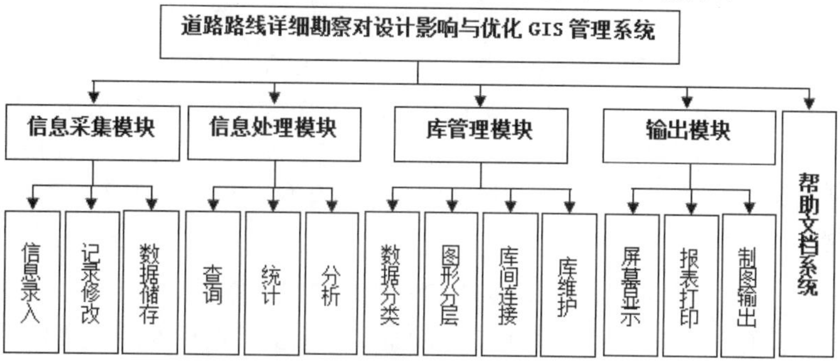

图 4-22　道路路线详细勘察对设计影响与优化 GIS 管理系统（子模块 4）

在系统中，以图像、文字等多种方式表现路线详细勘察对设计影响与优化信息。如某一路段在初步设计时为路基加暗盖板涵，在详细勘察阶段，进行地质补勘并绘出地质钻孔图，比较准确地弄清地层分布情况，确定路线范围内的地下暗河分布情况，并通过数值模拟等分析评价方法，进行路基设计优化，将该段路基填筑改为桥跨通过，如图 4-23 所示。

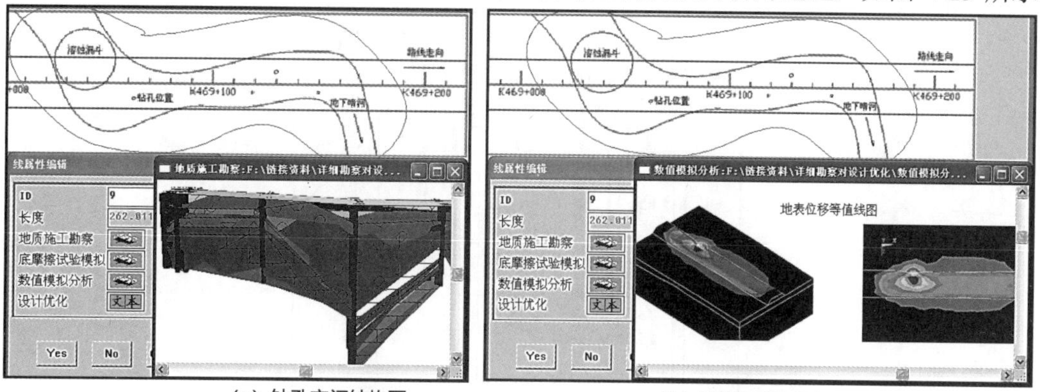

(a) 钻孔空间结构图　　(b) 路堤沉降云图

图 4-23　道路路线详细勘察对设计影响与优化 GIS 管理系统信息

4.5　道路工程信息化施工与地质灾害预报处治体系

4.5.1　道路工程信息化施工与地质灾害预报处治

① 道路工程信息化施工是一种连续的、管理的、整合的设计、施工控制、监控及反馈的动态过程，是一种集预测、监控、评价和修正的设计方法。

② 信息化施工就技术方面的信息来源主要包括地质勘察、超前地质预报、工程测量与量测、地质素描与摄影、地下水观测、施工统计数据分析、设计施工文件、类似工程施工经验等。

③ 在进行如道路隧道、边坡等地质结构复杂的道路工程施工时，应进行施工勘察，对地质稳定性进行评价，提出预测分析模型，进行地质超前预报。

④ 施工中，监测应力应变，对岩体物理力学参数反演，反馈于施工决策，修正和确定新施工方案的参数，采取合理的加固处治方式，以期获得保证安全前提下的最优结构物。

⑤ 在此基础上，以 GIS 技术支持构建道路工程信息化施工地质灾害预报与处治 GIS 管理系统，形成道路工程信息化施工地质灾害预报与处治系统，实现安全、经济的目标。

4.5.2 体系构建

道路工程信息化施工地质灾害预报与处治系统主要包含总模块和 6 个子模块。总模块：道路工程信息化施工地质灾害预报与处治系统；子模块 1：道路工程信息化施工地质灾害施工勘察；子模块 2：道路工程信息化施工地质灾害预报；子模块 3：道路工程信息化施工地质灾害检测、监测；子模块 4：道路工程信息化施工地质灾害评价；子模块 5：道路工程信息化施工地质灾害处治；子模块 6：道路工程信息化施工地质灾害预报与处治 GIS 管理系统。

(1) 总模块：道路工程信息化施工地质灾害预报与处治系统

道路工程信息化施工是在地质灾害施工勘察的基础上，进行地质灾害超前预报，对可能出现的地质灾害以及在施工中已出现的地质灾害进行检测、监测，选用合理的方法进行评价，采取适宜的措施进行处治。在此基础上，建立道路工程信息化施工地质灾害预报与处治 GIS 管理系统，形成道路工程信息化施工地质灾害预报与处治系统。建立道路工程信息化施工地质灾害预报与处治系统总模块，如图 4-24 所示。

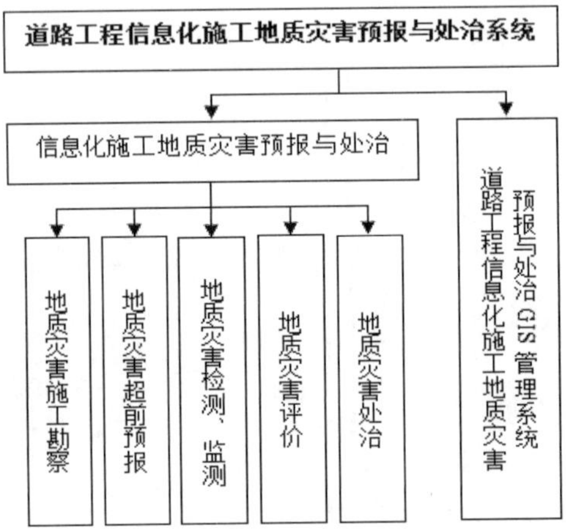

图 4-24 道路工程信息化施工地质灾害预报与处治系统（总模块）

(2) 子模块 1：道路工程信息化施工地质灾害施工勘察

施工勘察主要是与设计、施工单位相结合进行地基验槽，桩基工程与地基处理的质量、效果检验，施工中的岩土工程监测和必要的补充勘察，解决与施工有关的岩土问题，并为施工阶段地基基础的设计变更提出相应的地基资料。当路线不可避免地跨越岩溶地基时，施工中通过查看地形地貌，走访当地居民，查清附近岩溶分布情况，特别是对有地下暗河出入口路段附近，尽量发现勘察时未发现的岩溶地貌，及时变更不合理的设计。

跨越采空区地基时，勘察开采方式、开采面积、顶板管理方式、开采厚度、深度、采空区倾角、上部岩石组成、层位及其岩石物理力学性质、岩体构造、上部土层厚度等。对于地质环境复杂的边坡工程，通过钻探、坑（井）探、槽探、必要时辅以硐探、物探等手段，进行施工勘察，调查区域自然地理及工程地质概况。为此建立道路工程信息化施工地质灾害施工勘察子模块 1，如图 4-25 所示。

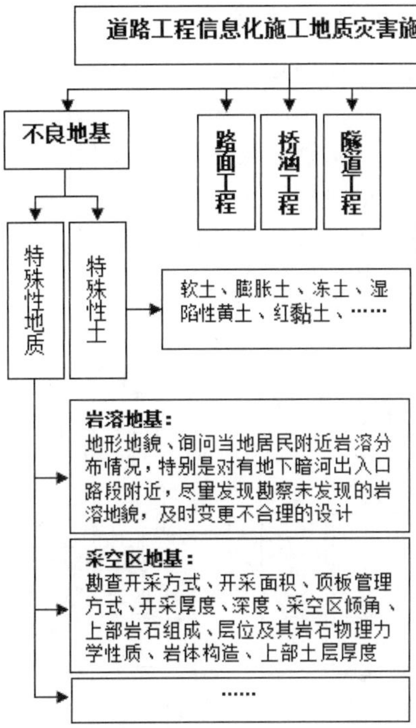

图 4-25　道路工程信息化施工地质灾害施工勘察（子模块 1）

(3) 子模块 2：道路工程信息化施工地质灾害预报

对道路工程中大型复杂的工程如高陡路堤路堑边坡工程、隧道工程等进行地质超前预报，确保安全施工。地质超前预报技术主要包括工程地质调查与推断法、探地雷达技术、隧道内反射地震预报法、TSP 超前预报、TRT 反射地震层析成像方法等五种。建立道路工程信息化施工地质灾害预报子模块 2，如图 4-26 所示。

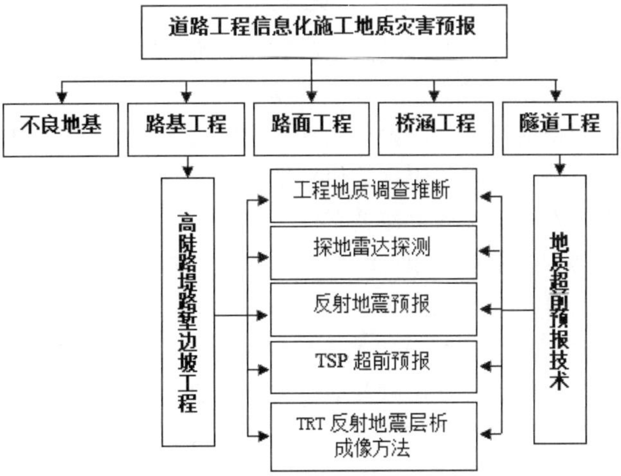

图 4-26　道路工程信息化施工地质灾害预报（子模块 2）

(4) 子模块 3：道路工程信息化施工地质灾害检测、监测

施工中，对不良地基主要进行沉降变形监测；对路基工程施工中发生的地面变形、地表裂缝、滑体深部位移、地下水位、孔隙水压力、地应力等进行施工安全监测，并对施工效果进行监测；道路隧道工程施工复杂，施工量测项目较多，主要有收敛位移、地表下沉、锚杆抗拔力、锚杆轴向力、钢架荷载、围岩内变形、喷射混凝土层应力、二次衬砌应力等。

在信息化施工中，综合应用各种监测、检测技术，进行地质灾害的检测、监测工作，将监测情况反馈于施工。目前广泛应用的除了测斜仪、压力盒、水压力仪等常规监测仪器和监测技术外，还有近年来发展起来并广泛应用的空间技术如 GPS、InSAR、三维激光扫描技术等，此外还有光纤应变监测技术、声波测试技术、声发射技术等先进的监测技术和手段。在实际施工中，可参照《道路工程防灾减灾关键技术方法》具体选用。建立道路工程信息化施工地质灾害检测、监测子模块 3，如图 4-27 所示。

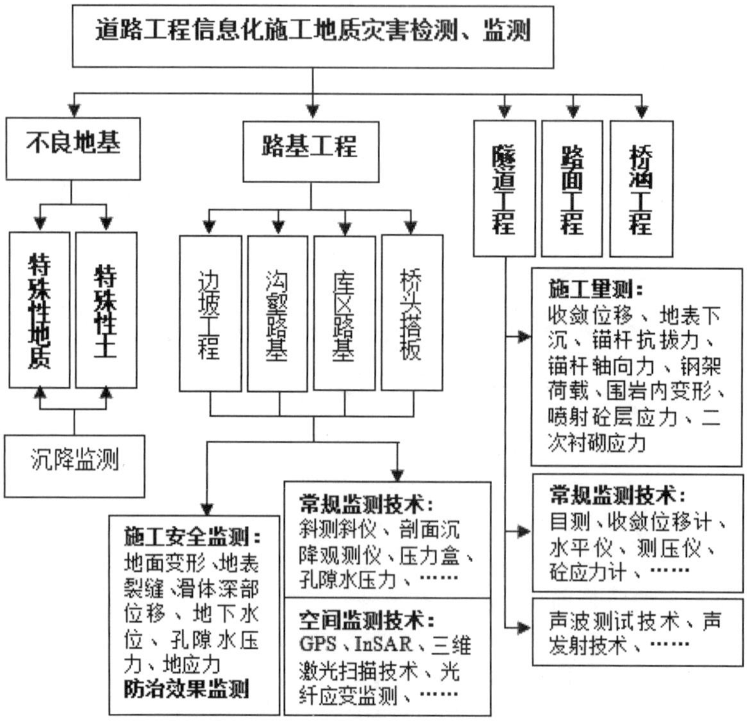

图 4-27　道路工程信息化施工地质灾害检测、监测（子模块 3）

(5) 子模块 4：道路工程信息化施工地质灾害评价

随着计算机科学的快速发展，国内外相继出现了很多数值计算软件，可以较准确、方便地对道路路基工程、隧道工程等进行数值模拟分析，有条件时可通过室内物理模型试验等方法进行对比分析，为稳定性评价提供支持。

数值模拟分析物理力学参数可通过现场监测数据，用反分析方法反演得到。建立道路工程信息化施工地质灾害评价子模块 4，如图 4-28 所示。

(6) 子模块 5：道路工程信息化施工地质灾害处治

通过施工勘察、地质超前预报，以及地质灾害的监测和评价，对道路工程在施工中稳定性评价为不合格的工程应进行预防加固处理，防止灾害的发生；对已经发生的地质灾害应采取合适的处治措施进行改造处治。

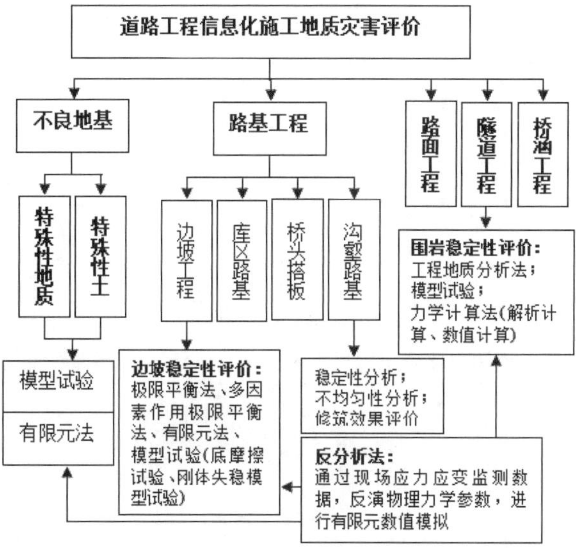

图 4-28　道路工程信息化施工地质灾害评价（子模块 4）

当路线跨越岩溶地基时，对基底岩溶水宜以疏导为主，对于基底开口干溶洞，应回填夯实或构造物跨越；路基上方岩溶水宜以疏导为主，稳定路堑边坡上的干溶洞，应用干砌片石填塞。当跨越采空区地基时可采用开挖回填、充填、冲击强夯、注浆等方式对地基进行处治；路基填筑可考虑加筋技术提高路基强度，或考虑桥跨方案通过等；路面则考虑通过调整路面板接缝宽度、设置"双层连续配筋混凝土结构等方案保证采空区路基路面的整体稳定。滑坡工程可采用抗滑桩、抗滑挡土墙、防护、坡面排水、滑坡裂缝灌浆等处治方式，保证路基安全稳定。建立道路工程信息化施工地质灾害处治子模块 5，如图 4-29 所示。

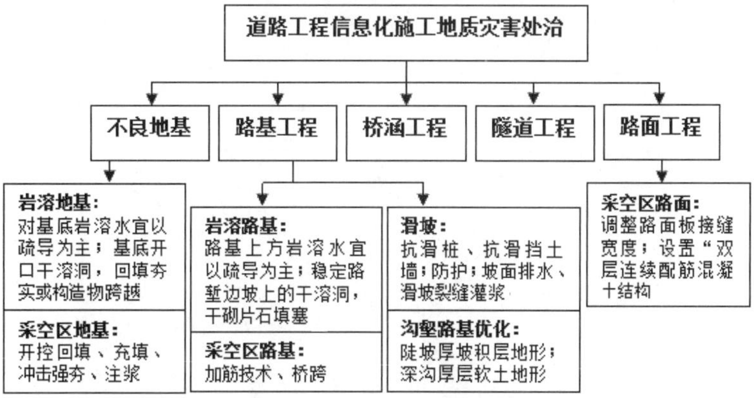

图 4-29　道路工程信息化施工地质灾害处治（子模块 5）

（7）子模块 6：道路工程信息化施工地质灾害预报与处治 GIS 管理系统

以 GIS 技术支持，构建道路工程信息化施工地质灾害预报与处治 GIS 管理系统，系统具有数据输入、检索、数据统计、图形浏览、媒体播放、信息输出等功能。建立道路工程信息化施工地质灾害预报与处治 GIS 管理系统子模块 6，如图 4-30 所示。

在系统中，以图像、文字等多种方式表现道路工程信息化施工地质灾害预报与处治信息。可见，如某高速公路路基工程施工过程中，由于路堑工程开挖，致使路基左侧的一古滑坡复活，以施工现场监测、室内数值模拟分析、底摩擦及刚体失稳物理模型试验模拟分析基础上建立该道路工程信息化施工地质灾害预报与处治 GIS 管理系统，如图 4-31 所示。

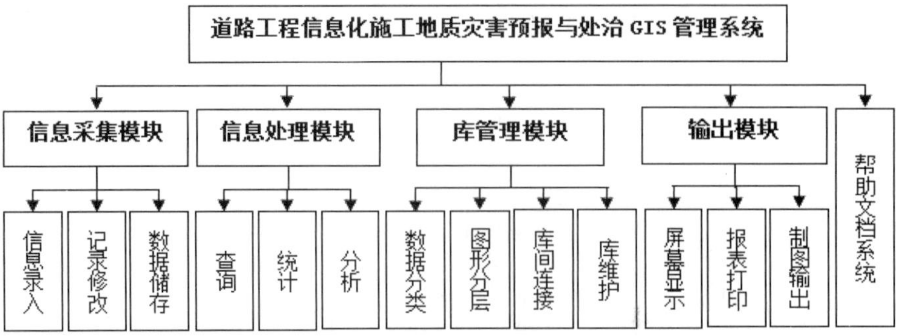

图 4-30　道路工程信息化施工地质灾害预报与处治 GIS 管理系统（子模块 6）

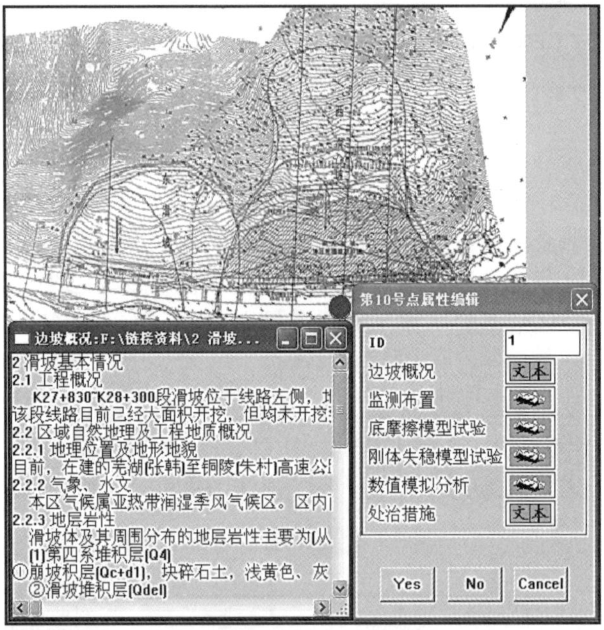

(a) 滑坡信息录入与模型构建

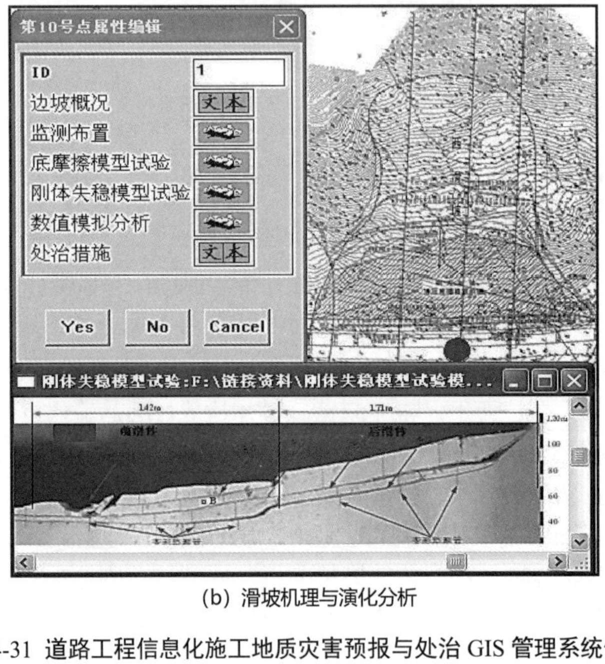

(b) 滑坡机理与演化分析

图 4-31　道路工程信息化施工地质灾害预报与处治 GIS 管理系统信息

4.6　道路工程运营期灾害预警与诊治体系

4.6.1　道路工程运营期灾害预警与诊治

道路建成投入使用，由于道路工程所在地本身存在的地质灾害、道路与铁道工程勘察设计、施工建设过程不可避免的缺陷问题，以及各种致灾因素（车轮路面磨损、冲击、暴雨、日晒、冰雪冻融等），使得道路与铁道工程结构物使用中出现病害与损害，如自身结构功能退化、寿命缩短，以致严重中断交通，造成人员、财产损失。建立营运期道路工程灾害监测系统，对可能或已出现的灾害进行预测预报，选用合理的评价方法，进行及时必要的预防、养护和治理。在此基础上，以 GIS 技术支持，建立道路工程运营期灾害预警与诊治 GIS 管理系统，形成道路工程运营期灾害预警与诊治系统，确保道路在运营期保持原始设计状态，保证快速、畅通、安全、经济的使用性能。

4.6.2　体系构建

道路工程运营期灾害预警与诊治系统主要包含总模块和 6 个子模块。总模块：道路工程运营期灾害预警与诊治系统；子模块 1：道路工程运营期灾害监测；子模块 2：道路工程运营期灾害预测预报；子模块 3：道路工程运营期灾害检测；子模块 4：道路工程运营期灾害评价；子模块 5：道路工程运营期灾害诊治；子模块 6：道路工程运营期灾害预警与诊治 GIS 管理系统。

(1) 总模块：道路工程运营期灾害预警与诊治系统

道路建成投入使用后，建立道路工程灾害监测系统，对可能或已出现的道路工程灾害进行预测预报，对出现的路基路面病害选用适宜的检测技术、合理的评价方法，进行及时必要的预防、养护及治理，构建道路工程运营期灾害预警与诊治 GIS 管理系统，形成道路工程运营期灾害预警与诊治系统。建立道路工程运营期灾害预警与诊治系统总模块，如图 4-32 所示。

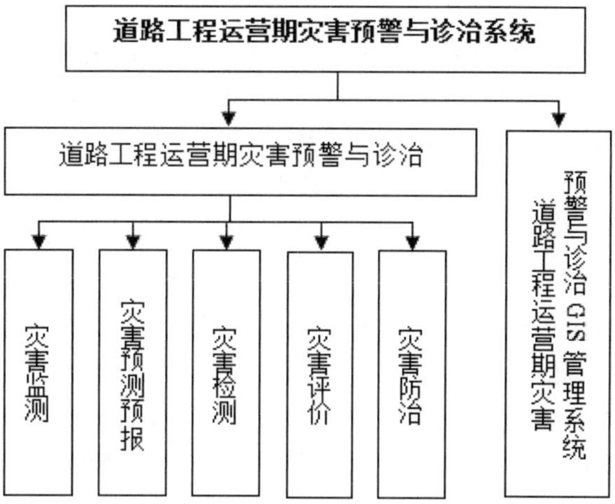

图 4-32　道路工程运营期灾害预警与诊治系统（总模块）

(2) 子模块 1：道路工程运营期灾害监测

在运营期，对结构复杂重要的工程项目，应进行长期监测，动态跟踪深部位移、地下水位、地表变形等。常用的监测仪器及技术有测斜仪、剖面沉降观测仪、压力盒、孔隙水压力仪、声波测试技术、声发射技术等，空间监测技术如 GPS、InSAR、三维激光扫描技术、光纤应变监测等。通过适时监测，及时跟踪发现各种道路工程灾害。建立道路工程运营期灾害监测子模块 1，如图 4-33 所示。

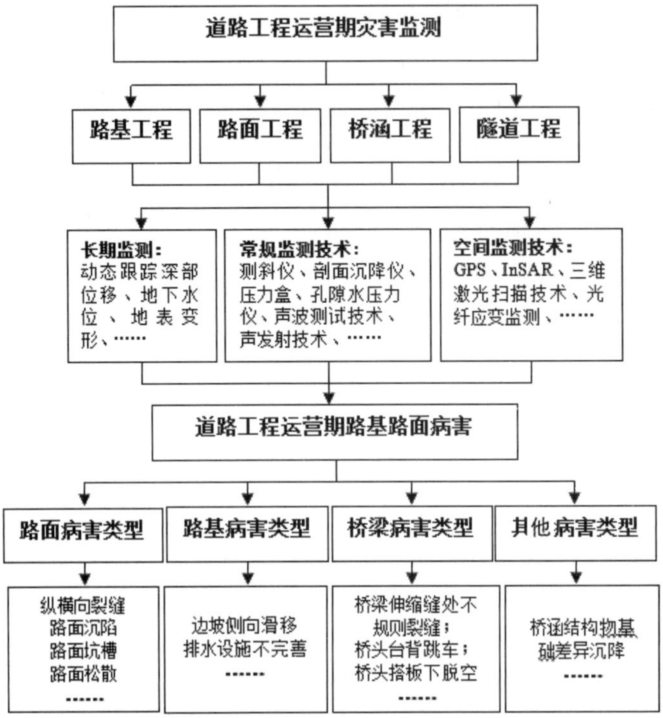

图 4-33　道路工程运营期灾害监测（子模块 1）

(3) 子模块 2：道路工程运营期灾害预测预报

特别是针对高陡路堤路堑边坡工程进行失稳时间预测预报，路面预养护时间预报等。路基边坡工程失稳时间预测预报模型包括确定性预报模型、统计预报模型、非线性预报模型等。

确定性预报模型是指各类参数用测定的量予以数值化，用严格的推理方法进行精确分析，得出明确预报判断，多用于滑坡或斜坡单体预测，如斋滕迪孝方法、蠕变试验预报模型、滑坡形变分析预报法、极限平衡法等；统计预报模型是运用现代数理统计方法和理论模型，着重于对现有滑坡及其地质环境因素和其外界作用因素关系的宏观调查统计，获得统计规律，用于拟合不同滑坡的位移-时间曲线，根据所做模型外推进行预报，如灰色 GM 模型、曲线回归分析模型、模糊数学方法等；非线性预报模型是引用对复杂问题有效的非线性科学理论提出滑坡预报模型，如 BP 神经网络模型、突变理论预报、非线性动力学模型、位移动力学分析法等。

路面养护方式考虑从传统的反应型方式转变为预防型方式，关键是要进行路面预养护时间的预报。路面预养护时间的预报主要是确定养护对策，即明确日常性养护、小修、中修、大修、改建的定义和具体措施，积累各种养护措施在改善路面强度、路况等方面经验和使用过程中的观测数据，建立路面使用性能的变化规律模型，模型寿命、周期、费用分析法的思想，进行养护周期分析，在一定分析期进行养护对策的技术经济比较，得到养护对策适用界限交通量参考值。预养护时间的预报计算模型包括强度预测模型、路况预测模型等，对适用于本地区的预测模型，可采用公路养护规范中的模型，但回归系数应标定。

建立道路工程运营期灾害预测预报子模块 2，如图 4-34 所示。

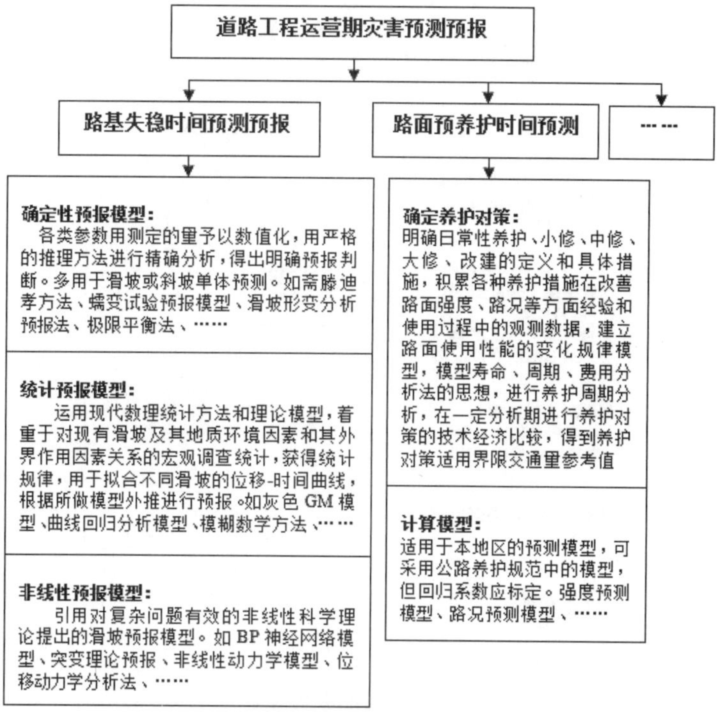

图 4-34　道路工程运营期灾害预测预报（子模块 2）

(4) 子模块 3：道路工程运营期灾害检测

道路运营期，由于车辆荷载、自然因素、道路施工中的各种质量缺陷，以及预养护时间决策的失利，导致路基、路面、桥梁产生各种各样的病害和不同程度的损伤。对出现的路面面层病害、路基路面内部病害、路基断面变形、路基边坡滑塌，道路桥梁、隧道病害等各种类型的病害，选用适宜的检测技术，快速、准确地获得现场病害的特征资料，保证病害分析评价的准确，采取的处治措施合理。

道路工程路基、路面、桥梁、隧道等病害的检测技术除了常规的如人工调查法进行沥青路面破损检测，3 m 直尺法、连续式平整度仪法检测路面平整度，贝克曼梁、落锤式弯沉仪 FWD 进行路面强度检测，地质雷达技术检测路基路面内部病害，浅层地震映像进行路基横断面变形检测等，还有地质钻孔检测、数字钻孔成像检测、全断面开挖检测等特别检测技术。实际工程中可参照《道路工程防灾减灾关键技术方法》所提供的方法具体选用。

建立道路工程运营期灾害检测子模块 3，如图 4-35 所示。

(5) 子模块 4：道路工程运营期灾害评价

道路工程在运营期出现的各种病害可采用数值模拟分析对比物理模型试验进行分析评价，数值模拟分析物理力学参数可通过现场监测数据，用反分析方法反演得到。建立道路工程运营期灾害评价子模块 4，如图 4-36 所示。

(6) 子模块 5：道路工程运营期灾害诊治

道路工程在运营期的养护工作分为预防型养护、日常型养护、反应型养护。预防型养护是在结构未完全破坏前对整个路面进行维护，通常有修补性养护和预防性养护两种形式。修补性养护是路基路面出现病害后进行修补，由于病害零星、线长、面广、分散，施工烦琐、工效低而成本高；预防性养护是不等路面出现病害就进行的修补性养护，要综合考虑路面的结构强度、沥青老化、行车条件下渗水、抗滑和车辙、平整度及其他表面破坏情况。

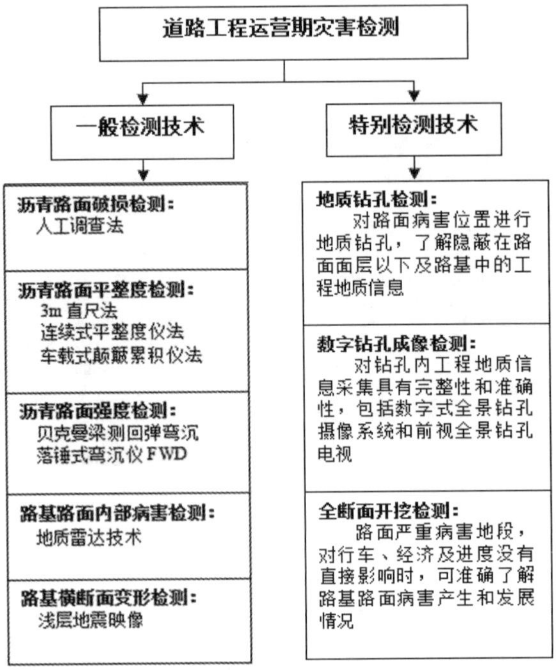

图 4-35　道路工程运营期灾害检测（子模块 3）

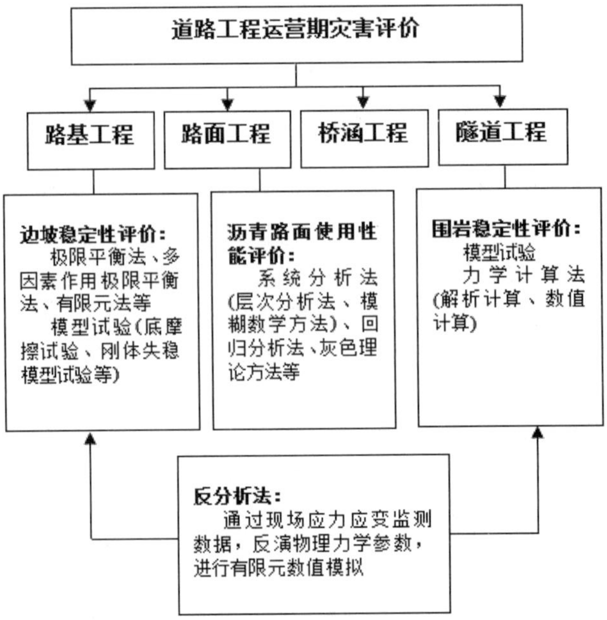

图 4-36　道路工程运营期灾害评价（子模块 4）

并且，及时合理地对路面进行预防性养护能增加路面的通车时间，延迟路面大修和重建，能维持良好的路面性能和保证路面具有良好的效益费用比。目前国内对于预防性养护还没有很好的解决办法，实际操作中多凭经验，具有很大的主观性和随意性，没有具体实施或重视程度不够。日常型养护是指每天都进行的活动，养护时间固定。反应型养护是在某些损坏发生后才进行的养护，如路面出现严重破坏、而路基未严重破坏的轻微病害；路面面层和基层翻修、底基层已损或土基含水量过大，底基层和路床全部翻修的严重病害类型；路基综合排水、侧向滑移、边坡失稳等病类型。反应型养护已不受道路部门控制。

建立道路工程运营期灾害诊治子模块 5，如图 4-37 所示。

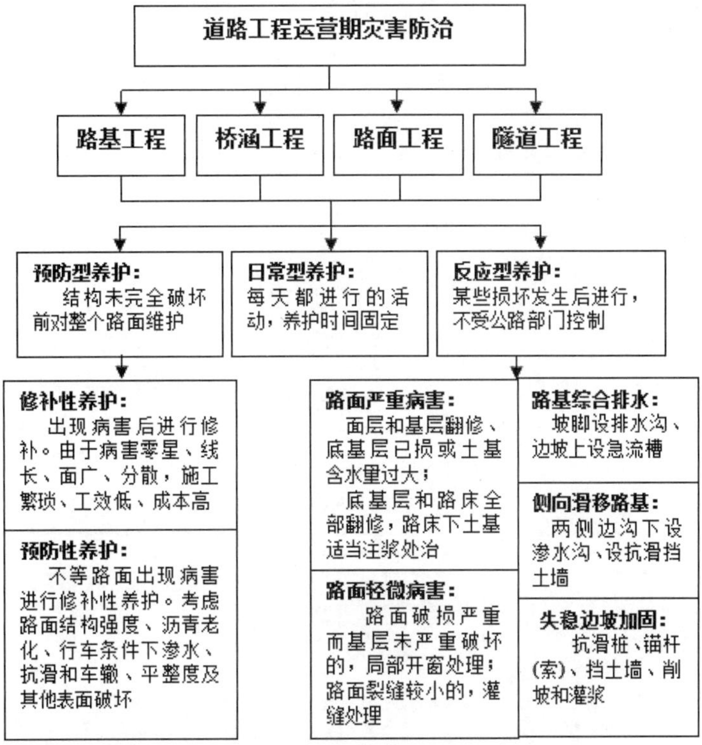

图 4-37　道路工程运营期灾害诊治（子模块 5）

(7) 子模块 6：道路工程运营期灾害预警与诊治 GIS 管理系统

以 GIS 技术支持，构建道路工程运营期灾害预警与诊治 GIS 管理系统，具有数据输入、检索、数据统计、图形浏览、媒体播放、信息输出等功能。建立道路工程运营期灾害预警与诊治 GIS 管理系统子模块 6，如图 4-38 所示。

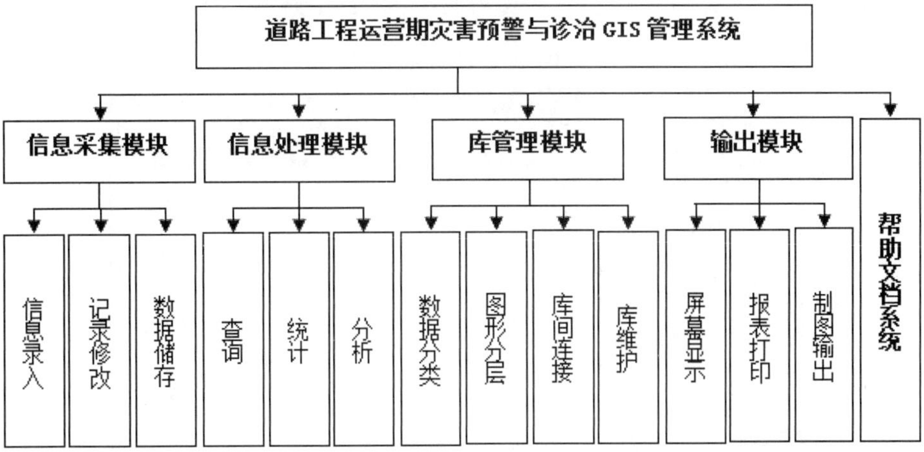

图 4-38　道路工程运营期灾害预警与诊治 GIS 管理系统（子模块 6）

如建立的某高速公路运营期灾害预警与诊治 GIS 管理系统，在系统中，以图像、文字等多种方式表现道路工程运营期灾害预警与诊治信息，如地震影像点、桥头跳车病害点信息、路况综合评价、帮助文档信息等，如图 4-39 至图 4-42 所示。

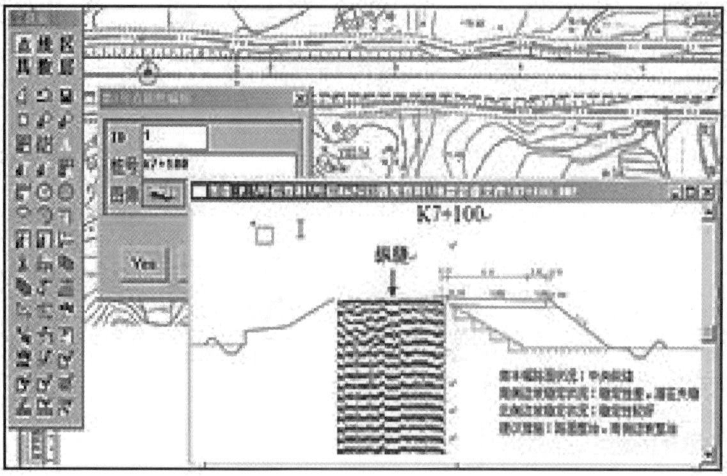

图 4-39 地震影像点信息

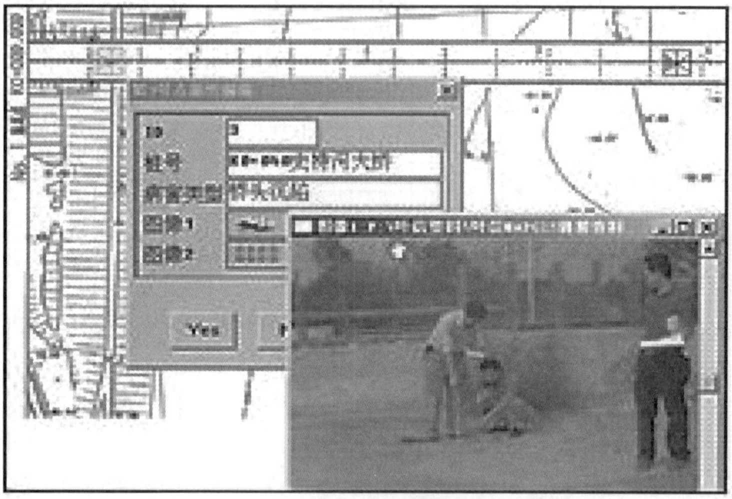

图 4-40 桥头跳车病害点信息

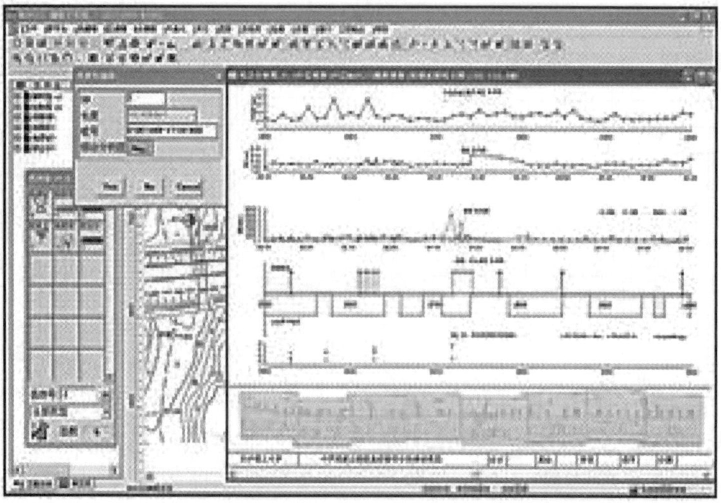

图 4-41 路况综合检测评价

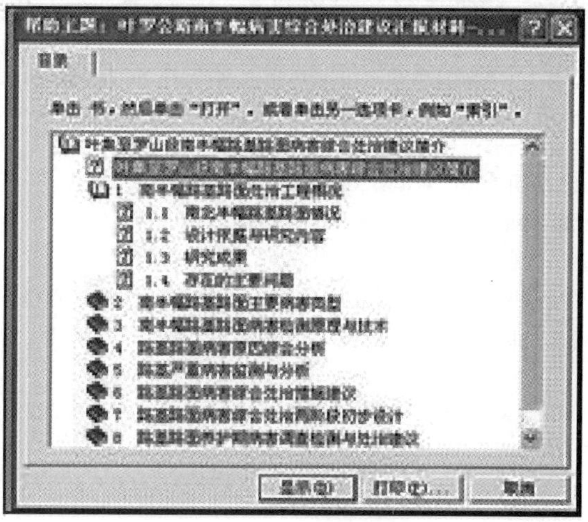

图 4-42　路况帮助文档信息

4.7　本章小结

① 运用网格和网格体系结构的知识，开展道路工程防灾减灾网格及网格技术的研究，探讨将网格这一新环境引入到道路工程灾害预警与诊治体系构建中，构建道路工程防灾减灾网格体系结构。

② 建设道路工程防灾减灾网格省级节点,组成国家道路工程防灾减灾网格。在国家道路工程防灾减灾网格虚拟平台上，主要通过网格中间件，共享分布于整个互联网上的道路工程防灾减灾关键技术、方法等异构资源。

③ 道路工程防灾减灾网格采用面向“服务”的设计思想，采用分布式、多层开放式的网格体系结构，可以按照需求横向设置多个服务器，纵向设置多层、多级服务器。

④ 共享国家网格虚拟平台上的道路工程防灾减灾关键技术方法，运用 GIS 技术，研究各等级道路工程在初步勘察设计、详细勘察设计、信息化施工阶段等不同建设时期，以及投产运营时期的道路工程灾害综合评价系统结构构建方法，各等级道路工程灾害综合评价系统是道路工程防灾减灾网格技术体系的重要组成部分。

主要参考文献

[1] 公路工程技术标准: JTAN B01—2003[S]. 北京: 人民交通出版社, 2003.
[2] 都志辉, 陈渝, 刘鹏. 网格计算[M]. 北京: 清华大学出版社, 2002.
[3] 都志辉. 网格技术的过去、现在与未来: TOM 科技[EB/OL]. http //tech.tom.com.
[4] 周国民. 构筑在互联网上的新技术: 网格技术[J]. 农业图书情报学刊, 2006(2).
[5] FOSTER I, KESSELMAN C. 网格计算[M]. 金海, 译. 北京: 电子工业出版社, 2004: 24-25.
[6] FOSTER I, KESSELMAN C, TUECKE S. The anatomy of the grid: enabling scalable virtual organizations[J]. International of Supercomputer Applications, 2001, 15(3): 200-222.
[7] ALLCOCK W, BESTER J, BRESNAHAN J, et al. GridFTP: protocol extension to FTP for the grid[J]. Global Grid Forum, 2001.
[8] TUECKE S, ENGERT D, FOSTER I, et al. Internet x. 509 public key infrastructure proxy certificate profile[R]. Internet Engineering Task Force Draft, draft-ietf-pkix-proxy-01. txt, 2001.

[9] FOSTER I, KESSELMAN C, NICK J M, et al. Grid services for distributed systems[J]. integration. IEEE Computer, 2002, 35(6): 37-46.

[10] BEMERS L T, HENDLER J, LASSILA O. The semantic web[J]. Scientific American, 2001, 284(5): 34-43.

[11] HORN P. The IBM vision for autonomic computing, 2001[EB/OL]. http://www.researsh.ibm.com/autonomic/manifesto.

[12] 肖侬. 网格体系结构[EB/OL]. http://www.docin.com/p-576298196.html.

[13] 网格中间件[EB/OL]. http://baike.baidu.com/view/2727687.htm.

[14] 季一木, 王汝传, 王海艳. 网格中间件体系结构的研究[J]. 计算机技术与发展, 2006(1).

[15] 黄晓燕. 公路工程防灾减灾网格技术研究[D]. 长沙: 长沙理工大学, 2007.

[16] 黄晓燕. 交通领域公路工程防灾减灾网格技术与应用[J]. 东北大学学报(自然科学版) , 2012, 12(增刊 2) : 153-156.

[17] 黄晓燕. 基于网格 WebGIS 的交通工程防灾减灾技术体系构建[J]. 东北大学学报(自然科学版) , 2012, 12(增刊 2) : 157-161.

第 5 章　3S+CRInSAR 与 SDM 融合网格技术应用

本章基于国家“863”计划项目“角反射器、GPS 和 InSAR 技术的高速公路路基路面变形监测研究”，河南省交通厅科技项目“采空区采动诱因高速公路路基病害诊断与动态监控技术研究”，河南省交通厅科技项目“京珠高速公路郑州至漯河段改扩建研究”，对道路工程灾害预警网格体系中 3S+CRInSAR 与 SDM、建立 GIS 系统等关键技术进行了研究应用。

5.1　3S+CRInSAR 监控技术——禹登高速公路

5.1.1　工程研究情况

河南省许昌至登封高速公路禹州至登封段于 2005 年 6 月开工，2007 年 10 月建成通车。道路沿线分布着煤矿、铝土矿、露天矿，数量多，大小不一，部分已停止开采并废弃，部分正在开采中，地质灾害危险评估级别一级，其中白沙水库至朝阳沟段煤矿开采区地质灾害危险性大，设计路线周围的破坏情况如图 5-1 所示，部分路段施工建设时采用注浆充填方式充填了路线范围内的采空区。

图 5-1　公路周围的破坏情况

采用 GPS、CRInSAR 技术，获取禹登高速公路 K64～K80 路段采空区路基路面、红线范围区域数据，对比实地情况进行不均匀沉降分析，区域位置如图 5-2 和 5-3 所示。

图 5-2　研究区域：RS 遥感图片

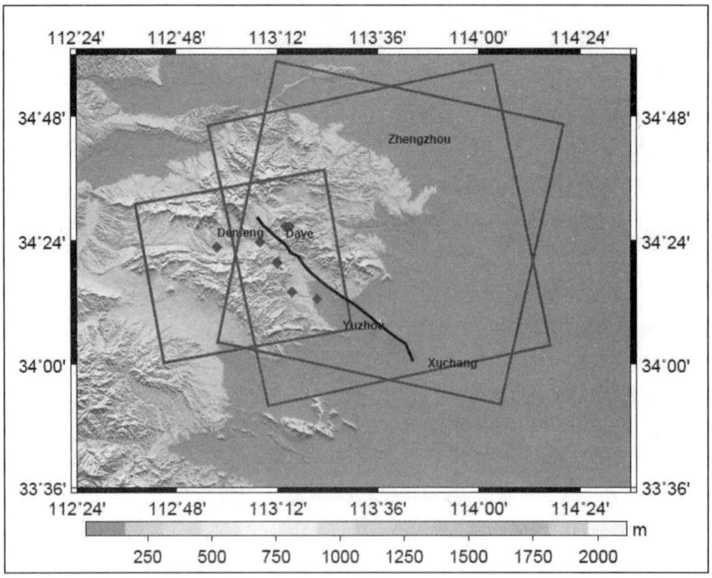

图 5-3　研究区域 DEM 高程模拟图

5.1.2　D-InSAR 监控数据处理

(1) InSAR 数据获取

PALSAR（日本 ALOS 卫星）升轨数据 8 景，重返周期为 45 d，L 波段；ASAR 影像（欧洲空间局 ENVISAT 卫星）15 景，升轨 7 景，降轨 8 景，重返周期为 35 d，C 波段，如表 5-1。

表 5-1　接收的 SAR 数据

	编号	Swath	日期	Frame	Track	Shift
ASAR 升轨数据	1	IS2	2007-09-04	211	0675	+5
	2	IS2	2007-10-09	211	0675	+5
	3	IS2	2007-11-13	211	0675	+5
	4	IS2	2007-12-18	211	0675	+5
	5	IS2	2008-02-26	211	0675	+5
	6	IS2	2008-04-01	211	0675	+5
	7	IS2	2008-06-10	211	0675	+5
ASAR 降轨数据	1	IS1	2007-08-23	032	2907	+6
	2	IS1	2007-11-01	032	2907	+6
	3	IS1	2007-12-06	032	2907	+6
	4	IS1	2008-01-10	032	2907	+6
	5	IS1	2008-02-14	032	2907	+6
	6	IS1	2008-03-20	032	2907	+6
	7	IS1	2008-04-24	032	2907	+6
	8	IS1	2008-05-29	032	2907	+6
PALSAR 升轨数据	1		2007-02-01	670	456	
	2		2007-06-19	670	456	
	3		2007-08-04	670	456	
	4		2007-09-19	670	456	
	5		2007-12-20	670	456	
	6		2008-02-04	670	456	
	7		2008-05-06	670	456	
	8		2008-06-21	670	456	

(2)　提取地表形变信息

运用 D-InSAR 二轨法差分干涉测量技术[1-2]进行禹登高速公路 K64～K80 段地表形变信息的提取工作，主要流程如图 5-4 所示。

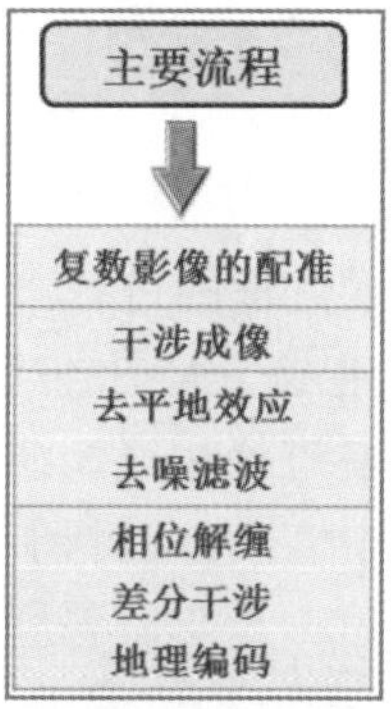

(a) D-InSAR 技术数据处理流程

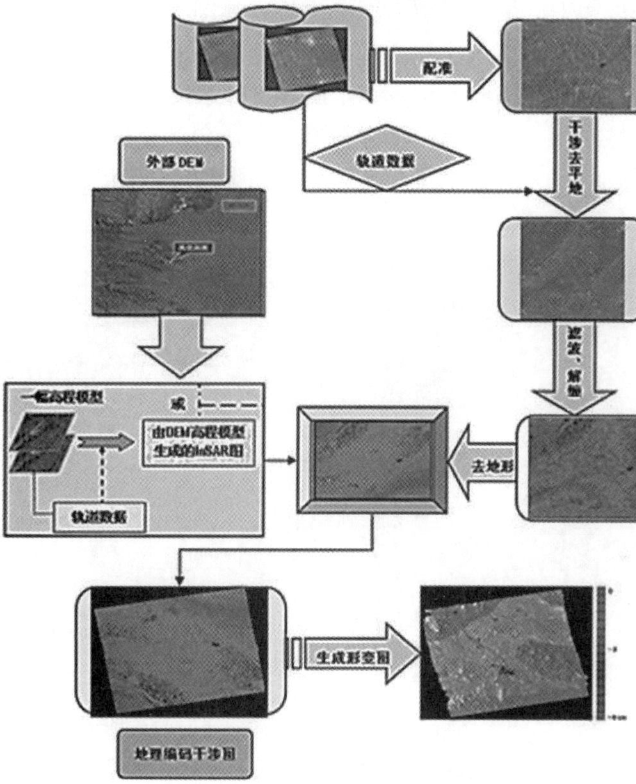

(b) D-InSAR 技术二轨法数据处理方法

图 5-4　D-InSAR 技术二轨法数据处理流程

提取地表形变主要流程：

① 复数 SAR 影像的配准。选取订购得到成像时间分别为 2007 年 6 月 19 日、2007 年 9 月 19 日的两幅研究区域 PALSAR 影像，为选取小范围采样点，利用轨道数据预先进行粗配准，选取包括禹登高速公路 K64～K80 段在内的 10 km×10 km 范围数据，带入线性方程，运用最小二乘法原理计算相关线性参数；然后进行精确配准，把所有相关数据带入线性方程，得到配准偏移量、配准质量评估文件。

② 基线长度估计。在选择 SAR 影像时，若基线间距过短，侦测地形变化的灵敏度将丧失，基线间距过长，将造成两幅 SAR 影像间相关系数过低，无法进行干涉。根据相关经验建议，本实验中基线值取值为 30 m。

③ 干涉成像。对两幅 SAR 影像在方位向、距离向上普通光谱带滤波；将两幅 SAR 影像共轭复数相乘，得到干涉图；对干涉相位图进行多视化处理。

④ 去平地效应。由于平地效应，造成干涉相位图中存在规律的细小干涉条纹，要恢复真实地形相位，就要采取方法，去除平地效应。去除平地效应时，采取基于轨道参数、成像区域中心位置进行，去除平地效应后的相位能近似表示真实相位与参考面位置间的相位差，降低相位梯度变化，利于相位解缠处理的进行。

⑤ 去除噪滤波。两幅 SAR 影像生成干涉图之前进行的前置滤波不能完全抑制所有的噪声，部分噪声还存在干涉图中，需要进行后置滤波，进一步消除或削弱干涉图中残余的噪声，减少残点数量，提供高质量的干涉图，以利于相位解缠顺利进行。

⑥ 相位解缠。干涉相位图中的相位由于含有整周模糊度，即是以 2π 为模的缠绕相位，不能反映真实的地形信息，需要通过对干涉相位图进行相位解缠，来得到真实的地形信息。枝切法相位解缠避开低相干区域、残留点区域进行干涉图相位解缠，能够得到值得信赖的相位值，运算效率较高；最小费用流算法相位解缠将相位解缠中的最小化问题转化成求解基于不规则三角网最小费用流问题，是基于全局最优化法则的算法。

本实验数据相干性较好，干涉相位图中只有少量残余点存在，选择枝切法进行相位解缠。干涉相位图去平地效应、去噪滤波后，干涉相位图像清晰，干涉条纹明显，如图 5-5（a）所示。

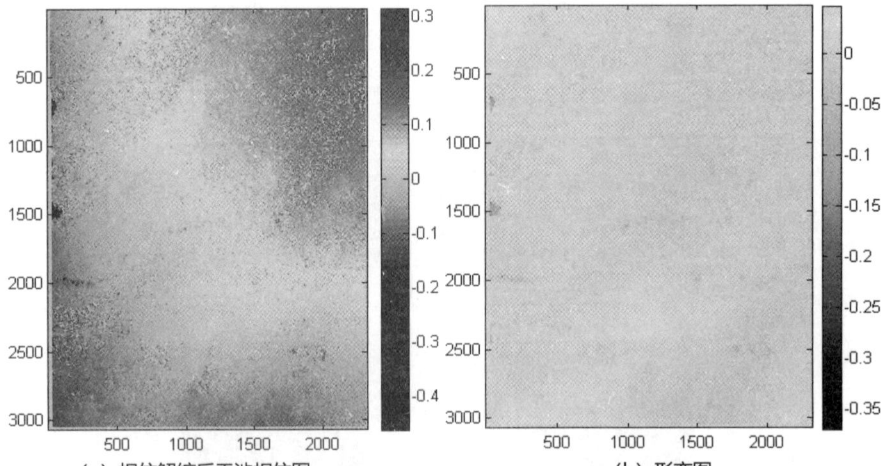

(a) 相位解缠后干涉相位图　　(b) 形变图

图 5-5　D-InSAR 结果（90d 2007 年 06 月 19 日—09 月 19 日）

⑦ 差分干涉。选择外部 DEM 数据（分辨率 90 m×90 m，1°×1°SRTM 数据）模拟研究区域的地形相位，与地表形变发生前后 SAR 影像生成的干涉图进行差分，从干涉图中剔除地形相位，得到研究区域形变相位信息，消除地形对相位的影响。通过 Gamma 软件将形变相位图换算成需要的地表形变图，如图 5-5(b)所示。

(3) 基于时间序列的采空区高速公路沉降监测

在本实验中，尝试一种基于时间序列的采空区高速公路沉降监测方法[3-4]，为监测高速公路地表沉降变形和预测变形发展趋势研究提供了一种新的途径，其主要的思路为：

① 将各时间段的雷达差分干涉测量 D-InSAR 结果导入 GIS；

② 叠加研究区域地表地物情况（如采空区分布图）、高分辨率光学遥感 RS 影像；

③ 在 GIS 中对以上叠加图形数据进行空间分析。

实验中，将两幅 D-InSAR 干涉形变图（90，367 d）对比分析，提取 D-InSAR 变形等值线图中沉降比较明显的关键区域，关键区域 D-InSAR 变形时间序列图如图 5-6 所示。

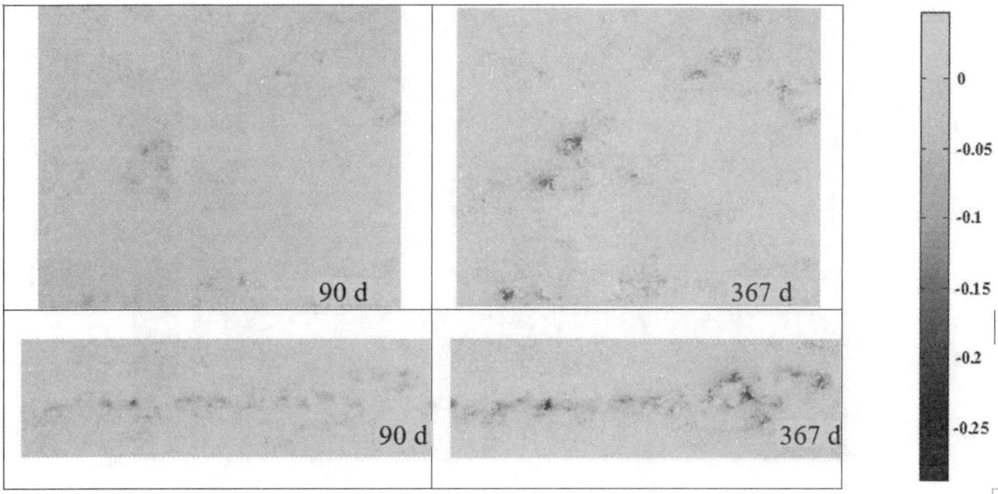

图 5-6　关键区域 D-InSAR 变形时间序列（90 d 和 367 d）

图 5-6 中，上方矩形关键区域包含受采空区影响较大的朝阳沟采空区段与登封停车区段，建设期间采取注浆充填处理措施，运营监测期间没有出现明显的沉降变形。邻近公路的朝阳沟煤矿受正在开采的影响，90 d 沉降量 4 cm，367 d 累计沉降量 10 cm，沉降变形范围有扩张的趋势，对高速公路将造成一定的影响，为确保运营安全，应留设保护煤柱。

由图 5-5 中，下方矩形区域监测 90 d 测试结果，出现沉降变形，范围较小，沉降变形最大 10 cm；随着观测时间的增加，该区域 367 d 时出现较为明显的沉降漏斗，变形范围扩大两倍，累计沉降变形最大 22.4 cm。经实地勘察，主要是煤矿、露天矿的进一步开采造成地表形变增大，图中出现的沉降漏斗区域正是露天矿分布区。

(4) 道路路基、路面、红线范围地表 D-InSAR 条带形变数据提取

道路路面、路基、红线范围地表表现为条带状，其宽度基本均匀分布，在幅度影像上由于反射强度较小，呈现较暗颜色，但其相位信息稳定。为了精确监控道路路基、路面、红线范围地表条带的形变变化情况，通过 SAR 影像寻找其位置，并将其相应坐标挖掘提取。对于道路路面、路基、红线范围地表像元的相位稀疏特性，以及像元间的不连续性，进行道路路面、路基、红线范围地表离散点的相位解缠需要大型数据处理计算完成。

针对道路路面、路基、红线范围地表高程起伏较小且连续的特征，相位变化往往不会出现突变，利用 GPS 与 CRInSAR 技术融合优势，建立道路路面、路基、红线范围地表条带的 LAMBDA 稀疏相位解缠算法模块[5]，进行道路路面、路基、红线范围地表条带离散像元的相位解缠，有利于提高常规解缠方法的精度。

运用 2007 年 6 月 19 日至 2008 年 6 月 21 日时间段分辨率 3 m×4 m 的 PALSAR 影像数据，提取禹登高速公路 K64～K80 段 D-InSAR 条带变形数据，如图 5-7 所示。

图 5-7 中，D-InSAR 条带变形图说明：研究区域禹登高速公路大部分路段路面、路基、红线范围趋于稳定；K69～K73 段存在一定沉降变形，最大沉降量为 30 mm，分析原因，主要是该区域有高填路堤，路基自身固结沉降、采空区残余变形、营运车辆荷载影响造成路基沉降变形；K78～K80 路段靠禹州方向沉降变形逐渐加大，最大沉降变形 24 mm，分析该段道路地质、设计、施工情况，受老采空区变形沉降影响高速公路的沉降变形；D-InSAR 条带变形图中，路线两侧范围存在有地表增高区域，对照现场实际情况，是由于周边填土造成的。

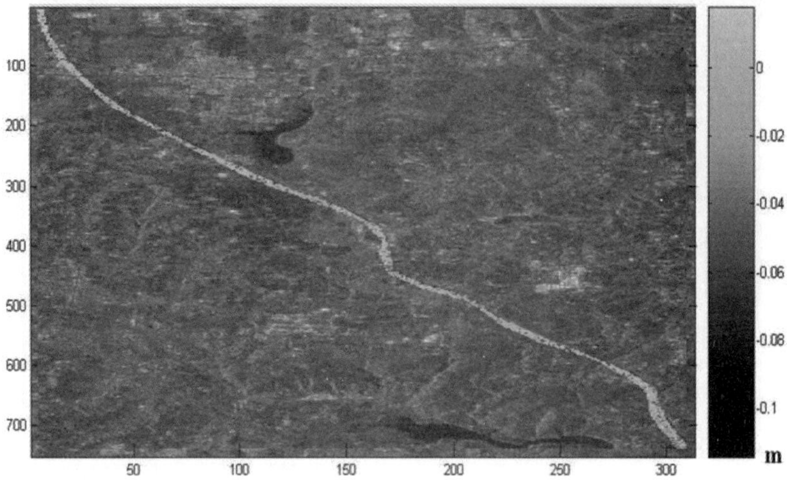

图 5-7　禹登高速公路 K64～K80 段 D-InSAR 条带变形

5.1.3　D-InSAR 地表形变

处理 SAR 影像得到 D-InSAR 变形沉降图，将研究区域地形图与 D-InSAR 变形沉降图对应的分析区域叠加，得到地表变形等值线图，如图 5-8、图 5-9、图 5-10 所示。结果表明：路面变形沉降基本趋于平稳，春秋季节沉降明显；出现最大沉降量 12 cm 的沉降漏斗；路线穿越不同地形，沉降稍有差异。

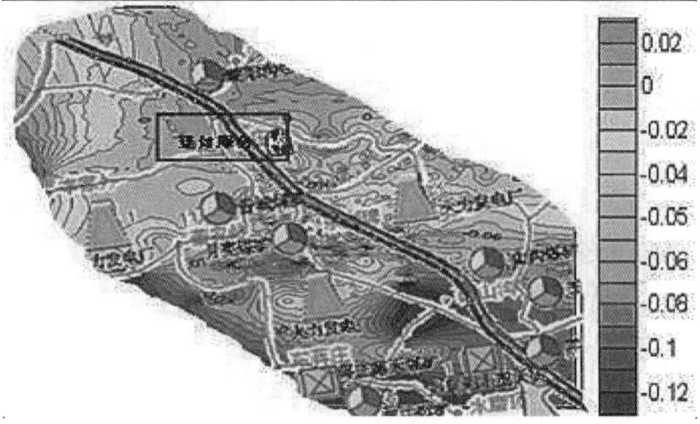

图 5-8　2007 年 2 月 1 日～12 月 20 日地表变形等值线图

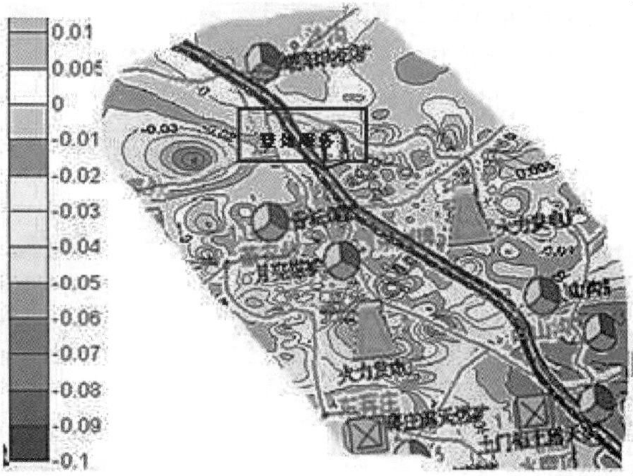

图 5-9　2007 年 6 月 19 日～9 月 19 日地表变形等值线图

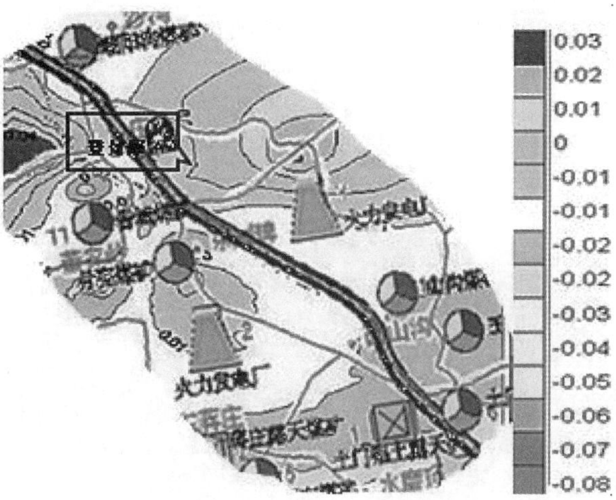

图 5-10　2007 年 12 月 20 日～2008 年 2 月 1 日地表变形等值线图

(1) 变形监测综合分析

① 禹登高速公路 K69～K80 变形沉降量如表 5-2 所示，变形沉降曲线如图 5-11 所示，累计沉降变形值大于 10 cm 以上的地段集中在 K69～K71 周边 500 m 的范围内。可见，高速公路跨越下覆采空区采取注浆充填处理，措施得当，效果明显；运营期间下覆没有新的开采，路基整体稳定。

表 5-2　禹登高速公路 K69～K80 段变形沉降量

桩号	2007.2.1-2007.12.20	2007.6.19-2007.9.19	2007.12.20-2008.2.1	2007.6.19-2008.6.21
K69	-0.1	-0.08	-0.02	-0.12
K70	-0.1	-0.07	-0.02	-0.11
K71	-0.09	-0.06	-0.02	-0.09
K72	-0.07	-0.03	-0.015	-0.05
K73	-0.04	-0.02	-0.015	-0.04
K74	-0.03	-0.02	-0.015	-0.04
K75	-0.02	-0.02	-0.015	-0.03
K76	-0.01	-0.01	-0.015	-0.03
K77	0	-0.01	-0.01	-0.02
K78	-0.01	0	-0.01	-0.02
K79	-0.01	0	-0.01	-0.02
K80	-0.02	-0.01	-0.01	-0.03

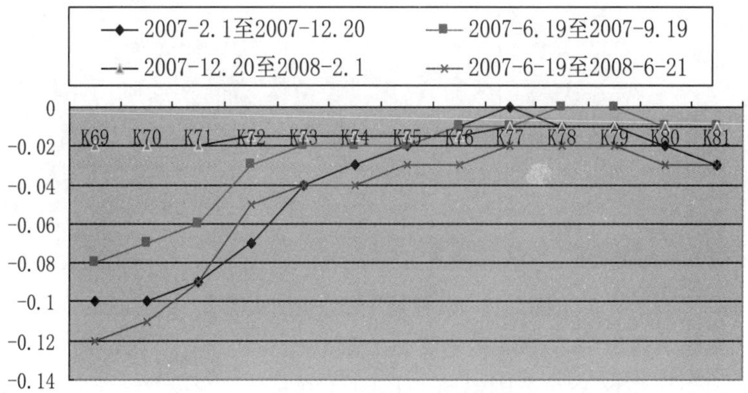

图 5-11　禹登高速公路轴线上沉降值(单位：cm)

② 由图 5-11，监控区域 K69～K80 段路基沉降变形随时间增加逐渐增大，但增加到一定趋势后变形量逐渐减缓，整个路段（除 K69～K72 段）变形沉降基本趋于平稳，春秋季

节沉降变化明显。累计沉降变形最大值 12 cm 出现在 K69～K72 段，位于白沙水库范围内（白沙水库大桥 K70+020）。

③ 监控范围内，在距路线 K78 段 1000 m 处明显出现两个 20 m×20 m 沉降漏斗，如图 5-12 靠近路线的红色区域，漏斗中心最大沉降变形量 8 m。

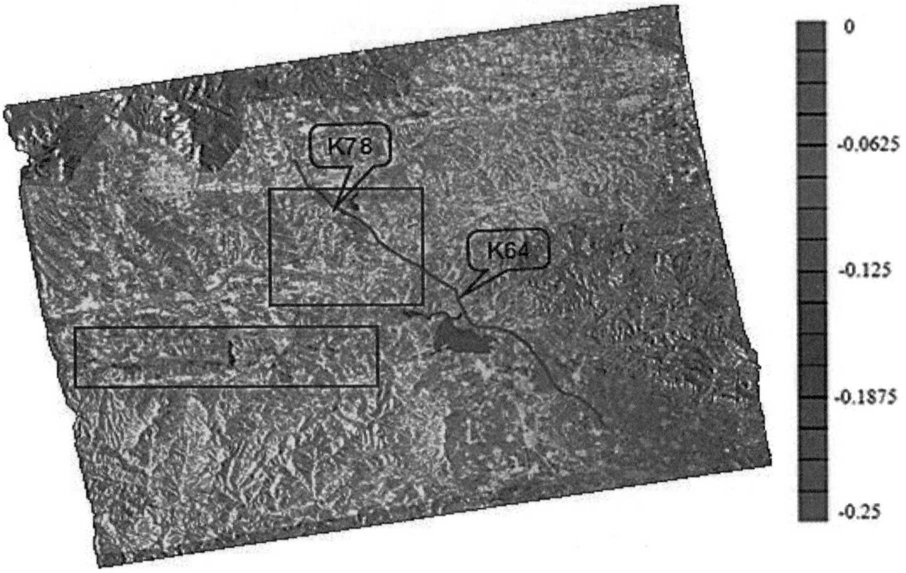

图 5-12　2007 年 6 月 19 日～2008 年 6 月 21 日 D-InSAR 变形等值线图

经现场情况对照，沉降漏斗附近周围的房屋开裂沉陷严重，树木倾斜，如图 5-13 所示。经调查分析，距地面约 50 m 处下覆煤层正在开采，下覆采空区过大或者支护不到位，导致路面整体下沉，对高速公路将造成一定的危害。为确保高速公路安全，下覆开采时，应留设保护煤柱。

图 5-13　沉降漏斗处地表地物情况

(2) 控制点 1——朝阳沟石淙煤矿采空区监测

① 探测朝阳沟采空区分布范围沿路线长约 420 m（K78+450～K78+870），石淙河大桥（中心桩号 K78+583.4，总跨径为 6 m×20 m）上跨采空区，设计分布如图 5-14 所示，施工时采空区采用注浆充填处理。采空区处理前地表有裂缝，周围房屋墙壁开裂，部分已废弃不用，实景如图 5-15 所示。

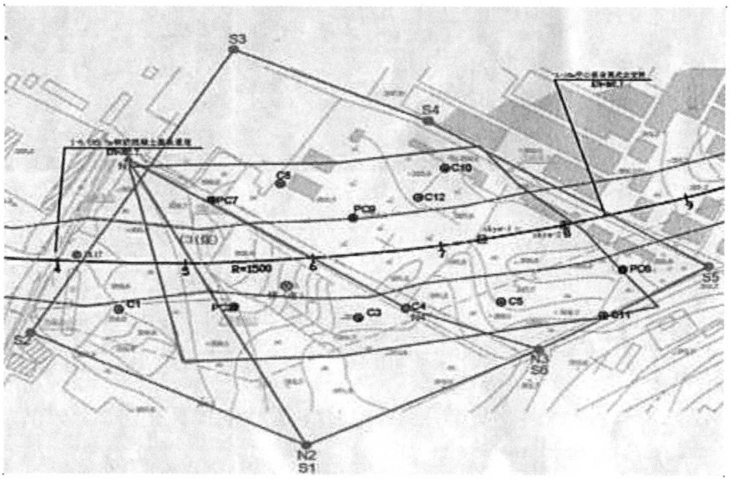

图 5-14　石淙煤矿采空区设计分布图

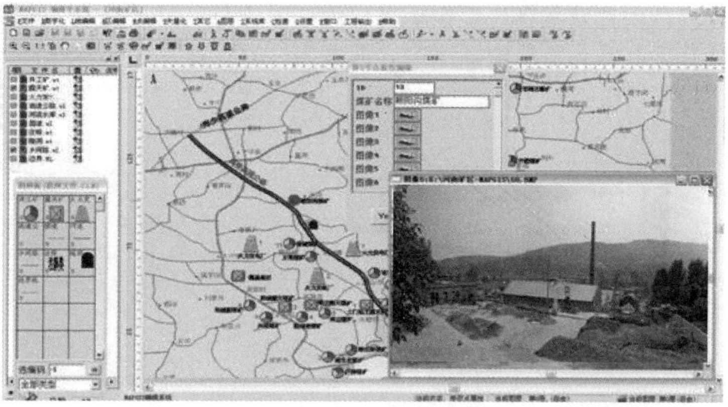

图 5-15　石淙煤矿实景图

② 图 5-7 中：朝阳沟石淙煤矿采空区累计沉降量 0.01 m，原采空区西北角 40～50 m 范围内有扩张趋势，沉降 0.02 m。

③ 实际路况调查情况：沥青路面未出现不均匀沉降，桥两侧高填路堤稳定，有轻微桥头台背跳车现象。

④ 图 5-8 中：变形为 0，整体趋于稳定。

⑤ 图 5-9 中：变形为上升 0.02 m。分析原因，冬季土体冻胀有一定影响；桥附近有铝土矿正在开采中，矿渣铺在高速公路沿线两侧导致变形上升。

(3) 控制点 2——登封服务区铝土矿采空区监测

① 登封服务区正位于南北宽约 450 m、东西长约 900 m 铝土矿采空区处，采空区范围内砖砌或裸竖井近 10 个，大部分井筒互相贯通，设计路线左侧老采空区内旱地大面积塌陷，路线范围内地面塌陷、开裂严重，左侧乡村沥青路面产生不均匀沉降、破坏严重，施工时进行了注浆充填处理。登封服务区如图 5-16 所示。

② 图 5-7 中：综合沉降变形 0～0.01 m 左右，整体基本稳定。

③ 图 5-8 中：沉降变形 0～0.02 m，整体趋于稳定。

④ 图 5-9 中：左幅沉降变形 0.01 m，右幅基本未发生沉降，整体稳定。

⑤ 实际路况调查情况：服务区为水泥混凝土路面，基本没有变形；水准测量结果比较：该区段测点 CR6，CR7，CR8，相对沉降量分别为 0.001，-0.003，-0.002 m。

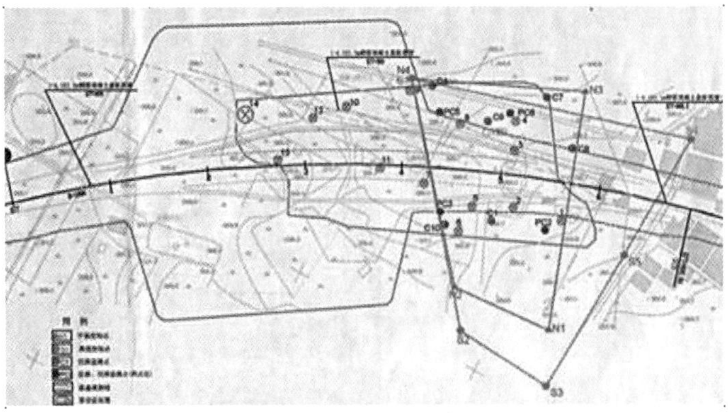

图 5-16　登封服务区废弃井筒、地面塌陷、铝土矿采空区设计分布

(4) 控制点 3——寺沟煤矿采空区监测

① 线路（K72+980～K73+240）位于东西宽 230 m，南北长 300 m 采空区范围，采空区呈 L 形分布；路线两侧两集体小煤窑矿井已连通，计划将复采路基、电塔下部及路基东北角原留设煤柱开采；寺沟地垒沟壑地形，现地表沉陷，路基处于不稳定状态。施工建设期间按设计要求对采空区进行了注浆处理，寺沟煤矿采空区及周围地物分布如图 5-17 所示。

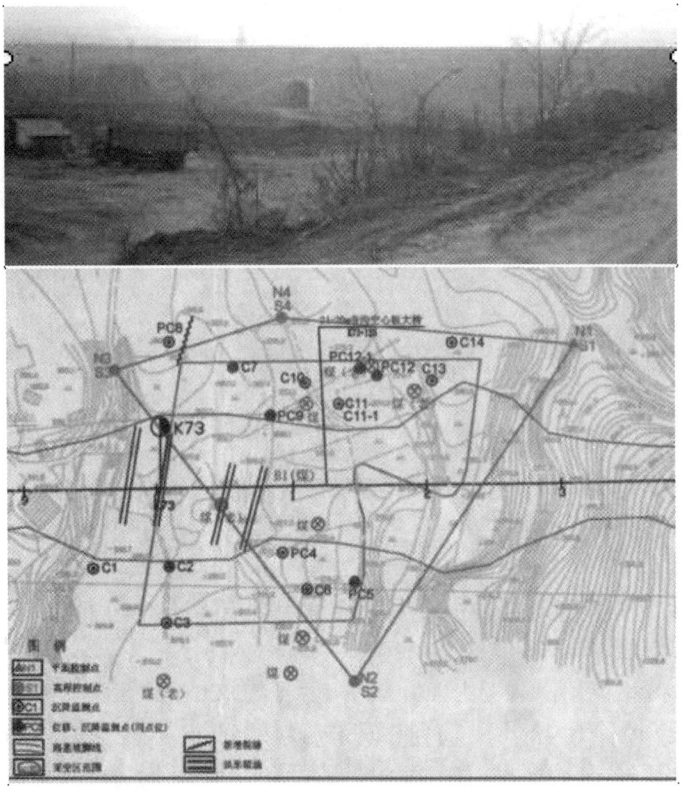

图 5-17　寺沟、山沟高填路堤采空区设计分布

② 图 5-7 中，变形沉降量为-0.04～-0.03 m，有明显下沉。

③ 图 5-8 中，变形沉降量为-0.01 m，沉降速度相较夏季减少。

④ 图 5-9 中，综合沉降变形-0.03 m，等值线偏移量往路线左边靠近，说明左侧沉降有扩大趋势。图中深蓝色表示大面积沉降区域，变形沉降量最大达到-0.12 m，实地调查中，此处露天矿正在开采，造成叠加的等值线图中出现偏大的沉降。

5.1.4　CR 角反射器与 GPS+CRInSAR 地表形变

(1) 角反射器 CR 布设

为提高识别程度,提高精度，在禹登高速公路沿线路基上布设了 12 个角反射器 CR，主要分布在寺沟高填路堤、登封服务区边坡、登封停车区、石淙河大桥、朝阳沟等主要控制点，现场布置如图 5-18 所示。

CR3

CR7

CR8

CR9

CR10

CR12

图 5-18　角反射器 CR 布设

(2) GPS+CRInSAR 形变监测

采用 GPS 快速静态测量确定 CR 点在 WGS84 坐标系中的位置，GPS 快速静态测量作业中，布设 2 台 GPS 接收机，首先在 CR12 布设 1 台 GPS 接收机作为参考点，然后在每个 CR 点上布设另 1 台接收机，监测三个时间段，每时间段测量 45 min，角反射器 CR1 监测如图 5-19 所示；采用中海达 HDS2003 解算软件进行数据处理，根据基线处理数据，误差应满足确定 CR 点位置的精度要求，各 CR 点的数据处理结果如表 5-3。

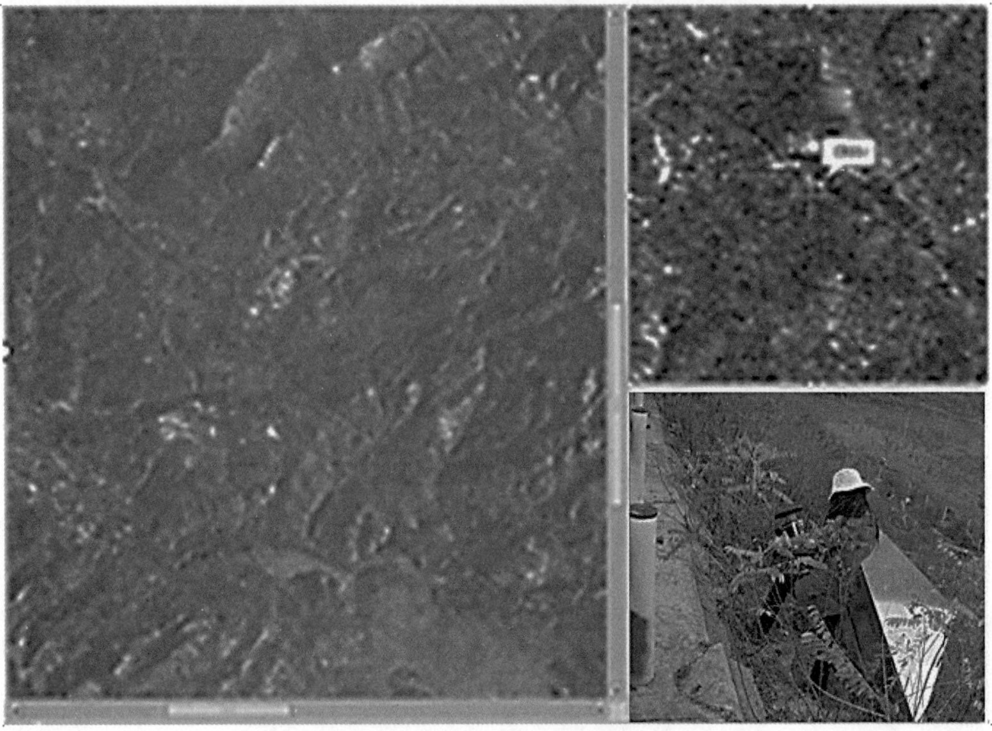

图 5-19　CR1 角反射器的实时监测

表 5-3　GPS 快速静态测量 CR 数据

点名	序号	纬度	经度	高程	桩号
寺沟高填路段	CR1	34：23：19.87141N	113：13：35.87516E	282.4649	居民区屋顶距离 K72+900 约 50 m
	CR2	34：23：22.83498N	113：13：35.38843E	279.2525	K72+956
	CR3	34：23：26.47747N	113：13：28.20394E	281.8149	K73+170
	CR4	34：23：27.87262N	113：13：25.46254E	283.9405	K73+250
登封服务区段	CR5	34：24：27.76954N	113：11：41.26063E	298.1988	K76+510
	CR6	34：24：37.44297N	113：11：26.48204E	294.3795	K76+980
	CR7	34：24：39.16145N	113：11：24.97730E	293.6265	K77+060
	CR8	34：24：43.47199N	113：11：18.73570E	289.1344	停车区花坛距离 K77+270 约 40 m
朝阳沟采空区	CR9	34：25：41.97817N	113：10：34.12121E	299.6864	K79+465
	CR10	34：25：45.01740N	113：10：27.88014E	299.2702	K79+660
	CR11	34：25：48.18530N	113：10：21.42751E	302.4484	K79+844
	CR12	34：25：36.94155N	113：10：40.35640E	304.9744	居民区屋顶距离 K79+270 约 50 m

5.1.5　基于水准测量地表沉降校核

① 研究路段，结合对角反射器 CR 的水准测量，进行沉降变形观测对比分析。

② 沉降变形监测水准测量采用因瓦水准尺和 DS1 级精密水准仪进行，移动延续期（含初始、活跃和衰退期）间按三等水准测量要求进行观测，残余移动期按二等水准测量的要求进行观测；沉降变形水准测量观测要求每月定期进行一次。

③ 禹登高速公路运营期后，剩余变形属于衰退期，采用三等水准测量要求作为测量标准，每隔 46 d 观测一次。实测时，假定 CR5，CR12，K72+800 为固定点作为高程引测点，监测结果如表 5-4 所示，CR 点相对沉降量与 InSAR 结果进行对比分析，吻合较好。

表 5-4　2008 年 5 月 06-6 月 21 日 CR 水准测量相对沉降变形

点号	原测高程/m	实测高程/m	相对沉降量/m	备注
K72+800	100	100	0	假定稳定点
CR02	99.658	99.650	-0.008	
CR03	102.036	102.030	-0.006	
CR04	104.057	104.054	-0.003	
CR05	200	200	0	假定稳定点
CR06	207.825	207.826	0.001	
CR07	207.285	207.282	-0.003	
CR08	207.352	207.350	-0.002	
CR12	300	300	0	假定稳定点
CR09	296.497	296.494	-0.003	
CR10	296.213	296.212	-0.001	
CR11	299.341	299.343	0.002	

5.2　3S+CRInSAR 与 SDM 的地表形变演化——禹登高速公路

5.2.1　地表形变 DEM 数字高程模型

通过建立数字高程模型（Digital Elevation Model,DEM），进行禹登高速公路 3S+CRInSAR 与 SDM 形变演化分析，其具体步骤如下。

① 数据的准备。选取 K64～K78 段高速公路及左右 100 m 范围的等高线 CAD 格式地形图，存储成 DXF 格式。

② 数据的预处理。数据准备是在 CAD 中裁切地形图得到研究区域的等高线地形图，经过裁切的地形图存在等高线断开为好几条而不完整、等高线上点密集的问题，造成特征点提取困难、程序运行效率低下，需要对 DXF 格式数据进行编辑处理[6]，为建立数字高程模型准备完整的等高线地形图数据。将准备好的 DXF 格式地形图数据导入 MapGIS 软件中进行编辑，保留完整的等高线，不完整的等高线进行删除，合并断开等高线，根据数据大小及计算环境有选择地压缩等高线数据。

③ 数据的内插。规则格网 DEM 数据结构形式在进行数据存储时可以进行压缩，其存储量最小，便于数据使用，易于管理，故实验中采用规则格网数字高程模型 DEM 数据结构进行数字地形分析。具体实验操作过程如下：在 MapGIS 中对地形图中的等高线自动赋值；进行空间分析，提取等高线数据中离散高程点；对离散高程点数据进行规则网格化，内插生成 GRID 模型。

④ 数字高程模型的建立。在 MapGIS 软件 DTM 分析模块中，导入建好的 GRID 模型，生成数字高程模型 DEM，如图 5-20 所示。

5.2.2　地表 DEM 地形信息挖掘

高速公路形变空间监测获取的大量监测资料、基础资料中隐含许多有用的知识模式，需要通过深度挖掘来加大研究的深度与广度。

利用 GIS 的内部空间数据挖掘模式，实现提取高速公路 DEM 地形信息、挖掘地表坡度与高程间关系，选择基于变异函数的适合形变场分析的最佳拟合模型，分析高速公路形变场的各向异性和分布规律，为解决高速公路空间变形演化和运营安全提供技术支持。

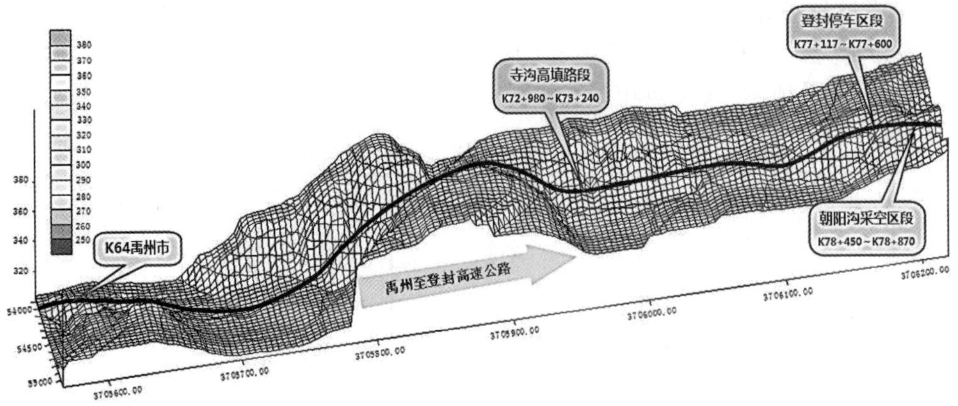

图 5-20　禹登高速公路 K64～K80 段 DEM

① 坡度信息数据挖掘。坡度是反映地形特征的重要指标，坡度指标与地形特征具有对应关系，坡度值小于 3°的区域为地形图中的平地，坡度值3°～ 5°的区域为微丘，坡度值大于 5°的区域为山地，详细对应关系如表 5-5 所示。

表 5-5　坡度指标与地形特征的对应关系

坡度指标	地形特征
＜3°	平坦平原、盆地中央部分、宽浅谷地底部、台面
3° ～5°	山前地带、山前倾斜平原、冲积、洪积扇、浅丘、岗地、台地、坡麓（谷地）
5°～15°	山麓地带、盆地周围、丘陵
15°～25°	一般在 200～500 m 的山地中
25°～30°	大于 1000 m 山地坡面的上部（近山顶部分）
30°～45°	大于 1500 m 山体坡面的上部
＞45°	称为垂直面

挖掘得到禹登高速公路 K64～K78 段坡度图如图 5-21 所示，坡度统计表见表 5-5 所示。

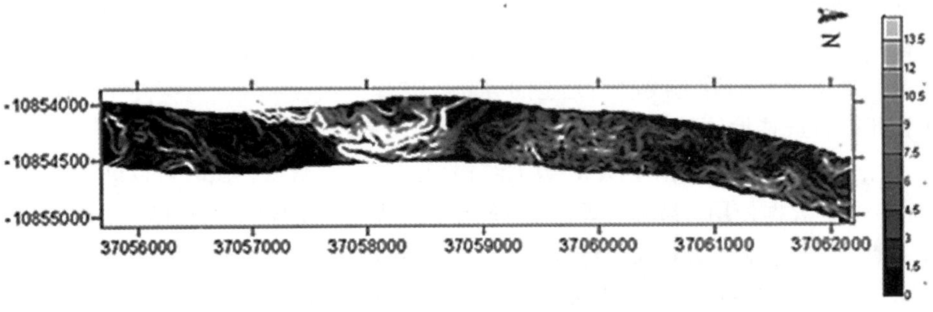

图 5-21　禹登高速公路 K64～K78 段坡度图

表 5-5　禹登高速公路 K64～K78 段坡度统计表（坡度单位：度）

坡度分级	0～3	3～6	6～9	9～12	12～15	≥15
各级比例	44.94	28.41	14.62	6.81	4.46	0.76

由图 5-19 可以看出：研究区域坡度范围在 0°～15°之间，其中 K67～K70 呈现高亮度，说明坡度较陡，为开挖路堑边坡，颜色较暗区域，说明坡度小地势平坦。实验区域整体地势较平坦，44.94%属于平地，28.41%属于微丘，其余为山地，与禹登高速公路所在地区地势形态分布吻合。

② 坡向信息数据挖掘。挖掘得到禹登高速公路 K64～K78 段坡向图如图 5-22 所示，坡向统计表见表 5-6 所示。

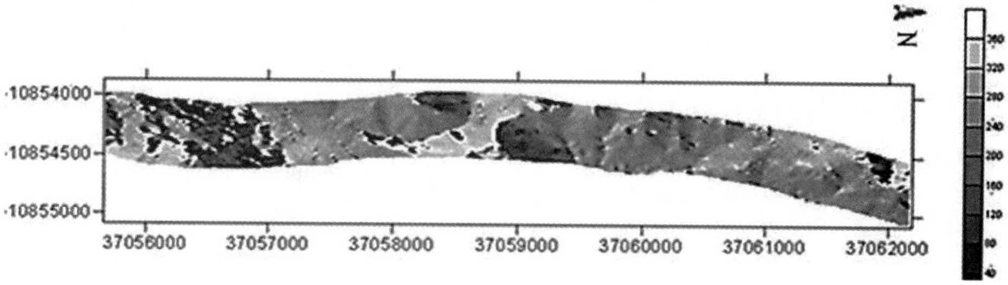

图 5-22 禹登高速公路 K64～K78 段坡向图

表 5-6 禹登高速公路 K64～K78 段坡向统计表 （坡向单位：度）

坡向分级	0～40	40～80	80～120	120～160	160～200	200～240	240～280	280～320	320～360
各级比例	6.86	3.64	3.77	17.81	20.32	19.46	11.37	9.09	7.68

由图 5-22 可以看出：研究区域坡向值在 120°～280° 集中分布，结合自定义坐标系原因、禹登高速公路南北走势情况，分析得到禹登高速公路所在区域地势西高东低，整体向东倾斜。

③ 剖面曲率数据挖掘。

剖面曲率是用具体量化的数值表示地表曲面沿垂直方向的弯曲变化情况，以此来表征地面的复杂程度，挖掘得到禹登高速公路 K64～K78 段剖面曲率图如图 5-23 所示，分析说明实验区域曲率在-0.013～0.007 间分布，地势平坦，地面复杂程度小。

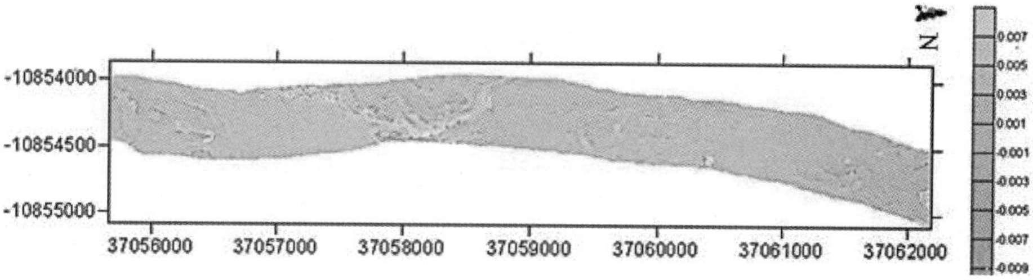

图 5-23 禹登高速公路 K64～K78 段剖面曲率图

④ 平面曲率数据挖掘。剖面曲率是用具体量化的数值表示地表曲面沿水平方向的弯曲变化情况，以此来表征地面的复杂程度，挖掘得到禹登高速公路 K64～K78 段平面曲率图如图 5-24 所示，分析说明实验区域平面曲率较小，地面大部分为平地和微丘。

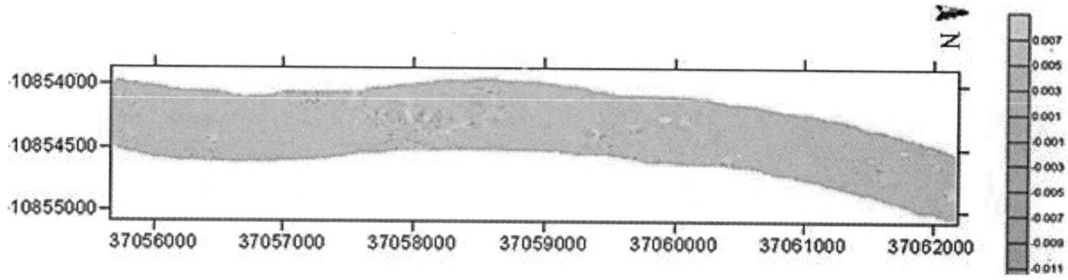

图 5-24 禹登高速公路 K64～K78 段平面曲率图

5.2.3 地表形变场各向异性特征

对 InSAR 与 GPS 数据融合，获取高速公路形变场数据，结合高速公路 DEM，应用地质统计学研究高速公路形变场各向异性[7]，选择最佳拟合模型，更深层次分析高速公路沉降变形、分布规律与趋势预测，为道路工程防灾减灾工作提供可靠数据。绘制各方向变异函数曲线，统计形变场相关计算参数，准确、直观地反映高速公路区域变化量各向异性。

(1) 高程数据场各向异性

禹登高速公路 K64～K78 段，采用自定义坐标系，设定从西到东走向，方向容差 45°。DEM 高程数据场变异函数γ（h）在不同方向变化，以高程为区域化变量，变异函数曲线如图 5-25 所示。

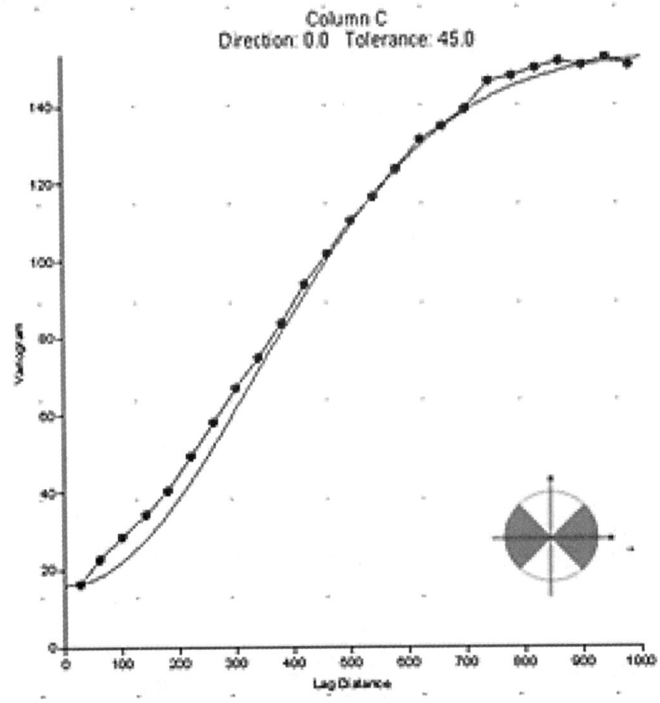

(a)

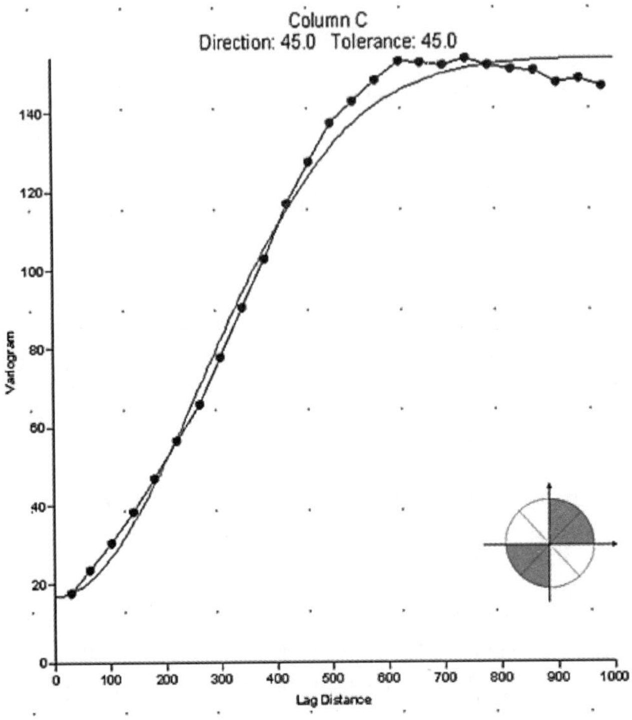

(b)

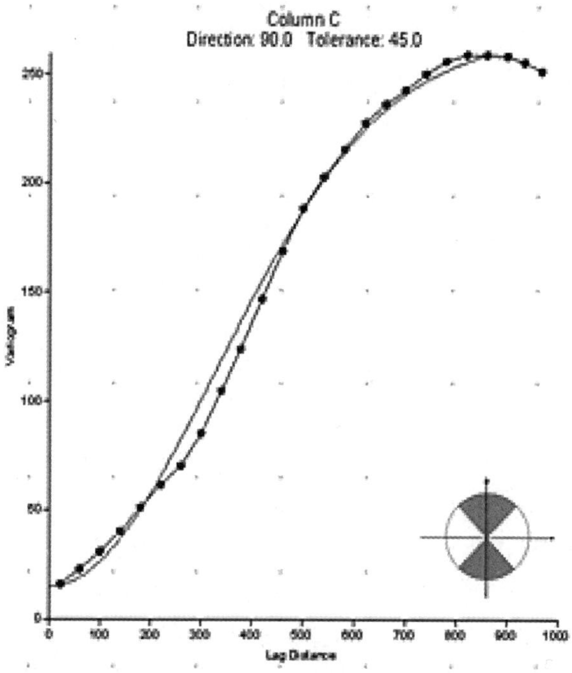

(c)

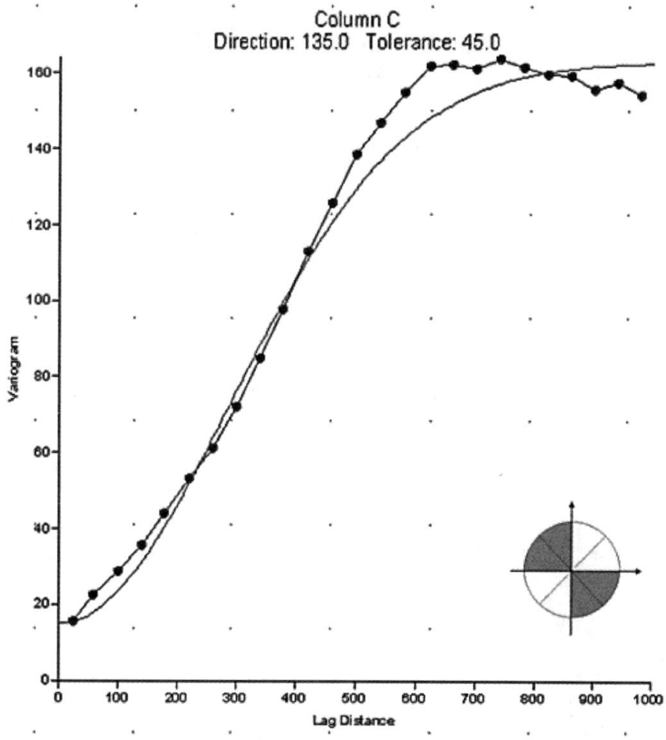

(d)

图 5-25　禹登高速公路 K64～K78 段 DEM 各向变异函数曲线

（带圆点线条—变异方差，由不同滞后距离变异函数计算；实线—模型拟合曲线；横坐标—延迟距离，单位 m；纵坐标—变异函数值）

高速公路 DEM 高程数据γ（h）的主要参数见表 5-7 所示。其中：A—数据空间影响范围，即变程；Nugget/Sill—块金值C_0/基台值C_0+C百分比，表示块金方差占总空间异质性 $SH(Z)$ 变异大小、数据场空间相关结构。四个方向上拟合分析时均采用高斯模型进行，拟合度较高；各方向块金值C_0相差不大；90° 方向基台值C_0+C最大；45° 方向变程 A 最小；C_0/C_0+C均小于 25%。

表 5-7　DEM 高程数据γ（h）计算参数

DEM 方向	拟合模型	块金值C_0	基台值C_0+C	变程 A	Nugget/sill
0°	高斯模型	16	138	473	16
45°	高斯模型	17	137	435	12
90°	高斯模型	15	252	393	6
135°	高斯模型	15	148	410	10

图 5-23 和表 5-7 结果说明：

① 块金值C_0相差不大，表明高速公路空间相关性好，研究区域总体地势平坦。

② 90°方向C_0+C最大，且与C_0的差 C 也最大，说明高速公路横向区域高程数据场空间差异性程度高；在变程范围内，高程数据的空间异质性大，地势起伏明显。

③ C_0/C_0+C均小于 25%，表明区域化变量在较小尺度范围变化较小，较强的空间相关性，随机因素引起的高程变异小于空间相关性引起的高程变异。

④ 90°方向变程 A 最小，表明在 90°横向上受高速公路修建影响，地形连续性差。

(2) 变形数据场各向异性

禹登高速公路 K64～K78 段 D-InSAR 变形值，拟合分析时其 0°，45°，90°，135°四个方向采用指数模型进行各向异性分析，结果如图 5-26 所示。

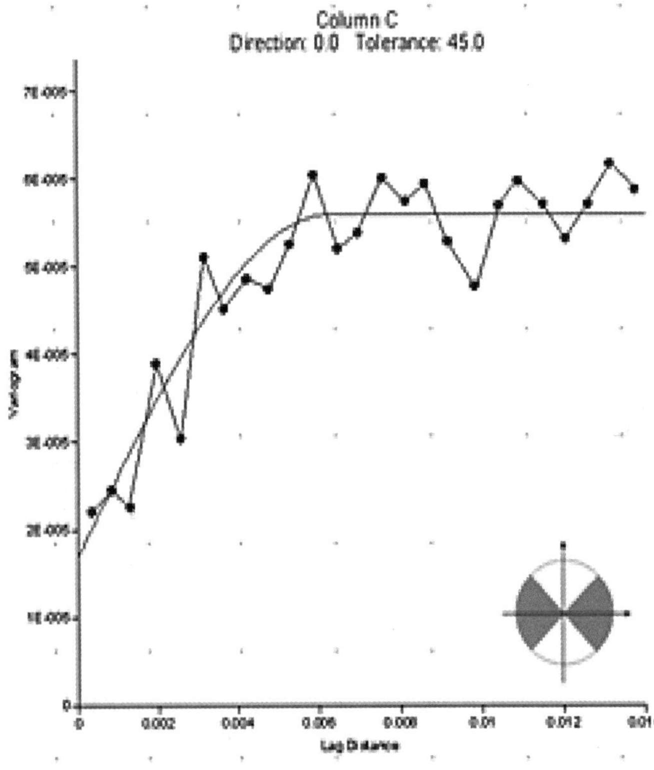

(a)

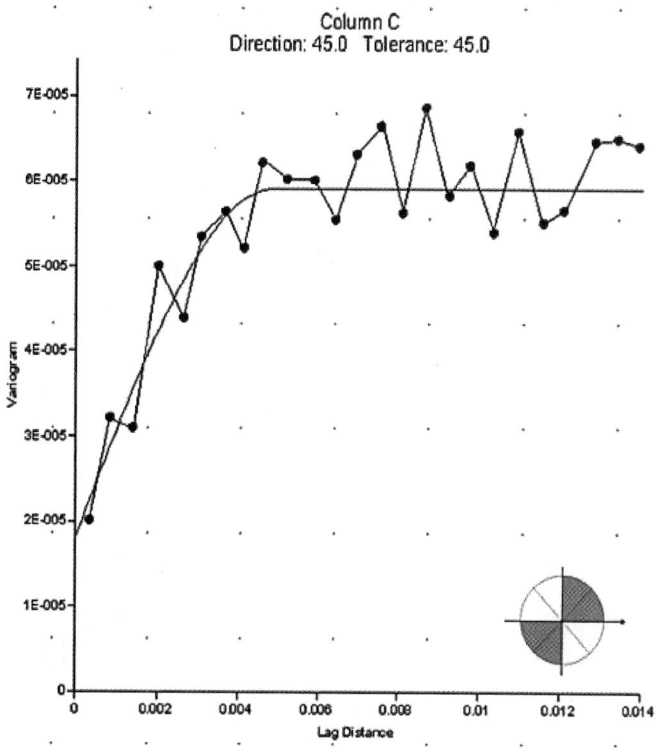
Column C
Direction: 45.0 Tolerance: 45.0
7E-005
6E-005
5E-005
4E-005
3E-005
2E-005
1E-005
0
Variogram
0
0.002
0.004
0.006
0.008
0.01
0.012
0.014
Lag Distance

(b)

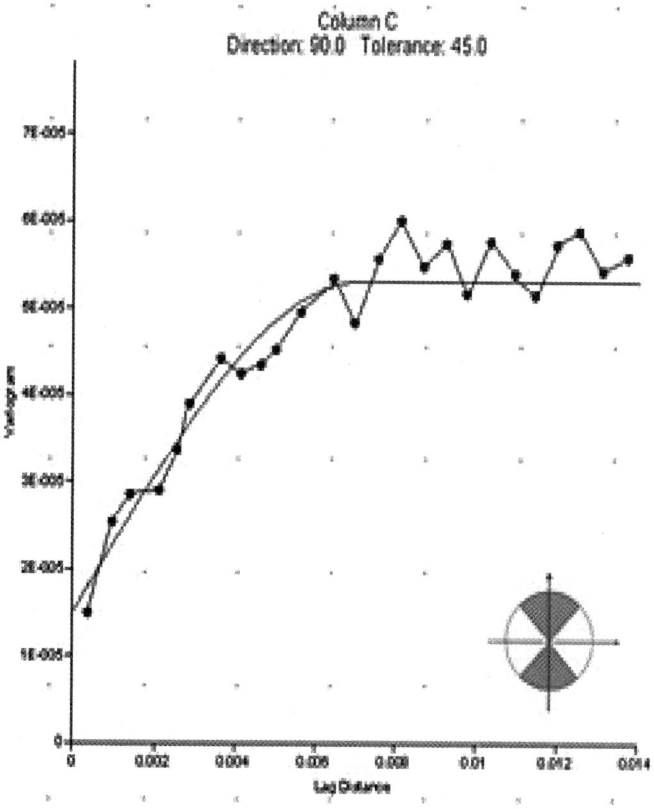
Column C
Direction: 90.0 Tolerance: 45.0
0
0.002
0.004
0.006
0.008
0.01
0.012
0.014
Lag Distance

(c)

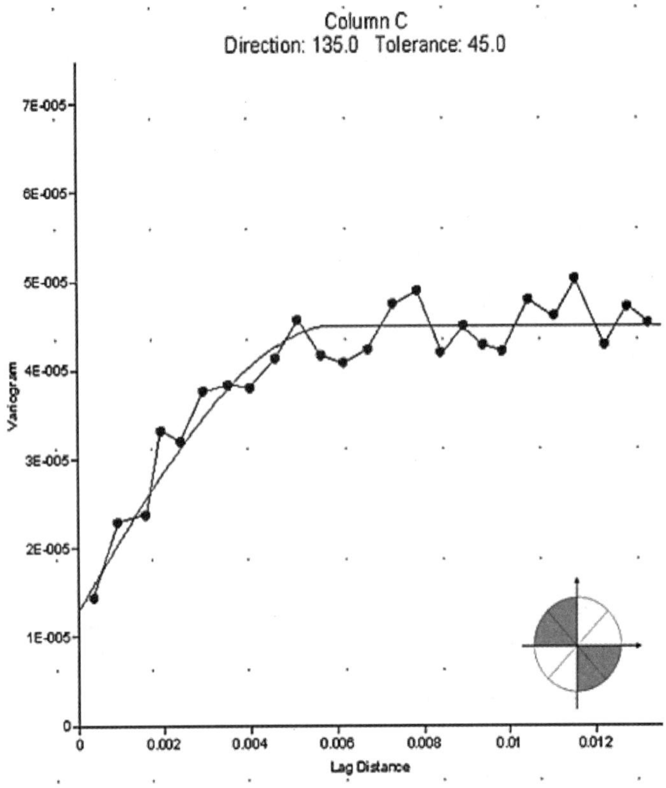

(d)

图 5-26 D-InSAR 变形监测结果各向变异函数曲线（90d）

（D-InSAR 变形值 0～0.024 m，防止数据冗余，网格化分不宜过密，模型拟合度不高）

禹登高速公路 K64～K78 段 D-InSAR 形变值变异函数主要参数见表 5-8 所示，拟合分析时 0°，45°，90°，135°四个方向采用球型模型进行各向异性分析。

图 5-26 和表 5-8 结果说明：

① 135°方向块金值C_0最小，45° 方向C_0最大，说明与高速公路走向（东南到西北135°）垂直的 45° 方向上不均匀沉降变形变化幅度最大，受随机因素影响较大，而高速公路走向（东南到西北135°）方向不均匀沉降变形变化幅度较小。

② 45° 方向的基台值C_0+C最大，其与C_0的差 C 也最大，说明该方向上的空间异质程度高，分析主要原因是高速公路两侧 45° 方向上分布较多采空区，在变程范围 A 内不均匀沉降变形受随机因素的影响较大。

③ C_0/C_0+C均在 25%～75%区间内，表明受随机因素影响在该尺度下不均匀沉降变形大小的空间相关性差，分析主要原因是已开采和正在开采的煤矿、道路自重、车辆荷载以及人为因素等影响引起地表随机不均匀沉降，造成沉降变形空间相关性差。

④ 45° 方向上 D-InSAR 形变场变程 A 影响范围最小，表示 D-InSAR 沉降变形数据变形幅度大，连续性较差。

表 5-8 D-InSAR 变形值各向变异函数计算参数

变形方向	拟合模型	块金值	基台值	A	Nugget/sill
0°	球形模型	1.7×10^{-5}	3.9×10^{-5}	0.0065	43
45°	球形模型	1.8×10^{-5}	4.1×10^{-5}	0.0048	44
90°	球形模型	1.6×10^{-5}	3.7×10^{-5}	0.0067	43
135°	球形模型	1.3×10^{-5}	3.2×10^{-5}	0.0063	41

5.3　道路病害检测养护 GIS 管理系统

5.3.1　路基路面预防性养护与新工艺

目前水平，对路面养护一般采用日常养护，养护决策依照养护作业人员的个人经验进行判断，养护模式属于反应型养护方式，即大都等到路况下降到最低可接受水平时，再实施罩面或改建措施[8-11]，改造工作量和费用高于定期维护，且延误交通，造成治理工程费用增加，道路质量下降，养护资金浪费。

实践证明，及时合理地预防性养护能延长服务寿命，维持或提高道路系统的功能，保证路面具有良好的效益费用比。因此，应考虑从传统的反应型养护方式转变为预防型养护方式。然而对于预防性养护的具体实施，必须有先进、实用有效的道路工程养护 GIS 管理系统作为技术支持。

(1) 就地热再生技术[12]

它作为一种预防性养护的新工艺，在节能环保方面体现了其独特的优势。就地热再生养护技术主要用于矫正道路表面的破损，如剥落、裂缝、车辙、坑洞、推挤和拥包等病害。该工艺是在现场维修损坏的道路，旧料全部利用，掺加少量的新料。就地热再生工艺可以采用单工序或多工序完成。根据路面破损情况以及对修复后路面质量等级的要求不同，可分为表面再生、复拌再生和加铺再生三种。其中，复拌再生工艺是在施工过程中加入一定数量的新沥青混合料，能有效地消除路表面 50 mm 内的车辙、裂缝和老化变硬病害。具体工艺过程是先由加热机将旧路面加热至一定温度，用再生机将旧路面翻松，并把翻松后的材料与新沥青混合料、再生剂在搅拌器中拌和均匀，形成新品质的沥青混合料，然后摊铺、碾压成型。就地热再生机组为多步法作业工艺，主要机械包括沥青路面热再生重铺机组 1 套（含 2 台加热机）（如图 5-27）、加热铣刨机 1 台（如图 5-28）、加热复拌机 1 台（如图 5-29）、摊铺机 1 台，配备轮胎压路机、钢轮振动压路机等。

图 5-27　就地热再生加热机组

图 5-28　就地热再生铣刨机组

图 5-29　就地热再生复拌机组

(2) 超薄磨耗层施工工艺

超薄磨耗层系统（Nova Chip）是一种针对交通负载大、路面性能要求高的高等级路面解决方案。其主要应用于高等级沥青路面或水泥路面的预防性养护和轻微病害的矫正性养护，也可以作为新建道路的表面磨耗层，是一种超长耐久的表面层，具有抗滑、抗车辙、抗磨耗、降低噪声和减少水雾的优良性能。超薄磨耗层是将 15～25 mm 厚的断级配改性热沥青混合料摊铺在一层聚合物改性乳化沥青黏层膜上。使用专用的同步摊铺设备进行施工，即黏结层特种改性乳化沥青喷洒与改性热沥青混合料摊铺同时进行，经压路机压实以后一次成型。由于其厚度比较小，几乎不改变原有路面高程，对于立交桥较多、路缘石高度一定的城市道路养护尤为适合。超薄磨耗层系统中独特设计的改性乳化沥青优异的黏结性能充分避免了薄层罩面存在的风险，同时特殊的改性沥青混合料最大程度地发挥了热沥青混合料的各项优势。另外，超薄磨耗层系统在施工工艺上也有很大的改进，较普通摊铺机有很大提高，而且碾压结束后 30 min 即可开放交通，从而达到了快速养护的目的。专用机械设备如图 5-30 所示。

图 5-30　超薄磨耗层专用设备

5.3.2　路面使用状况检测

判别路面状况、确定具体养护路段、确定合理养护措施的依据是及时采集到真实地反映路面功能、结构性能、结构承载力、安全性及美观度的数据，路面状况数据决定路面管理决策的恰当与否，数据采集工作技术性强。数据采集主要包括平整度、路面破坏率（如沥青路面裂缝、永久变形、表面损坏等）、弯沉、摩擦系数、车辙数据的获取，相应规范规定了详尽具体的采集仪器、操作规程、数据处理等标准。

(1) 道路使用性能

包括路面损坏状况、行驶质量和结构强度三个方面。使用性能预测模型是表征路面经过某种预估养护措施后，使用性能随时间的变化关系，以此来确定采取养护措施的最佳时间、最经济合适的措施。现有的预测模型包括确定型、概率型两种基本形式[13]，影响路面使用性能的荷载、环境、材料性能和养护水平等因素都不是一成不变的，预测使用性能变化速率或快或慢于实际变化速率，路面管理系统中更适宜采用概率型模型保证预测结果更客观反映实际路面状况。

(2) 马尔可夫概率型模型

其核心是状态转移概率矩阵 R，见式（5-1）。

$$R=\begin{bmatrix} P_{11} & P_{12} & \cdots & P_{1n} \\ P_{21} & P_{22} & & \vdots \\ \vdots & & \ddots & \\ P_{n1} & \cdots & & P_{nn} \end{bmatrix} \quad \text{其中，} P_{ij}\geqslant 0 \text{ 且} \sum_{j=1}^{n} P_{ij}=1 \tag{5-1}$$

式中，R—采集数据所表示的目前路面状态在未来某个时刻转变成其他各种状态的概率，不同路面结构、交通流量、道路使用时间的路面使用性能具有不同的衰变特性，R 也不是唯一的。在检测数据不充分时，据专家经验建立 R，但其可靠性较差；历史数据足够时，运用统计分析方法建立 R，采集数据的时间和精度影响矩阵 R 的建立精度；回归方程方法是在采集的路面状况数据有限时，先建立路面使用性能与影响变量的回归方程，根据回归方程建立 R。转移概率矩阵 R 建模主要步骤：确定路面使用性能变量，定义路面状况状态、确定初始量；分别建立不同路面类型、养护措施的 R；通过 R 预估未来某特定时间指定路况状态的概率。

5.3.3　路面使用性能预测

路面使用性能衰变方程分析[14-17]：

① 路面使用性能衰减的初期是进行预防性养护的最恰当时机，此时采用适合的养护措施，将最经济、最大程度地延缓路面使用性能的衰减速度。

② 常用的路面使用性能衰变方程见公式（5-2）。

$$PPI_{\mathrm{d}}=PPI_{\mathrm{d0}}\left\{1-\exp\left[-\left(\frac{\alpha}{t}\right)^{\beta}\right]\right\} \tag{5-2}$$

式中，PPI_{d}—常规养护路面各使用性能指标；PPI_{d0}—新建或大中修后路况指标数值，一般为 100；t—自新建或大中修到计算时的使用时间，以年为单位；α—回归参数，路面使用寿命的长短，β—回归参数，决定回归曲线形状。

建立的路面使用性能衰变模型，正确反映路面使用性能的衰变过程，以及导致路面使用性能衰变的主要影响因素，道路预防性养护后路面性能状况曲线示意如图 5-31 所示。

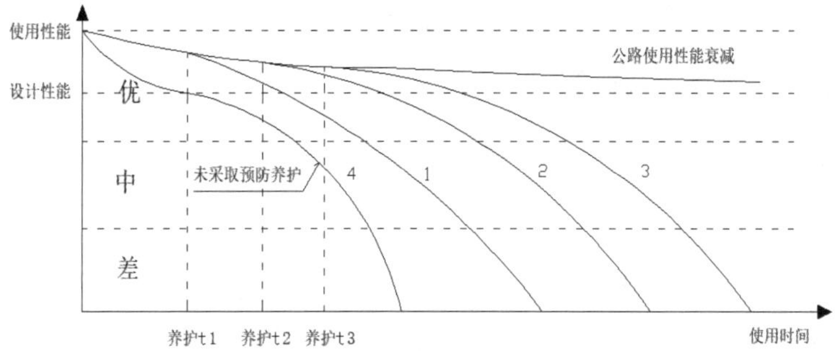

图 5-31　预防性养护后路面性能状况曲线示意图

预防性养护后路面使用性能衰变模型：即预防性养护后各路面使用性能指标衰变方程

$$\begin{cases} PPI_{\mathrm{j}} = \dfrac{\left[PPI_{\mathrm{d}}(t_0) + \Delta PPI\right]}{1-\exp\left\{-\left[\dfrac{\alpha}{(1-B)t_0}\right]^{\beta}\right\}} \cdot \left\{1-\exp\left[-\left(\dfrac{\alpha}{(t-Bt_0)}\right)^{\beta}\right]\right\} \\ \Delta PPI = A\left[PPI_{\mathrm{d0}} - PPI_{\mathrm{d}}(t_0)\right] \end{cases} \tag{5-3}$$

式中，PPI_{j}—预防性养护后路面各使用性能指标；t_0—预防性养护实施的时间，以年为单位；PPI_{d}（t_0）—预防性养护实施时路况指标；ΔPPI—预防性养护实施后路况指标提高值；A—改善系数；B—寿命系数。

改善系数 A，表示预防性养护实施后路面性能指标改善率，如图 5-32 所示。A 的值域为[0，1]，A=0 时，进行预防性养护施工后路面使用性能指标没有提升；A=1 时，进行预防性养护后路面使用性能指标值达到 PPI_{d0}。寿命系数 B，表示预防性养护后路面使用性能曲线衰变速度，如图 5-33 所示。B 的值域为[0，1]，B=0 时，表示进行预防性养护措施后，并未延缓性能曲线衰变速度，但预防性养护后各时间点的性能指标得到了提升；当 B=1 时，进行预防性养护后，最大程度地延缓性能曲线的衰变速度，与新建大中修后的路面使用性能衰变速度相当；0＜B＜1 时，路面使用寿命在进行预防性养护后，得到不同程度的增加。

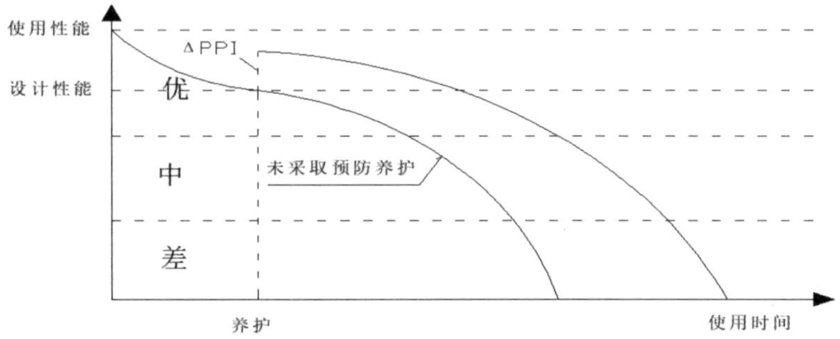

图 5-32　养护改善系数 A

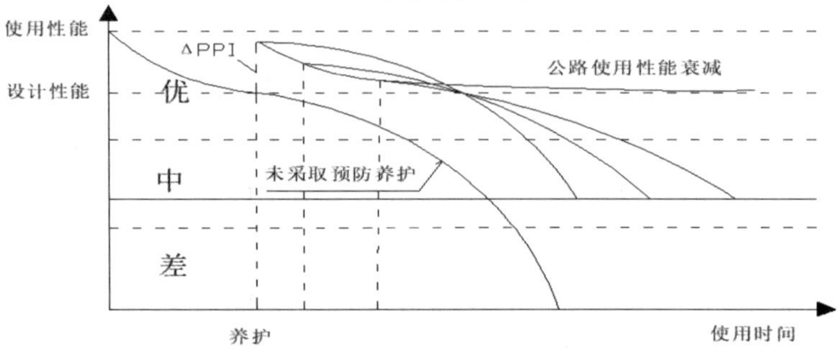

图 5-33　养护寿命系数 B

5.3.4　路基路面工程养护评价

研究建立道路路基路面养护评价系统[18-19]，对道路日常养护质量进行初步评价、诊断，科学合理评价路面使用性能，得到路面养护质量指数，为道路路基路面养护质量评价和检测提供基础数据。运用层次分析法（Analytic Hierarchy Process，AHP 法）建立道路路基路面养护评价体系：① 确定路基路面养护评价的对象，如道路路基工程进行养护评价时，选用的评价对象主要有路肩、路基边坡、排水设施和挡土墙。② 分析研究对象的主要养护特点，选取评价对象评价指标，规范对其作了详细规定。③ 建立道路路基路面工程养护评价指标体系。

5.3.5　道路科学养护 GIS 管理系统——G4 京港澳郑州至漯河段

(1) 工程情况

京港澳高速公路郑州至漯河段，1998 年建成通车，交通量逐年递增，交通水平高，道路服务水平逐年下降，不能满足交通量发展的需要，面临改建扩容，以该改扩建工程路况调查资料、原始设计资料为基础，建立"公路养护管理信息系统"，将有助于保证改扩建后预防性养护健康实施，科学维护、发布路基路面状况信息，提高养护管理水平。

(2) 道路 GIS 管理系统特性

道路工程养护管理 GIS 系统是将分散文档、图纸、各类数据进行分类、组织，建立综合地理、属性数据管理库，方便随时调用。管理人员能快速准确地查询图像、文字数据，并将结果直观地显示、输出；养护巡检人员能够简单便捷地进行路面状况数据的即查即录；为管理部门决策管理提供基础数据，系统特性主要表现在：① GIS 的空间分析功能，能够管理属性数据、空间数据，能够对数据进行查询、分析。采用 GIS 技术，实现道路工程基础数据的查询与管理，实现对数据库、图像及 GIS 信息的可视化查询与管理。② 道路工程 GIS 具有线性特征，沿线设施分布位置具有随机性、动态性，需要综合考虑确定沿线设施的分布，其属性数据随之动态描述。③ 道路工程 GIS 系统不但包括道路本身的信息，还需要包括如邻近村庄、平面交叉、立面交叉等其他相关信息。④ 道路工程 GIS 系统将评价结果以图像、文字方式直观表达出来，方便管理人员清楚、完整地掌握路况性能。

(3) 系统设计

系统以路面状况数据采集、存储和管理为基础，进行信息查询、修改业务管理，通过数学模型、科学计算、GIS 等技术手段，构建集地理空间数据和道路工程属性数据相结合的道路工程养护 GIS 管理系统，为道路工程养护工作有效实施提供管理操作平台和决策环境，全面提高业务处理能力，管理、决策水平。对京港澳高速公路郑州至漯河 K0+000～K119+549.826 段近年来的路况调查报告数据进行整理，将该段路路基路面历史状态及检测数据、养护历史、病害类型进行汇总，运用 GIS 管理平台，构建高速公路养护 GIS 管理系统。系统提供两种用户访问途径：一般用户，对发布的路面状况信息查询、浏览；特殊用户（公路巡检人员和路况信息管理人员），允许访问路段信息系统数据库，数据查询、修改等功能。京港澳高速公路郑州至漯河 K0+000～K119+549.826 段养护 GIS 管理系统的总体框架如图 5-34 所示。

图 5-34　道路养护 GIS 管理系统框架

(4) 道路工程养护 GIS 管理系统

通过对工程项目进行路面状况调查，获取各项使用性能原始数据、图形，进入到 GIS 管理系统，为管理部分进行项目决策、规划、养护提供及时可靠的数据信息，京港澳高速公路郑州至漯河段 K0+000～K15+000 道路工程养护 GIS 管理系统部分功能如图 5-35 至图 5-40 所示。

图 5-35　GIS 管理系统启动界面

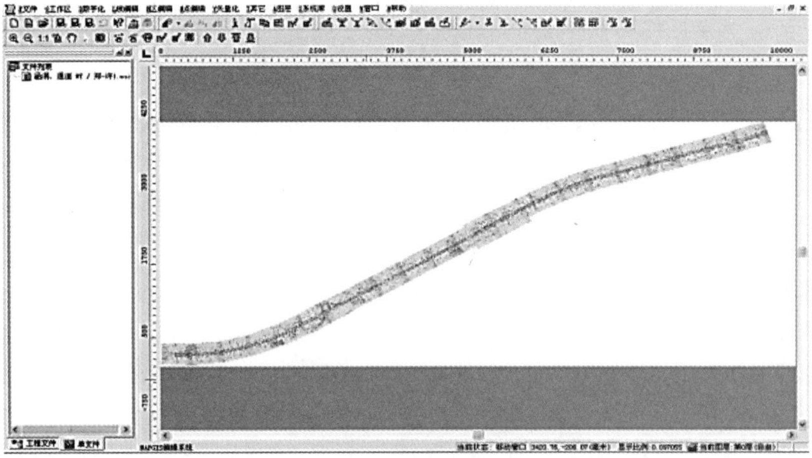

图 5-36　路线平面图

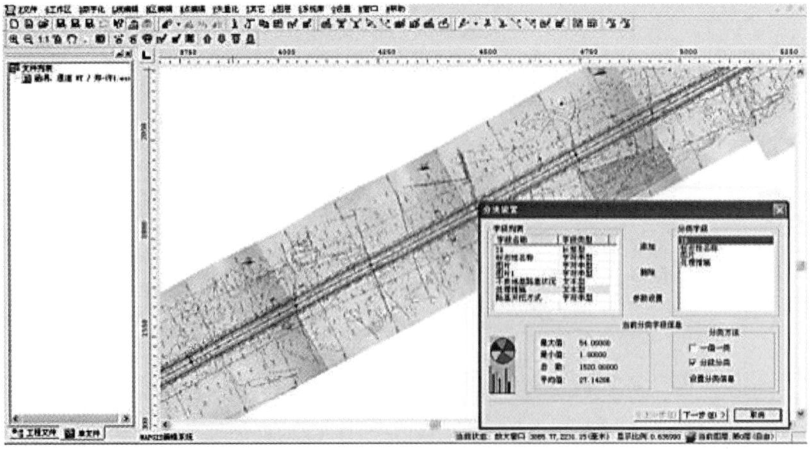

图 5-37　路基路面桥涵数据分析统计图

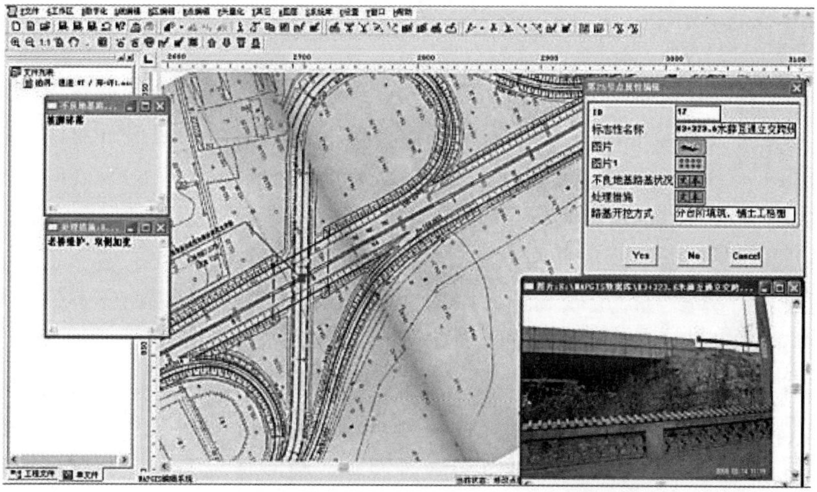

图 5-38　米薛互通立交跨线桥 K3+323.6 数据

图 5-39　钢筋混凝土盖板涵洞 K4+600 数据

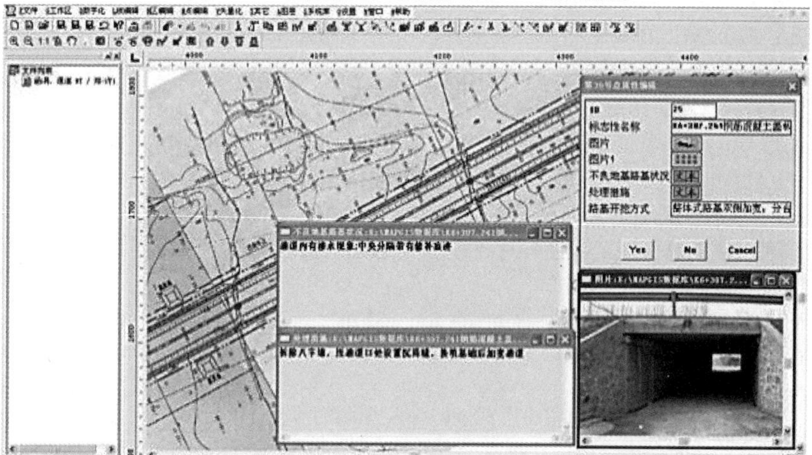

图 5-40　钢筋混凝土盖板通道 K6+307.241 数据

5.4 本章小结

① 综合运用 D-InSAR、角反射器 CR、GPS 等监测技术进行禹登高速公路运营期形变监测工作，实地考证禹登高速公路地表地物破坏情况，与监测结果进行对比分析，验证变形监测结果的可靠性。实验将 GPS 与 InSAR 数据融合，充分运用 GPS 高时间分辨率、高平面位置精度，InSAR 高程空间分辨率，展现出高空间覆盖与高精度探测潜力。

② 利用地质统计学的空间变异函数分析公路形变场的各向异性，建立了拟合度较高的变异函数模型，计算参数，反映高速公路的空间变异特征及分布规律；有效控制路基路面变形，预测沉降变形趋势，为高速公路变形监测、预测提供数据支持。

③ 研究高速公路养护评价方法，对道路养护性能进行初步评价，从而得到高速公路养护现状及发展趋势，为养护管理工作提供依据；通过层次分析法建立了一套高速公路养护的评价指标体系。建立高速公路路基路面病害调查、检测管理系统，并对系统功能进行展示。方便了高速公路建设单位、运营单位以及管养单位的建设、运营和养护工作的开展。

主要参考文献

[1] 杨侣珍. 基于 GPS、 CR-InSAR 技术的高速公路采空区路基变形监控研究[D]. 长沙: 长沙理工大学, 2009.
[2] 陈佳艺. 基于 InSAR、SDM 技术的高速公路空间形变与演化研究[D]. 长沙: 长沙理工大学, 2010.
[3] 芮勇勤, 陈佳艺, 丁晓利. 基于 InSAR 与 GPS 技术的公路采空区变形监测[J]. 东北大学学报(自然科学版), 2010, 31(12): 1773-1776.
[4] 范洪冬, 邓喀中, 祝传广, 等. 基于时序 SAR 技术的采空区上方高速公路变形监测及预测方法[J]. 煤炭学报, 2012, 37(11): 1841-1846.
[5] 龙江平, 丁晓利, 李志伟, 等. LAMBDA 方法在 CR-InSAR 相位解缠中的应用[J]. 大地测量与地球动力学, 2008, 28(3): 100-103.
[6] 史军, 邱听, 崔林丽, 等. CAD 图形数据转换为 GIS 空间数据的技术研究及应用[J]. 东北林业大学学报, 2001, 29(6): 83-85.
[7] 陈佳艺. 基于 D-InSAR 的高速公路形变场各向异性特征[J]. 东北大学学报(自然科学版), 2012, 12(增刊 2): 300-303.
[8] 王娜. 高速公路沥青路面养护管理系统研究[D]. 西安: 长安大学, 2005: 19-28.
[9] 吴赞阳. 基于 GIS 的南京市城市道路养护管理系统的研究与开发[D]. 南京: 东南大学, 2006: 14-18.
[10] 邱金来. 城市道路养护管理对策研究[J]. 中国科技信息, 2006(3): 213-214.
[11] 熊崇俊. 基于 GIS 的公路工程项目管理信息系统的应用研究[D]. 昆明: 昆明理工大学, 2003: 16-28.
[12] 黄晓燕, 苏举. 就地热再生工艺设备及沥青混合料配合比路用试验设计[J]. 东北大学学报(自然科学版), 2012, 12(增刊 2): 216-221.
[13] COOK W D A. Pavement performance prediction and risk modelling in rehabilitation budget planning: a markoviao approach proceedings[C]. 2nd Noth America1 Conference on Managing Pavements, 1887: 2. 63-2. 76.
[14] 宋秀莲. 高等级公路沥青路面长期使用性能跟踪及观测的研究[D]. 天津: 河北工业大学, 2004: 25-31.
[15] 孙立军, 刘喜平. 路面使用性能的标准衰变方程[J]. 同济大学学报, 1995, 23(5): 512-518.
[16] 孙立军, 姚祖康. 沥青路面使用性能评价和养护对策确定的 Fuzzy 方法[J]. 同济大学学报, 1990, 18(2): 167-176.
[17] 刘伯莹, 姚祖康. 沥青路面使用性能预测[J]. 中国公路学报, 1991, 4(2): 5-15.
[18] 王炜. 道路交通工程系统分析方法[M]. 北京: 人民交通出版社, 2005: 77-81.
[19] 鲍晓军. 高速公路路基路面病害科学检测与预防养护研究[D]. 长沙: 长沙理工大学, 2010.

第 6 章　3S+CRInSAR 道路灾害预警与交通流网格

《交通运输“十二五”发展规划》指出，到“十二五”末，国家高速公路网将基本建成，高速公路总里程达到 10.8 万 km，国家高速公路网布局形态采用放射线与纵横网格相结合，布局示意如图 6-1 和图 6-2 所示。

图 6-1　中国国家公路网

图 6-2　高速公路规划网示意图

尽管道路交通与铁道工程实现了快速发展，逐步适应快速增长的交通流量、载重质量。由于在工程勘察设计、施工建设过程不可避免的缺陷问题，以及各种致灾因素（车轮路面磨损、冲击、暴雨、日晒、冰雪冻融、地质灾害等），使得道路与铁道工程结构物使用中出现病害与损害，严重中断交通，造成灾害。

组织有效的防灾减灾与防护工作，需要准确预测道路工程灾害发生的地点、时间和发展趋势，这就需要道路工程灾害预警诊治信息技术能提供信息资源、宽带网、计算环境。信息资源（地理空间基础数据库、多种专题数据库、管理系统）要有能提供足够详细、能够及时更新的基础数据；宽带网要求高效、解决多媒体传输数据；计算环境保证快速、高效处理海量基础数据。

6.1 BeiDou 北斗卫星导航系统

全球四大卫星定位系统包括中国北斗卫星导航系统、美国 GPS、俄罗斯格洛纳斯、欧洲伽利略。其中中国北斗卫星导航系统[1]（英文简称“COMPASS”，中文音译名称“BD”或“BeiDou”）于 2011 年 12 月 27 日开始试运行服务，能为全球范围内各类用户提供高精度、高可靠定位、导航、授时服务，具有全天候、全天时服务能力，兼具短报文通信能力。

北斗卫星导航系统 BD 的建成，使我国有了自主卫星导航，摆脱完全依赖国外卫星导航系统的局面，带动高技术产业的发展，有助于经济发展。在公安保卫、遇险抢救、海岸缉私、巡逻搜索、监控囚车与运钞车、收集环境数据、各种灾害预报与监测、交通管制、远距离输电及个人旅游、娱乐等方面，北斗导航系统具有广泛的应用潜力，BD 应用示意如图 6-3 所示。

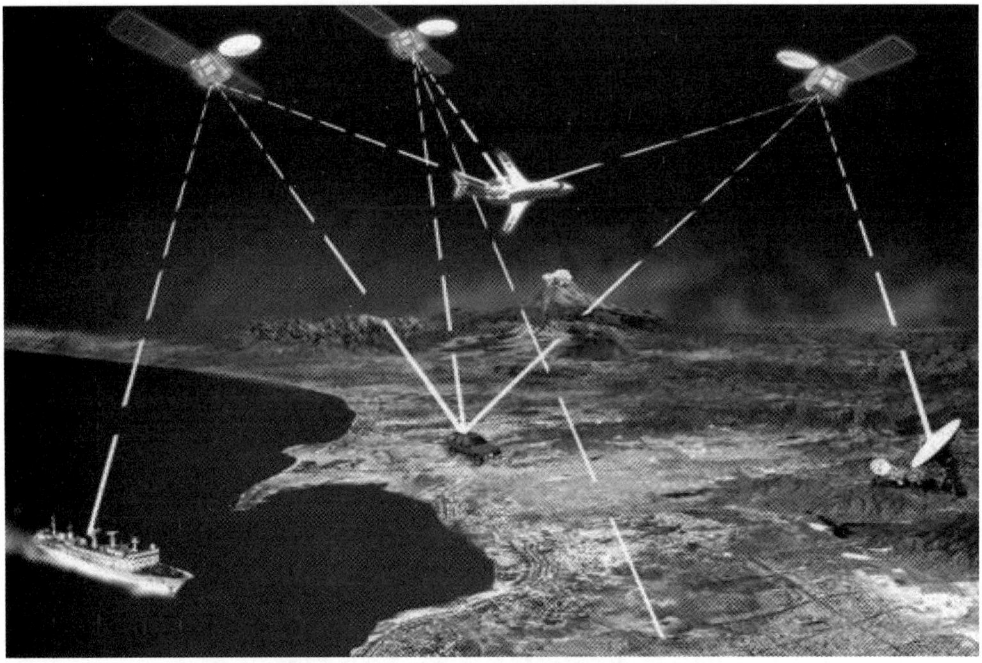

图 6-3　北斗卫星导航系统 BD 应用示意图

北斗卫星导航系统的建成与应用，为道路工程灾害信息的实时监测与获取提供有力的技术支持。

6.2 CC 云计算的 3S+CRInSAR 网格技术

CC 云计算（Cloud Computing）是信息产业发展的新浪潮，世界 IT 巨头们踊跃参与热门的云计算技术中，提出了具有自己特色的云计算计划[2]。

① 云计算核心是虚拟计算，关键技术是集中闲置资源，即通过统一调度，把暂时闲置的资源提供给别人使用，如一个服务器可能只有 20%的功能正在被使用，云计算就可以把

80%闲置的功能利用起来。但尽管如此，云计算技术不是颠覆性的，仍旧还是一种改进型的技术。

② 云计算与网格计算的体系结构大体相似，资源管理方式采用的大多数技术方法相同，主要体现在：

◎在对待相同问题时，两者的编程方法、应用程序模型具有互用性或互鉴性。

◎两者面临的内部安全问题类似。

◎两者商业模式能够提供服务类型大部分相同。

③ 云计算与网格计算差异较大部分主要体现在：

◎资源层的功能：实现解决异构性问题时，网格计算通过中间件技术，云计算则通过虚拟化技术。

◎数据的管理和定位中，网格计算通过共享文件系统实现，云计算通过采用以数据为中心的规范 MapReduce 实现。

◎网格计算通过中间件技术直接集中的方式实现资源整合，云计算通过虚拟化技术统一资源后再集中的方式实现资源整合。

◎网格不能够提供平台化服务，而云计算可以提供平台化服务。

6.3　道路灾害预警国家网格构建

1949 年美国人在夏威夷附近的地震观测台组建了“地震海啸警报系统”[4]；1965 年，联合国成立国际性海啸情报中心，并设立一个包括中国等 26 个国家和地区组成的“国际海啸预警制度协调小组”协调业务；目前美国计划把太平洋预警机制扩展至大西洋；澳洲科学家也正研究在印度洋建立海啸预警系统。近年来，我国以各种灾害海量数据为基础逐步建立和完善了包括气象监测、水文监测、地震监测、地震前兆观测、农作物和森林病虫害测报、海洋环境和灾害监测、地质灾害勘察及报灾等多种灾害监测预警预报系统。连日来，中国中东部地区陷入严重雾霾之中[5]，尤其是北京，PM2.5 一度达到 700 mg/m^3 以上，环保部门发布的数据显示，从东北、华北到中部乃至黄淮、江南地区，都出现了大范围重度和严重空气污染，给人们生活和出行、道路工程的安全运营带来了严重影响，雾霾笼罩下的城市如图 6-4 所示。

图 6-4　雾霾笼罩下的城市

2013 年 2 月 19 日 10 时 46 分，我国地震预警系统成功预警云南省昭通市巧家县区域震级为 4.9 级的地震，首次实现了对破坏性地震的成功预警[6]。

随着国家高速公路网的发展，高速公路建设标准如一卡通收费系统、交通监控系统等配套管理设施也相应提高，图 6-5 所示的是湖南省浏醴高速公路上已经运行的道路交通实时监控系统，对交通车辆进入到收费站前后一定距离情况进行实时掌控。

图 6-5　道路交通实时监控系统

前沿的防灾减灾技术方法的支持，成功的类似灾害预警系统的建立与应用经验，不良的环境影响，迫切需要开展交通道路工程灾害预警与治理工作的研究[7-9]。运用网格虚拟平台上前沿的 3S+CRInSAR 技术，实现道路工程路基、路面、红线范围地表的沉降变形信息的实时监测；应用 SDM 技术，从海量地表形迹监测数据中提取有用的知识；实时了解道路工程实体的状况、病害情况，运用网格虚拟平台上道路工程防灾减灾关键技术方法，选用相应的资源进行灾害的评价，寻求有效的治理措施，最大限度地降低灾害造成或可能造成的损失。

① 针对各等级道路的特点，研究建立各条道路工程各个建设、营运时期的灾害综合评价系统，共享国家道路工程防灾减灾网格虚拟平台上的资源，协同进行道路工程灾害预警与诊治工作。

② 省内各条道路的灾害综合评价系统，构成省级道路工程防灾减灾网格结点。

③ 各省区道路工程防灾减灾网格节点，共同构成国家道路工程防灾减灾网格。建设道路工程防灾减灾网格各省级节点,构成国家道路工程防灾减灾网格，本章以下几节研究中南地区湖南省高速公路灾害预警网格体系构建与示例。

6.4　道路灾害预警省区网格体系—中南地区（湖南省）

6.4.1　省区道路灾害预警网格体系构建

(1) *湖南省道路发展状况*

湖南省道路发展经历试点期（1988—1991 年岳阳汽车专用公路建设时期）、起步期（1989—1994 年莲易高等级公路建设时期）、突破期（1993—1996 年长永高速公路建设时期）、发展时期（1994—1998 年“一纵三横”高速公路主骨架相继开始建设时期）、加快发展期（1998—2005 年即“一纵四横”主骨架相继建设时期）、科学发展期（2005 年至今）六个阶段。而湖南高速公路快速发展的奇迹，发生在第六个阶段。

湖南省境内已通车及在建高速公路主要包括：京港澳高速（G4）湖南段（临湘—长沙—湘潭—耒阳—宜章）全长 531.768 km；二广高速公路（G55）湖南段（卷桥—常德—梅城—邵阳—永州—南风坳）全长 593.278 km；二广高速公路（G5513）湖南段（长沙—益阳—常德—张家界）全长 309.765 km；包茂高速公路（G65）湖南段（茶洞—吉首—怀化—通道）全长 377.071 km；杭瑞高速公路（G56）湖南段（宁湘—岳阳—常德—吉首—凤凰—大兴）

全长 546.707 km；沪昆高速公路（G60）湖南段（醴陵—湘潭—邵阳—怀化—新晃）全长 540.299 km；泉南高速公路（G72）湖南段（界化垄—茶陵—衡阳—枣林铺）全长 310.26 km；厦蓉高速公路（G76）湖南段全长 308.47 km；长沙绕城高速（G4001）全长 63.36 km。

目前，湖南省高速公路网已经形成了以长沙为中心的 4 h 高速经济圈，长株潭（长沙、株洲、湘潭）城市群形成了 0.5 h 高速公路通勤圈，通车及在建高速公路总里程达 6450 km。已经建成通车的雪峰山隧道全长 6950 m，是全国高速公路第三长隧道；矮寨特大悬索桥主跨居亚洲第一；赤石特大桥为世界第一大跨径高墩多塔混凝土斜拉桥。湖南省第一条六车道高速公路是随岳（湖北随州至湖南岳阳）高速湖南段，是湖南省在建的京港澳高速公路复线的最北段，全长 24.1 km。湖南省公路网如图 6-6 所示。

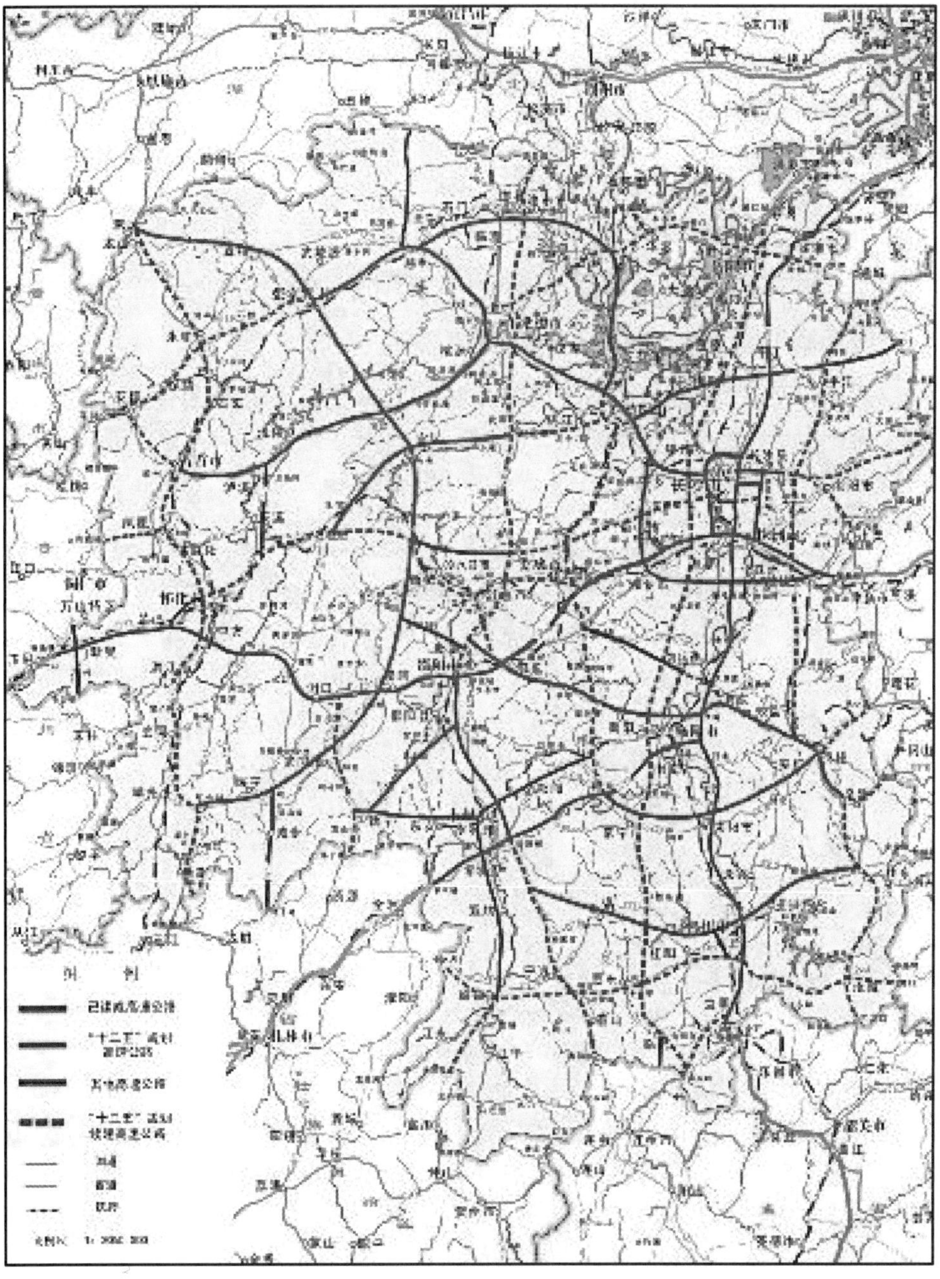

图 6-6　我国中南部地区湖南省公路网

(2) *湖南省道路发展面临的问题*

湖南省位于我国东南腹地，长江中游，是连接东部沿海省与西部内陆省的桥梁地带,东南西三面环山，形成向北开口的马蹄形盆地，境内山地约占总面积的一半，矿山资源丰富。主要水面有洞庭湖及湘江、资水、沅江、澧水，四水由西南向北汇聚洞庭湖，经岳阳城陵矶注入长江。湖南为大陆型中亚热带季风湿润气候，冬寒冷而夏酷热，春温多变，秋温陡降，春夏多雨，秋冬干旱。根据湖南省国土资源厅完成的地质灾害调查区划项目资料统计，由于冰灾、冻雨、冻融、暴风雨等特殊气候条件和地质条件等自然因素引发的地质灾害主要包括滑坡、崩塌、泥石流、地面塌陷、地裂缝等。高等级公路穿越山丘区时，受到地质条件、道路设计线形规范要求等的制约，道路路堤、路堑、桥基、隧道工程在设计、施工中将会遇到如破碎、深埋岩土体隧道、高陡边坡、岩溶洞穴桥基、采空区路基或桥基、软土高填路堤等各种复杂的岩土体工程，可能导致各种路基、路面病害的产生。

(3) *中南地区（湖南省）道路灾害预警网格体系构建思路*

主要先从高速公路入手，共享国家网格虚拟平台上的道路工程防灾减灾关键技术方法，运用 GIS 技术，建立各条高速公路在可行性研究、初步勘察、详细勘察设计阶段、信息化施工阶段、投产运营时期的灾害综合评价系统。逐级扩展到整个公路网内的各级公路的各个阶段的灾害综合评价系统，构建省区道路灾害预警网格体系。

6.4.2 初步勘察路线设计优化—垄茶高速公路

垄茶（界化垄至茶陵）高速公路起自湖南省茶陵县，接江西拟建的吉莲（吉安至莲花）高速公路，接湖南境内的衡炎（衡阳至炎陵）高速公路，主线全长 45.2 km，是国家泉南（泉州至南宁）高速公路的重要路段，也是湖南省“五纵七横”高速公路网的组成部分。项目位置分布如图 6-7 所示。

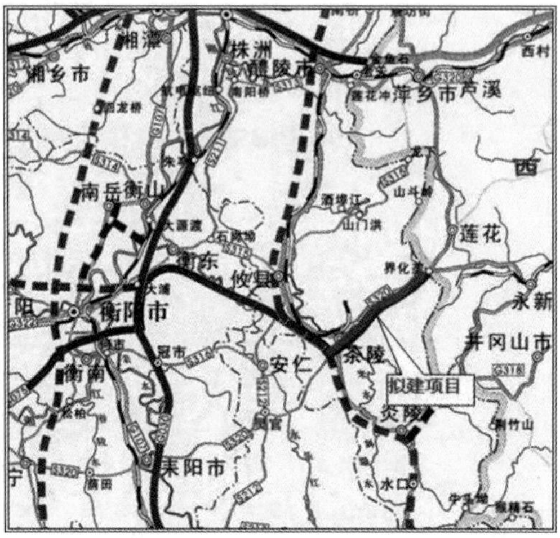

图 6-7　垄茶高速公路

根据所确定的路线走廊带，结合工程地质概况，首先在 1∶50000 及 1∶10000 地形图上对全线路线方案进行了充分的研究，然后在 1∶2000 地形图上纸上定线，拟定工可优化方案（K 线）长 45.678 km，新增有价值的方案 3 段共计 21.696 km，进行同等深度初测、初勘及现场优化。K2+100～K2+700 段地下采空区多且深，为保证安全，采用路基方案；K13+000～K15+000 段：为避开一处 800 a 历史的寺堂，路线左移 15 m；K32+600 和 K33+030 处有大型水渠，调整纵坡以满足在水渠处做涵洞的净空要求。

通过对沿线地方路实地踏勘和道路等级的调查，根据地方路净空要求，调整了 K36+897，K37+830 及 K41+590 等分离式立交的纵坡坡度。

K 线路线方案优化比选过程如下：

(1) K4+000～K13+000 段

此段路线不受地形、地物影响，路线尽可能采用大半径，路线优化可缩短里程 150 m，如图 6-8 所示。

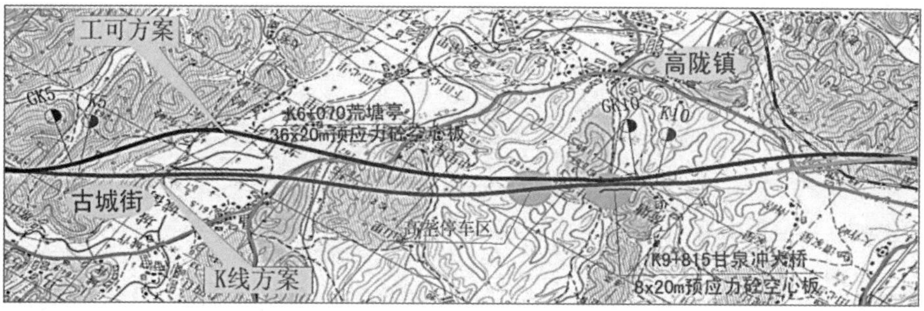

图 6-8　K4+000～K13+000 段比较

(2) K15+000～K35+000 段优化

此段线位与衡茶吉铁路均在一个走廊带内，且线位穿过了部分农田和村庄，线位适当南移后，沿山地展线，如图 6-9 所示，其主要优点是充分利用荒山地，节约资源；为当地的发展留有余地，充分考虑当地向南发展的可能性；缩短线路里程，降低造价；改善线形指标，优化后线形顺直，行车舒适。

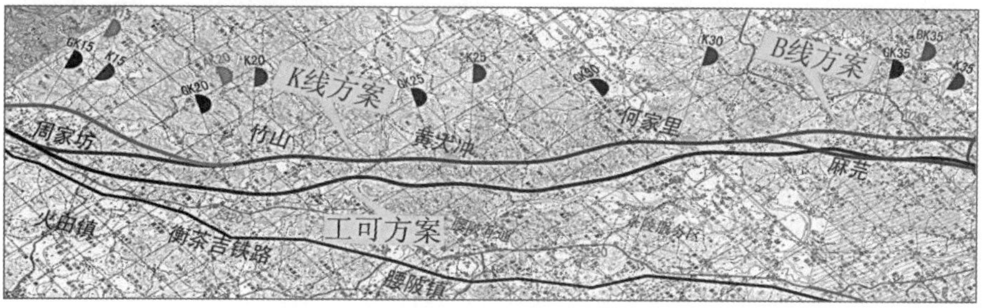

图 6-9　K15+000～K35+000 段比较

(3) K11+420～K20+110（县三种农场至谭家屋段路线方案）

为使占用农田、拆迁建筑物、土石方量以及工程造价等达到最佳效果，对县三种农场至谭家屋段采用了多方案的比较，最后保留 A 线方案与对应的 K 线方案比较，如图 6-10 所示。该路线方案比选从、平纵面技术指标、地形条件、征地、拆迁及社会影响、环境影响、地质对工程的影响几个方面来考虑，综合比较如表 6-1 所示。

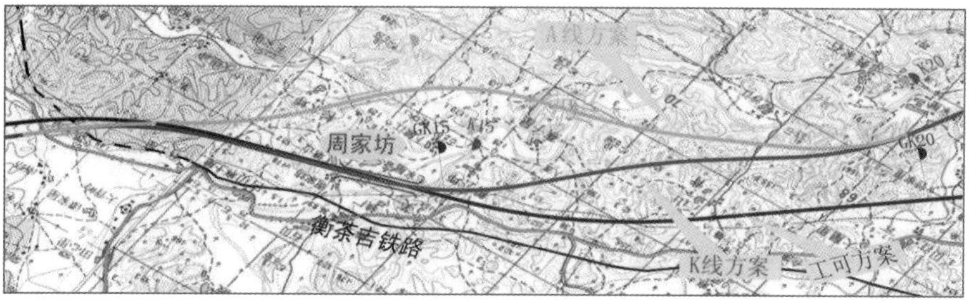

图 6-10　县三种农场至谭家屋段路线方案比较

表 6-1 综合比较表

指标名称	单位	K 线	A 线	备 注
		K11+420～K20+110	AK11+420～AK20+082.364	
路线长	km	8.690	8.662	A 线短 28 m
平曲线个数	个	4	5	
平曲线最小半径	m/个	2500/1	2000/1	
土石方	10000 m^3	17.922	29.038	
平均每公里土石方	10000 m^3	9.274	15.062	
防护/排水工程	m^3	6482/7824	8816/5686	
桥梁	m/座	866/1	576/2	
涵洞	道	25	12	
通道	道	31	37	
分离式立交	座	2	1	
征用土地	hm^2	47.978	49.618	
占用耕地	hm^2	4.774	2.982	
拆迁建筑物	m^2	1080	300	
推荐意见			推荐	

(4) K31+200～K42+100（竹塘村至三塘垄段路线方案）

为了考虑洣水桥位情况，在竹塘村至三塘垄段增加一个比较方案（B 线方案），比较方案见图 6-11，综合比较如表 6-2。

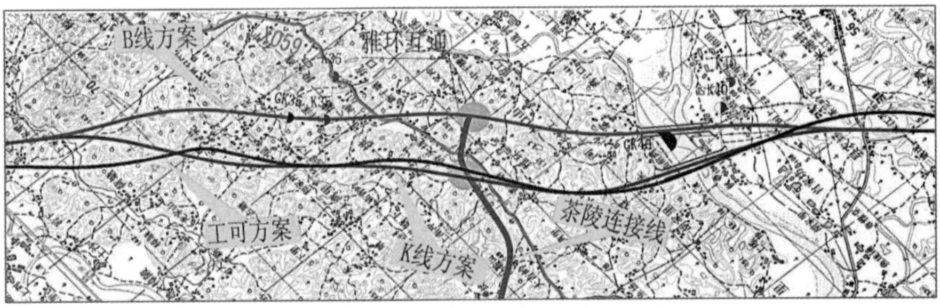

图 6-11 竹塘村至三塘垄段路线方案比较

表 6-2 综合比较表

指标名称	单位	K 线	B 线	备 注
		K31+200～K42+100	BK31+200～BK41+974.081	
路线长	km	10.900	10.774	B 线短 126 m
平曲线个数	个	5	7	
平曲线最小半径	m/个	2200/1	3200/1	
最大纵坡	%/处	4.0/1	1.9/1	
土石方	10000 m^3	168.3781	151.4944	含互通
平均每公里土石方	10000 m^3	23.863	21.385	
防护/排水工程	m^3	39463/15251	46085/14686	
桥梁	m/座	776/1	776/1	
涵洞	道	36	26	
分离立交	座	7	5	
通道	道	46	41	
人行天桥	座	4	2	
征用土地	hm^2	54.455	54.621	
占用耕地	hm^2	12.360	15.092	
拆迁建筑物	m^2	15200	18720	
推荐意见		推荐		

(5) K42+000～K44+040（陈家湾路线方案）

此段以农田为主，为节约耕地用地，路线平面采用高指标，长直线通过，纵面主要以地方路的标高控制设计标高，考虑路基采用加筋挡土墙等形式。同时考虑该段借方量较大路基占用农田多，在陈家湾增加高架桥比较 C 线方案，综合比较如表 6-3。

表 6-3　综合比较表

指标名称	单位	K 线	C 线	备　注
		K42+000～K44+040	CK42+000～CK44+040	
土石方	10000 m^3	204.9047	231.5114	
平均每公里土石方	10000 m^3	17.765	18.649	
防护/排水工程	m^3	89753/27377	84609/33288	
桥梁	m/座	886/1	1726/1	
涵洞	道	0	0	
通道	道	3	1	
征用土地	hm^2	8.966	6.109	
占用耕地	hm^2	6.455	4.204	
拆迁建筑物	m^3	1350	1350	
总造价	万元			
推荐意见		推荐		

6.4.3　曾家大桥施工勘察设计优化—炎汝高速公路岩溶环境

曾家大桥位于炎陵县鹿原镇曾家村境内，为路线跨越山间条形冲沟及其内洣水河而建设。区内有乡村公路可直接通往场地，交通较为便利。桥址区处于中低山地貌区的沟谷地带，谷底主要是洣水河及其两侧冲洪积堆积阶地。长期受剥蚀切割作用，微地貌地形起伏较大，北端炎陵桥台附近山坡较陡,坡度约 40°，南端汝城桥台附近斜坡较平缓,坡度约 15°。桥位区地面高程起伏大,为 220.10～280.0 m，相对高差约 60.0 m。桥梁跨越洣水河，跨越处河流宽度约 68 m，水流方向自南向北流。坡面植被较发育，以杂草和小树木为主，水土保持较好。区内地表水较发育，主要为洣水河流水及雨季山坡汇水。

曾家大桥原设计桥梁上部构造采用 40 m 装配式预应力混凝土连续 T 梁，以及（65+110+65）m 预应力混凝土连续刚构，全桥共四联，桥跨组合：3×40+3×40+（65+110+65）+5×40 m。下部构造 7#，8#主墩采用双肢薄壁结构，2#～6#，9#桥墩空心薄壁墩、桩基础，其他桥墩均采用双柱式墩、桩基础，桥台采用重力式 U 台、扩大基础。本桥起讫点桩号左半幅 K15+250.480～K15+973.520，全桥长 723.04 m，右半幅 K15+278.480～K15+969.520，全桥长 691.04 m，平面布置见图 6-12 所示，右半幅工程地质剖面图如图 6-13 所示。

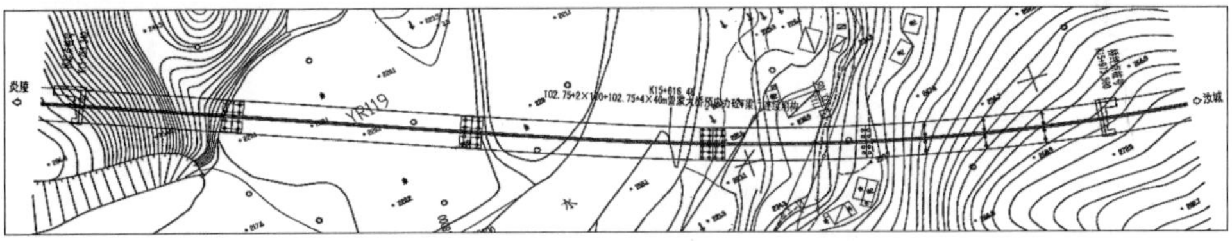

图 6-12　平面布置图

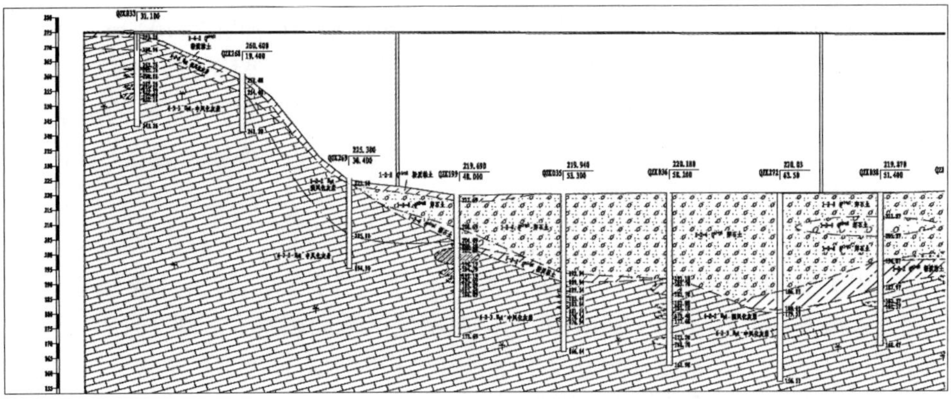

图 6-13　曾家大桥右半幅工程地质剖面图

于 2010 年 7 月开始进行桩基施工，由于曾家地质条件特别复杂，岩层区溶洞特别发育，原设计 3#～7#桩基冲孔过程中频繁发生孔内、孔外上层砂砾层垮塌现象，导致发生多次孔口坍塌、钻机倾斜及锤头掩埋等事故。

2010 年 7 月—2011 年 3 月，委托地质勘察院进行施工勘察、4#墩和 5#墩的电磁波 CT 探测任务。依据完成的工程地质勘察报告及 CT 探测成果，2011 年 5 月经过专家评审，一致建议采用调整跨径方案，避让 4#，5#桥墩溶洞特别发育区。优化设计方案拟定时将 1#主墩设置于原 2#桥墩附近，通过勘探表明该墩位往大桩号靠近溶岩发育越强烈，因此在方案拟定时将 1#主墩尽量设置在靠近原 2#桥墩附近；2#主桥墩设置于原方案 6#墩、7#墩之间，距原 6 墩 17.25 m、7#墩 47.75 m，经详细的逐桩勘探，通过地质资料分析，墩位处均能找到有效持力层；同时为充分利用已施工完成的 8#桥墩桩基，保持 3#号主桥墩墩位不变，并且保持桥梁终点及后 4 孔墩位不变。

最终采用（102.75+2×160+102.75）m 预应力混凝土刚构和 40 m 装配式预应力混凝土板连续 T 梁，全桥共两联。调整后桥梁上部构造采用桥跨组合：（102.75+2×160+102.75）+4×40 m 装配式 T 梁及连续刚构桥梁，桥起讫点桩号：K15+259.340～K15+973.580，全桥长为 714.24 m。优化前后主跨桥型布置对比如图 6-14 和图 6-15 所示。

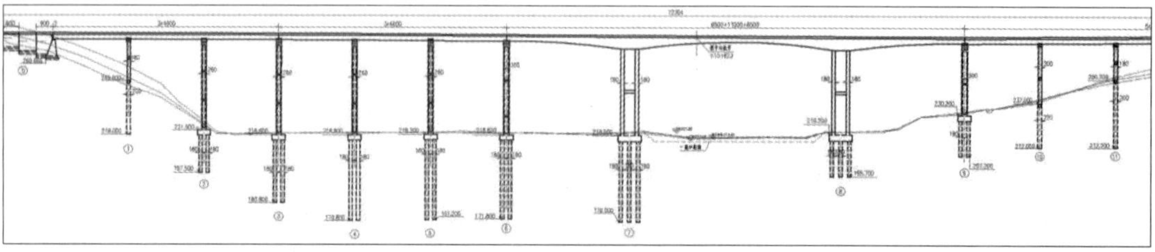

图 6-14　原设计 110 m 主跨桥型布置图

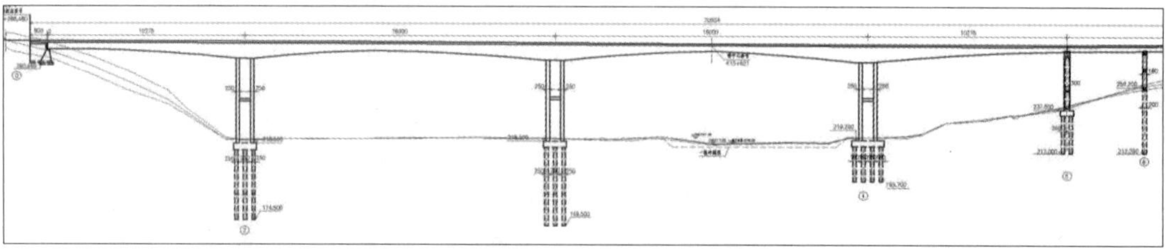

图 6-15　优化设计 160 m 主跨桥型布置图

6.4.4　软基高填路堤信息化施工—浏醴高速公路温家冲段

K94+350～K94+500 段路基设计平面图如图 6-16 所示，地面标高 104 m，路面设计标高 114 m，设计填高 10 m，设计方案为清除表层土后正常填筑，坡脚修筑护脚墙进行防护。2011 年 6 月，路基填筑高度达到 3 m，经测量，右侧护脚墙发生了 1.4 m 的水平位移，局部路基出现沉陷、开裂，路基位移持续发展。2011 年 7 月，相关专家及建设、设计、施工、监理单位对该段软基处理问题进行了多次现场踏勘。

(1) 现场情况

① 主要病害。护脚墙推移和开裂,如图 6-17 所示，到 7 月 2 日，最大推移量（K94+420 处）超过 1.4 m；为便于勘察，施工单位将路基沉陷区域回填整平，到 7 月 10 日路基又发生了新的推移。说明该段路基和地基受力已经超过极限状态，为不稳定状态，考虑到该路基上部还有 7 m 填方，必须采取处理措施。

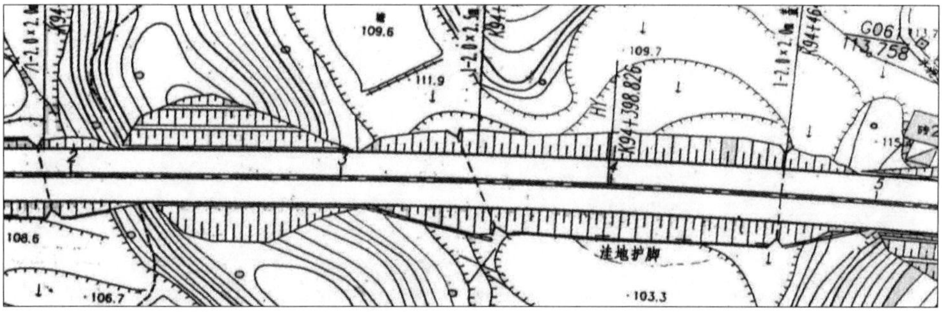

图 6-16　K94+350～K94+500 段路基平面图

图 6-17　右侧护脚墙开裂和推移

路基沉陷：如图 6-18 所示，护脚墙推移段路基也发生了显著下沉，下沉范围距离路基边缘 5～10 m，下沉量 10～25 cm，距离下沉区域 5～10 m 处路基顶部发现显著纵向裂缝。

护脚墙墙体冒水：右侧护脚墙设置有泄水孔，但大部分泄水孔没有水流出，但在护脚墙墙体裂缝处有稳定地下水流出，如图 6-19 所示。由于路基左右两侧均有嵌入地层 1 m 的护脚墙将路基外部水隔离，说明在路基底部有渗流和泉眼。

图 6-18　路基沉陷

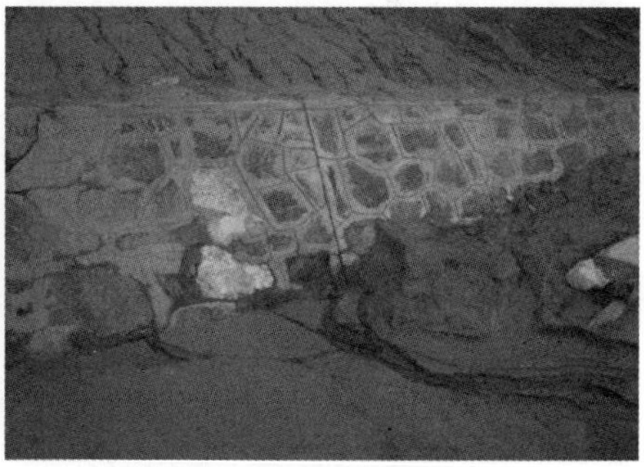

图 6-19　右侧护脚墙渗水

② 地质勘察揭露情况。2011 年 7 月 10 日，建设单位组织勘察单位对该段软基进行了软基深度和分布范围的勘察，勘察现场照片如图 6-20 所示。

勘察揭示地层从上往下依次为：人工填土，厚度为 2.80～3.80 m；亚黏土，软基处理时抛填，厚度为 5.10～6.70 m，碎石分布厚度为 0.90～1.70 m；全风化花岗岩，厚度为 0.50～1.40 m；强风化花岗岩，直径为 1～2 mm，岩石结构构造清晰，手捏易碎。勘察表明，场地处于山间沟地，地势左高右低，为大气降水汇水通道，长期的冲积形成厚度较大的软土层；填筑路基后在路基左侧已经形成新的地表水体，形成的路基体处于长期浸泡中；大气降水下渗至亚黏土层形成上层滞水。多个钻孔内均有地下水出现，为弱承压水，稳定水位深度为 3.50～8.40 m，稳定水位标高为 99.84～104.83 m。

图 6-20　勘察现场照片

(2) 病害原因分析

① 地基软土厚度大，承载力低。2011 年 7 月的勘察结果表明，该段软基深度为 6～7 m，为路基边坡形成滑动面提供了足够的空间，在荷载逐步增大的情况下，容易在地基内部形成贯通的滑动面；另一方面，其亚黏土软土层承载力仅 80 kPa，根据规范规定，4 m 高路基的地基承载力要求 125 kPa，而该段路基填筑完成后达 9 m 以上，因此该段路基的失稳只是时间问题。

② 路基填料差与降雨综合作用。该段填料为全风化花岗岩填料，其 0.075 mm 以下颗粒含量达到 60%以上，具有较好的吸水性，填料饱水后，重度增加，强度下降。由于集中的强降水，导致路基上部填料饱水、路床范围内的泉眼出水量增加，路基左右两侧的浆砌片石护脚墙约束，地下渗水不能及时排除路基范围内，且含一定细颗粒的全风化花岗岩填料的毛细作用可将地下水向上吸引，使得路基中部填料饱水。图 6-21 所示计算模型对 K94+350 段护脚墙的稳定性计算表明，当全风化花岗岩填料内摩擦角为 20°，黏聚力为 15 kPa，重度为 18 kN/m^3 时，护脚墙的抗滑安全系数可达 1.5；而当全风化花岗岩填料内摩擦角为 10º，黏聚力 12 kPa，重度为 21 kN/m^3 时，其抗滑安全系数仅为 0.932。降水与地下水的上下夹击作用使填料内摩擦角、黏聚力降低，而重度增大，导致病害发生。

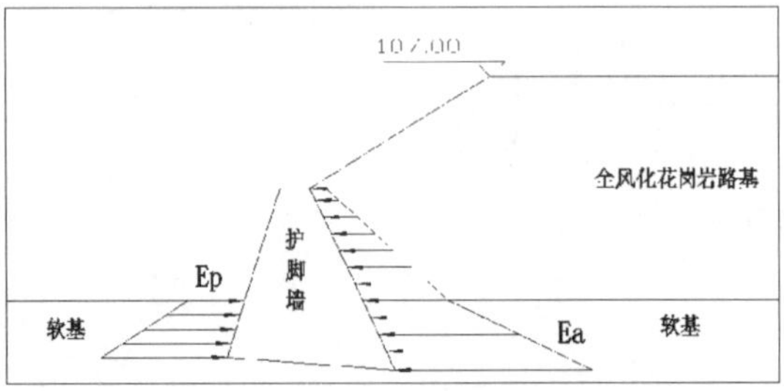

图 6-21　护脚墙稳定性验算

(3) 处治措施分析与计算

根据现场情况，该段软基处治需达到以下效果：有效治理路基边坡滑坡，可行的路基边坡滑坡处治方法有抗滑桩、锚杆、反压护道等；保证路基上部继续加载，常用提高路基和地基强度的方法有注浆法、搅拌桩、挤密桩、CFG 桩等，将荷载传至深层持力层的常用方法有预应力管桩、CFG 桩、低强度混凝土桩、钢筋混凝土桩等；将地下水引出路基范围，一般采用碎石排水垫层、渗沟、渗井等方法。

根据处治原则分析，在常用的边坡和地基处治方法中，可用的方案不多，如预应力管桩抗水平能力差，不能用于滑坡处治，而地基注浆法在饱和土及地下水丰富的地基中，处治效果差。经分析，推荐该段路基 2 个处治方案。

① 方案 1（沉管灌注桩法，如图 6-22 所示）。钢筋混凝土桩及护坡道抗滑稳定性计算采用瑞典条分法进行，路基内部素混凝土桩承受上部路基、路面机构及运营荷载采用复合地基法进行，碎石垫层和土工格栅垫层按构造设计。结合计算结果和既有工程经验，得到方案 1 沉管灌注桩法的设计：

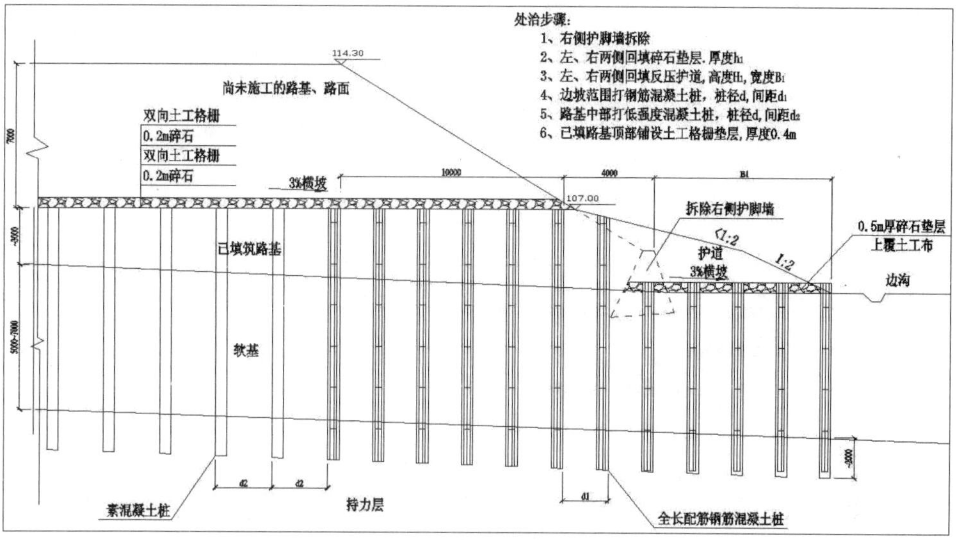

图 6-22　沉管灌注桩处治方案

在路基边坡范围内（从路肩边缘到护道坡脚），采用钢筋混凝土沉管灌注桩及反压护道抗滑，沉管灌注桩桩径 0.5 m，设计强度不小于 C25，配筋率 0.12%，间距 2.0 m，嵌岩深度 1～2 m，共计 997 根，长度 10064 m（按嵌岩 2 m 算）；在路基中部范围（两侧路肩边缘以内范围），采用素混凝土桩将上部路基路面行车荷载传至软基下部持力层，桩径 0.5 m，设计强度不小于 C15，间距 2.5 m，梅花形布桩，共计 451 根，长度 5420 m（按嵌岩 2 m 算）；反压护道宽度 8m，压实体积 3200 m^3，护坡道作保护碎石垫层及路基边坡用，坡度不大于 1∶2，需作边坡防护；路基左右侧地表设置 0.5 m 厚碎石垫层，计 1824 m^2，将路基内部地下水引出路基范围；已填路基上部设置 2 层厚 0.4 m 土工格栅垫层，计 2964 m^2，将上部荷载更有效传至素混凝土桩，兼做排除路基内部水分作用；拆除路基右侧浆砌片石护脚墙，利于路基内部水分排除；为避免护道土体污染碎石垫层，在垫层上部铺设土工布一层。

② 方案 2（抗滑桩法，如图 6-23 所示）。方案 2 设计计算中，下滑力计算采用瑞典条分法进行，抗滑桩计算采用 m 法进行，碎石垫层按构造设计。结合计算结果和既有工程经验，得到方案 2 抗滑桩法的设计参数：在路基两侧设置抗滑桩，桩径 2 m（圆桩，因软土中不能人工挖孔，故不能用方桩），间距 4 m，设计强度不小于 C30，配筋率 0.15%，嵌岩深度 7 m，计 47 根，长度 750 m（按嵌岩 7 m 算），冠梁高 1.0 m，宽 2.5 m，计 360 m^3；拆除路基右侧浆砌片石护脚墙，利于路基内部水分排除；路基左右侧地表设置厚 0.5 m 碎石垫层，计面积 900 m^2，将路基内部地下水引出路基范围；为避免护道土体污染碎石垫层，在垫层上部铺设土工布一层；反压护道宽 5 m，高 2.0 m，计 2825 m^3，护道作保护碎石垫层及路基边坡用，坡度不大于 1∶2，进行边坡防护。

(4) 处治方案经济分析

方案比较包括对方案的经济分析以及技术比较，两个方案的造价计算见表 6-4，6-5，两个方案的技术比较见表 6-6。

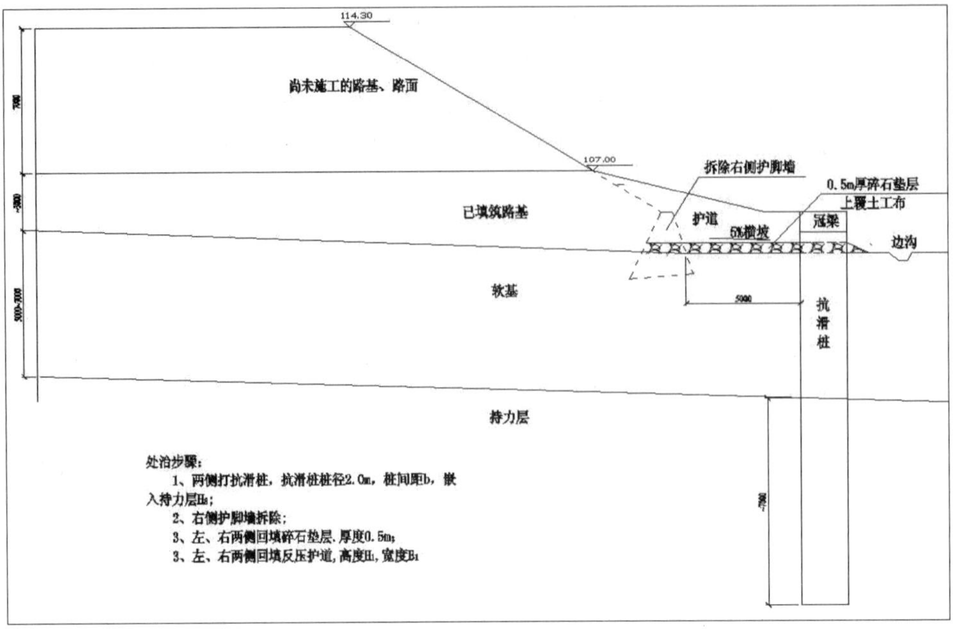

图 6-23　抗滑桩处治方案

表 6-4　方案 1 造价估算分析表

项目	计价单位	工程量	单价	费用/万元
钢筋混凝土桩	元/m	10064	210	211.3
素混凝土桩	元/m	5420	150	81.2
反压护道	元/m³	3200	25	8.0
碎石垫层	元/m²	1824	79	14.4
2 层土工格栅垫层	元/m²	2964	55	16.3
沉管桩检测（地基承载力、钻芯取样）	总额	1	8	8
合计				339.2

表 6-5　方案 2 造价估算分析表

项目	计价单位	工程量	单价	费用/万元
钢筋混凝土桩	元/m	750	4500	337.5
冠梁	元/m³	360	800	28.8
反压护道	元/m³	2825	25	7.1
碎石垫层	元/m²	900	79	7.1
抗滑桩检测（声测管检测）	总额	1	80000	8.0
合计				385.5

表 6-6　方案优缺点对比分析

处治作用方法	方案 1（沉管灌注桩法）	方案 2（抗滑桩法）
对现有路基影响	施工不影响现有路基稳定性	施工影响现场路基稳定性：路基坡脚打桩，可能引起路基新的滑动
处治效果	效果好：不但处治了边坡滑动，还可降低路基沉降量	效果稍差：仅保证路基不再产生滑动，对路基沉降的降低基本没效果
经济性	与抗滑桩方案相当	与沉管桩方案相当

根据以上分析，建议采用沉管灌注桩法进行，鉴于地下岩土分布的复杂性，方案实施期间应密切注意岩土、地下水分布特征，发现实际情况与设计掌握情况不符时，及时通知各方调整方案。

6.4.5　通信基站高陡边坡稳定性预警—浏醴高速公路和尚山段

浏醴高速公路 K94+500～+590 段右侧边坡，最大坡高 24.5 m，坡体植被茂密，原始地面坡度 10°～30°，边坡岩石为全风化花岗岩，且坡顶处有一联通发射塔，边坡平面布置如图 6-24 所示。

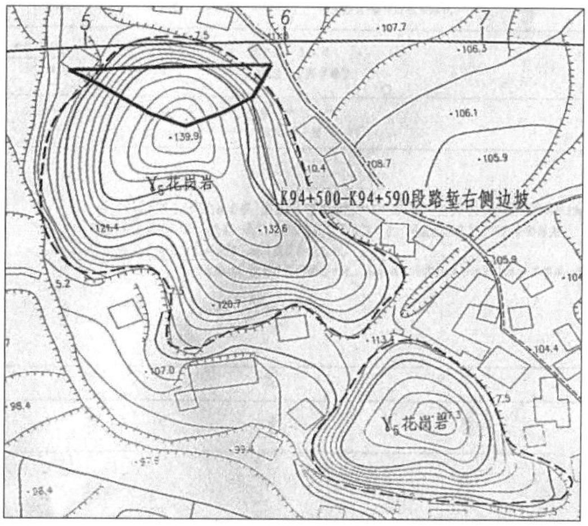

图 6-24　K94+500～+590 段右侧边坡平面图

由于边坡风化层厚度大且强度较低，遇水具有一定的崩解软化性，当坡度过陡时，坡面易产生崩塌或滑坡，且当开挖坡面暴露在雨水中，经冲刷，易产生冲蚀掏空等坡面破坏。坡顶处的联通发射塔，对边坡的坡率设计及加固设计有很大的影响。经计算，正常工况条件下边坡稳定系数为 1.092，在暴雨工况下稳定系数为 0.849，边坡整体稳定性较差，边坡的破坏方式为一定厚度的圆弧面滑动。经综合比较，边坡采用锚杆框架结合 GPS2 型主动防护网进行防护，典型横断面见图 6-25 所示。边坡防护后还要进行水平位移、垂直位移、地表裂缝、锚杆拉力等的监测。

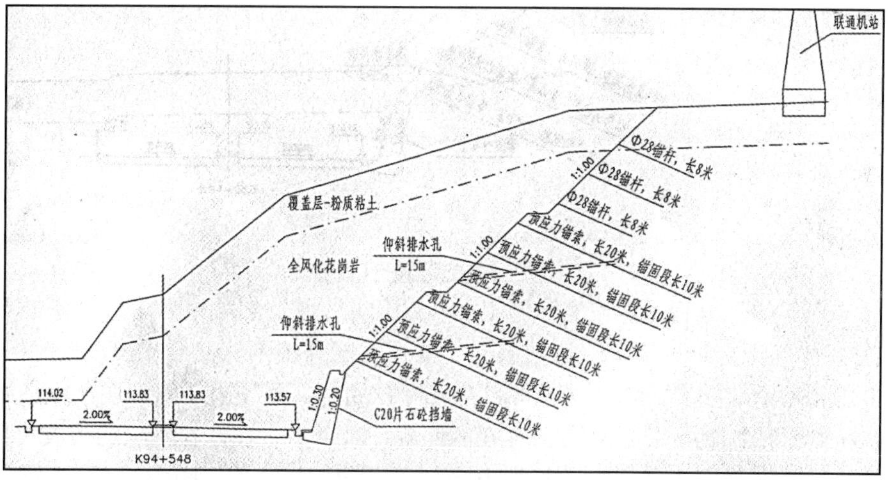

图 6-25　典型横断面图

6.4.6　连拱隧道洞口滑坡治理预警—浏醴高速公路双井隧道

① 原设计情况：边坡分三级开挖，第Ⅰ、Ⅱ级坡的坡率为 1∶0.3，Ⅲ级为 1∶0.75，Ⅰ级坡高 10 m，Ⅱ级坡高 8 m，Ⅲ级坡高 9 m，边坡采用锚杆+挂网喷射混凝土防护，锚杆为 ϕ28，长 4.5 m。隧道洞口设计平面图、立面图分别见图 6-26 和图 6-27 所示。

② 工程地质现场调查情况：地表为残坡积层，其下为全～强风化板岩，岩性软弱，节理、板理及风化裂隙发育，岩体破碎，地下水较发育，坡脚及下部坡体岩石裂隙中有较多的地下水渗出。

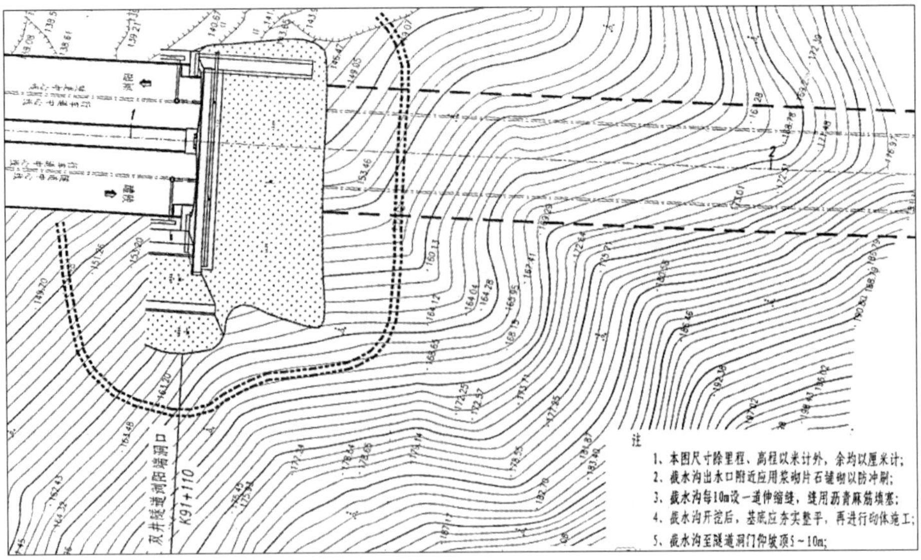

图 6-26　隧道洞口设计平面图

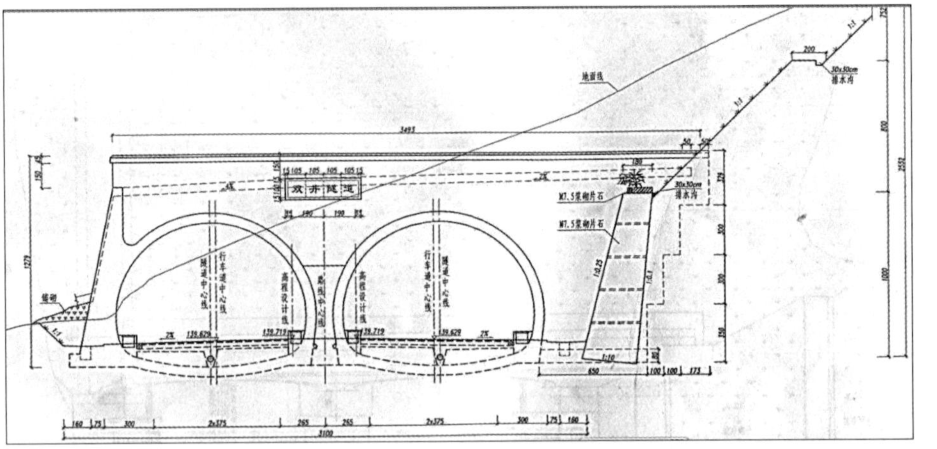

图 6-27　隧道洞口设计立面图

③ 2010 年 7 月 26 日，边坡实际施工中，第Ⅲ级边坡上部坡率为 1∶1，下部开挖坡率为 1∶0.75，中间无台阶。第Ⅰ级边坡上部 5 m 左右已开挖到位并已支护，目前相对稳定，下面 5m 因担心造成整个边坡失稳破坏，尚未开挖到位，致使隧道进口明洞无法施工，边坡现场情况如图 6-28 所示。针对目前存在的问题，对第Ⅰ级已开挖到位的边坡（高 5 m 左右）和第Ⅱ级边坡增补 ϕ32 锚杆，长为 10 m，采用 ϕ110 钻孔，HRB335 变形钢筋，间距为 2.0 m，第Ⅱ级边坡锚杆下倾角为 20°，第Ⅰ级边坡锚杆下倾角 10°，上覆 ϕ8 钢筋网；锚头与加固钢筋呈井字形焊接；喷射混凝土面预留伸缩缝；第Ⅱ，Ⅲ级边坡应增设地下水排水孔，进行以上措施处理后，再对第Ⅰ级边坡下部尚未开挖到位部分逐级开挖，每级开挖高度不超过 2 m，开挖一级施作一级锚杆，以保证该边坡施工期的稳定和安全。

④ 2011 年 3 月 6 日，由于边坡未严格按 2010 年 7 月破坏后提出的方案进行加固，仅在第Ⅰ级坡面上喷射了混凝土薄层，第二级边坡在坡体中设置了一部分短小钢筋，表面只喷射混凝土薄层，第Ⅰ，Ⅱ级边坡坡率均为 1∶0.3；第Ⅲ级边坡增设了网格梁，该边坡的第Ⅰ，Ⅱ级在经历数日小雨后发生滑塌，滑塌面积达 50%左右，破坏深度为 1～3 m，总体积约 2000 m^3 左右，其松散堆积体覆盖了隧道明洞右侧仰拱，边坡破坏如图 6-29 所示。

图 6-28　边坡现场情况

图 6-29　边坡破坏情况

针对此状况，对第Ⅰ，Ⅱ级边坡增补 ϕ28 锚杆，长 9 m，采用 ϕ110 钻孔，HRB335 变形钢筋，间距 2.0 m，第Ⅰ，Ⅱ级边坡锚杆下倾角 15°，上覆 ϕ8 钢筋网；锚头与加固钢筋呈井字形焊接；喷射混凝土面预留伸缩缝，混凝土厚度不小于 10 cm；第Ⅰ，Ⅱ级边坡增设地下水排水孔；部清除已滑塌体，采用片石回填，达到原设计坡率。

6.5　3S+CRInSAR 的城市交通流控导——郑州市环城区

6.5.1　3S+CRInSAR 交通流监测

(1) 交通流与遥感 RS 技术

交通流的要素（交通量、空间速度、车流密度三要素）交通量是单位时间的交通实体数目[10-11]，可用来分析评价城市现状，规划道路网络组成，道路交通量调查中，运用遥感 RS 技术计数观测，有助于提高交通量的调查工作效率，节省资源。交通流间具有三维空间关系，车流密度随空间速度增加而降低；车流密度或空间速度在某一最佳数值时，交通量最大，超过最佳数值时，交通量从最大值逐渐减小，遥感 RS 计数观测交通量就是运用交通量、空间速度、车流密度相互关系模型而进行的。

(2) 城市交通规划与 GIS 技术

城市交通规划数据具有空间分布特性，正好引入 GIS 技术，建立城市交通规划数据库，对海量数据进行合理管理，操作方便，及时进行数据扩展、数学分析，用图形表达规划成果，提高工作效率。可实现数据共享，进行 GIS 数据库与交通规划软件间数据交换，应用 GIS 技术表示交通调查与交通分配后数据。

(3) 智能运输系统与 GPS 技术

发展智能运输系统 ITS 的关键环节是进行车辆定位与导航，其系统中的定位模块是利用无线电信号确定车辆位置，辨别车辆正在行驶的道路，车辆将要接近的交叉口等，无线电信号典型的就是 GPS 接收机。

(4) 城市交通发展与 WebGIS 技术

可以使用 Internet 技术、互联网地理信息系统 WebGIS，进行交通调查阶段如居民出行、居民意愿问询、货物源流调查等，调查反馈数据与空间位置、属性数据，可以进行相互交换，实现交通调查、调查数据管理、数据分析统计工作一体化，提高工作效率。WebGIS 将道路、车辆、客货流信息融为一体，人们通过 GIS 的查询、检索，足不出户，就可得到多样化的交通需求服务。

6.5.2 道路网关键节点交通状况

郑州市采用“环形＋放射”式道路网总体布局结构，如图 6-30 所示。“环形+放射”式的优点在于道路非直线系数小，城市中心内部以及市区和郊区之间联系便捷，同时环形干道可以平衡路网流量，截流过境交通，有利于发挥郑州市中心城市的辐射功能。

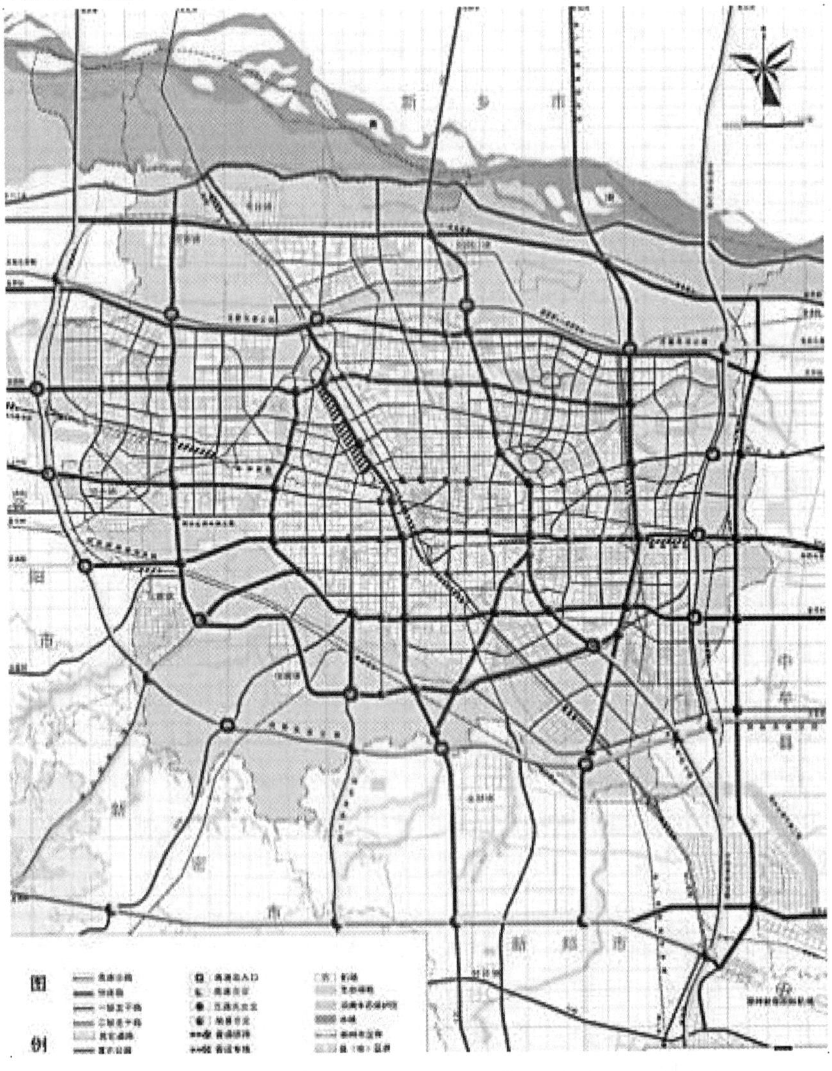

图 6-30 郑州市中心城区道路网规划（2008—2020）

(1) 环路系统

① 内环：由金水路、紫荆山路、陇海路和大学路组成，环路全长 12 km，承担中心城区主要的客运交通流，为内部区域交通服务。

② 二环：由农业路、桐柏路、航海路和中州大道组成，二环全长 34 km，承担中心城区主要的客货交通流，依据“郑州市城市交通发展战略研究”，二环路为城市规划的走廊性主干路。

③ 三环：由北三环、西三环、南三环和东三环（东绕城公路）组成，三环全长约 59 km，设计车速 80 km/h，规划为城市快速路。目前均已建成通车。三环路以其便捷的交通区位和交通条件为前提，促进城市布局的调整和外围用地的开发，加强各城市组团之间的联系，截流、分流过境交通，有机衔接市区交通和市际交通，为过境、对外的运输交通服务。与快速路、主干路交叉规划为立交（25 座），次干路交叉为无信号控制的右进右出路口，封闭支路交叉口。

④ 四环：称绕城公路环，由北四环、西四环、南四环、东四环组成，四环路全长 95 km，设计车速 80～100 km/h，为城市快速路，能加强郑州市中心城组团各部分之间的联系，阻截、分流过境交通和汇集、疏导出入城市的交通，引导城市发展、控制城市建设用地的使用，为过境、对外的货运交通服务。与快速路、主干路交叉规划为立交（23 座），次干路交叉无信号控制为右进右出路口，封闭支路交叉口。

(2) 城市快速路系统

总体布局为“一环两横一纵”，“一环”指北三环—西三环—南三环—中州大道；“两横”指陇海路、建设路—金水路；“一纵”指沙口路—京广路。

(3 城市主干道系统

为加强市行政区、省行政区及郑东新区的联系，把农业路—桐柏路、大学路作为交通性主干道；同时航海路、郑汴路、中原路与文化路、花园路—紫荆山路—花寨路、未来大道共同构成了东西向、南北向的交通性主干线，增强中心区道路对外疏散的能力。

(4) 对外交通系统

① 四环路系统建设。近期规划修建北四环，拓宽改造西南四环，新建北四环—107 国道—花园路、南四环—大学南路、南四环—京广南路、南四环—107 国道、107 辅道—南三环、107 辅道—郑汴路、107 辅道—金水路、107 辅道—北三环八座互通立交，新建西四环—科学大道、西四环—化工路、西四环—中原路三座跨线立交，形成绕城公路环，分流过境车辆，缓解市区交通紧张状况。

② 高速公路连接线。近期规划建设三环至四环间的郑少高速连接线；建设嵩山路自南三环向南沿黄郭路延伸至南四环，与郑石高速公路对接；京广南路南三环至南绕城高速收费口的新建及拓宽工程。

③ 放射路建设。加快建设郑邙路、化工路、中州大道北段、科学大道、北三环东段等三环—四环之间的主要通道，满足车辆快速进出市区的交通需求。

④ 都市区交通主干线。通过 107 国道东移（至中牟万三公路）并建设黄河四桥，打通“四港联动”快速通道，实现公路港、铁路港、航空港、信息港一体化交通体系。南三环和航海路东延至中牟，并贯通新龙路，构筑与国家综合交通枢纽和现代物流基地相适应的战略性交通格局。

郑州市正处在社会经济快速发展时期，机动车拥有量呈现迅猛增长的趋势，2001—2009年，道路建设的增长速度为5%～6%，而机动车辆的增长速度为10%～20%，道路建设增长速度不能满足机动车辆增长所带来的交通需求，道路交通堵塞比较严重。

截至2011年1月11日，郑州市机动车保有量达到了160万辆，其中市区机动车保有量达到75万辆。加上保守估算的驻郑、探亲访友、旅游等10余万辆外地牌照机动车，几项相加，等于市区每天有85万余辆机动车在行驶、停放。2010年郑州市每天增长的机动车平均达1000余辆，最高一天达到2246辆，按照这个增长速度，近两年内，郑州市的机动车保有量将突破200万辆大关，郑州交通面临严峻考验。

6.5.3 环城区道路交通流评价

西三环标准横断面为60 m（红线）—3 m（人行道）—10 m（辅道）—4 m（边分隔带）—12 m（机动车道）—2 m（中央分隔带）—12 m（机动车道）—4 m（边分隔带）—10 m（辅道）—3 m（人行道），如图6-31所示。

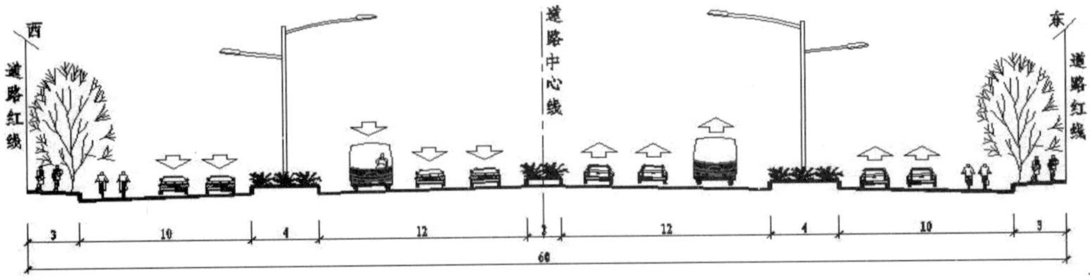

图6-31　西三环现状横断面（单位：m）

根据相关资料，截至2010年底，郑州市三环高峰小时交通量：北三环、西三环高峰小时流量约6500 pcu，主线双6已经饱和；南三环高峰小时流量接近5000 pcu，但由于南三环与石柱路、碧云路、花寨路和郑新路现状均为平交，路口也经常堵塞；中州大道高峰小时流量约9000 pcu，陇海铁路以北段可满足需求，陇海铁路以南段为中州大道瓶颈路段；从中州大道和北三环进出城区的机动车、非机动车总量占总穿越量的70%，见图6-32和图6-33。

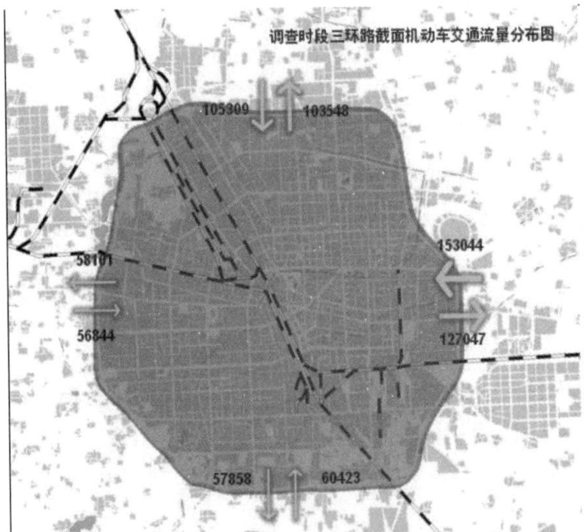

图6-32　三环路截面机动车交通量分布图

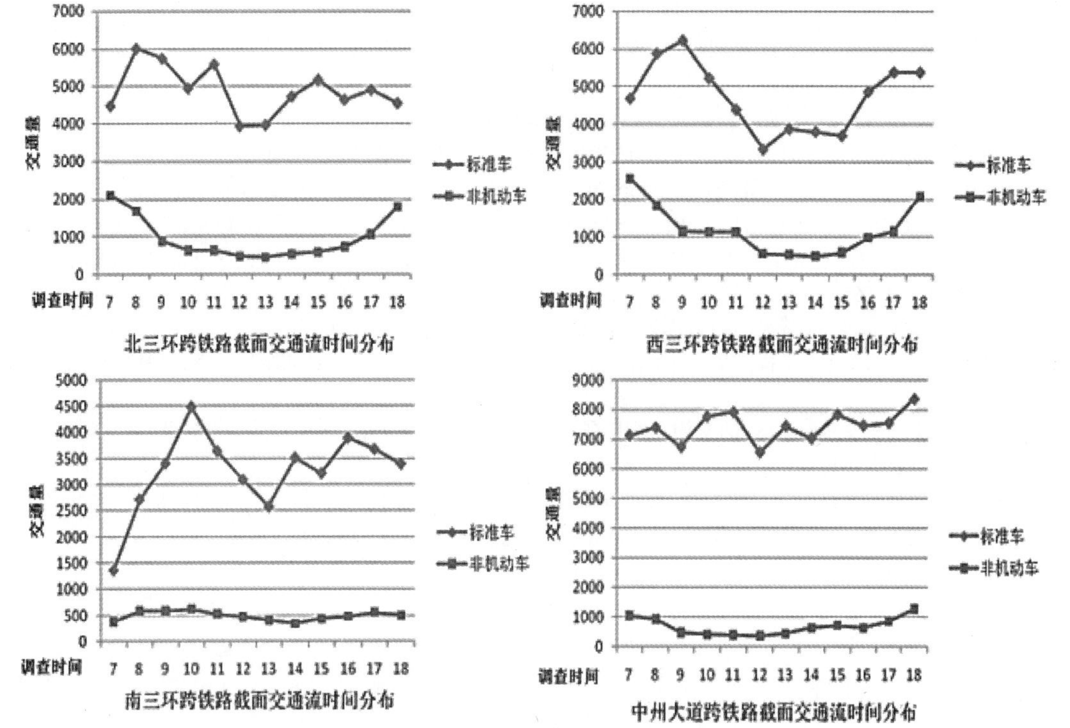

图 6-33　三环路截面交通流时间分布图

从上述数据分析，三环交通已经达到高峰饱和状态，三环交通流不能快速运转，导致市区内交通不能有效分散，交通拥堵更为严重，因此三环的快速化是非常迫切和必要的。

6.6　本章小结

① 成功的类似灾害预警系统的建立与应用经验，不良的环境影响，迫切需要开展交通道路工程灾害预警与治理工作的研究。前沿的防灾减灾技术方法，特别是我国自主的北斗卫星导航系统 BD 的建成，信息产业发展的新浪潮云计算的发展，为道路工程灾害预警与治理工作提供了技术方法。

② 建设道路工程防灾减灾网格各省级节点,构成国家道路工程防灾减灾网格，提出了主要先从高速公路入手，共享国家网格虚拟平台上的道路工程防灾减灾关键技术方法，运用 GIS 技术，建立各条高速公路在可行性研究、初步勘察、详细勘察设计阶段、信息化施工阶段、投产运营时期的灾害综合评价系统。逐级扩展到整个公路网内的各级公路的各个阶段的灾害综合评价系统，构建湖南省区道路灾害预警网格体系。

③ 中南地区湖南省高速公路灾害预警网格体系构建中，分别对垄茶高速公路初步勘察路线设计优化、炎汝高速公路岩溶环境曾家大桥施工勘察设计优化、浏醴高速公路温家冲段软基高填路堤信息化施工、浏醴高速公路和尚山段通信基站高陡边坡稳定性预警、浏醴高速公路双井隧道连拱隧道洞口滑坡治理预警进行了展示。

④ 郑州市环城区 3S+CRInSAR 的城市交通流控导示例研究。通过研究 3S+CRInSAR 与交通流监测的关系，针对郑州市道路网关键节点交通状况，对环城区道路交通流进行评价，得到三环交通已经达到高峰饱和状态，导致市区内交通不能有效分散，三环的快速化是非常迫切和必要的。

主要参考文献

[1] http://www.baike.com/wiki/.
[2] 权张琨. 云计算的中国策略[J]. 高科技与产业化, 2011(7): 29-33.
[3] 薛师. 云计算与网格计算的比较研究[D]. 焦作: 河南理工大学, 2010, 17-49.
[4] 印度洋海啸带给人类的启示[EB/OL]. http://www.snweb.com/gb/xxdk/2005/02/a0201057.htm.
[5] 各地采取措施应对雾霾天气[EB/OL]. http://news. 163.com/13/0114/18/8L6SF3BM00014JB5.html.
[6] 中国地震预警系统首次实现对破坏性地震成功预警[EB/OL]. http://www.edu. cn/zi_xun_1170/20130220/t20130220_904168. shtml.
[7] 黄晓燕. 公路工程防灾减灾网格技术研究[D]. 长沙: 长沙理工大学, 2007.
[8] 黄晓燕. 交通领域公路工程防灾减灾网格技术与应用[J]. 东北大学学报(自然科学版), 2012, 12(增刊 2): 153-156.
[9] 黄晓燕. 基于网格 WebGIS 的交通工程防灾减灾技术体系构建[J]. 东北大学学报(自然科学版), 2012, 12(增刊 2): 157-161.
[10] 吴卉, 盛志杰, 喻泉, 等. GIS/GPS 城市交通流监测系统中的地图匹配算法[J]. 计算机工程, 2006(7).
[11] 3S 技术辅助城市交通规划[EB/OL]. http://www.ylstudy.com/thread-1792-1-1.html.

第 7 章　采空区路基路面变形破坏规律与控制

依托禹（州）登（封）高速公路朝阳沟煤矿采动区、刘碑寺停车区、寺沟高填段和振西煤矿浸水段四个工程实例，对路基路面整体变形、应力应变、剪应变增量和最大最小主应力、典型剖面、路面运用数值分析软件进行数值模拟分析，同时进行比例模拟模型试验分析，将分析结果与现场监测结果进行对比，分析采空区路基路面变形破坏规律，提出对应的处治措施。

7.1　采空区路基路面数值模拟分析

7.1.1　材料本构模型

$FLAC^{3D}$ 为土木工程问题的求解开发了特有的本构模型[1-8]，总共包含了 10 种材料模型：

① 开挖模型 null；

② 3 个弹性模型（各向同性，横观各向同性和正交各向同性弹性模型）；

③ 6 个塑性模型（Drucker-Prager 模型、Morh-Coulomb 模型、应变硬化/软化模型、遍布节理模型、双线性应变硬化/软化遍布节理模型和修正的 cam 黏土模型），见表 7-1 所示。

表 7-1　$FLAC^{3D}$ 本构模型

模型	材料特性	实际应用
空模型	空	孔洞、开挖后续施工材料（如回填）
线弹性模型	均匀各向同性的线形本构关系	低于强度极限的人工材料（如钢铁）；安全系数计算
正交各向同性弹性	正交各向同性材料	不超过强度极限的柱状玄武岩
横观各向同性弹性	横观各向同性弹性（即板岩）	不超过强度极限的层压材料
德鲁克-普拉格模型	极限分析，底摩擦角的软黏土	与隐式有限元程序相比的常用模型
摩尔-库伦模型	松软或胶结的颗粒材料：土、岩石、混凝土	岩石力学通用模型（边坡稳定性分析、地下开挖）
应变硬化/软化模型	存在非线性硬化或软化的粒状材料	破坏后研究（失稳过程、立柱屈服、顶板崩落）
遍布节理模型	具有强度各向异性的层状材料，即板岩	松软沉积地层中的开挖
双线形应变硬化/软化遍布节理模型	具有非线性材料硬化或软化的层状材料	层状材料破坏后研究
双屈服面塑性模型	轻胶结的粒状材料，在压力作用下导致永久体积减小	—
修正剑桥模型	变形和抗剪强度是体变的函数	黏土
胡克-布朗模型	各向同性的岩石材料	岩石

$FLAC^{3D}$ 网格中的每个区域可以赋予不同的材料模型，并且还允许指定材料参数的统计分布和变化梯度。节理单元（也称界面单元），能够模拟两种或多种材料界面不同材料性质的间断特性。节理允许发生滑动或分离，因此可以用来模拟土木工程中的断层、节理或摩擦边界。

7.1.2　计算模式

① 静力模式：是 $FLAC^{3D}$ 默认模式，通过动态松弛方法得到静态解。

② 动力模式：用户可以直接输入加速度、速度或应力波作为系统的边界条件或初始条件，边界可为固定边界和自由边界；动力计算可与渗流问题相耦合。

③ 蠕变模式：有五种蠕变本构模型可供选择以模拟材料的应力-应变-时间关系：Maxwell 模型、双指数模型、参考蠕变模型、黏塑性模型、脆盐模型。

④ 渗流模式：可以模拟地下水流、孔隙压力耗散以及可变形孔隙介质与其间的黏性流体的耦合。渗流服从各向同性达西定律，流体和孔隙介质均被看作可变形体。考虑非稳定流，将稳定流看作是稳定流的特例。边界条件可以是固定孔隙压力或恒定流，可以模拟水源或深井。渗流计算可以与静力、动力或温度计算耦合，也可以单独计算。

⑤ 温度模式：可以模拟材料中的瞬态热传导以及温度应力。温度计算可与静力、动力或渗流计算耦合，也可单独计算。

7.1.3 结构单元形式

① 对于通常的岩体、土体或其他材料实体，用八节点六面体单元模拟。

② $FLAC^{3D}$ 包含四种结构单元：梁单元、锚单元、桩单元、壳单元。可用来模拟土木工程中的人工结构如支护、衬砌、锚索、岩栓、土工织物、摩擦桩、板桩等。

③ $FLAC^{3D}$ 网格中可有界面，界面将计算网格分割为若干部分，界面两边的网格可分离，也可发生滑动，因此，界面可以模拟节理、断层或虚拟的物理边界。

7.1.4 边界条件和初始条件

边界方位可以任意变化，边界条件可以是速度边界、应力边界，单元内部可以给定初始应力，节点可以给定初始位移、速度等，还可以给定地下水位以计算有效应力、所有给定量都可以具有空间梯度分布。

7.1.5 $FLAC^{3D}$ 计算分析的一般步骤

与大多数程序采用数据输入方式不同，$FLAC^{3D}$ 采用的是命令驱动方式。命令流控制程序的运行。在必要时，尤其是绘图，还可以启动 $FLAC^{3D}$ 用户交互式图形界面。为了建立 $FLAC^{3D}$ 计算模型，必须进行以下三个方面的工作：① 有限差分网格；② 本构特性与材料性质；③ 边界条件与初始条件。

完成上述工作后，可以获得模型的初始平衡状态，也就是模拟开挖前的原岩应力状态。然后，进行工程开挖或改变边界条件来进行工程的响应分析。与传统的隐式求解程序不同，$FLAC^{3D}$ 采用一种显式的时间步来求解代数方程。进行一系列计算步后达到问题解，在 $FLAC^{3D}$ 中，达到问题所需的计算步能够通过程序或用户加以控制。

7.1.6 采空区路基路面 $FLAC^{3D}$ 分析

矿体开采后，在覆岩上方形成冒落带、裂隙带和弯曲带，冒落带是以不连续介质的形式进行冒落的，而 $FLAC^{3D}$ 数值模拟计算是以连续介质为前提进行计算的。因此，在模拟计算过程中，就要通过技术手段，用适用于连续介质的 $FLAC^{3D}$ 程序来模拟非连续介质的冒落问题[9-13]。在计算过程中，通过采取确定冒落带形状和冒落带内充填体的力学参数等方法解决此技术难题。

7.2 采动区路基路面工程稳定性分析

7.2.1 工程概况

禹登高速公路位于禹州市北侧王庄西南，桩号为 K39+500，讫于 K87+880，路线全长 48.380 km。该段平面图、纵断面图如图 7-1 所示。压覆部成煤矿，采空区上地表出现裂缝；设计路线右侧沥青路不均匀沉陷，桥台出现裂缝，沥青路一侧是正在生产的朝阳沟煤矿，两侧房屋墙壁开裂，有的废弃不用；朝阳沟村路基范围下压覆煤层，该段曾经有试采矿井，目前未开采，房屋稳定，但未来煤层开采将对路基稳定性造成严重威胁。该段地形地貌和开采破坏情况如图 7-2 所示。

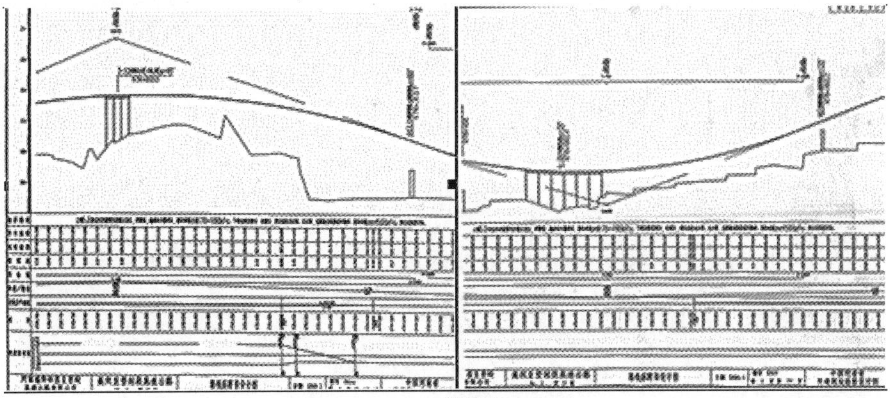

(a) 平面图

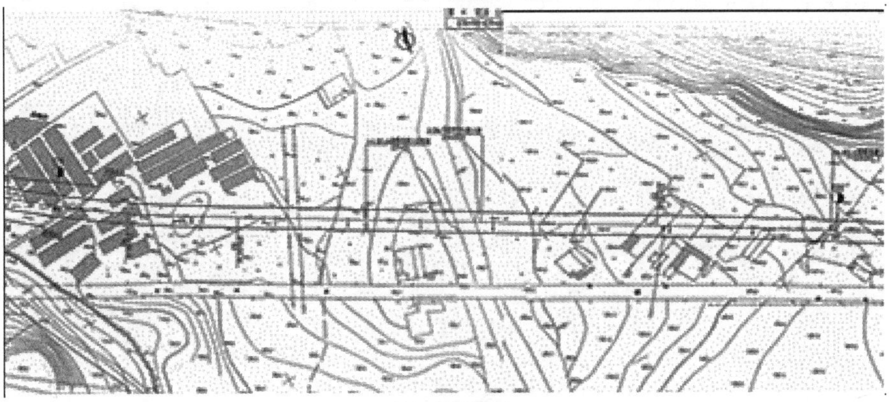

(b) 纵断面图

图 7-1　地形地貌

(a) 路线 K79+350 右侧旱地裂缝

(b) 路线右侧朝阳煤采空区房屋开裂

(c) 路线右侧朝阳煤采空区铁路废弃不用

(d) 朝阳煤采空区沥青路开裂、不均匀沉陷

(e) 保安矿柱范围朝阳沟大酒店围墙开裂情况

(f) 保安矿柱范围地表及房屋开裂情况

(g) 设计路线右侧朝阳煤矿生产矿井

图 7-2 地形地貌和开采破坏情况

7.2.2　模型建立及岩土材料物理力学指标选取

计算模型主要假设条件为：① 整个采空区不存在断层等可能造成采空区不连续的因素；② 矿岩为均质各向同性的弹塑性连续介质；③ 位移与时间无关；④ 塑性区的岩体满足 Mohr-Coulomb 准则；⑤ 开采前地层中不存在构造应力，自重应力为其主要应力。

朝阳沟采动段位于禹登高速 K79+000～K79+800，根据设计资料和地勘资料建立模型如图 7-3 所示：地基长 800 m、宽 300 m、高 120 m，从下到上依次为砂岩、煤层、裂隙带、黏土、碎石填土路基和混凝土板路面。在建高速公路右侧为槐夏公路，路基模型未考虑涵洞和桥跨结构，而是采用填筑路基的方式，路基边坡坡比为 1∶1.5。根据现场地质调查和相关研究提供的力学试验结果，考虑了尺寸效应和地层构造面的影响，对试验得出的各项参数进行相应的调整和简化，模拟计算常用的物理力学参数如表 7-2 所示。

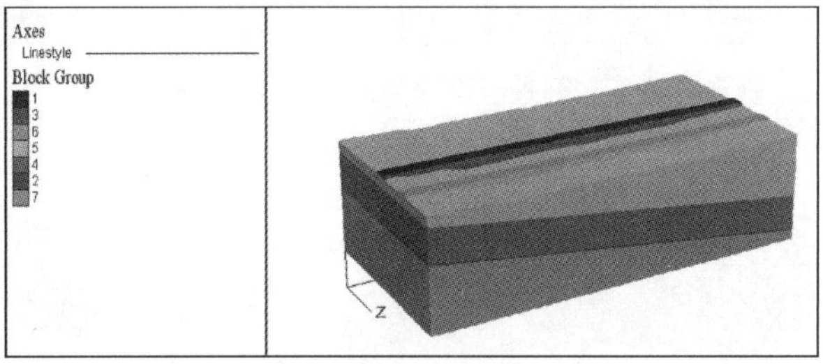

图 7-3　朝阳沟数值分析模型建立

表 7-2　模型材料物理力学参数指标

岩性	体积模量/GPa	剪切模量/GPa	内摩擦角/（°）	黏聚力/kPa	张拉模量/kPa	密度/（kg/m^3）
混凝土板	14.8	12.1	45	4000	600	2700
碎石填土	0.0588	0.0226	30	50	1	2000
黏土	0.0392	0.015	30	60	1	1950
砂质泥岩	3.3	2	40	1000	1000	2600
煤层	0.173	0.08	35	200	50	2100
砂岩	5.3	3.2	40	1000	1000	2650

7.2.3　模型边界约束及外荷载

上边界采用自由边界，左右、前后边界仅考虑水平位移约束，下边界考虑水平和垂直两个方向约束，整个模型除了考虑重力荷载作用外，还考虑上覆重载车辆的等效均布荷载 P=129 kPa 作用。

7.2.4　数值模拟结果分析

(1) 整体模型数值模拟结果分析

三维数值模拟主要考虑高速公路建成后煤矿开采至槐夏公路下和开采至高速公路中心线以左 30 m 两种情况，模拟结果如图 7-4 至图 7-7 所示。矿层开采按条带式开采方式，考虑沿路线方向水平向开采 4 个条带。

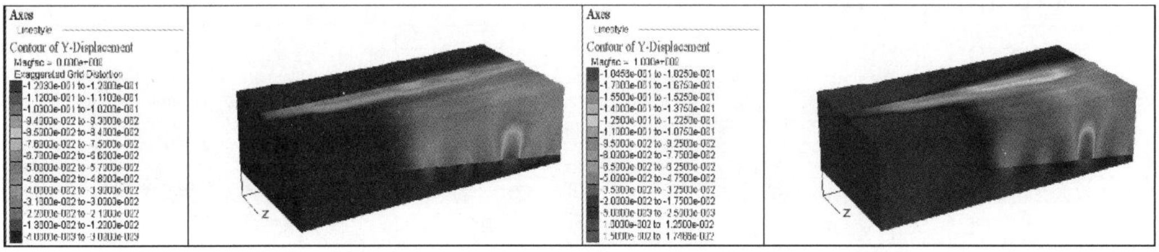

图 7-4　开采至槐夏公路下和开采至禹登高速公路中心线以左 30 m 时沉降云图

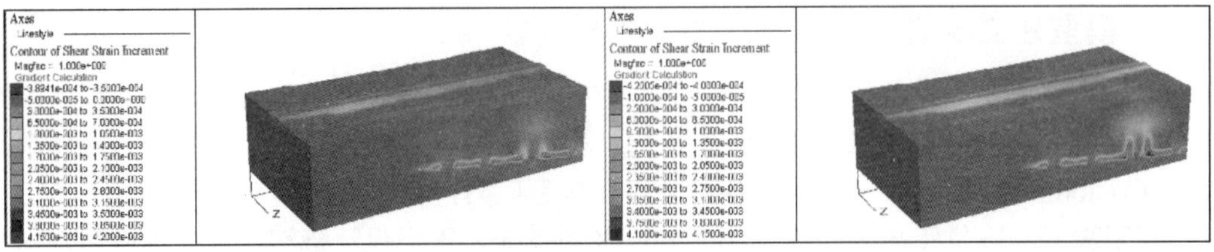

图 7-5　开采至槐夏公路下和开采至禹登高速公路中心线以左 30 m 时剪应变增量云图

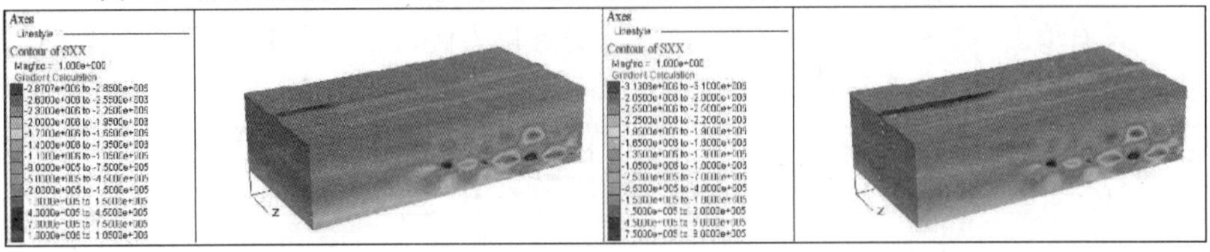

图 7-6　开采至槐夏公路下和开采至禹登高速公路中心线以左 30 m 时剪应力云图

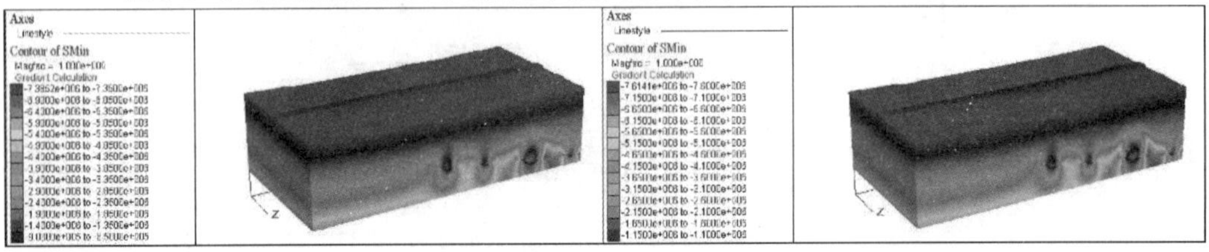

图 7-7　开采至槐夏公路下和开采至禹登高速公路中心线以左 30 m 时最大主应力云图

从开采至槐夏公路下沉降云图 7-4 可知，由于条带式开采，地基沿路线方向沉降不均匀，局部最大沉降值为 12.03 cm，这种沿路线方向的不均匀沉降将造成在建高速公路日后产生横缝。矿层开采后引起上覆岩体冒落、弯沉及上覆土体的下沉，地基形成四分之一“漏斗”状下沉盆地；当开采至高速公路时，随着开采掘进长度的增大，开采引起沉降变为 18.15 cm，“漏斗”状下沉盆地范围扩大，影响路基的范围也扩大。从开采至槐夏公路下的剪应变增量云图 7-5 看出，随着地下开采，剪应变增量除了在路基附近较大外，在开采区域也较大；当开采至高速公路下时，随着开采掘进长度的增大，开采区域内部剪应变增量变大。

从开采至槐夏公路下剪应力云图 7-6 看出，开采引起开采区和预留矿柱区应力分布变化急剧；当开采至高速公路下时，随着开采掘进长度的增大，开采区和预留矿柱区应力分布变化更急剧。从开采至槐夏公路下最大主应力云图 7-7 看出，开采引起开采区和预留矿柱区最大主应力分布变化急剧；当开采至高速公路下时，随着开采掘进长度的增大，开采区和预留矿柱区最大主应力分布变化更急剧。从开采至槐夏公路下最小主应力云图 7-8 看出，开采引起开采区和预留矿柱区最小主应力分布变化急剧；当开采至高速公路下时，随着开采掘进长度的增大，开采区和预留矿柱区最小主应力分布变化更急剧。从图 7-9 主应力张量状态图看出，大部分岩土体受压应力（图中蓝色受压），局部受拉应力（图中红色受拉），主要是由于路基填筑和开采的影响。

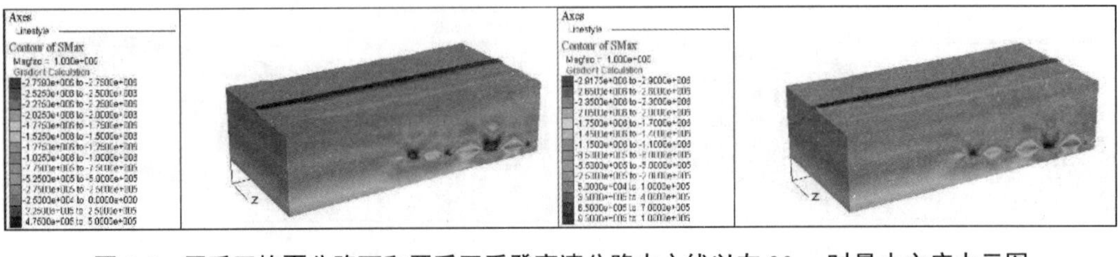

图 7-8　开采至槐夏公路下和开采至禹登高速公路中心线以左 30 m 时最小主应力云图

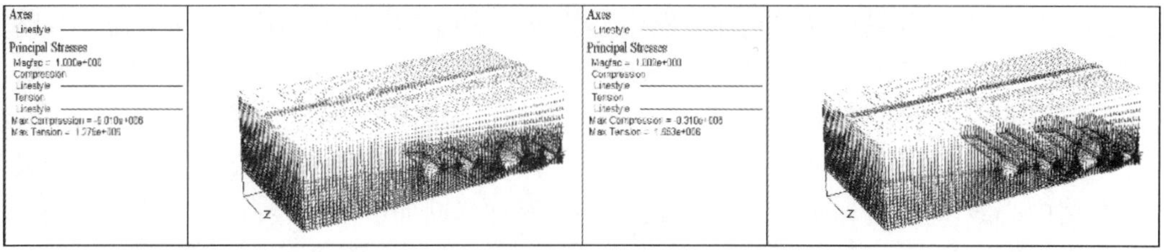

图 7-9　开采至槐夏公路下和开采至禹登高速公路中心线以左 30 m 时主应力张量状态图

(2) 路面数值模拟结果分析

图 7-10 路面各向应力分布（单位：Pa）。

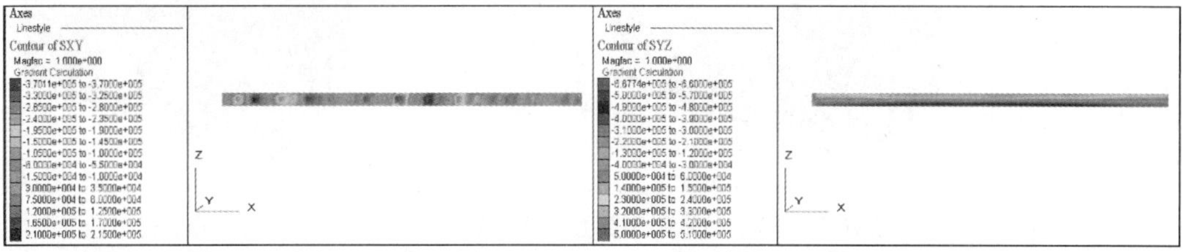

(a) 路面 Sxy 云图（Max=2.15e5，Min=-3.7e5）　(b) 路面 Syz 云图（Max=5.1e5，Min=-6.68e5）

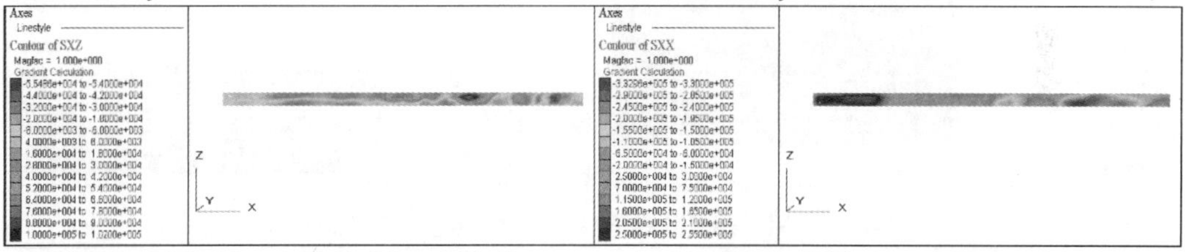

(c) 路面 Sxz 云图（Max=1.02e5，Min=-5.55e4）　(d) 路面 Sxx 云图（Max=2.55e5，Min=-3.33e5）

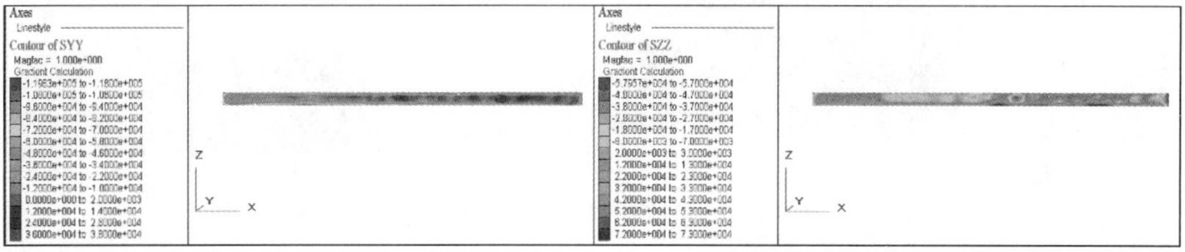

(e) 路面 Syy 云图（Max=3.8e4，Min=-1.2e5）　(f) 路面 Szz 云图（Max=7.3e4，Min=-5.8e4）

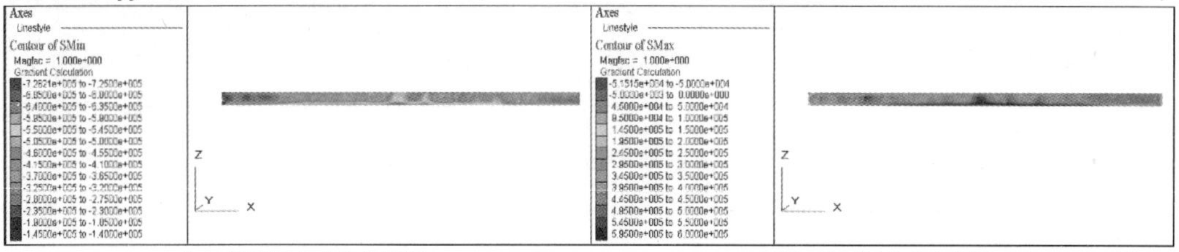

(g) 路面最大主应力云图　(h) 路面最小主应力云图

图 7-10　路面各向应力分布图

从图 7-10 分布看出，因受下伏煤层开采影响，路面的应力应变分布比较紊乱，在这种复杂受力条件下，极易使路面产生裂隙，加速路面的老化，大大缩短路面的使用寿命。而路面的疲劳开裂，不仅会使路面的抗变形能力降低，更重要的是随着地表水的下渗等影响，会加速下伏路基与基岩的变形与破坏，最终可能导致采区顶板断裂，导致上部路基塌陷。

(3) 典型剖面沉降云图与沉降曲线分析

图 7-11 为开采至槐夏公路中心线与开采至禹登高速公路中心线以左 30 m 时，其模型整体沉降云图；图 7-12 为开采至槐夏公路中心线时，禹登高速公路与槐夏公路轴向剖面沉

降云图；图 7-13 为开采至禹登高速公路中心线以左 30 m 时，禹登高速公路与槐夏公路轴向剖面沉降云图。图 7-14 为开采至槐夏公路中心线与开采至高速公路中心线以左 30 m 时，高速公路路面中心线沉降曲线；图 7-15 为开采至槐夏公路中心线与开采至高速公路中心线以左 30 m 时，槐夏公路路面中心线沉降曲线；图 7-16 为开采至槐夏公路中心线与开采至高速公路中心线以左 30 m 时，高速公路 *X*=600 路面横断面沉降曲线；图 7-17 为开采至槐夏公路中心线与开采至高速公路中心线以左 30 m 时，槐夏公路 *X*=600 路面横断面沉降。

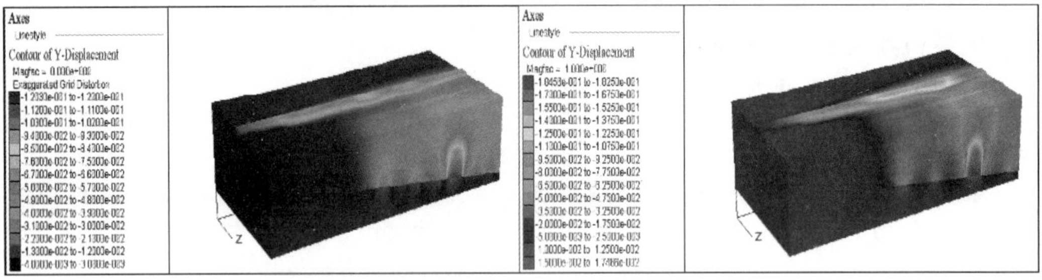

图 7-11　开采至槐夏公路下和开采至禹登高速公路中心线以左 30m 时沉降云图

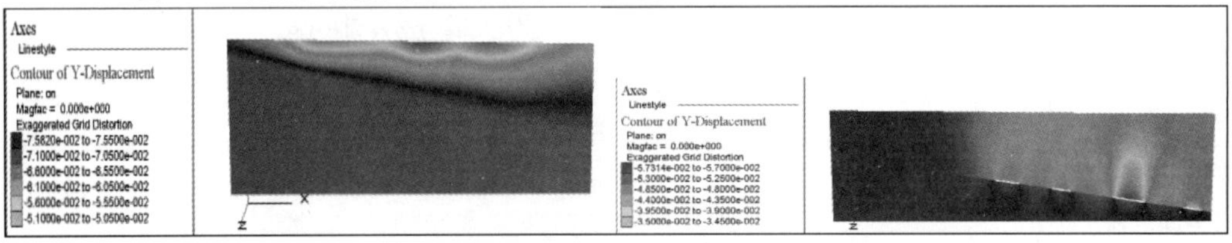

图 7-12　开采至槐夏公路下高速公路与槐夏公路沉降云图

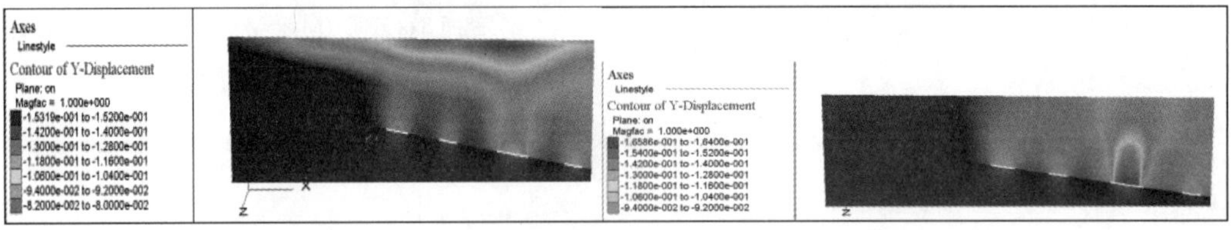

图 7-13　开采至高速公路下高速公路与槐夏公路沉降云图

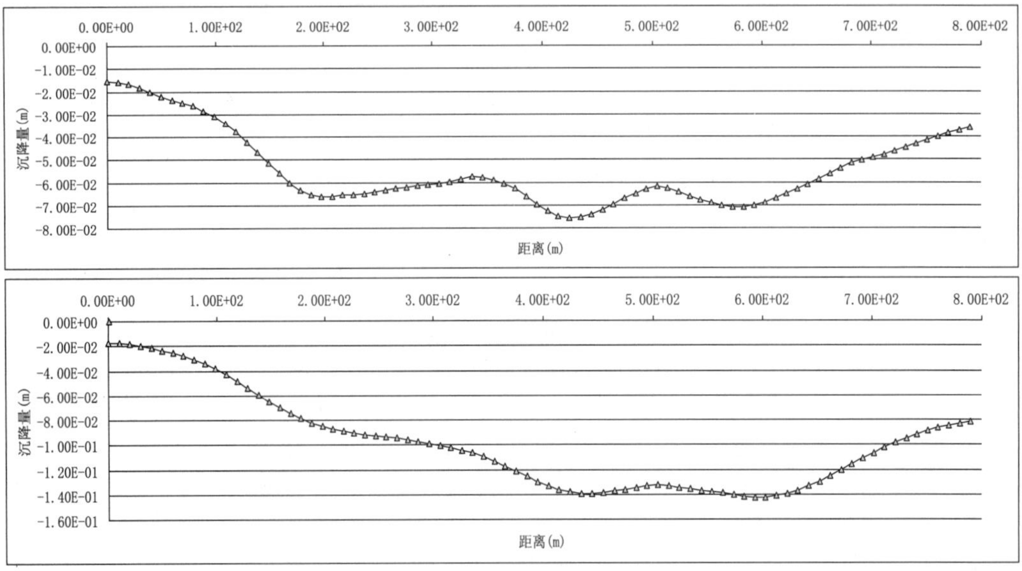

图 7-14　开采至槐夏公路中心线与开采至高速公路中心线以左 30 m 时高速公路路面中心线沉降曲线

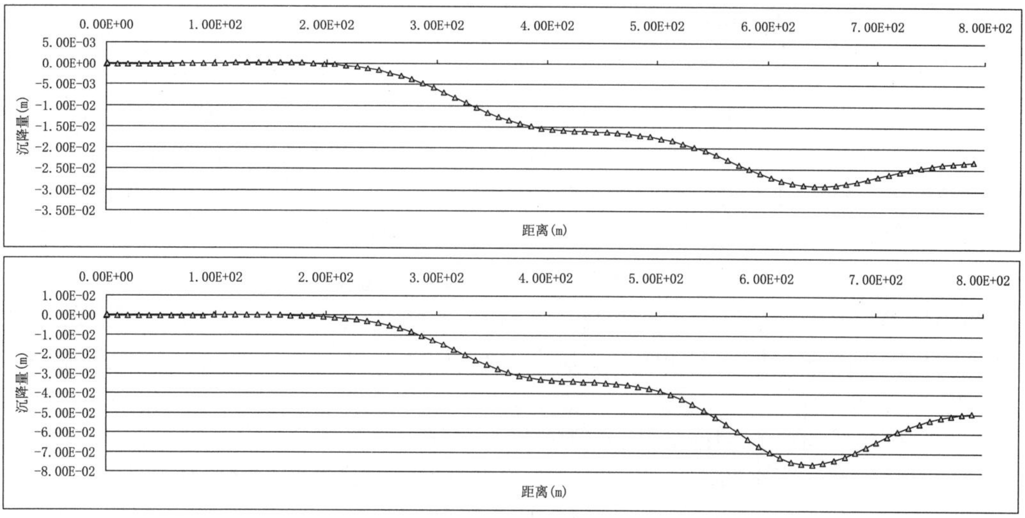

图 7-15　开采至槐夏路中心线与开采至高速公路中心线左 30 m 时槐夏公路路面中心线沉降曲线

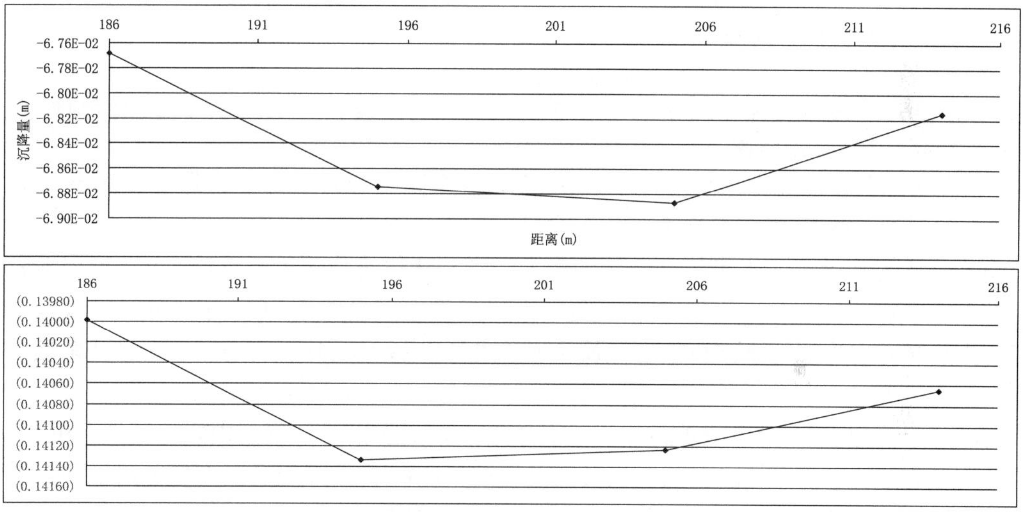

图 7-16　开采至槐夏路中心线与开采至高速公路中心线左 30 m 时高速公路 X=600 路面横断面沉降曲线

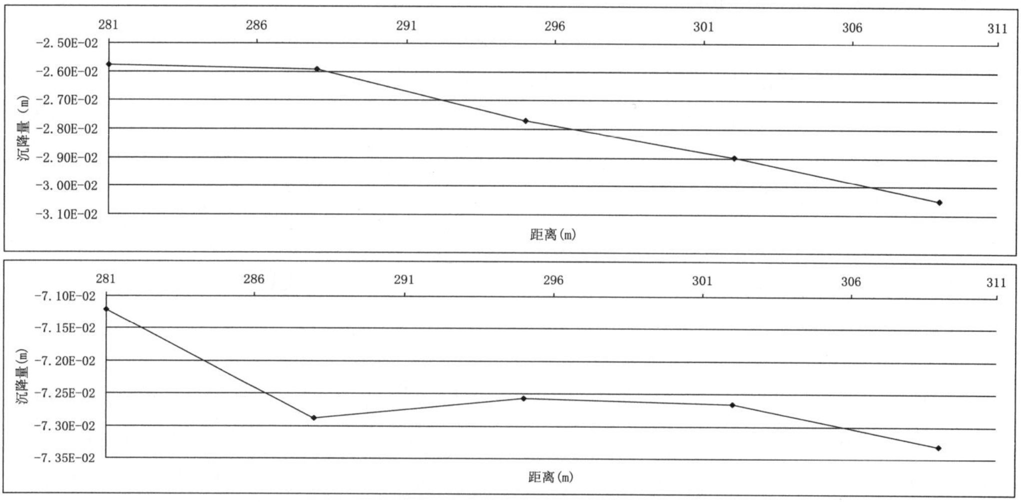

图 7-17 开采至槐夏路中心线与开采至高速公路中心线左 30 m 时槐夏公路 X=600 路面横断面沉降曲线

(4) 岩移参数变化规律分析

矿层开采后，采动影响波及地表，引起地表的下沉，在采空区上方地面形成一个比采空区范围大的洼地，这个洼地就叫作地表移动盆地，也叫地表下沉盆地。盆地的形状主要取决于采空区的形状及矿层的倾角。为了将复杂的地表移动盆地的空间曲面化为平面问题来观测和研究，特引进地表移动盆地主断面的概念。下沉盆地的最大范围所做的沿矿层走向方向或倾斜方向的竖直剖面称为地表下沉盆地的主断面。因此要研究由于开采引起的地表最大移动变形值，只要研究主断面上的移动和变形值就可以了。主断面上不发生垂直于主断面的移动和变形。在移动盆地的倾斜主断面上，采空区的中点与最大下沉点在地面水平面上的投影点的连线与水平线间在矿层下山方向夹角，为最大下沉角，计算公式为：

$$\theta=90-K\alpha \tag{7-1}$$

式中，α—矿层倾角；K—开采影响传播系数，$\alpha<K<1$。

根据有限元预计的不同采深地表移动值，可得地表岩移参数变化规律如下：

① 下沉系数，根据地表下沉值计算下沉系数公式为：

充分采动： $W_0=mq\cos\alpha$

非充分采动：$W_m=mq\cos\alpha(n_1n_2)^{1/2}$

$$n_1=K_1D_1/H_0;\quad n_2=K_2D_2/H_0 \tag{7-2}$$

式中，n_1，n_2—采动系数；K_1，K_2—小于 1 的系数，一般取 0.8；D_1，D_2—工作面倾斜长、走向长；m，H_0—平均采深。

根据实测及预计地表移动值，求得开采至槐夏公路下和开采至高速公路下 30 m 地表下沉系数分别为 0.8875 和 0.8901。

② 水平移动系数，水平移动系数为最大水平移动角值与最大下沉值之比，根据地表移动实测值及预计值，求得开采至槐夏公路下和开采至高速公路下 30 m 水平移动系数分别为 0.25 和 0.26。水平移动系数在一定地质采矿条件下，随上覆荷载的增加水平移动系数略有增加。

③ 拐点偏移距，拐点偏移距代表下沉盆地与采空区相对位置，由岩体模拟分析发现，拐点偏移是岩层弯曲必然出现的，由实测及预计下沉曲线求得开采至槐夏公路下和开采至高速公路下 30 m 拐点偏移距分别为 28.21 mm 和 28.41 mm。

④ 主要影响角正切 $\tan\beta$：

$$\tan\beta=H/r \tag{7-3}$$

式中，r—主要影响半径，$r=W/I$；H—采深；I—地表最大倾斜值。

由实测值及预计的地表移动值，求得开采至槐夏公路下和开采至高速公路下 30m 时 $\tan\beta$ 分别为 1.665 和 1.680。

⑤ 移动角值，随着开采深度的增加，地表移动范围越来越大，模拟表明，在岩体内部下沉边界并不是沿一条直线向上发展的，而是一条曲线。但地表移动的边界角、移动角值并未减小，相反有所增大，也就是说，深部开采的移动角值比浅部开采大。

7.2.5 分析与评价

从数值模拟结果可知，下伏采空区围岩体应力分布规律是：周围出现了主应力和剪应力及法向应力集中现象，角点处主应力最大，顶和底应力最小；应力分布的总趋势是沿着采空区的周围向四周逐渐减小。在采空区上方沿垂直方向应力分带比较明显；在采空区顶部和底部出现拉应力区。在各种情况下最大位移都发生在采空区顶部中间位置，随着采空区体积的增大，采空区顶部的最大位移有增大趋势。采空区的变形基本上是顶板下凸，底板上凸，左右两侧有微小的变形。这是由于顶板和底板减压的结果，使得岩层像弹性回复那样发生膨胀，同时顶、底板还受到水平方向压缩，出现采空区顶向下凸，底向上凸情况。

采空区形成后，应力集中区位于支承矿柱和拱脚处；位移变化最大处位于采空区顶板中部；破坏则首先在应力集中区，即矿柱和拱脚出现；然后形成冒落拱。由于矿柱开采引起沿路线方向的不均匀沉降，矿层应力应变的急剧变化、不均匀性，以及造成的局部上覆土体受拉状态，都将对日后运营的高速公路造成极大的影响。为解决此问题，本数值模拟考虑了双层混凝土板路面。从模拟结果可以看出，双层混凝土板路面可以较好地处理重载交通下的采空区高速公路，其具有整体性强、后期养护费用低、效果较理想的特点。为更好地处治采动对已建高速公路的影响，应进行注浆充填，处理地基，注浆充填需按规范要求进行，杜绝出现离层现象。为保证采空区路基的稳定，路基施工时，需对浅部地基进行冲击碾压，深部地基需强夯密实；进一步补充地质勘探平面图及剖面图，明确采空区注浆充填处理范围。

7.2.6　采动区路基路面工程施工效果评价

7.2.6.1　浅层地震勘探与地基稳定性分析

(1) 地震勘探调查方案

① 测线布置。基本按三纵三横布线，如图 7-18 所示。三纵即新修高速公路两侧，与高速公路平行各一条，沿槐夏公路一条，每条计划长 550 m，3 条共计 1.65 km；三横即按均匀分布原则布置，与纵线形成二维勘探网格。计划每条横线长 300 m，共 900 m。具体位置可以根据现场地形条件进行调整，资料处理和解释以实际测线位置为准，计划测线纵长 2.55 km。

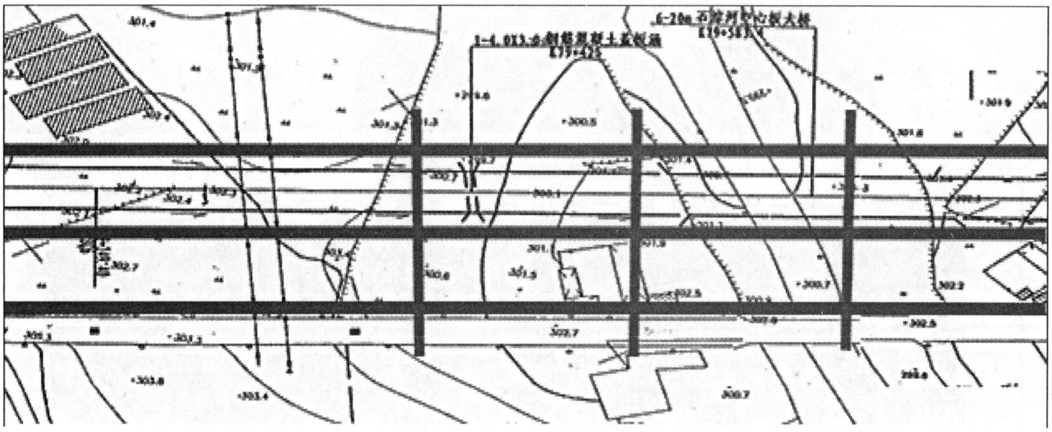

图 7-18　K79+200～K79+700 物探布置平面图

② 测量工作。布线时，炮、检点采用百米测绳放样。考虑到测区内地形起伏对资料的影响，获得每个炮、检点的相对高程资料是很有必要的。计划采用水准仪和标尺进行高程测量。观测系统为根据采空区煤层埋深、横向分辨率和资料信噪比的要求，设计采集方法和地震观测系统为：单边接收多次覆盖反射波法观测方法；检波点距为 4 m（对应 CDP 点距为 2 m）；炮点距为 8 m；覆盖次数为 6 次（保证资料信噪比）；接收道数为 24 道；排列长度为 92 m；偏移距为 16 m；激发方式为落锤激发；垂直叠加次数为 4 次（提高原始记录信噪比）；检波器因素为 60 Hz 高频检波器 6 组合，挖坑埋置。

③ 记录因素。仪器为 48 道浅层地震仪；记录长度为 400 ms（对应的勘探深度不小于 300 m）；采样间隔为 0.2 ms（理论垂直分辨率约 0.2 m）；每道样点为 2048；滤波因素为宽频接收（不加）；50 Hz 陷波不加。

④ 地震映象观测。考虑到测区内刚好有公路可以依托，沿公路做一条地震映象测线，参数如下：仪器为 48 道浅层地震仪，60 Hz 单只检波器；记录长度为 400 ms；采样间隔为 0.2 ms；每道样点为 2048 个；滤波因素为宽频接收（不加）；50 Hz 陷波不加；偏移距为 5～20 m，具体根据试验定；点距为 1 m；激发为 24 磅锤敲击路面；测线长度为 500 m。

(2) 钻探、数字钻孔勘察调查方案

① 钻探线布置。基本按三纵布线，三纵即新修高速路两侧，与高速路平行各一条，沿老公路一条，每条长 550，100 m 一孔，15 孔共计 2.25 km，钻探按采空区要求为 100，125，150，175，200 m^3 孔。

② 数字钻孔测量。对钻探线 15 孔共计 2.25 km 进行数字钻孔测量，评价岩体质量，进行不同地层岩芯样物理力学试验。

③ 采空区地表测量。见相应采空区地表布线和测量要求。

④ 路基观测。尽快进行路基沉降和水平应变观测。

(3) 效果分析

高精度浅层地震勘探和地震映象检测现场布设情况如图 7-19 所示。高精度浅层地震勘探成果如图 7-20 所示，水平方向 2 m 单位，垂直方向 1 m 单位，在如图所示位置出现采空冒落异常区。对路线右侧朝阳沟大酒店院内进行地震映象检测，发现如图 7-21 所示的地面开裂异常现象。

图 7-19 高精度浅层地震勘探

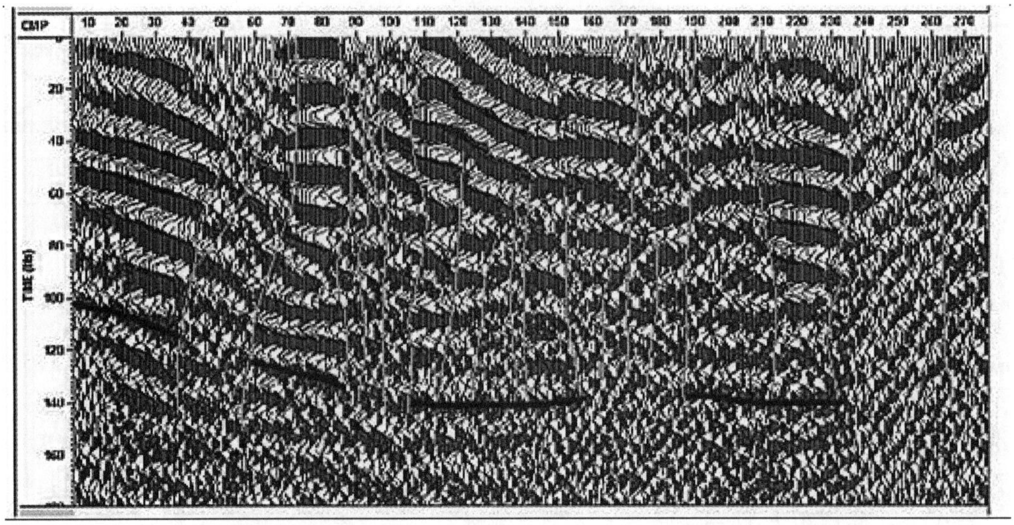

图 7-20 高精度浅层地震勘探成果（水平方向 2 m 单位，垂直方向 1 m 单位）

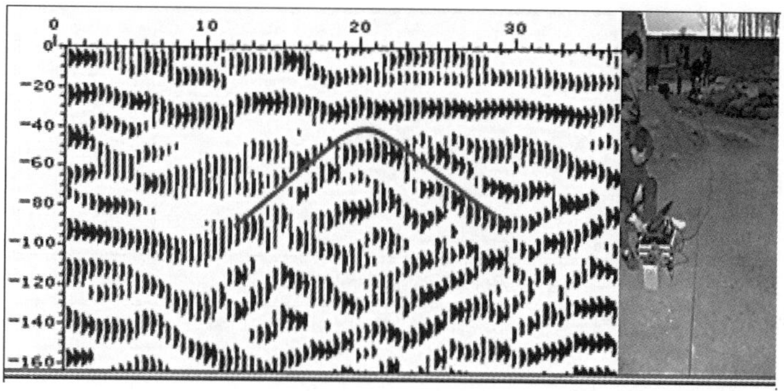

图 7-21　地震映象地面开裂异常（单位：m）

7.2.6.2　路基路面变形监测效果分析

(1) 剖面沉降管的埋设与测试

本书结合实际情况，为了监测路基沉降值，采用剖面沉降仪监测路基沉降如图 7-22(a)。在路基填筑过程中，路堤填筑至路床高度时可埋设沉降管，当路堤填筑高度高于埋管位置 30 cm 后，在垂直线路方向上开挖深和宽各 30 cm 的矩形槽如图 7-22（b），整平槽底，将沉降管连接好后放入槽内，整理平整。沉降管埋设时，必须使管内十字凹槽对准水平和竖直方向，然后在沉降管两端放入护管，人工回填土夯实。护管埋设时，以使沉降管头在护管腔中居中为宜，切忌沉降管与护管的底部贴近，影响沉降管变形如图 7-22（c）。

(a) 现场沉降管埋设　(b) 沉降管端部埋设

(c) 剖面沉降仪

图 7-22　剖面沉降仪监测路基沉降

测试时，用普通绳索将探头及电缆拉至沉降管的起始端，然后拉导线，每 0.5m 刻度线处读数一次，直至沉降管的终止端。然后将测斜仪掉转 180º 进行第二次测试、读数。采用上述双向拉测法，可以消除仪器的系统误差，使测试精度得以保证。用水准仪和现场的水准基点抄平，得到沉降管起始端的标高，从而根据沉降差可得到各读数点的标高。

(2) 效果分析

禹登高速公路朝阳沟采空区段 K79+500 断面路基沉降观测结果如图 7-23（a）所示。

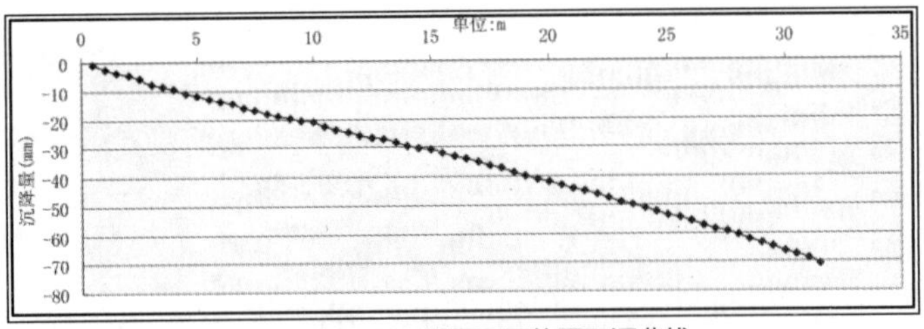

(a) K79+500 断面不同位置下沉曲线

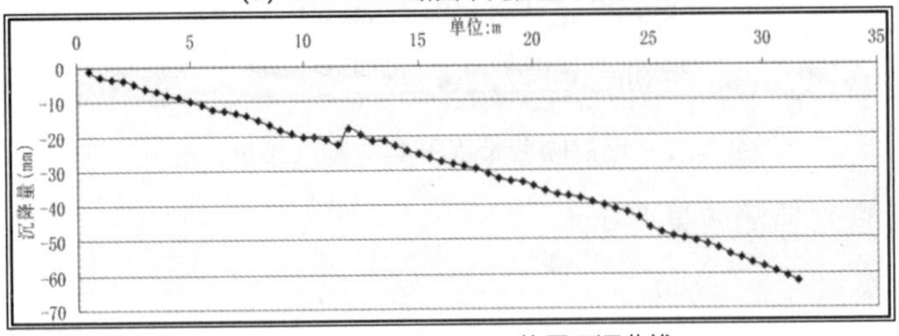

(b) K79+470 断面不同位置下沉曲线

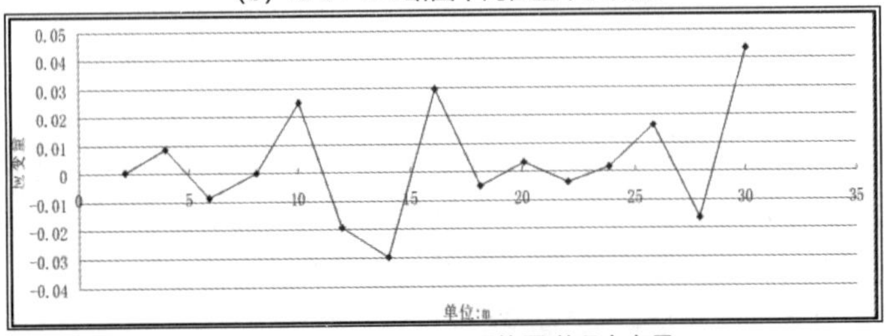

(c) K79+500 断面不同位置磁环应变量

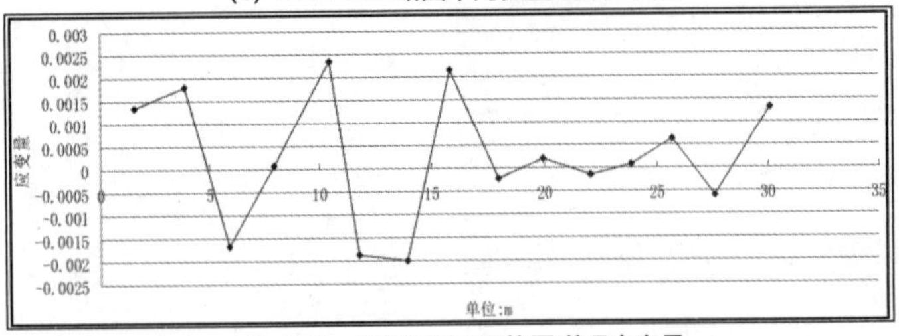

(d) K79+470 断面不同位置磁环应变量

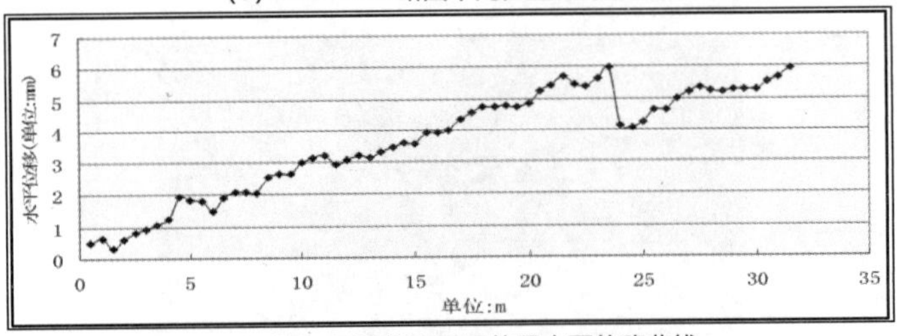

(e) K79+500 断面不同位置水平位移曲线

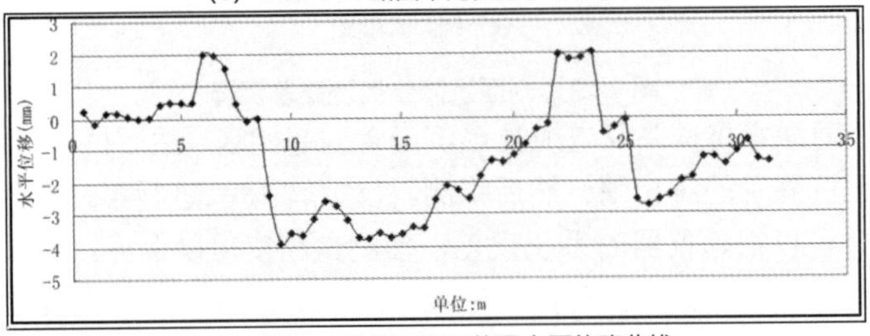

(f) K79+470 断面不同位置水平位移曲线

图 7-23　采空区段路基观测结果

K79+470 断面路基沉降观测结果如图 7-23（b）所示。K79+500 和 K79+470 断面路基横断面方向应变观测结果如图 7.23（c）、（d）所示，观测初始时间为 2006 年 3 月 25 日，观测时间为 2006 年 4 月 8 日。K79+500 和 K79+470 断面路基沿路线方向水平位移观测结果如图 7.23（e）、（f）所示，观测初始时间为 2006 年 3 月 25 日，观测时间为 2006 年 4 月 8 日。K79+500 和 K79+470 断面路基沉降观测初始时间为 2006 年 3 月 25 日，观测时间为 2006 年 4 月 8 日，最大沉降在路基右侧，达 6.2 cm。路基沉降从路基左侧向右侧逐渐增大，其原因为路线右侧下覆矿层开采，路基位于采空区开采盆左边缘。应变观测中应变为负，即两磁环间距离变小；应变为正，即两磁环间距离变大。水平位移受采空区开采影响表现各异。

禹登高速公路朝阳沟采空区段 K79+648 断面路基沉降观测结果如图 7.24（a）所示，沉降观测初始时间为 2006 年 8 月 8 日，截止观测时间为 2006 年 9 月 18 日，最大沉降在路基左侧达 9 cm。路基沉降从路基右侧向左侧逐渐增大，其原因为路线左侧下覆矿层开采，路基位于采空区开采盆右边缘。K79+648 断面路基沿路线方向水平位移观测结果如图 7-24（b）所示，观测初始时间为 2006 年 8 月 8 日，观测时间为 2006 年 8 月 18 日和 2006 年 9 月 18 日。K79+648 断面路基横断面方向应变观测结果如图 7-24（c）所示，观测初始时间为 2006 年 8 月 8 日，观测时间为 2006 年 8 月 18 日和 2006 年 9 月 18 日，应变为负，即两磁环间距离变小；应变为正，即两磁环间距离变大。禹登高速公路朝阳沟采空区段 K79+520 断面路基沉降观测结果如图 7-24（d）所示，沉降观测初始时间为 2006 年 8 月 8 日，截止观测时间 2006 年 9 月 18 日，最大沉降在路基中心，达 10.2 cm。K79+520 断面路基沿路线方向水平位移观测结果如图 7-24（e）所示，观测初始时间为 2006 年 8 月 8 日，观测时间为 2006 年 8 月 18 日和 2006 年 9 月 18 日。K79+520 断面路基横断面方向应变观测结果如图 7-24（f）所示，观测初始时间为 2006 年 8 月 8 日，观测时间为 2006 年 8 月 18 日和 2006 年 9 月 18 日，应变为负，即两磁环间距离变小；应变为正，即两磁环间距离变大。

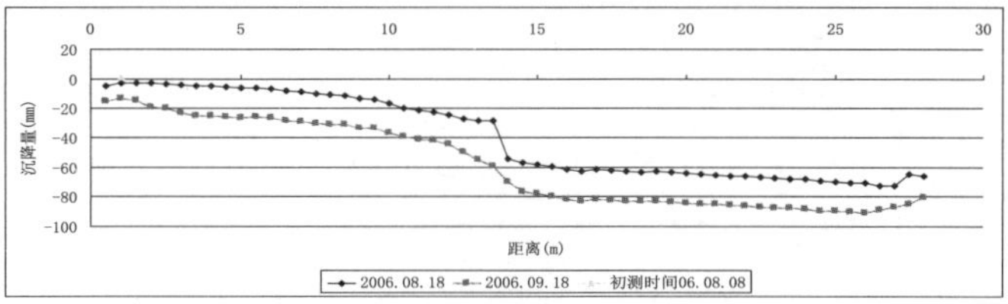

(a) K79+648 断面不同位置下沉曲线

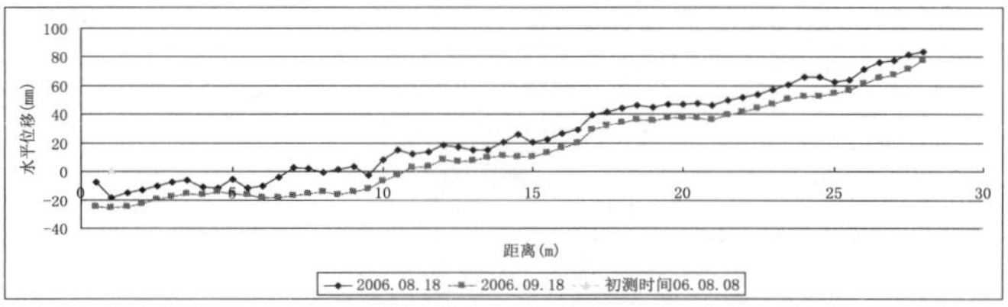

(b) K79+648 断面不同位置水平位移曲线

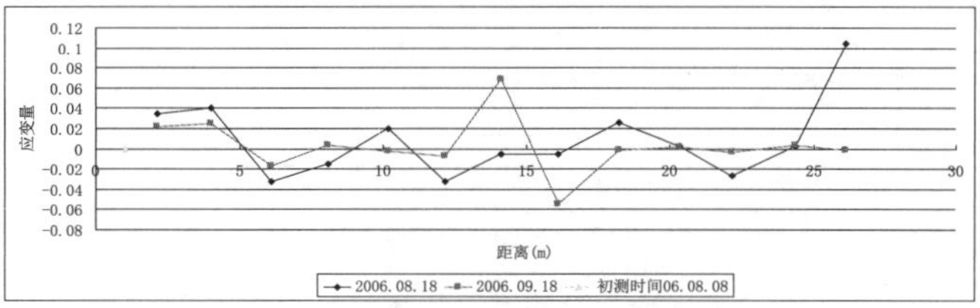

(c) K79+648 断面不同位置磁环应变量

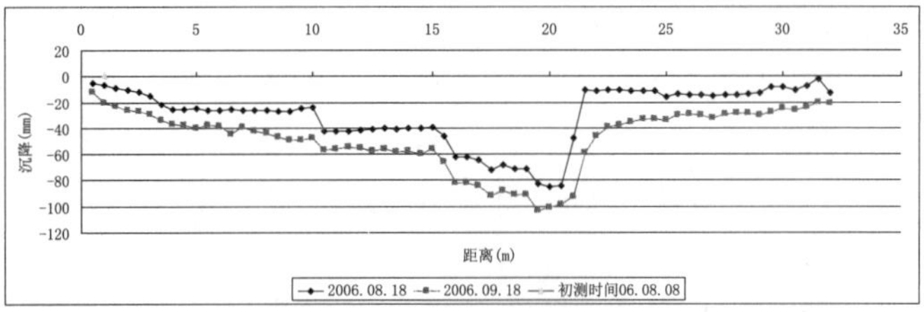

(d) K79+520 断面不同位置下沉曲线

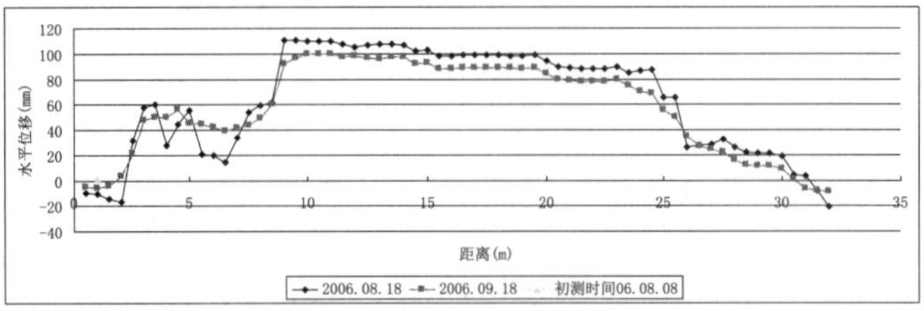

(e) K79+520 断面不同位置水平位移曲线

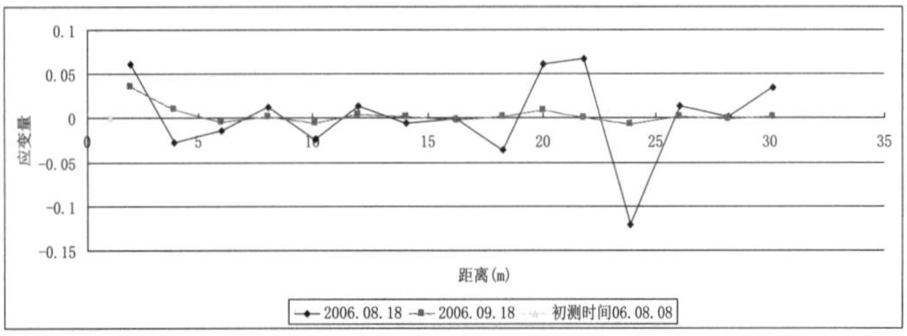

(f) K79+520 断面不同位置磁环应变量

图 7-24 采空区段路基观测结果

禹登高速右侧槐夏公路沉降观测成果如图 7-25（a）所示，观测起止桩号为 K78+940～K79+760，长 820 m。观测初始时间为 2006 年 3 月 23 日，2006 年 10 月 2 日观测到槐夏公路最大沉降达 33 cm。槐夏公路采空区段典型位置沉降变形历时曲线如图 7-25（b）所示。

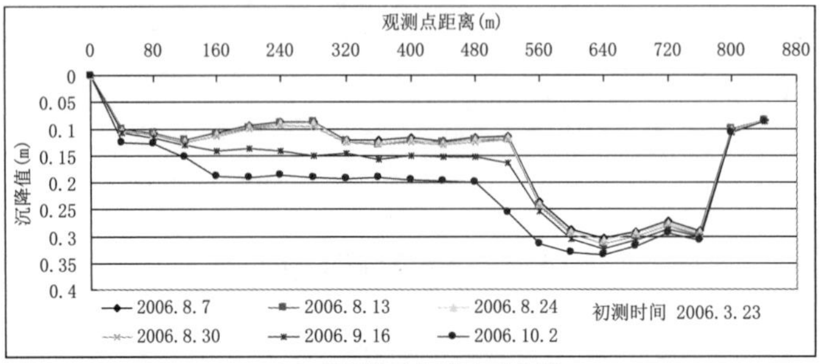

(a) 槐夏公路沉降变形曲线

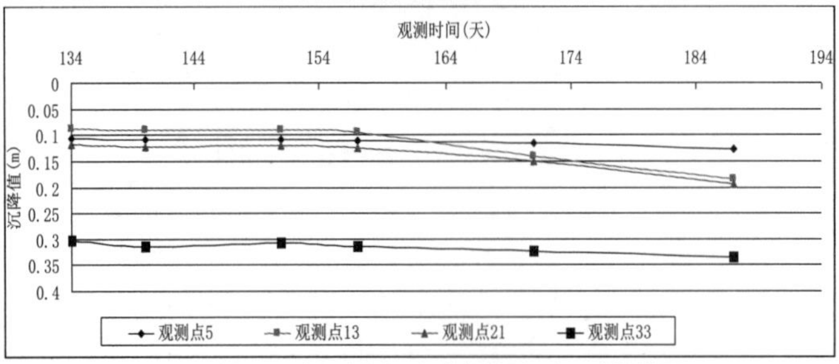

(b) 槐夏公路采空区段各点沉降变形历时曲线图

图 7-25 槐夏公路沉降观测成果

表 7.3　沉降观测点与桩号对应

测点	1	2	3	4	5	6	7	8	9	10	11
桩号	K79+760	K79+720	K79+680	K79+640	K79+600	K79+575	K79+550	K79+500	K79+460	K79+420	K79+380
测点	12	13	14	15	16	17	18	19	20	21	22
桩号	K79+340	K79+300	K79+260	K79+220	K79+180	K79+140	K79+100	K79+60	K79+20	K78+980	K78+940

7.2.6.3　采空区路基路面工程施工优化建议

从典型地段变形观测成果、高精度浅层地震勘探和地震映象检测结果，拟提出以下几点建议：

① 从槐夏公路朝阳沟采空区塌陷段沉降变形水准观测知，由于矿层采空和重载作用等因素影响，该段槐夏公路下沉较大，最大沉降量达 33 cm，由于近期煤层未开采，槐夏公路在上覆重载的作用下，路基沉降基本稳定；但一旦下覆矿层复采，槐夏公路在重载的作用下将继续下沉，路面也再次被破坏。由于槐夏公路与在建禹登高速公路仅间隔 95 m，从而可推断出，由于下覆矿层的采动，将对运营期造成极大的破坏。

② 从朝阳沟段路基变形监测成果知，K79+470 和 K79+500 路基断面位于沉降盆地左侧，路线右侧下覆矿层开采，路基横断面右侧沉降较大；K79+648 路基断面位于沉降盆地右侧，路线左侧下覆矿层开采，路基横断面左侧沉降较大。由于路线位于下沉盆地边缘，日后运营期高速公路易产生纵缝。

为解决此问题，路基施工时对浅部地基进行冲击碾压，深部地基要求强夯密实。并应按规范要求进行注浆充填，避免出现离层现象；路面结构考虑双层混凝土板路面。

7.2.7　采空区桥梁沉降变形与处治措施

禹登高速公路石淙河大桥位于 K79+583.4，为 6 m×20 m 预应力混凝土桥。桥台桩基沉降变形观测如图 7-26 所示，初测时间为 2006 年 8 月 24 日，观测时间为 2006 年 8 月 30 日、2006 年 9 月 16 日和 2006 年 10 月 2 日。

截至 2006 年 10 月 2 日，1#桥台最大下沉 4.2 cm，2#桥台最大下沉 3.2 cm，3#桥台最大下沉 2.8 cm，4#桥台最大下沉 3.7 cm。从石棕河大桥桥台沉降变形的水准观测知，从 2006 年 8 月 24 日到 2006 年 10 月 2 日 38 d 内，桥台最大沉降为 4.2 cm，变形较大，应对下覆岩土进行补勘，查明是否由于开采或地质原因引起的下沉。

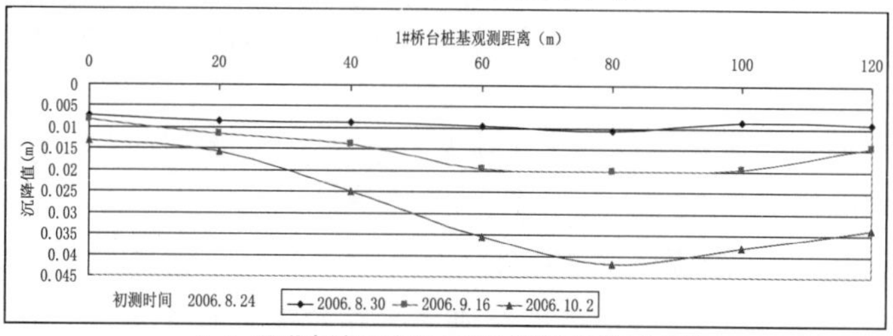

(a) 禹登高速石淙河大桥 1#线沉降变形曲线

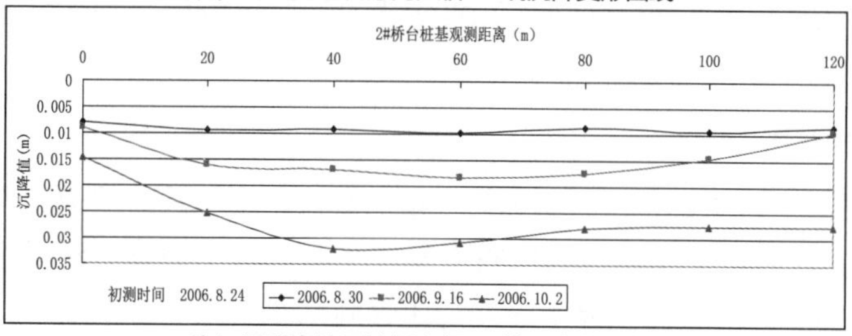

(b) 禹登高速石淙河大桥 2#线沉降变形曲线

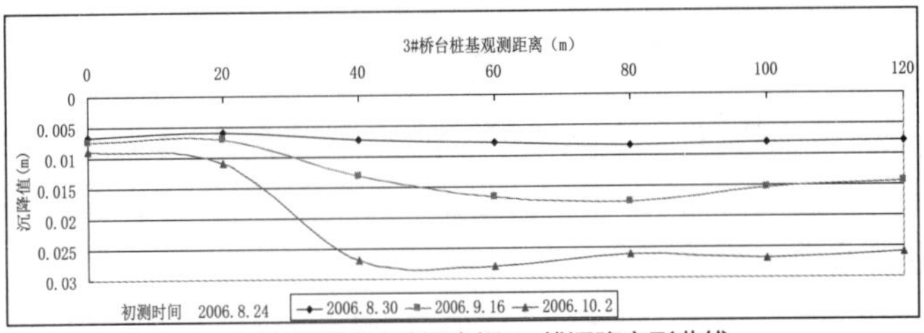

(c) 禹登高速石淙河大桥 3#线沉降变形曲线

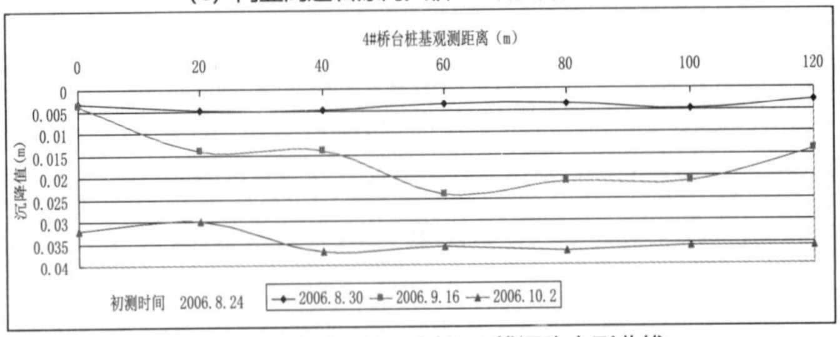

(d) 禹登高速石淙河大桥 4#线沉降变形曲线

图 7-26 桥台桩基沉降变形观测

开采沉陷引起采空区桥梁沉降变形处治一直是一个技术难题，首先应用地球物理方法，结合工程地质勘察，查明采空区及覆岩破坏规律与分布特征，以及其影响范围，经过安全性评价提出合理的治理方案[9]。

通过对朝阳沟采空区桥梁沉降变形和稳定性分析，提出如下治理措施。

7.2.7.1 施工期治理措施

① 朝阳沟路段附近有小煤窑开采，石棕河大桥出现沉降变形，采空区需要勘察与注浆处理，同时对小煤窑开采进行协调和优化。

② 抗变形措施：

◎变形缝：这是抗变形建筑物采取的基本措施之一，其基本方法是通过设置变形缝，从而减小桩基反力的不均匀性，增强桥梁抵抗变形的能力。

◎采用千斤顶系统在桥梁桩基上设置千斤顶，各千斤顶与中心控制系统相连，在路面变形期间，千斤顶可以随路面的变形而自动进行调整，使桥梁免受不均匀沉降的影响。

◎抗变形扩大桩基：扩大桩基具有强度高、刚度大的特点，这些基础对桥梁抵抗变形比较有利。

◎提高桥梁结构的刚度和强度：为了提高桥梁抵抗各种变形的能力，可以采取提高桥梁结构刚度和强度的措施。

③ 桥梁采用高强轻质混凝土（HSLC）。

④ 注浆和土工格室搭板法等治理方案确保公路桥梁运行安全。

本书提出的治理方案具有很好的抵抗变形能力，应对桥梁基础采空区注浆填充，确保安全。

7.2.7.2 运营期治理措施

① 用钢筋混凝土垫块调整桥梁墩帽、台帽的高度，恢复桥跨结构的设计标高及桥上公路路线纵坡和平面位置，支座为盒式橡胶支座，在墩台帽上梁体两侧埋置角钢防止梁体的位移，如图 7-27 所示。把桥面混凝土破除，在提高混凝土标号、增加高度和增加配筋的情况下，重新浇筑混凝土，增加桥面的抗变形、抗剪切强度。

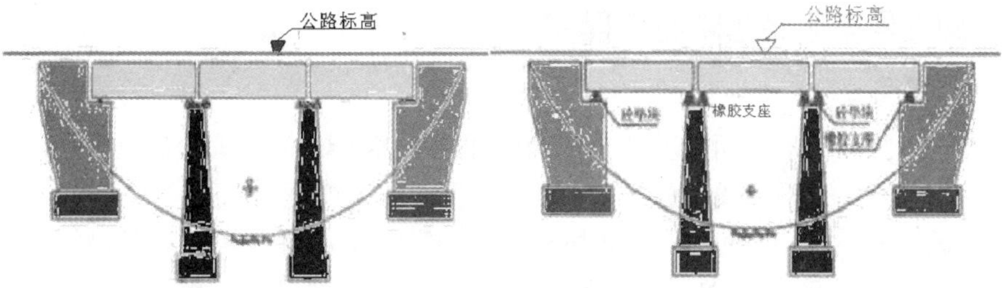

图 7-27　桥梁沉降处治图

②改变桥梁结构，以增强桥梁的抗变形能力，如简支梁桥改为框架桥等。

7.3　采空区“活化”路基路面工程实例分析

地下开采结束以后，虽然经过长时间自然压实，开采引起的地下空洞、离层、裂缝和冒落区的欠压密、孔隙中饱水等现象仍将长期存在。在采空区上方修建公路、地震活动、邻区开采、多煤层开采、强排地下水等，都可能打破原来的相对应力平衡状态，使老采空区“活化”。国内已有许多利用老采空区地表进行修筑高速公路实例，并有专家研究了老采空区上方建筑地基稳定性评价方法，提出了以建筑荷载扰动范围与采空区冒落裂缝带是否重叠来分析老采空区“活化”和确定建筑物的层数，这些成果对推动我国废弃采空区地表修筑高速公路做出了贡献[10]。研究表明，在开采结束很长时间岩层和地表移动稳定后，在老采空区覆岩中的各种岩体结构依然存在，并影响老采空区“活化”规律。因此，本书分析其“活化”、失稳机理，并研究其相应的地基、路基路面处理措施。根据对采动破碎岩体物理、力学性质的分析和研究，可以认为：采动极大地影响改变了采空区周围岩体的结构形态和物理力学性质。这是影响老采空区“活化”的主要因素，对老采空区覆岩“活化”形式和程度起控制作用。老采空区及其覆岩失稳“活化”机理：

① 垮落带岩体结构为散体结构和碎裂结构，存在较大的残余碎胀系数和空隙率；由于上部悬臂结构和砌体梁岩体结构的存在，垮落区不同位置破裂岩块的压密程度有较大差异。其“活化”的主要形式为空隙、裂隙和空洞的再压密，以及压密过程中岩块转动和蠕变。

② 断裂带岩体为块裂层状结构，块体间相互咬合、铰接，形成一定的铰接砌体岩梁半拱结构和悬臂梁结构，该区域老采空区覆岩“活化”的主要形式为材料强度弱化或外力作用下的岩块结构失稳及由此造成的裂隙和离层的压密。根据对采空区最下层砌体梁全结构力学分析，采空区边缘悬露岩块的载荷绝大部分由煤壁支承区承担，而仅有小部分转向采空区垮落岩块上；显然其中第一、二断裂岩块对于该结构的相对稳定性起关键作用，是老采空区边缘上方岩体结构中的关键块；同时，煤壁支承了悬露岩块及其上部荷载的大部分，风化和其他外力作用引起的煤体强度弱化也是可能造成上部结构失稳的重要原因。下层岩体结构的失稳将诱发上方各层岩体结构的相继失稳和离层裂缝的压密，导致路基路面出现较大的不均匀沉降。

③ 在老采空区中部的充分下沉区，垮落断裂岩块主要承受竖向压应力作用，其自然压密程度较好，但由于破裂岩块不可复原性质，岩块间的裂隙将长久存在。在受到上部附加荷载作用时，主要产生再压密，地表沉降量相对比较均匀。

综上所述，老采空区及覆岩结构的失稳和各种采动裂缝、空隙压密是造成老采空区地基活化、沉降变形的主要原因，应根据这些特征制订相应的地基处理措施或路基路面结构抗变形措施。

7.3.1 刘碑寺停车区路基路面工程

7.3.1.1 工程概况

刘碑寺停车区段地形平面图和地质剖面图如图 7-28 所示。刘碑一矿位于东方煤矿，北至公路以南，滚帮式开采方式，1979 年闭井，地面沉降经填平恢复耕种，影响 K76+600～K77+100 附近以南地段；振西煤矿为群井开采，经填平恢复耕种，但仍有明显的沉降盆地，影响 K76+810～K77+095 地段，次地带基本为完全采空。经勘察，设计路线左侧老采空区内旱地大面积沉陷；K77+270～K77+600 段南北宽约 450 m，东西长约 900 m 范围为垌村铝土矿采空区；设计路线及停车区范围有铝土矿竖井数 10 个，地面星罗棋布，一般间距 50～100 m，井深 40～60 m，开采石炭系本溪组铝土矿，矿层一般厚 3～5 m，局部 9 m，井筒为砖砌或裸井，直径 1.5～2.5 m，其中 60%以上未见到铝土矿而封闭，40%井筒平巷开采；截至 2005 年 7 月，部分矿井仍在开采，大部分井筒互相贯通，矿层顶底板一般为泥岩。巷道不支护，高度 2～2.5 m，采后巷道呈半充填半塌陷状态；路线范围内地面塌陷、开裂、沉陷严重；路线左侧乡村沥青路面公路路基不均匀沉降、破坏严重。停车区地形地貌和开采破坏情况如图 7-29 所示。

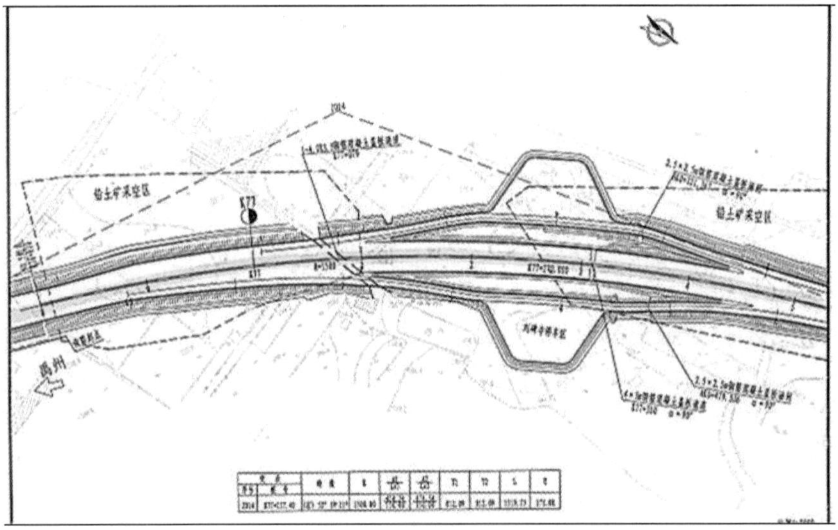

(a) 平面图

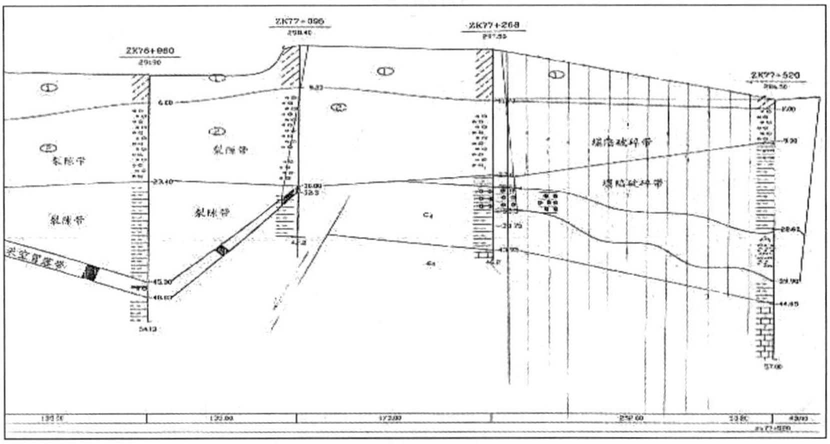

(b) 地质剖面图

图 7-28 刘碑寺停车区段平面图和地质剖面图

(a) 线路穿越废弃井筒及地面塌陷

(b) K77+300 停车区左侧废弃井筒及公路与地面塌陷

(c) 路线下部矿层被地下联采

(d) 路面沉陷、地面塌陷及房屋墙体倾斜破坏

图 7-29　停车区地形地貌和开采破坏情况

7.3.1.2　模型建立及岩土材料物理力学指标选取

计算模型的主要假设条件为：整个采空区不存在断层等可能造成采空区不连续的因素；矿岩为均质各向同性的弹塑性连续介质；位移与时间无关；塑性区的岩体满足 Mohr-Coulomb 准则。开采前地层中不存在构造应力，自重应力为其主要应力。

刘碑寺停车区位于禹登高速 K77+000～K77+690，根据设计资料和地勘资料建立模型如图 7-30 所示：地基长 690 m，宽 300 m，高 94 m，从下到上依次为砂岩、煤层、塌陷破碎带、裂隙带、黏土、碎石填土路基和双层混凝土板路面。路面结构为 24 cm 混凝土面层、16 cm 混凝土基层、18 cm 水泥稳定粒料、15 cm 无机结合料稳定土垫层。在 K77+79、K77+350 和 K77+669.5 处有三个 4 m×3 m 钢筋混凝土盖板通道。根据现场地质调查和相关研究提供的力学试验结果，考虑了尺寸效应和地层构造面的影响，对试验得出的各项参数进行相应的调整和简化，模拟计算常用的物理力学参数如表 7-4 所示。

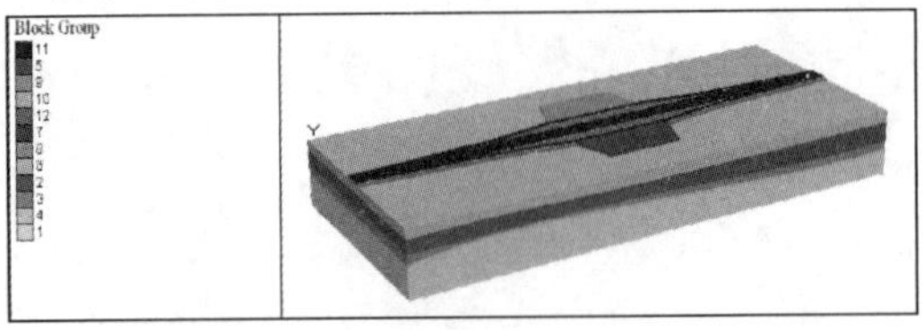

图 7-30　停车区数值分析模型建立

表 7-4　模型材料物理力学参数指标

岩性	体积模量/GPa	剪切模量/GPa	内摩擦角/(°)	黏聚力/kPa	张拉模量/kPa	密度/（kg/m³）
混凝土板	14.8	12.1	45	4000	600	2700
碎石填土	0.0588	0.0226	30	50	1	2000
黏土	0.0392	0.015	30	60	1	1950
砂质泥岩	3.3	2	40	1000	1000	2600
煤层	0.173	0.08	35	200	50	2100
砂岩	5.3	3.2	40	1000	1000	2650

7.3.1.3　模型边界约束及外荷载

上边界采用自由边界，左右、前后边界仅考虑水平位移约束，下边界考虑水平和垂直两个方向约束，整个模型除了考虑重力荷载作用外，还考虑上覆重载车辆的等效均布荷载 P=129 kPa 作用。

7.3.1.4　采空区“活化”数值模拟

(1) 整体模型数值模拟结果分析

路基路面下覆开采活化三维数值模拟主要考虑铺筑路面后和采空区活化两个施工阶段，模拟结果如图 7-31 所示。矿层开采按条带式开采方式，考虑沿路线方向水平向 30 m 间隔 50%条带开采。

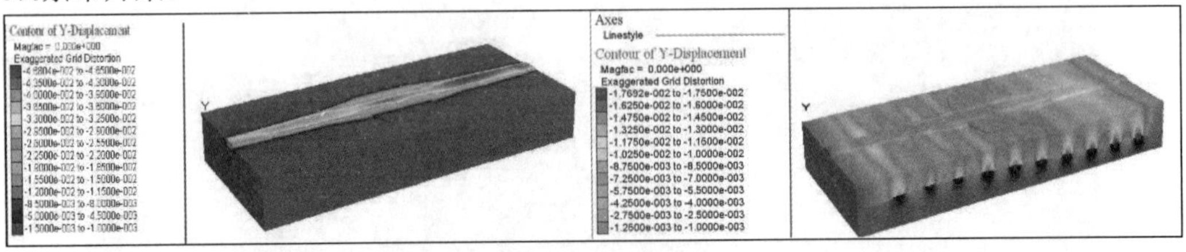

图 7-31　采空区“活化”前后沉降云图

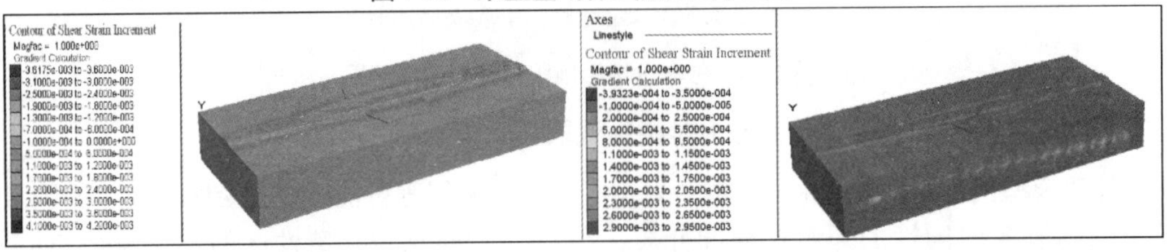

图 7-32　采空区“活化”前后剪应变增量云图

从铺筑路面后沉降云图 7-31 知，由于上覆车辆荷载的作用，主线及匝道沿路线方向沉降不均匀，局部最大最终沉降值为 4.68 cm，这种沿路线方向的不均匀沉降将造成在建高速公路日后产生横缝；当采空区“活化”时，由于邻近采区开采及上覆重载车辆的作用，引起采空区“活化”，“活化”引起的最大沉降最终为 1.77 cm。从采空区的“活化”剪应变增量云图 7-32 看出，采区附近岩石剪应变集聚，在上覆重载动载车辆的作用下顶板覆岩易冒落。

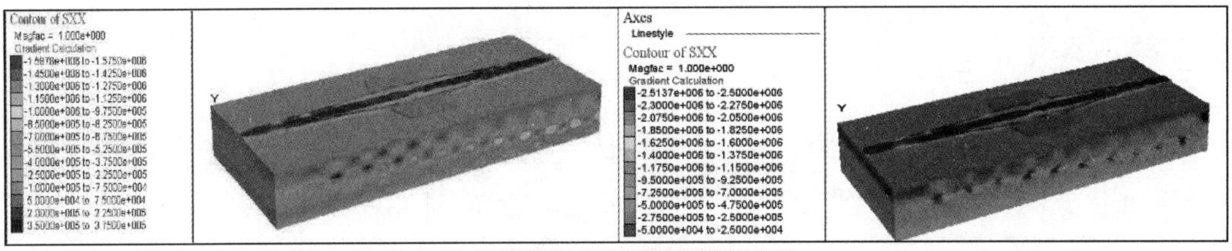

(a) 采空区“活化”前后剪应力云图

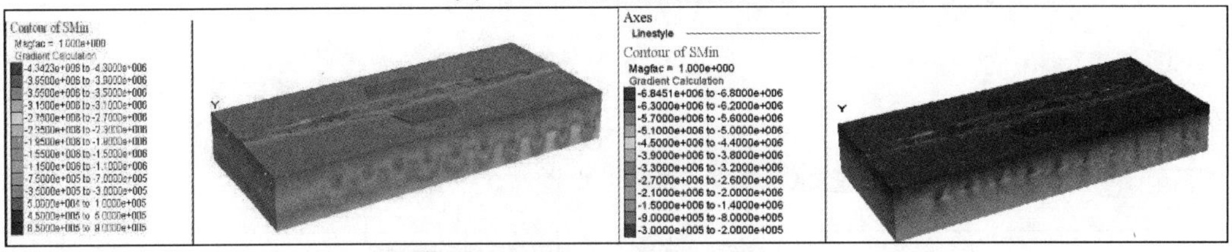

(b) 采空区“活化”前后最大主应力云图

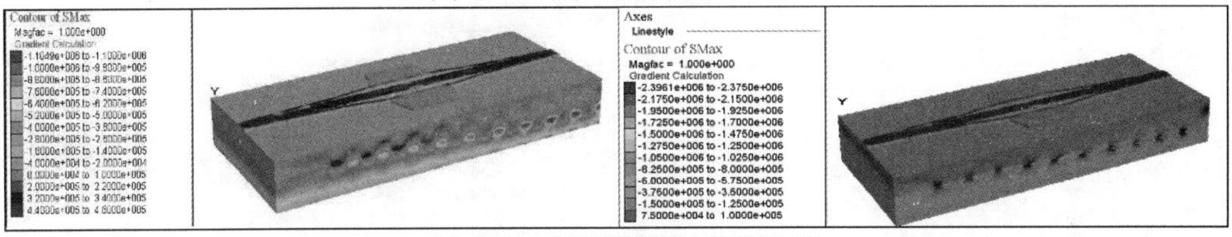

(c) 采空区“活化”前后最小主应力云图

图 7.33 采空区“活化”前后模型各向应力分布图

从图 7-33 采空区“活化”前后模型各向应力分布图来看（单位：Pa），因受采空区“活化”的影响，“活化”区、充填区和预留矿柱区应力分布变化急剧，路基路面的应力应变分布比较紊乱，在这种复杂受力条件下，极易使路基路面产生裂隙，加速路面的老化，大大缩短道路的使用寿命。而路面的疲劳开裂，不仅会使路面的抗变形能力降低，更重要的是随着地表水的下渗等影响，会加速下伏路基与基岩变形与破坏，最终可能导致采区顶板断裂，导致上部路基塌陷。从图 7-34 采空区“活化”前后主应力张量状态图看出，大部分岩土体受压应力（图中蓝色受压），局部受拉应力（图中红色受拉），主要由于上覆重载动载车辆和邻近采区开采引起采空区“活化”等因素。

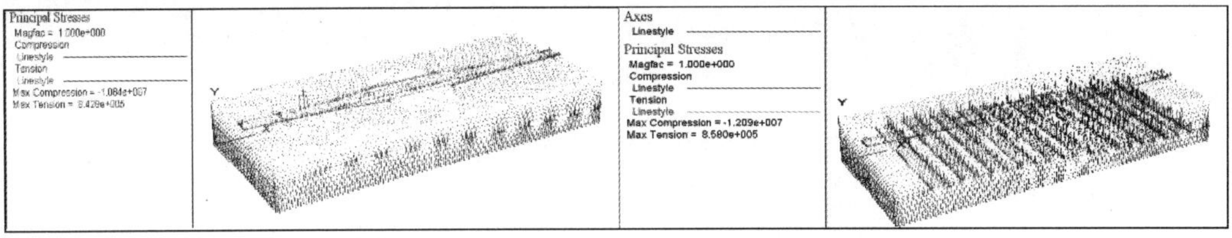

图 7-34　采空区“活化”前后主应力张量状态图

(2) 典型剖面分析

图 7-35 为路中心线剖面计算结果云图，左侧为铺筑路面后路中心线剖面计算结果云图，右侧为采空区活化后路中心线剖面计算结果云图。从图 7-35 采空区“活化”前后模型各向应力分布图来看（单位：Pa），因受上覆重载车辆和临近采区开采引起的采空区“活化”影响，“活化”区、充填区和预留矿柱区应力分布变化急剧，应力应变分布比较紊乱，在这种复杂受力条件下，极易使路基路面产生裂隙，加速路面的老化，大大缩短道路的使用寿命。而路面的疲劳开裂，不仅会使路面的抗变形能力降低，更重要的是随着地表水的下渗等影响，会加速下伏路基与基岩的变形与破坏，最终可能导致采区顶板断裂导致上部路基塌陷。

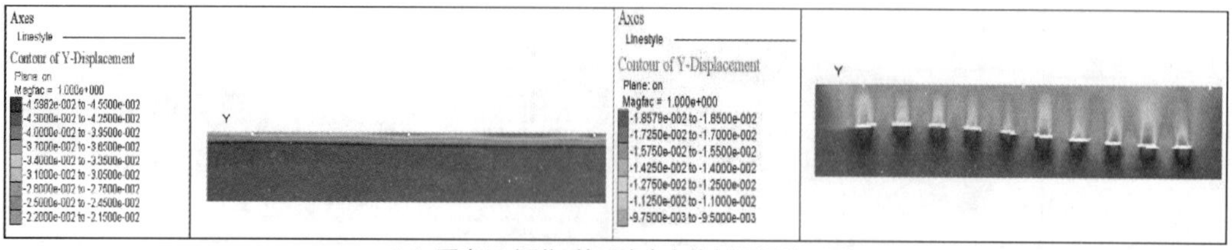

(a) 采空区"活化"前后路中心线剖面沉降云图

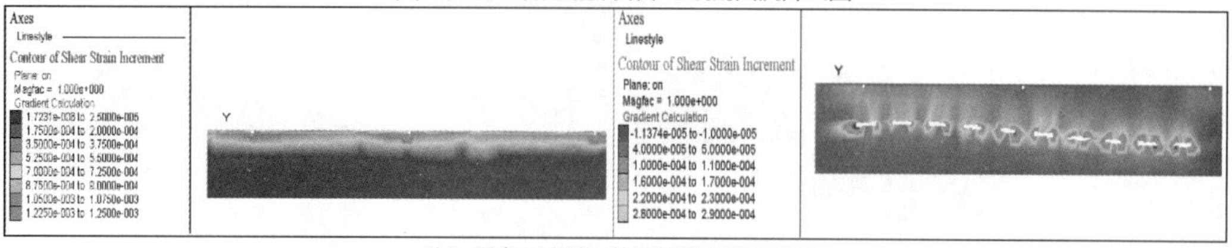

(b) 采空区"活化"前后剪应变增量云图

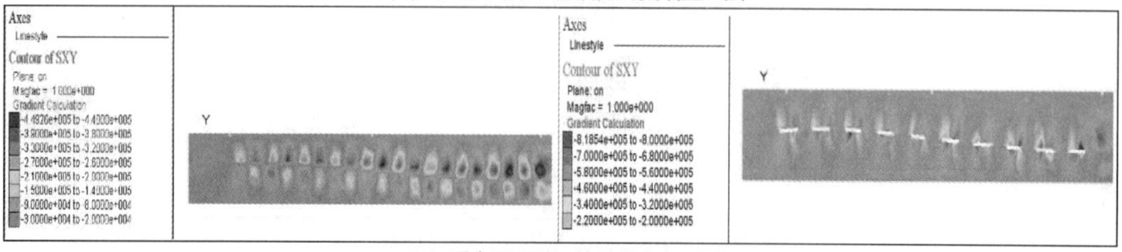

(c) 采空区"活化"前后剪应力云图

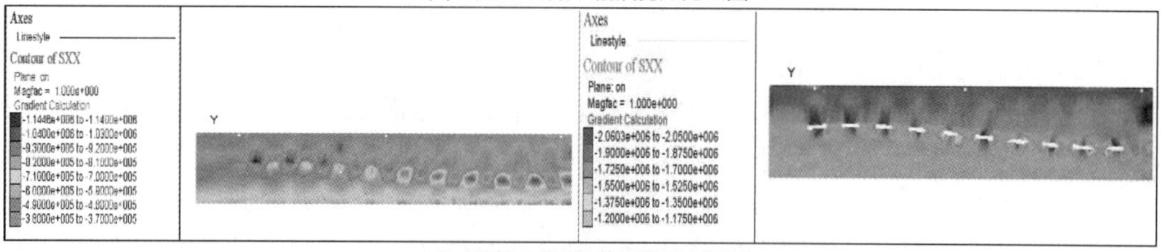

(d) 采空区"活化"前后剪应力云图

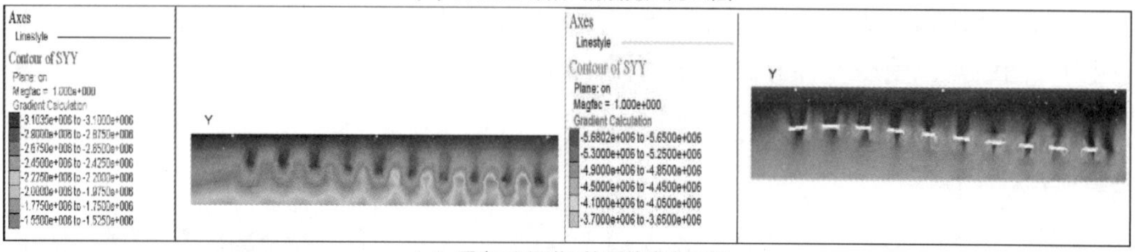

(e) 采空区"活化"前后剪应力云图

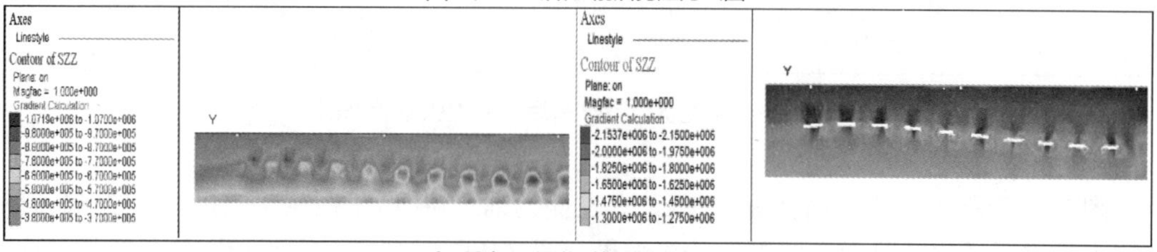

(f) 采空区"活化"前后剪应力云图

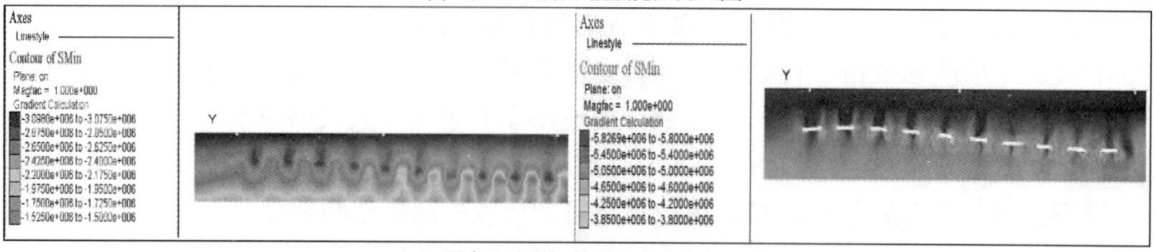

(g) 采空区"活化"前后最大主应力云图

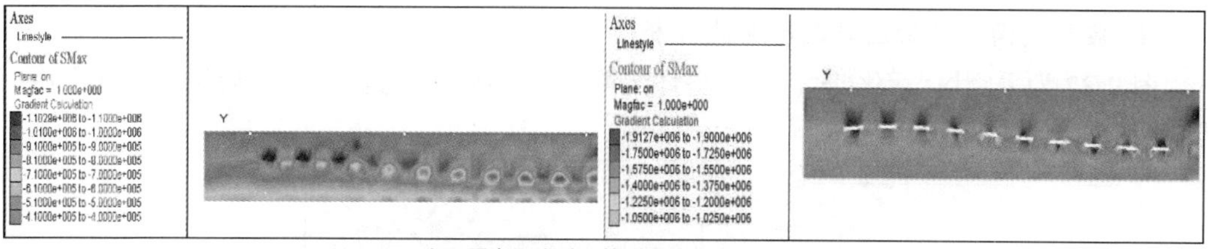

(h) 采空区"活化"前后最小主应力云图

图 7-35　路中心线剖面计算结果云图

(3) 路面数值模拟结果分析

从图 7-36 路面各向应力分布图来看（单位：Pa），主线与匝道交接处应力变化急剧，搭接部位易出现差异沉降，从而运营期道路产生裂缝；因受采空区"活化"的影响，路面的应力应变分布比较紊乱，在这种复杂受力条件下，极易使路面产生裂隙，加速路面的老化，大大缩短路面的使用寿命。而路面的疲劳开裂，不仅会使路面的抗变形能力降低，更重要的是随着地表水的下渗等影响，会加速下伏路基与基岩的变形与破坏，最终可能导致采区顶板断裂、上部路基塌陷。

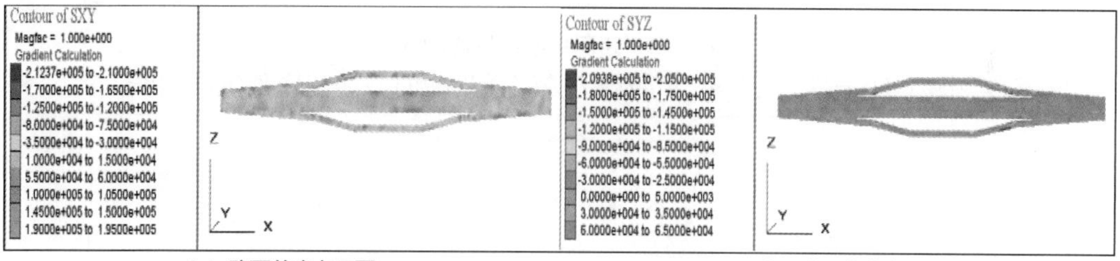

(a) 路面剪应力云图　　(b) 路面剪应力云图

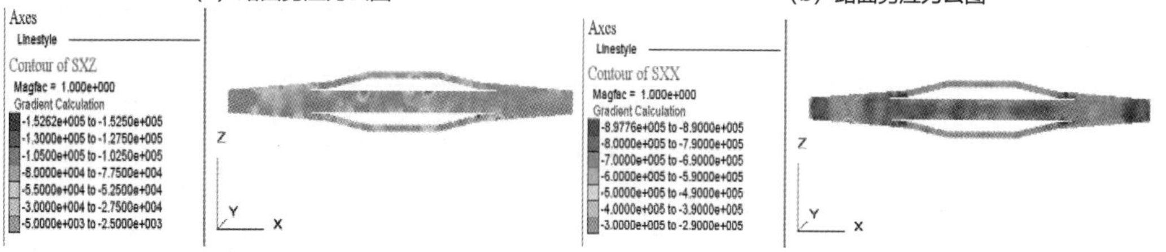

(c) 路面剪应力云图　　(d) 路面剪应力云图

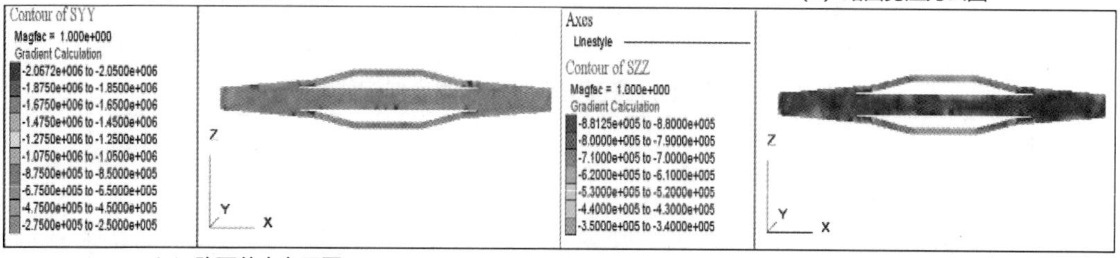

(e) 路面剪应力云图　　(f) 路面剪应力云图

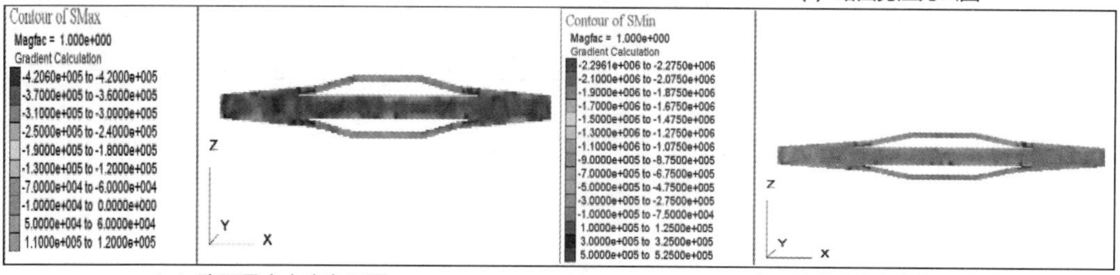

(g) 路面最小主应力云图　　(h) 路面最大主应力云图

图 7-36　路面各向应力分布图

(4) 典型剖面沉降云图与沉降曲线分析

图 7-37 为采空区“活化”时，模型整体沉降云图；图 7-38 为采空区“活化”时，路面中心线沉降曲线。

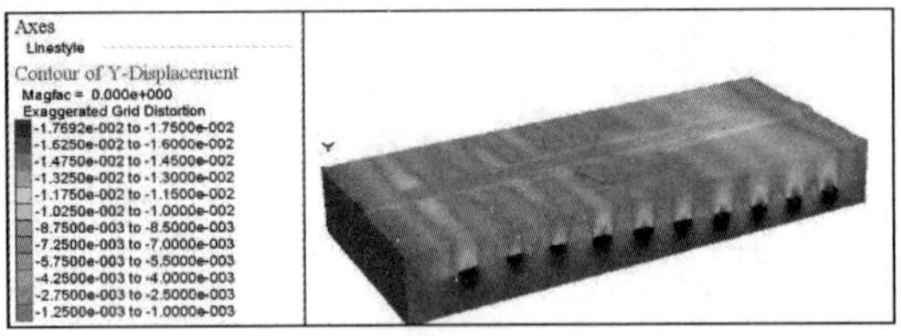

图 7-37　采空区“活化”沉降云图

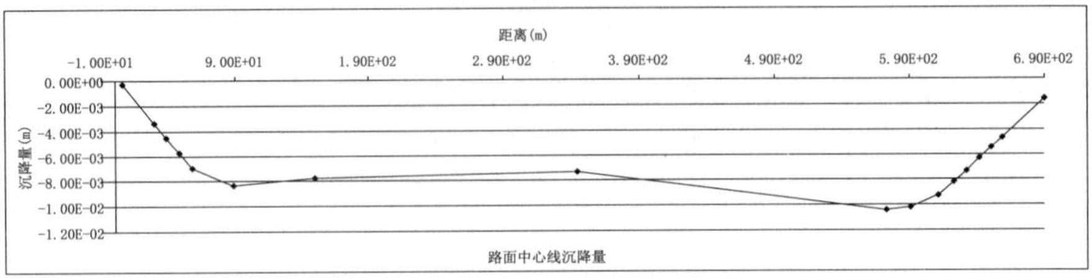

图 7-38　路面中心线沉降曲线

图 7-39～图 7-41 分别为 c，b，a 涵洞上方路面横断面与涵洞底部沉降曲线。

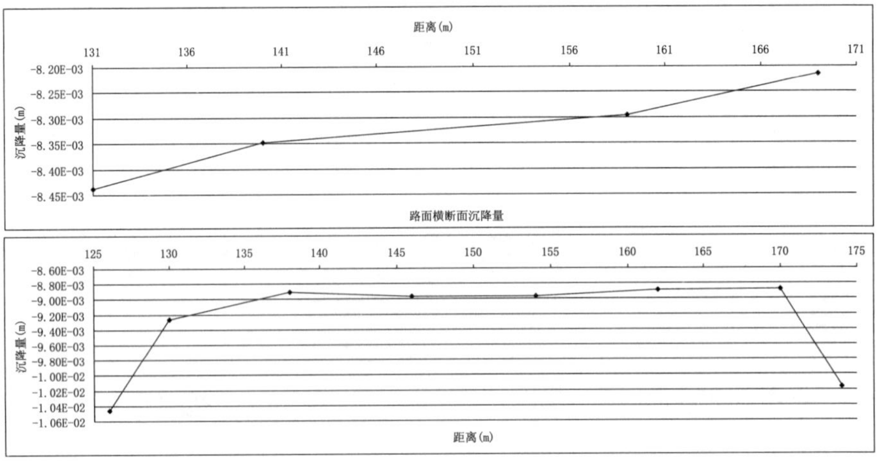

图 7-39　涵洞上方路面横断面与涵洞底部沉降曲线

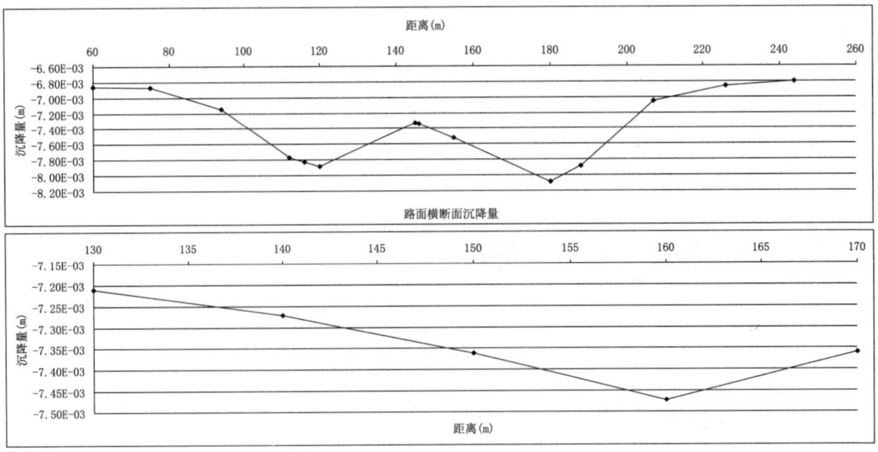

图 7-40　涵洞上方路面、停车区横断面与涵洞底部沉降曲线

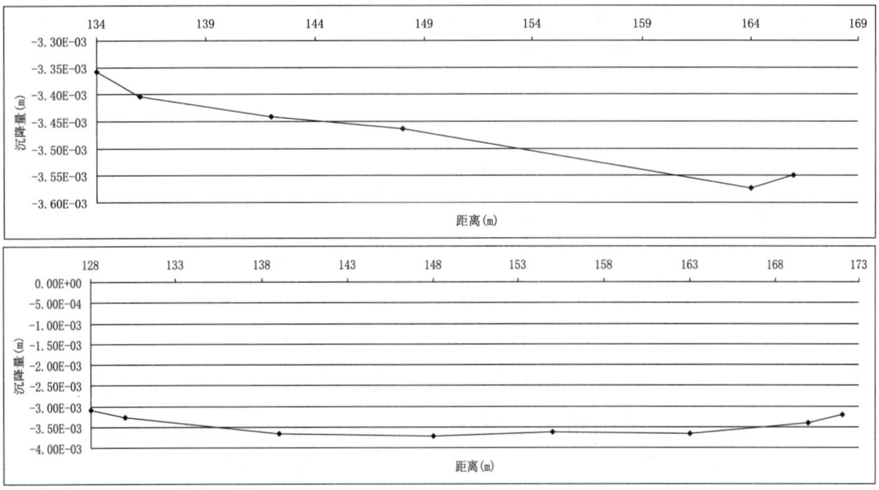

图 7-41　涵洞上方路面横断面与涵洞底部沉降曲线

由于上覆重载作用，停车区呈现“漏斗”状沉陷盆地，盆底沉降量差异较小，沉降盆内边缘沉降变化急剧，运营期沉降盆内边缘处易产生差异沉降，路面会出现横向裂缝；三个涵洞处也易产生差异沉降，运营期该处会出现跳车现象；b 涵洞处的停车区、主线与匝道横向沉降量也不同。

（5）*岩移参数变化规律分析*

根据有限元预计的不同采深地表移动值，可得地表岩移参数变化规律如下：

① 下沉系数，根据实测及预计地表移动值，求得采空区“活化”前后的地表下沉系数分别为 1.01245 和 1.00769。

② 水平移动系数，水平移动系数为最大水平移动角值与最大下沉值之比，根据地表移动实测值及预计值，求得采空区“活化”前后的水平移动系数分别为 0.29 和 0.30。

③ 拐点偏移距，拐点偏移距代表下沉盆地与采空区相对位置，由岩体模拟分析发现，拐点偏移是岩层弯曲必然出现的，由实测及预计下沉曲线求得采空区“活化”前后的拐点偏移距分别为 23.52 m 和 23.83 m。

④ 由实测值及预计的地表移动值，求得采空区“活化”前后的 $\tan\beta$ 分别为 1.4445 和 1.4529。

⑤ 移动角值，随着开采深度增加，地表移动范围越来越大，模拟表明，在岩体内部下沉边界并不是沿一条直线向上发展的，而是一条曲线。但地表移动的边界角、移动角值并未减小，相反有所增大，也就是说，深部开采的移动角值比浅部开采大。

7.3.1.5 分析与评价

从数值模拟结果知，采空区“活化”引起周围岩层应力重新分布。数值分析过程的时步虽然不能与实际开采影响的时间过程相对应，但数值分析中不同时步的应力位移结果反映了实际开采过程中应力位移的演化过程。随着工作面的推进，顶板岩层产生离层、断裂和垮落；底板岩层向上运动，受开采影响岩层相互作用，围岩应力场和位移场发生了一系列的变化。围岩应力演化结果表明，随着工作面开采，受开采影响的范围内顶板岩层应力迅速减小。当工作面达到充分采动后，充分采动区和煤壁形成岩梁的 2 个支承点，充分采动区应力逐渐恢复[11]。围岩应力演化具有以下特点：

① 由于开采引起上覆岩层垮落、弯曲形成岩梁结构，开采引起的应力集中区位于煤壁附近上方的岩层中，呈纺锤状，并倾向工作面。

② 随着顶板岩层屈服弯曲，顶板岩层应力会产生跳跃性的突变。

③ 应力集中区的应力一般可达到原岩应力水平的 2～3 倍，以往估计集中应力可达到原岩应力水平的 5～10 倍是不准确的。因为当应力高于岩体屈服强度后，岩体会产生屈服。

④ 当顶板岩层经充分垮落重新压实后，充分采动区应力恢复到原岩应力水平，充分采动区和煤壁之间靠近充分采动区的岩层应力也有大幅度提高。

⑤ 充分采动区内，应力水平总体上恢复到原岩应力水平，但充分采动区内围岩应力呈波浪起伏。

⑥ 靠近煤壁附近的岩层，应力水平仍然很低。这与煤壁附近存在压不实死三角区有关。

在煤柱上方，随着工作面的推进，煤柱上方支承压力分布形态相似，即在煤柱边缘存在应力降低区、应力升高区和原岩应力区。分析结果表明，煤柱上支承压力演化具有以下特点：

① 随着煤壁附近煤层屈服、剪胀变形，支承压力峰值向煤柱深部转移；

② 动态的支承压力峰值大于稳定后的支承压力峰值；

③ 支承压力是开采影响岩层相互作用的结果，煤柱上支承压力分布是开采引起集中应力在煤层与直接顶界面上的直接反映。开采在上覆岩层形成的集中应力会影响底板岩巷的稳定性；底板岩巷的存在也会影响应力集中区及支承压力区的分布和大小。由于矿柱开采引起沿路线方向的不均匀沉降，矿层应力应变的急剧变化、不均匀性，以及造成的上覆土体和路基的受拉状态，都将对日后运营的高速公路造成极大的影响。为解决此问题，本数值模拟考虑了注浆充填和路面结构。注浆充填要按规范要求进行，否则会出现离层现象；路面结构即双层混凝土板路面，路面结构为 24 cm 混凝土面层、16 cm 混凝土基层、18 cm 水泥稳定粒料、15 cm 无机结合料稳定土垫层。从模拟结果看出，双层混凝土板路面可以较好地处理重载交通下采空区高速公路，其具有整体性强度、后期养护费用低，效果较理想。

为保证采空区填方路堤稳定，路基充填后对浅部地基进行冲击碾压，深部地基要求强夯密实；采空区上覆岩层在有条件时会出现离层，离层经历产生、发展、达到最大高度及最终离层闭合的移动过程。在离层带中注浆减缓地表沉降，控制地表总的下沉量，减缓地表动态变形值；采空区路面设置"双层连续配筋混凝土结构"，以增强整个路面的抗变形能力；原设计 K77+270～K77+350 采空区考虑注浆充填处理，建议 K77+200～K77+350 采空区考虑注浆充填处理；原地质勘探中在 K77+268 右 4 m 处布置了地质勘察钻孔，对 K77+550 处生产矿井进行了地质调查。需进一步补充地质勘探平面及剖面图，进一步明确采空区注浆充填处理范围。

7.3.2 寺沟高填路基路面工程

7.3.2.1 工程概况

该段平面图、纵断面图和地质剖面图如图 7-42 所示，该处有断层地质构造存在。王村乡寺沟煤矿、山沟第四煤矿：在线路上形成的采空区位于 K72+980～K73+240 范围内，东西宽 230 m，南北长大于 300 m；在路线 K72+900～K73+550 两侧，两矿井现已连通，均为集体小煤窑或个体承包，1983 年开始建井，据调查勘探，区内有 6～7 个竖井，线路南西一侧煤窑 3 个，生产矿井垂深 100 m 左右，煤层采厚一般 5 m 左右，木柱荆笆支护，滚帮式全采高开采，回采率在 70%左右。1997 年基本采空闭井，废弃风井少量积水；K73+100 左侧见地表黄土塬开裂。北、东一侧有煤井 3～4 处，矿井垂深 30～87 m 不等，煤层采厚一般 5～6 m，局部无煤或煤层大角度倾斜，视采厚 15 m 左右，为全冒落分层开采方式，回采率在 70%左右，近期两口井于 2003 年 5 月闭井，垂深 87 m；山沟第四煤矿将回采路基下方煤炭。

山沟煤矿位于设计路线东南方向，路基下煤层原为房柱式开采，回采率 20%～30%（据现场调查），现山沟煤矿有 2 个出煤井筒，1 个通风井筒，与路线西北方向的寺沟煤矿已经合为一联合体—山沟四矿煤矿，该煤矿计划将复采路基及电塔下部煤层同时进行路基东北角原留设煤柱开采；寺沟地垒沟壑地形，以及下部煤矿开采引起地表沉陷，路基稳定性差。该段地形地貌和开采破坏情况如图 7-43 所示。

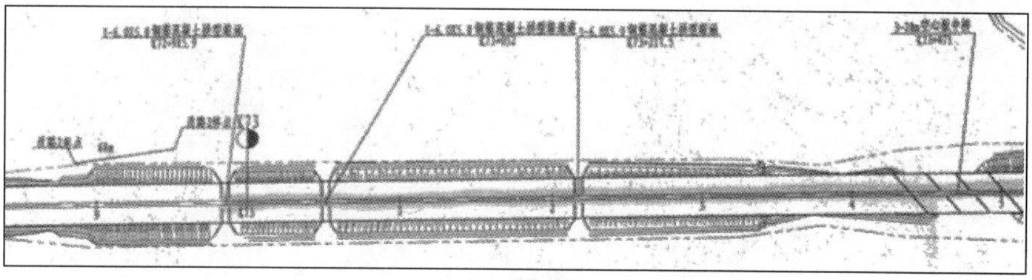

(a) 平面图

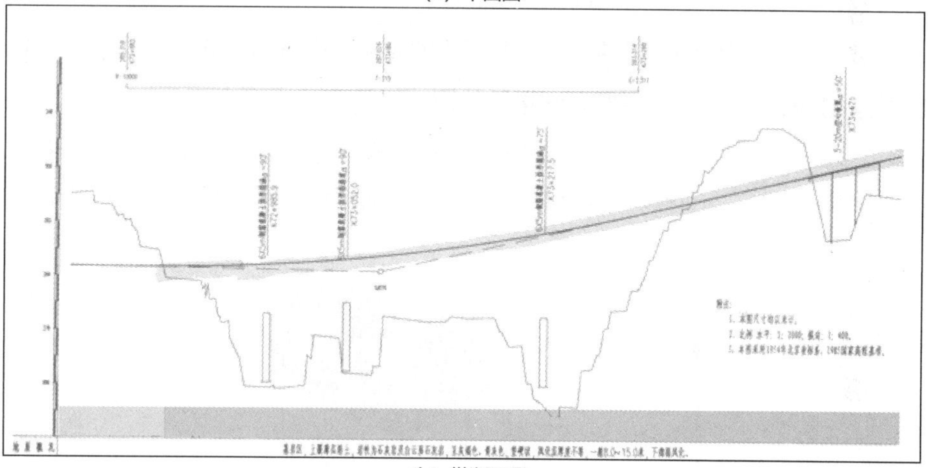

(b) 纵断面图

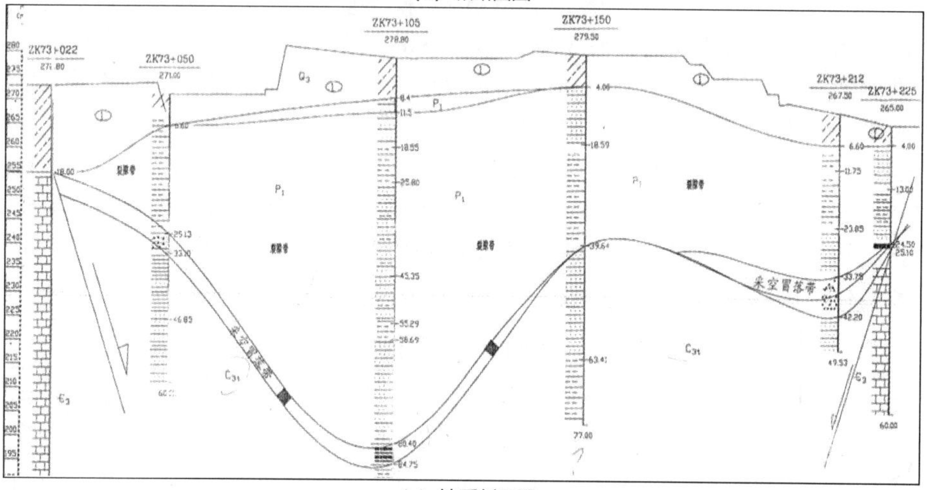

(c) 地质剖面图

图 7-42　寺沟高填路基路面工程平面图、纵断面图和地质剖面图

(a) 沟地垒沟壑地形及下部煤矿开采

(b)K72+985、K73+052 冲沟

图 7-43　寺沟高填路基路面地形地貌和开采破坏情况

7.3.2.2　模型建立及岩土材料物理力学指标选取

计算模型的主要假设条件为：矿岩为均质各向同性的弹塑性连续介质；位移与时间无关；塑性区的岩体满足 Mohr-Coulomb 准则；开采前地层中不存在构造应力，自重应力为其主要应力。

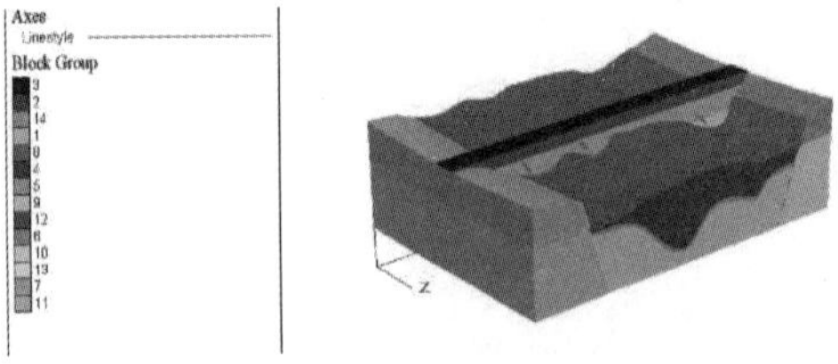

图 7-44　数值分析模型建立

寺沟山沟采空区高填段位于禹登高速 K72+900～K73+330，根据设计资料和地勘资料建立模型如图 7-44 所示：地基长 430 m、宽 300 m、高 120 m，从下到上依次为砂岩、煤层、裂隙带、黏土、碎石填土路基和混凝土板路面。在两端有两个断层构造面，路基最大填高 26.43 m，为三级边坡，坡比分别为 1∶1.5、1∶1.75 和 1∶2，在 K72+985.9，K73+052 和 K73+217.5 处有三个 6 m×5 m 钢筋混凝土拱形箱涵。根据现场地质调查和相关研究提供的力学试验结果，考虑了尺寸效应和地层构造面的影响，对试验得出的各项参数进行相应的调整和简化，模拟计算常用的物理力学参数如表 7-5 所示。

表 7.5　模型材料物理力学参数指标

岩性	体积模量/GPa	剪切模量/GPa	内摩擦角/(°)	黏聚力/kPa	张拉模量/kPa	密度/（kg/m³）
混凝土板	14.8	12.1	45	4000	600	2700
碎石填土	0.0588	0.0226	30	50	1	2000
黏土	0.0392	0.015	30	60	1	1950
砂质泥岩	3.3	2	40	1000	1000	2600
煤层	0.173	0.08	35	200	50	2100
砂岩	5.3	3.2	40	1000	1000	2650

7.3.2.3　模型边界约束及外荷载

上边界采用自由边界，左右、前后边界仅考虑水平位移约束，下边界考虑水平和垂直两个方向约束，整个模型除了考虑重力荷载作用外，还考虑上覆重载车辆的等效均布荷载 P=129 kPa 作用。

7.3.2.4　采空区“活化”数值模拟结果

(1)　整体模型数值模拟结果分析

采空区高填路基路面下覆开采三维数值模拟主要考虑铺筑路面后和采空区活化两个施工阶段，模拟结果如下所示。矿层开采按条带式开采方式，考虑沿路线方向水平向 12 m 间隔 20%条带开采。从铺筑路面后沉降云图 7-45 知，由于上覆车辆荷载和下覆涵洞的作用，道路沿路线方向沉降不均匀，局部最大最终沉降值为 8.35 cm，这种沿路线方向的不均匀沉降将造成在建高速公路日后产生横缝；当采空区“活化”时，由于邻近采区开采及上覆重载车辆的作用，引起采空区“活化”，“活化”引起的最大沉降最终 10.16 cm。

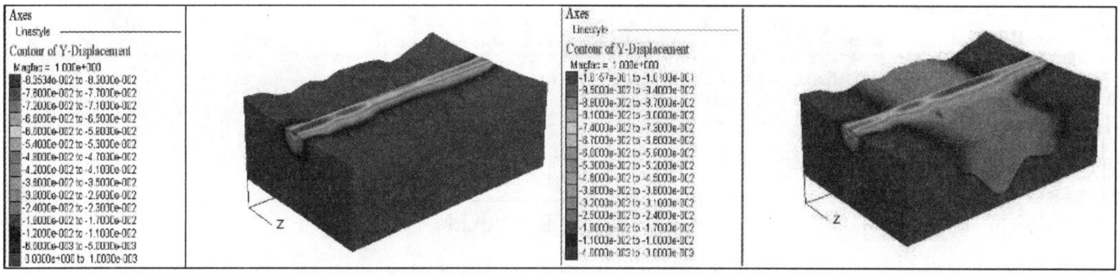

图 7-45　采空区“活化”前后沉降云图

从采空区“活化”剪应变增量云图 7-46 看出，采区附近岩石剪应变集聚，且充填区和断层位置出现了剪切破坏带，在上覆重载动载车辆的作用下，顶板覆岩易冒落。

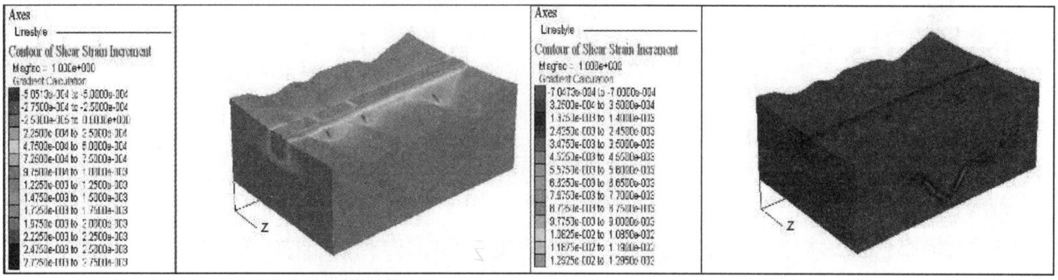

图 7-46　采空区“活化”前后剪应变增量云图

从图 7-47 采空区“活化”前后模型各向应力分布图来看（单位：Pa），因受采空区“活化”影响，“活化”区、充填区和预留矿柱区应力分布变化急剧，由于断层的存在，路基路面的应力应变分布比较紊乱，在这种复杂受力条件下，极易使路基路面产生裂隙，加速路面的老化，大大缩短道路的使用寿命。而路面的疲劳开裂，不仅会使路面的抗变形能力降低，更重要的是随着地表水的下渗等影响，会加速下伏路基与基岩的变形与破坏，最终可能导致采区顶板断裂，导致上部路基塌陷。从图 7-48 采空区“活化”前后主应力张量状态图看出，大部分岩土体受压应力（图中蓝色受压），局部受拉应力（图中红色受拉），主要是由于上覆重载动载车辆和邻近采区开采引起采空区“活化”等因素。

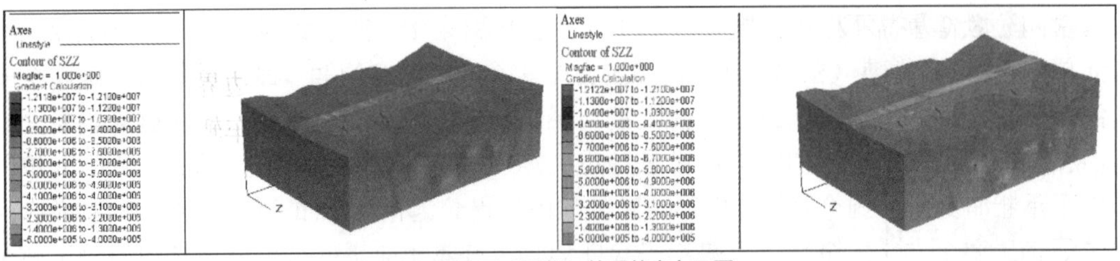

(a) 采空区“活化”前后剪应力云图

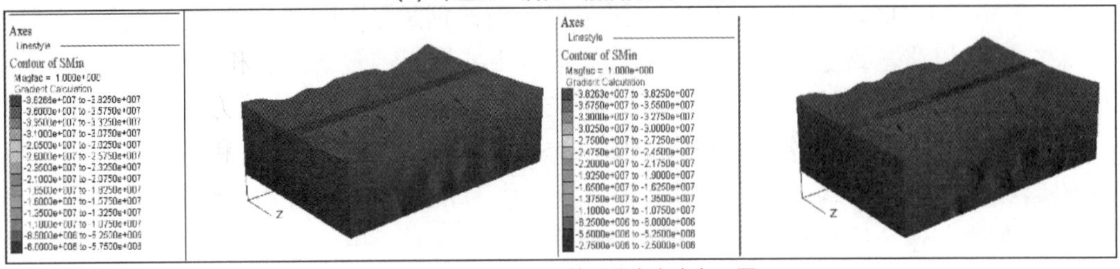

(b) 采空区“活化”前后最大主应力云图

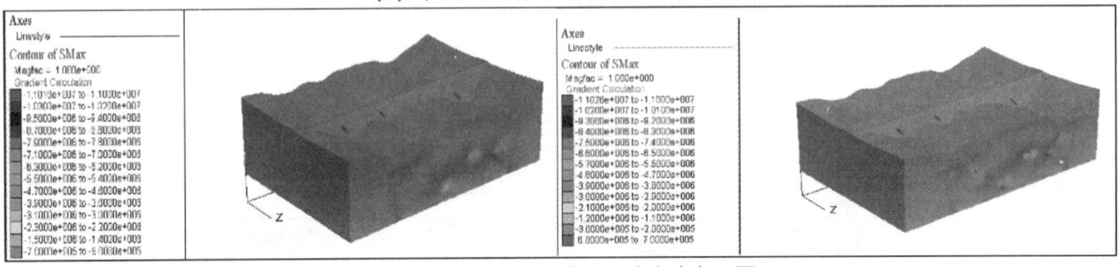

(c) 采空区“活化”前后最小主应力云图

图 7-47 采空区“活化”前后模型各向应力分布图

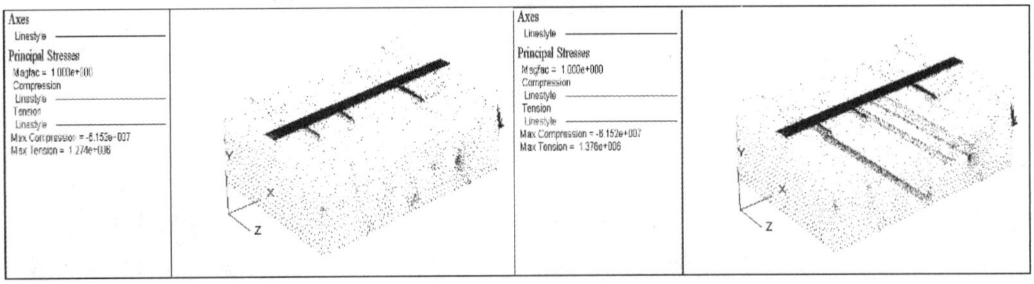

图 7-48 采空区“活化”前后主应力张量状态图

(2) 典型剖面分析

图 7-49 至图 7-53 为路中心线剖面计算结果云图，左侧为铺筑路面后路中心线剖面计算结果云图，右侧为采空区活化后路中心线剖面计算结果云图。图 7-49 为采空区“活化”前后路中心线剖面沉降云图；图 7-50 为采空区“活化”前后路中心线剖面 X 向位移云图；图 7-51 为采空区“活化”前后路中心线剖面剪应变率云图；图 7-52 为采空区“活化”前后剪应变增量云图；从图 7-53 采空区“活化”前后模型各向应力分布图来看（单位：Pa），因受上覆重载车辆和邻近采区开采引起的采空区“活化”影响，“活化”区、充填区和预留矿柱区应力分布变化急剧，应力应变分布比较紊乱，且充填区和断层位置出现了剪切破坏带，在这种复杂受力条件下，极易使路基路面产生裂隙，加速路面的老化，大大缩短道路的使用寿命。而路面的疲劳开裂，不仅会使路面的抗变形能力降低，更重要的是随着地表水的下渗等影响，会加速下伏路基与基岩的变形与破坏，最终可能导致采区顶板断裂，导致其上部路基出现塌陷。

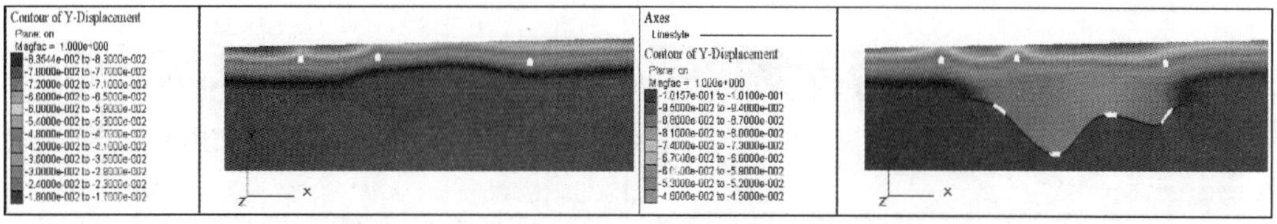

图 7-49　采空区“活化”前后路中心线剖面沉降云图

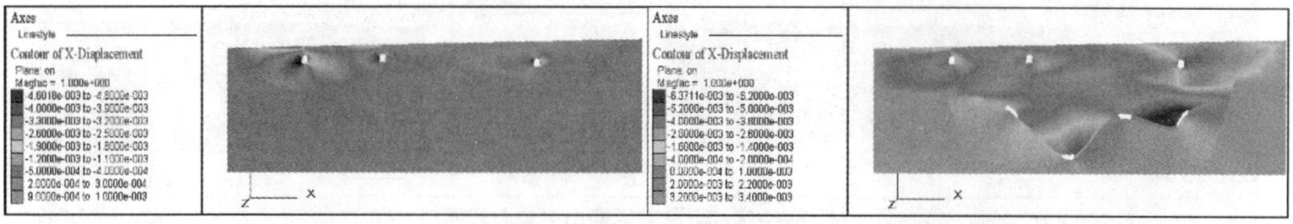

图 7-50　采空区“活化”前后路中心线剖面 x 向位移云图

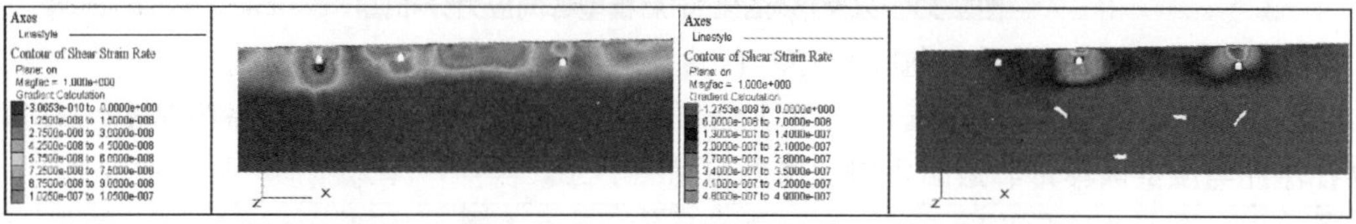

图 7-51　采空区“活化”前后路中心线剖面剪应变率云图

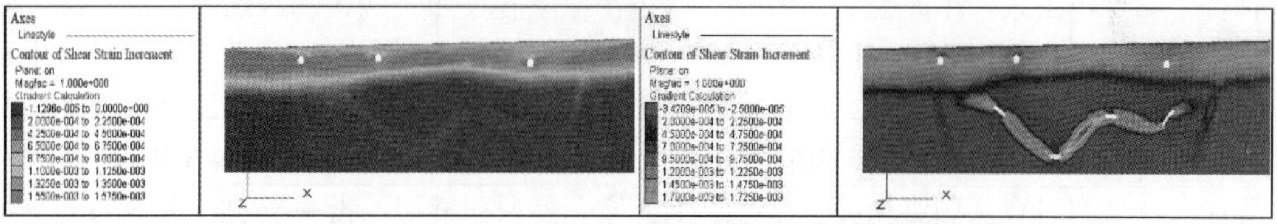

图 7-52　采空区“活化”前后剪应变增量云图

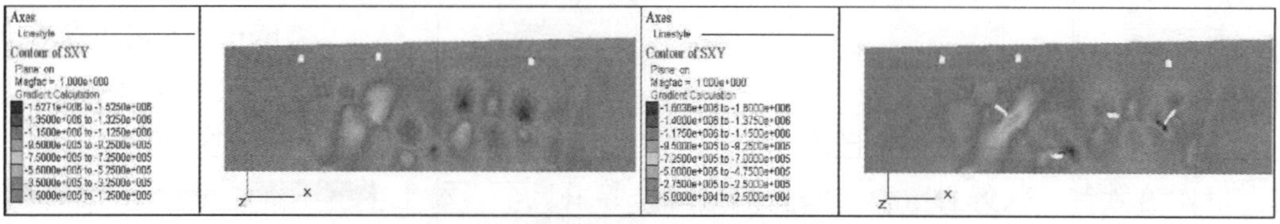

(a) 采空区“活化”前后剪应力云图

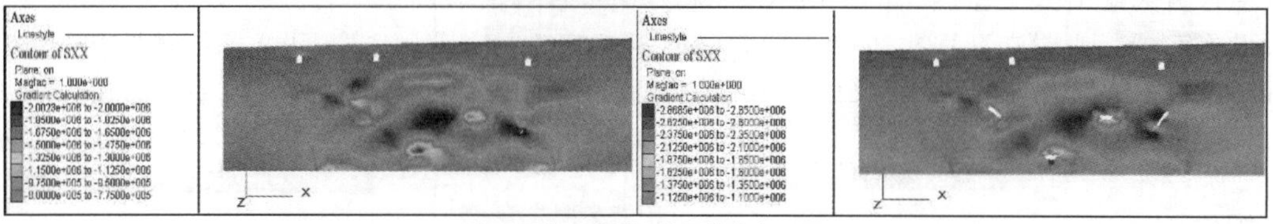

(b) 采空区“活化”前后剪应力云图

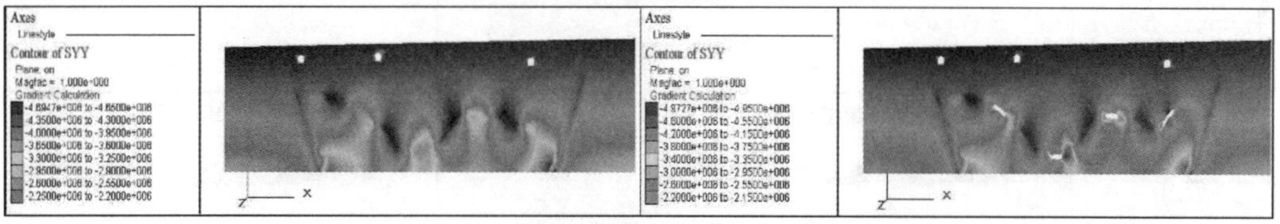

(c) 采空区“活化”前后剪应力云图

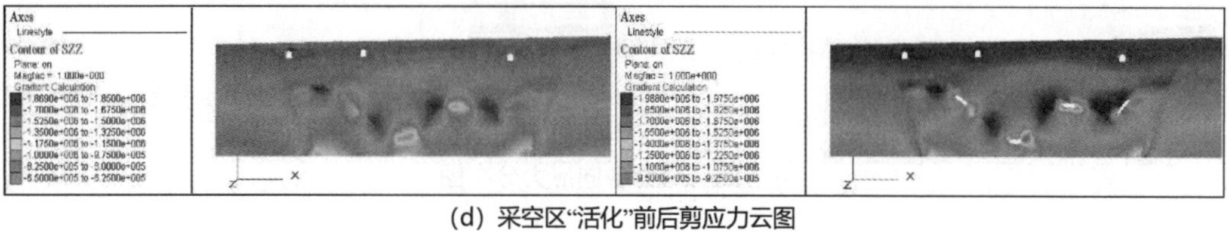

(d) 采空区“活化”前后剪应力云图

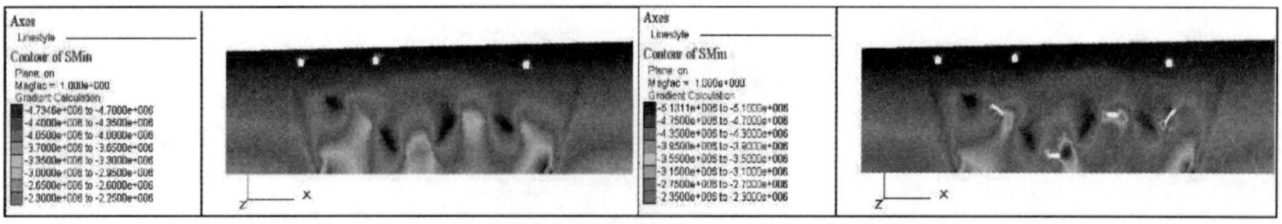

(e) 采空区“活化”前后最大主应力云图

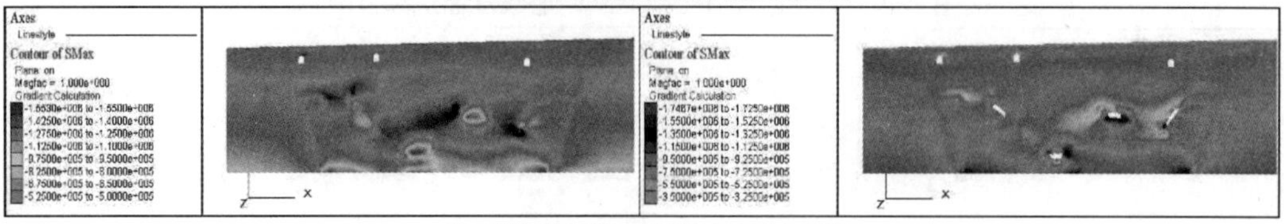

(f) 采空区“活化”前后最小主应力云图

图 7-53　采空区“活化”前后模型各向应力分布图

(3) 路面数值模拟结果分析

从图 7-54 路面剪应变率云图和图 7-55 路面剪应变增量云图看出，三个涵洞上方路面存在潜在剪应变破坏带。路面各向应力分布见图 7-56。

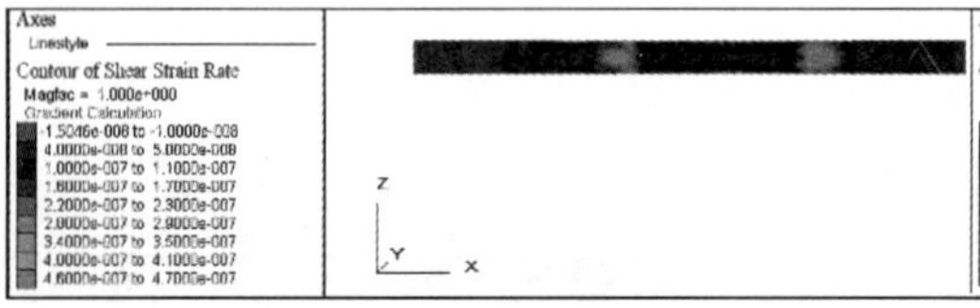

图 7-54　路面剪应变率云图

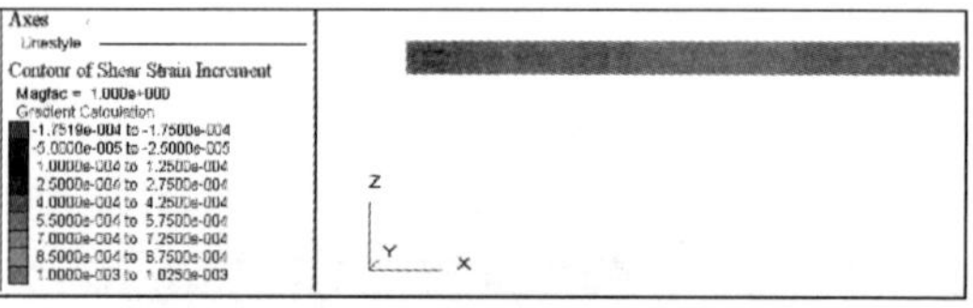

图 7-55　路面剪应变增量云图

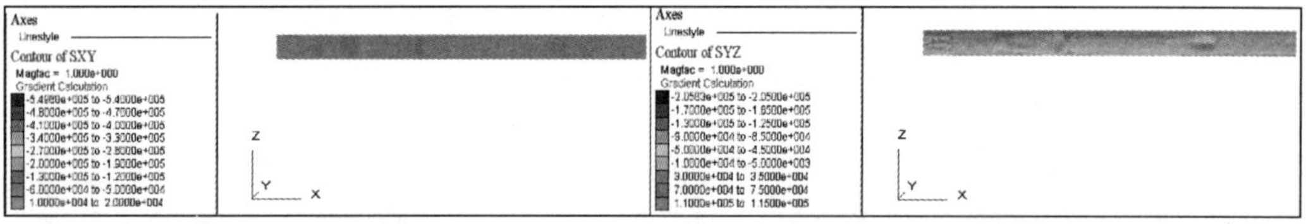

(a) 路面剪应力 Sxy 云图（单位：Pa）　(b) 路面剪应力 Syz 云图（单位：Pa）

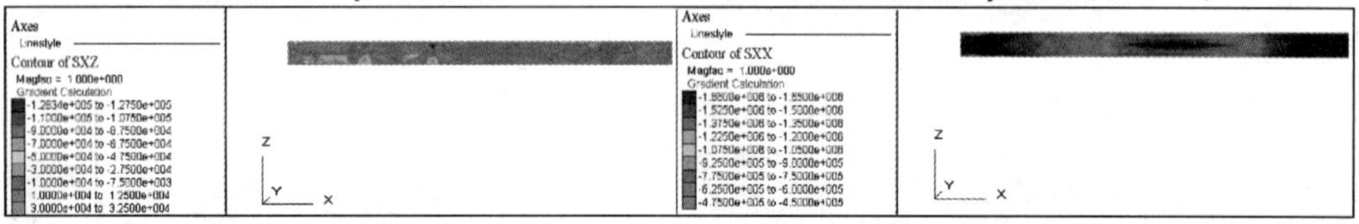

(c) 路面剪应力 Sxz 云图（单位：Pa）　(d) 路面剪应力 Sxx 云图（单位：Pa）

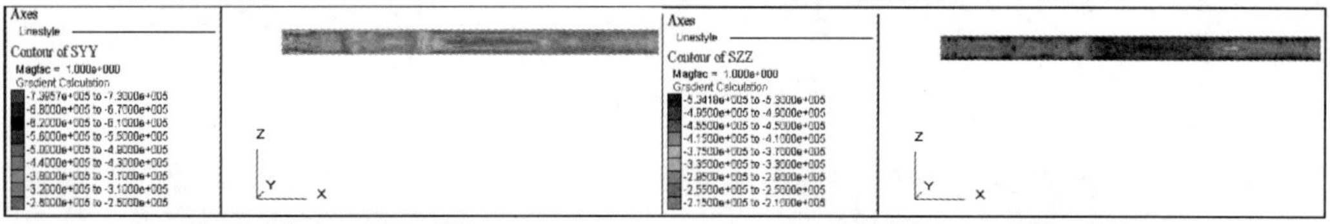

(e) 路面剪应力 Syy 云图（单位：Pa）　(f) 路面剪应力 Szz 云图（单位：Pa）

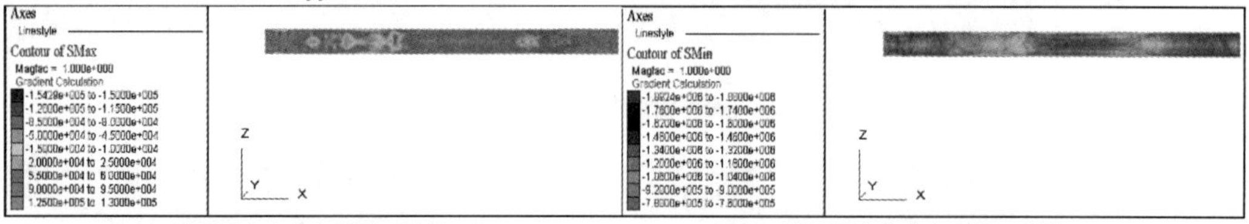

(g) 路面最小主应力云图（单位：Pa）　(h) 路面最大主应力云图（单位：Pa）

图 7-56　路面各向应力分布图

从图 7-56 路面各向应力分布图来看（单位：Pa），因受采空区“活化”的影响，路面的应力应变分布比较紊乱，在这种复杂受力条件下，极易使路面产生裂隙，加速路面的老化，大大缩短路面的使用寿命。而路面的疲劳开裂，不仅会使路面的抗变形能力降低，更重要的是随着地表水的下渗等影响，会加速下覆路基与基岩的变形与破坏，最终可能导致采区顶板断裂，导致上部路基塌陷；从图 7-57 路面主应力张量状态图和图 7-58 路面塑性屈服状态图看出，断层露头处与三个涵洞位置处路面存在潜在塑性屈服区。

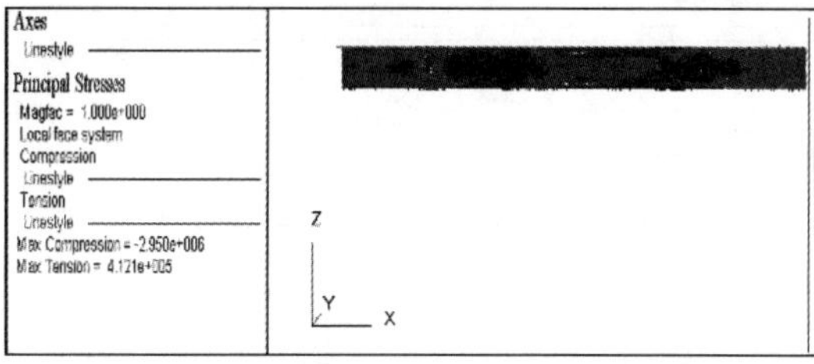

图 7-57　路面主应力张量状态图

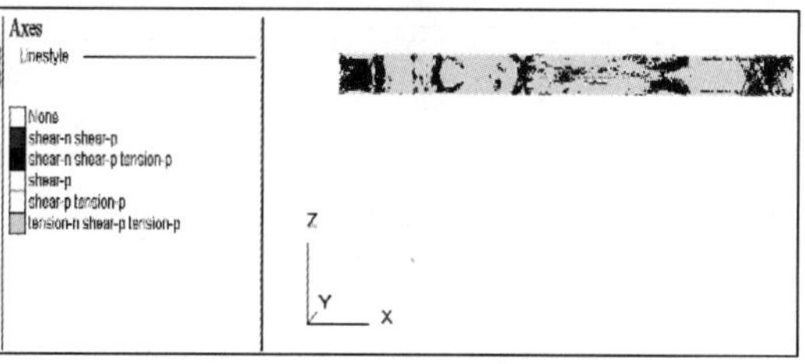

图 7-58　路面塑性屈服状态图

(4) 典型剖面沉降云图与沉降曲线分析

图 7-59 为煤层开采后与采空区下覆岩体“活化”后，模型整体沉降云图；图 7-60 为煤层开采后与采空区“活化”时，路线轴向剖面沉降云图；图 7-61 为采空区下覆岩体“活化”时，路面中心线沉降曲线。

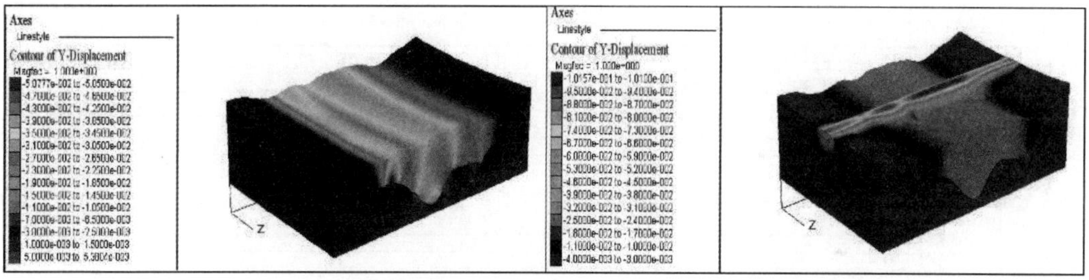

图 7-59　煤层开采后与下覆岩体“活化后”沉降云图

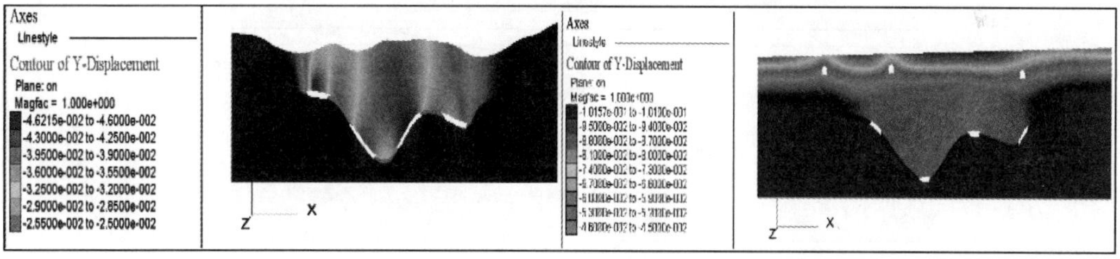

图 7-60　煤层开采后与下覆岩体“活化后”高速公路中心线剖面沉降云图

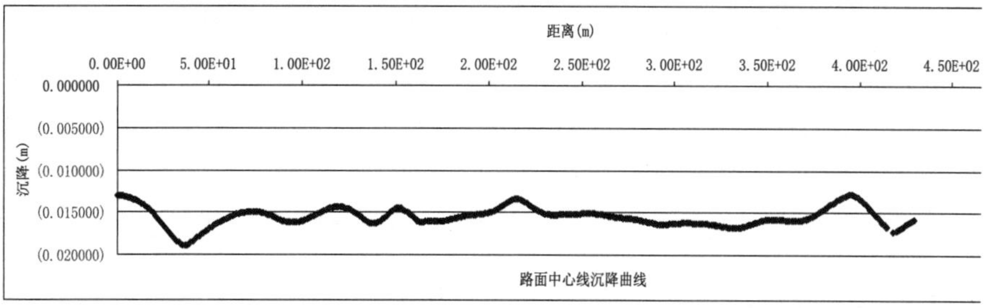

图 7-61　路面中心线沉降曲线

图 7-62 至图 7-64 分别为 c，b，a 涵洞上方路面横断面与涵洞底部沉降曲线。道路沿断层出现“漏斗”状沉降盆地，断层处剪切冒落；路面纵向出现差异沉降。

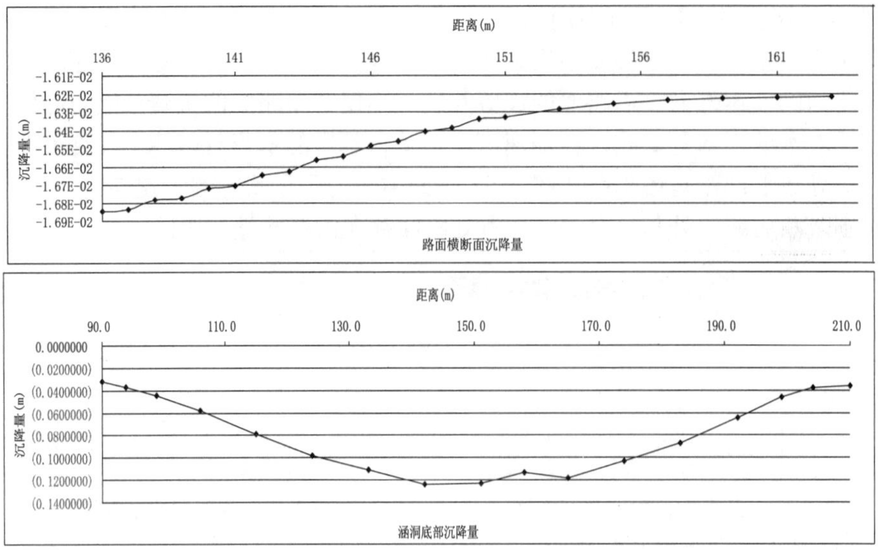

图 7-62　涵洞上方路面横断面与涵洞底部沉降曲线

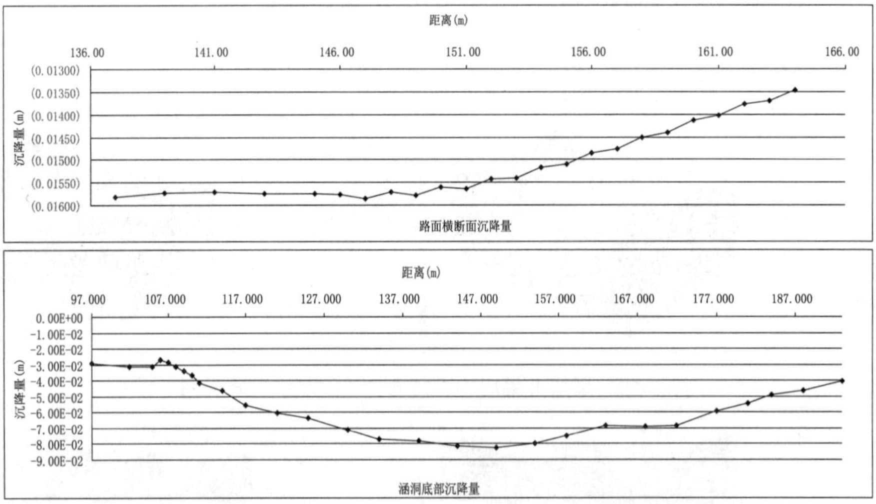

图 7-63　涵洞上方路面横断面与 b 涵洞底部沉降曲线

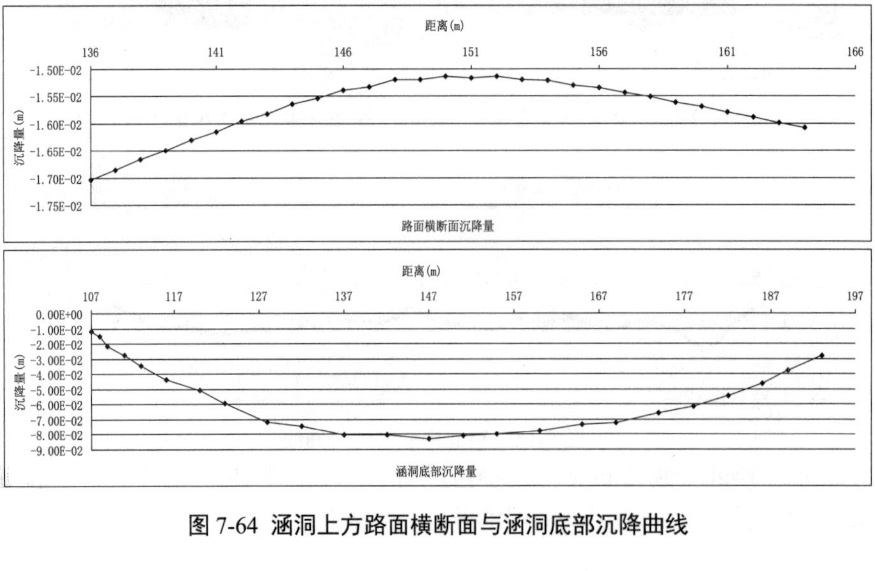

图 7-64 涵洞上方路面横断面与涵洞底部沉降曲线

7.3.2.5　岩移参数变化规律分析

根据有限元预计的不同采深地表移动值，可得地表岩移参数变化规律如下：

① 下沉系数，根据实测及预计地表移动值，求得采空区“活化”前后的地表下沉系数分别为 0.97 和 0.95。

② 水平移动系数，水平移动系数为最大水平移动角值与最大下沉值之比，根据地表移动实测值及预计值，求得采空区“活化”前后的水平移动系数分别为 0.27 和 0.28。

③ 拐点偏移距，拐点偏移距代表下沉盆地与采空区相对位置，由岩体模拟分析发现，拐点偏移是岩层弯曲必然出现的，由实测及预计下沉曲线求得采空区“活化”前后的拐点偏移距分别为 25.41 m 和 25.89 m。

④ 由实测值及预计的地表移动值，求得采空区“活化”前后的 $\tan\beta$ 分别为 1.51 和 1.68。

⑤ 移动角值，随着开采深度增加，地表移动范围越来越大，模拟结果表明，在岩体内部下沉边界并不是沿一条直线向上发展的，而是一条曲线。但地表移动的边界角、移动角值并未减小，相反有所增大，也就是说，深部开采的移动角值比浅部开采大。

7.3.2.6　分析与评价

从数值模拟结果知，由于矿柱开采和断层引起沿路线方向的不均匀沉降，矿层应力应变的急剧变化、不均匀性，以及造成的局部上覆土体的受拉状态，都将对日后运营的高速公路造成极大影响。三维数值模拟的方法用于采空区稳定性评价，能够比较准确地反映各采空区围岩的应力、应变、位移状态，预测采空区是否存在安全隐患，对高速公路的安全运营具有重要的指导作用。在对采空区进行治理时，建议首先掌握采空区所受的应力状态，根据其不同的应力状态采取不同的治理措施。防止因不了解其破坏模式而千篇一律地进行治理，那样既可能存在安全隐患，还可能加大采空区治理费用。

采空区对高速公路的影响与建筑物下、水体下开采相比较，其有自己的特点：公路下采空区多是在建路前形成，它对公路影响是剩余沉陷引起的位移变形破坏；公路整体延伸范围大，不仅涉及采空区引起的地表剩余沉陷，而且因建路中路基的开挖、爆炸等因素也会导致新的沉陷发生，特别对于采空区内有支撑煤柱条件下这种可能性更大。因而对高速公路下采空区的影响评价应是全盆地、多种方法的分析评价[12]。

采矿引起的地表沉陷破坏主要发生在下沉不均匀地带，在拉伸带范围，水平变形超过公路路面的极限抗拉值，路面出现裂缝，轻则会导致路面渗水破坏，严重的会使交通中断。在压缩带范围，会出现路面隆起，起伏不平，使车辆行驶困难，或使高速行驶车辆腾空引起交通事故。路面的侧向倾斜或扭曲也对高速行驶车辆不利，当出现在弯道上时尤为不利。危害程度依据公路的路面、路基结构形式及公路设计规范要求确定，例如，当有公路桥梁或高架桥时，危害更为严重。为解决此问题，本数值模拟考虑了注浆充填和路面结构。注浆充填要按规范要求进行，否则会出现离层现象；路面结构即双层混凝土板路面。从模拟结果看出，双层混凝土板路面可以较好地处理重载交通下的采空区高速公路，其具有整体性强度、后期养护费用低，效果较理想。

此段采空区原设计为填方高路堤，为保证高路堤的稳定性，应按《公路路基设计规范》规定留设保护煤柱，宽度以路堤坡脚外 1 m 为界，沿两侧界线向外留设 20 m 宽的围护带；由于为高达 26.43 m 的高填路堤，围护带范围很大，与当地的复采计划可能无法协调一致；而且按原设计为路堤填筑，在三个冲沟处设置拱涵，将破坏采空区水系，造成新的地质灾害；建议查清开采扰动及岩体破碎情况，建议桥跨方案；原设计 K72+980～K73+240 段采空区考虑注浆充填处理；原地质勘探中在 K73+050 右 4 m、K73+104 左 14 m、K73+105 右 60 m、K73+150 左 10 m、K73+212 左 32 m 处布置了共 5 个地质勘察钻孔。需进一步补充地质勘探平面及剖面图，进一步明确采空区注浆充填处理范围。

7.3.2.7 施工质量检测

(1) 沉降变形水准观测分析

寺沟山沟采空区高填段位于禹登高速 K72+900～K73+330，路基最大填高 26.43 m，为三级边坡，坡比分别为 1∶1.5、1∶1.75 和 1∶2，在 K72+985.9，K73+052 和 K73+217.5 处分别有 a，b，c 三个 6 m×5 m 钢筋混凝土拱形箱涵，用水准仪对其进行水准观测，观测成果如图 7-65 所示。初测时间为 2006 年 8 月 28 日，观测时间为 2006 年 9 月 17 日和 2006 年 10 月 4 日。从寺沟采空区高填段三涵洞沉降变形水准观测知，由于矿层采空、局部注浆效果较差和高填路基自身沉降等因素影响，三涵洞底板下沉较大，为解决此问题注浆充填要按规范要求进行，否则会出现离层现象；路面结构考虑双层混凝土板路面。从图 7-65 数值模拟结果看出，双层混凝土板路面可以较好地处理重载交通下的采空区高速公路，其具有整体性强度、后期养护费用低，效果较理想。

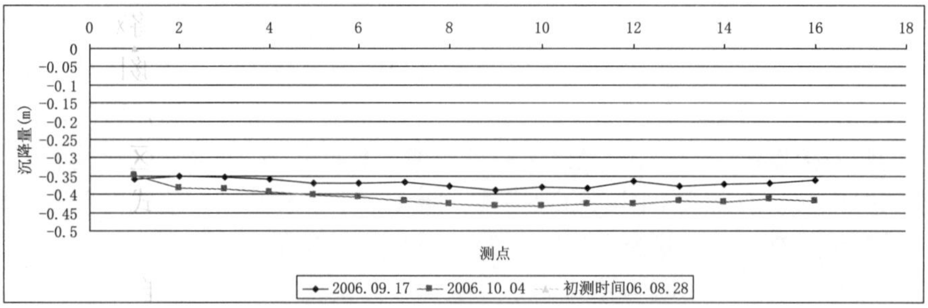

(a) 寺沟山沟采空区高填段 a 涵洞沉降变形

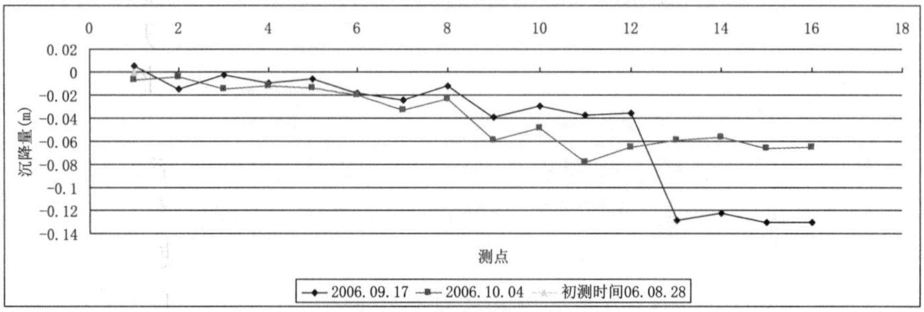

(b) 寺沟山沟采空区高填段 b 涵洞沉降变形

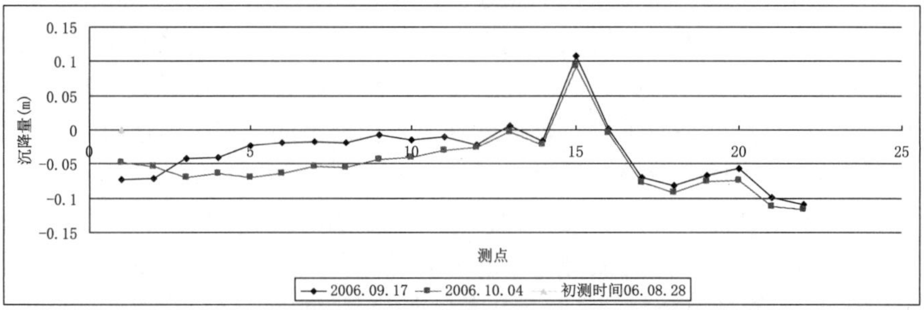

(c)寺沟山沟采空区高填段 c 涵洞沉降变形图

图 7-65 寺沟山沟采空区高填段 a,b,c 涵洞沉降变形图

(2) 瞬态瑞雷波检测路基压实度质量

填石路基的压实度是关系公路施工质量控制以及影响竣工后路堤稳定性和沉降的重要指标，压实质量对施工和长期营运至关重要。本次瞬态瑞雷波（如图 7-66 所示）测试地点选择在禹登高速公路寺沟段（K72+980），现场测试工作是在路基施工碾压完毕后，铺筑底基层前进行。根据大量试验数据计算分析求得 B=0.352，V_{R0}=376 m/s。

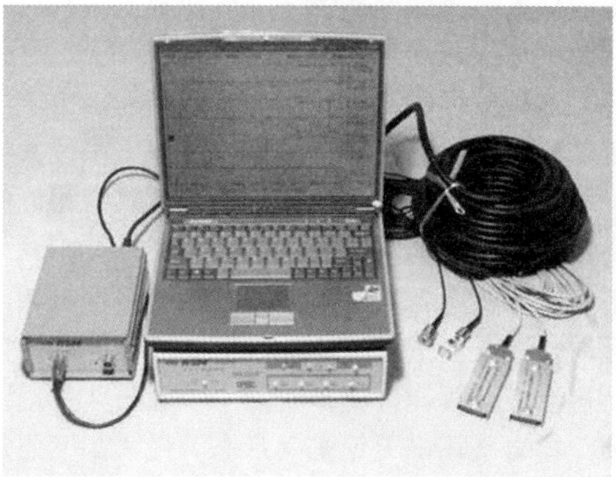

图 7-66　RSM-24FD 浮点工程动测仪

图 7-67　土路基瑞雷波测试与探头布置

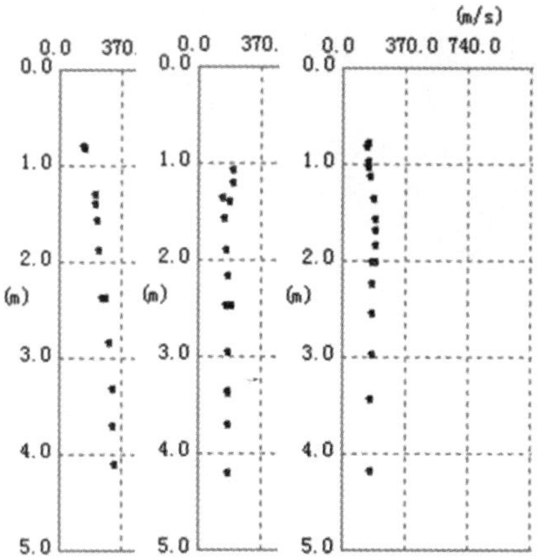

图 7-68　实测 VR-λ 曲线

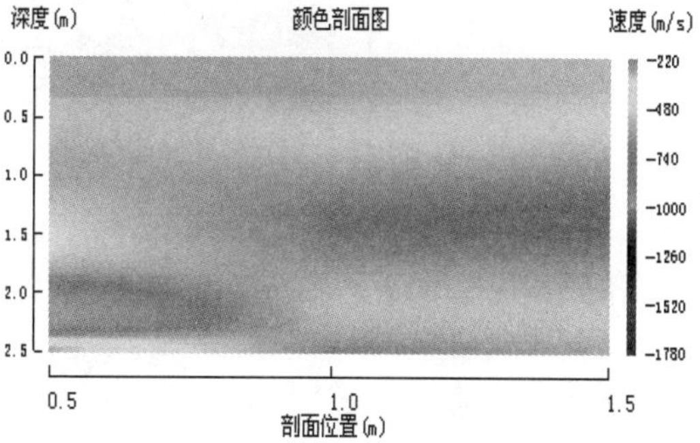

图 7-69　测线压实度波速云图

图 7-67 为现场检测照片，测试采用 50 磅的大锤作为振源，3 个传感器收集瑞雷波数据，道距和偏移距都取 1 m，采样间隔取 200　μs，分析长度、滤波频率分别选取 1024 点、1000 Hz。图 7-68 为两个探头间的信号数据做相干-相位分析得到瑞雷波波速 V_R 与波长 λ 曲线。实测路段上 0～0.8 m 深度内瑞雷波波速平均值 V_R=335 m/s，由相关公式计算路基压实度为 K=0.96；0.8～2.5 m 深度内瑞雷波波速平均值 V_R=342 m/s，由相关公式计算路基压实度为 K=0.97。图 7-69 为测线压实度波速云图，反映了 1 m 路段路基压实质量云图分布。根据测试可知，该填石路基的压实质量符合路基压实度规范要求。

此段采空区原设计为填方高路堤，为保证高路堤的稳定性，应按《公路路基设计规范》（JTAND30—2004）规定留设保护煤柱宽为：以路堤坡脚外 1 m 为界，沿两侧界线向外留设 20 m 宽的围护带；由于为高达 26.43 m 的高填路堤，围护带范围很大，与当地的复采计划可能无法协调一致；而且按原设计为路堤填筑，在三个冲沟处设置拱涵，将破坏采空区水系，造成新的地质灾害；建议查清开采扰动及岩体破碎情况，建议桥跨方案。

7.4 振西煤矿浸水路基路面变形研究

当上覆岩层由较坚硬岩石组成时，岩层内含水多少对其物理力学性质无明显影响。当为软弱岩层及松散岩层时，层内含水多少对其物理力学性质有明显影响。如泥质页岩遇水后塑性增大，在移动过程中不宜产生裂隙或断裂。冲积层内含水较多时，在移动过程中就会产生疏干现象，使地表下沉值增加及移动范围扩大。我国一些老采空区浅部大多数有小煤窑采空区，并往往有积水，当采矿或掘进触及到这些积水采空区后，积水被疏干，引起上覆岩层移动，使地表建筑物或公路遭到破坏。这种破坏多发生在雨季或连雨后，由于雨季或连雨，特别是洪水期，往往造成河水泛滥、地面积水，使塌陷区采空区地下水位大幅度回升，雨后又迅速下降（因矿井排水）。这时，降雨和地表积水与排水量变化具有相同的作用，即能使塌陷区的水位发生大幅度升降变化，从而影响着地面塌陷的形成。

综合以上分析和现场含水原位测试，以下数值分析考虑岩土物理力学参数强度折减，折减系数为 65%。处理浸水路基路面变形问题时，主要考虑覆岩中的裂隙是否相互连通以及相互连通的裂隙是否波及水体。因此，分析覆岩破坏规律，特别是导水裂隙带（包括冒落带和裂隙带）的高度及其分布形态至关重要。覆岩破坏，无论是其形态、最大高度还是裂隙的连通性都是有规律可循的。按照岩层开裂的程度，导水裂隙带分为四个区域：冒落性破坏区、严重开裂区、一般开裂区和微小开裂区，如图 7-70 所示。

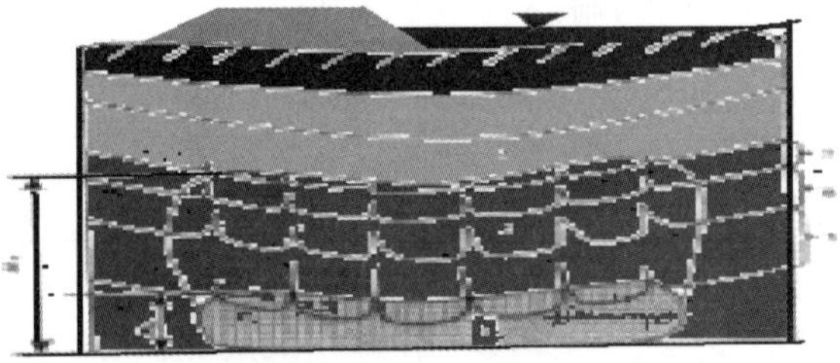

图 7-70 覆岩破坏的分带示意图

冒落带和导水裂隙带的高度分别用 H_m 和 H_f 表示。到目前为止，覆岩破坏高度的计算大多采用验公式估算，表 4-5 中经验公式是根据大量观测资料用数理统计方法获得的[11-13]。

解决浸水路基路面变形问题一般可以采用三种技术措施。

(1) 留设安全防水矿柱

在矿层至水体地面垂直距离很近的条件下，必须在水体和矿层开采上限之间留设一定垂深的岩层块段和矿层，称为安全防水矿柱。留设安全防水矿柱的实质是保证导水裂隙带或冒落带不波及水体。

安全防水矿柱的高度等于预计的导水裂隙带最大高度加上适当的保护层厚度：

$$H_{sk}=H_{fmax}+H_b \tag{7-4}$$

式中，H_b—保护层厚度，按表 7-7 选取；H_f—高度可按表 7-6 进行计算。

(2) 处理地表水体

水体处理措施主要包括两个方面：疏降水体和处理补给来源。常采用大口径钻孔和巷道等方式疏降水位；处理水体来源一般采取堵截、防渗防漏、改道泄水等措施。

(3) 合理开采和顶板管理方式

采用的措施旨在减轻覆岩破坏的影响，并与留设安全防水矿柱相配合，达到安全生产的目的。常用的方法有：分区开采、分层（分阶段）间歇开采和充填开采。

表 7.6　导水裂隙带高度计算公式

矿层倾角 / (°)	岩石抗压强度 /MPa	上覆岩层岩性	顶板管理方法	冒落带高度 H_m/M	导水裂隙带高度 H_f/m
0～54	>40	均为坚硬的岩层	全部陷落	(4～5) M	$\frac{100M}{1.2M+2.0}\pm 8.9$
0～54	20～40	均为中等硬度岩层	全部陷落	(3～4) M	$\frac{100M}{1.6M+3.6}\pm 5.6$
0～54	<20	为隔水性较好的软弱岩层	全部陷落	(1～2) M	$\frac{100M}{3.1M+5.0}\pm 4.0$
0～54	<20	为隔水性较好的风化软岩	全部陷落	(1～2) M	$\frac{100M}{5.0M+8.0}\pm 3.0$
55～85	≥40	坚硬的岩石	全部陷落	(4～5) M	$\frac{100M}{4.1M+133}\pm 8.4$
55～85	<40	中硬的覆岩、较弱的覆岩	全部陷落	$H_m \approx 0.5H_f$	$\frac{100M}{7.5M+293}\pm 7.3$

注：M—累计开采厚度；h—工作面阶段垂直高度；±—计算误差范围，亦即实测数据与理论计算值的均方根差。

表 7.7　保护层厚度计算公式

分类	不同覆岩保护层厚度/m		
	含薄黏性土层	无黏性土层	全部为黏性土层
风化软弱覆岩	2 m/n	4 m/n	3 m/n
软弱的覆岩	3 m/n	5 m/n	4 m/n
中硬的覆岩	4 m/n	6 m/n	5 m/n
坚硬的覆岩	5 m/n	7 m/n	6 m/n

注：矿层倾角为 0°～54°，m——法向开采厚度，n——开采矿层数目。

7.4.1　工程概况

刘碑一矿平、纵断面图如图 7-71 所示。刘碑一矿位于东方煤矿北至公路以南为分层全冒落和部分巷道（树枝状），木柱荆笆支护，滚帮式开采方式，1979 年闭井，地面沉降经填平恢复耕种，影响 K76+600～K77+100 附近以南地段。振西煤矿为群井开采煤层木柱荆笆支护，经填平恢复耕种，但目前仍为明显的沉降盆地，影响 K76+810～K77+095 地段，此地带基本为完全采空；设计路线左侧老采空区内旱地大面积沉陷；路线排水渠道开裂废弃。该段地形地貌和开采破坏情况如图 7-72 所示。

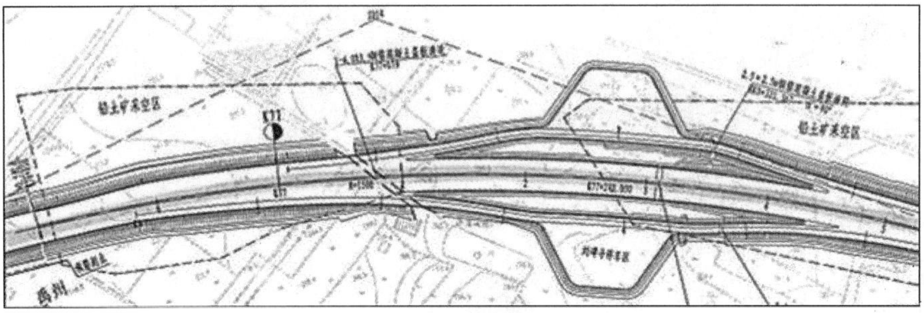

(a) 平面图

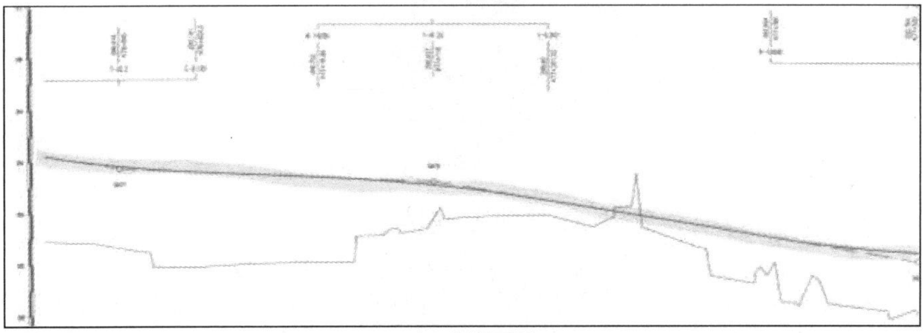

(b) 纵断面图

图 7-71　刘碑一矿平、纵断面图

(a) 废弃破损烟囱与砖厂施工及地面塌陷

(b) 废弃烟囱与井筒提升井架及地面塌陷

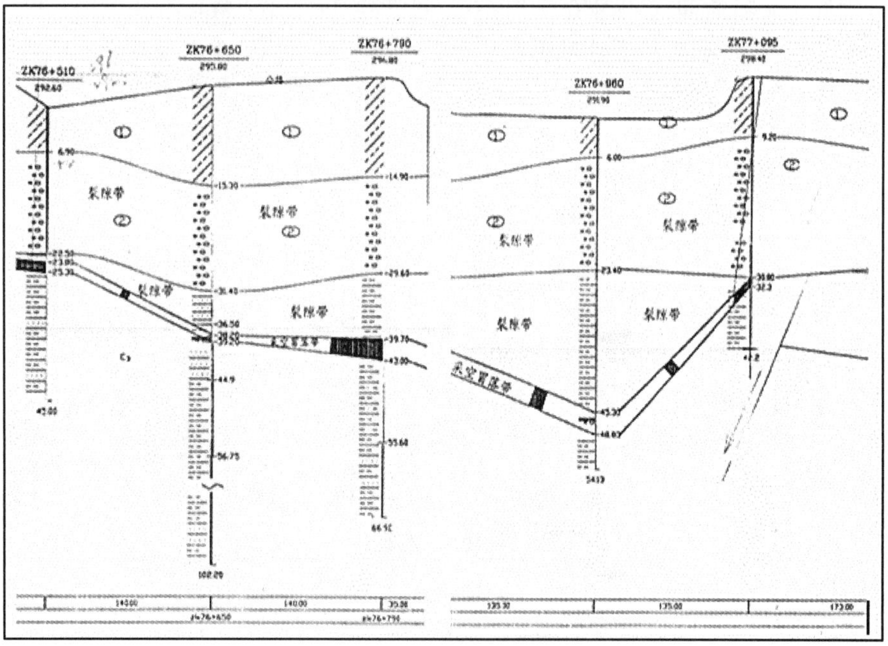

(c) 地质剖面图

图 7-72 地形地貌和开采破坏情况

7.4.2 模型建立及岩土材料物理力学指标选取

计算模型的主要假设条件为：整个采空区不存在断层等可能造成采空区不连续的因素；矿岩为均质各向同性的弹塑性连续介质；位移与时间无关；塑性区的岩体满足 Mohr-Coulomb 准则；开采前地层中不存在构造应力，自重应力为其主要应力。

铝土矿煤矿采空区位于禹登高速 K76+800～K77+100，根据设计资料和地勘资料建立模型如图 7-73 所示：地基长 300 m，宽 150 m，高 77 m，从下到上依次为砂岩、煤层、裂隙带、黏土、碎石填土路基和混凝土板路面。路基最大填高 7.472 m，坡比为 1∶1.5。根据现场地质调查和相关研究提供的力学试验结果，考虑了尺寸效应和地层构造面的影响，对试验得出的各项参数进行相应的调整和简化，模拟计算常用的物理力学参数如表 7-8 所示。

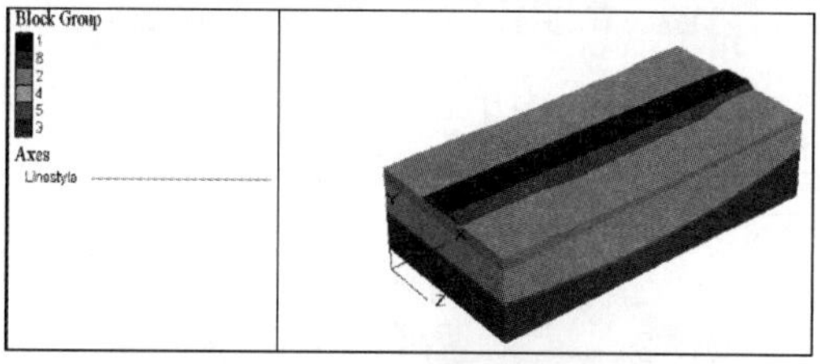

图 7-73　数值分析模型建立

表 7-8　模型材料物理力学参数指标

岩性	体积模量/GPa	剪切模量/GPa	内摩擦角/（°）	黏聚力/kPa	张拉模量/kPa	密度/（kg/m³）
混凝土板	14.8	12.1	45	4000	600	2700
碎石填土	0.0588	0.0226	30	50	1	2000
黏土	0.0392	0.015	30	60	1	1950
砂质泥岩	3.3	2	40	1000	1000	2600
煤层	0.173	0.08	35	200	50	2100
砂岩	5.3	3.2	40	1000	1000	2650

7.4.3　模型边界约束及外荷载

上边界采用自由边界，左右、前后边界仅考虑水平位移约束，下边界考虑水平和垂直两个方向约束，整个模型除了考虑重力荷载作用外，还考虑上覆重载车辆的等效均布荷载 P=129 kPa 作用。考虑孔隙水压力的影响，孔隙水压力如图 7-74 所示。

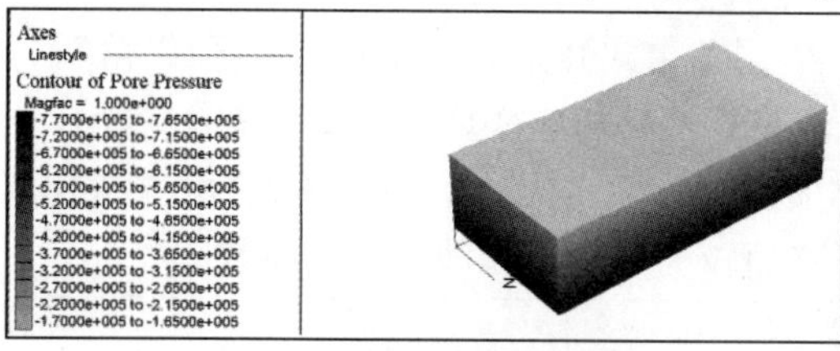

(a) 开采后孔隙水压力云图

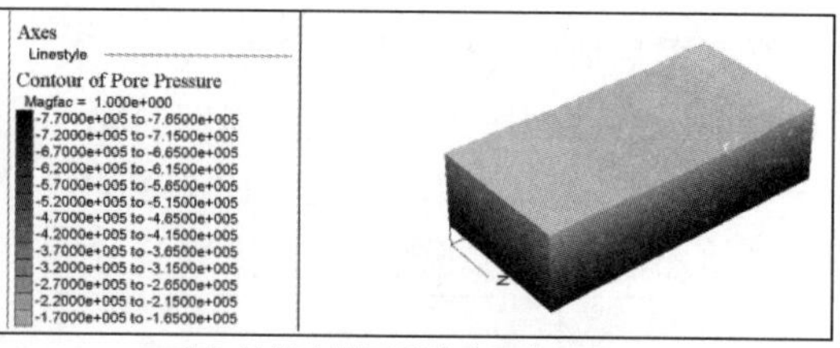

(b) 注浆充填后孔隙水压力云图

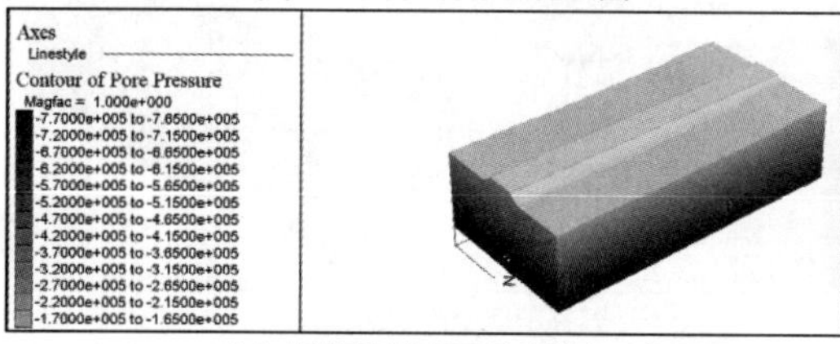

(c) 填筑路基路面后孔隙水压力云图

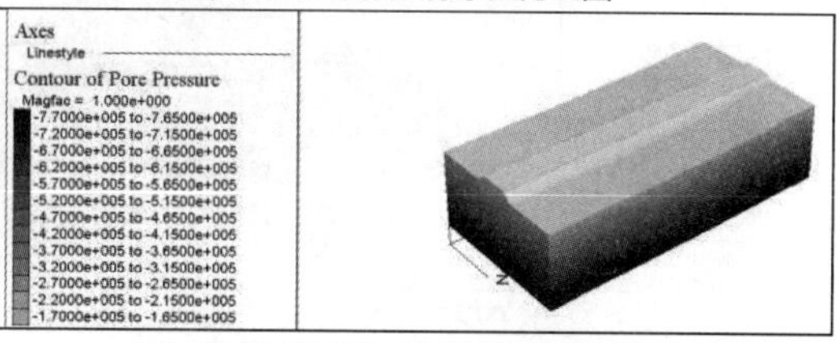

(d) 采空区“活化”后孔隙水压力云图

图 7-74　孔隙水压力图

7.4.4　数值模拟结果

7.4.4.1　施工过程数值模拟结果

三维数值模拟主要考虑原始地基矿层开采后、采空区注浆充填后、填筑路基后和填筑路面后四个施工阶段，模拟结果如图 7-75 所示。矿层开采按条带式开采方式，考虑沿路线方向水平向 30 m 间隔 40%条带开采，采空区充填方式为帷幕式注浆充填，待地基稳定后填筑路基并压实，路基压实度等各项指标达到规范要求时铺筑路面。从矿层开采后的沉降云图 7-75（a）分析可得，由于条带式开采，地基沿路线方向沉降不均匀，局部最大沉降值为 2.12 cm，沿路线方向的不均匀沉降将造成在建高速公路日后产生横缝。矿层开采后引起上覆岩体冒落、弯沉及上覆土体的下沉；从图 7-75（b）知，开采基本稳定后注浆引起的沉降，局部最大值为 0.5 mm。由于注浆充填体强度与开采扰动后岩土体的强度不等，岩土体出现沿路线方向横向各向异性，充填后岩土体沿路线方向沉降不等；待地基基本稳定后填筑路基后的沉降云图如图 7.75（c）所示，由于填筑引起的局部最大位移为 3.43 cm；铺筑路面并考虑重车载后的沉降云图如图 7-75（d）所示，局部最大沉降为 4.06 cm。

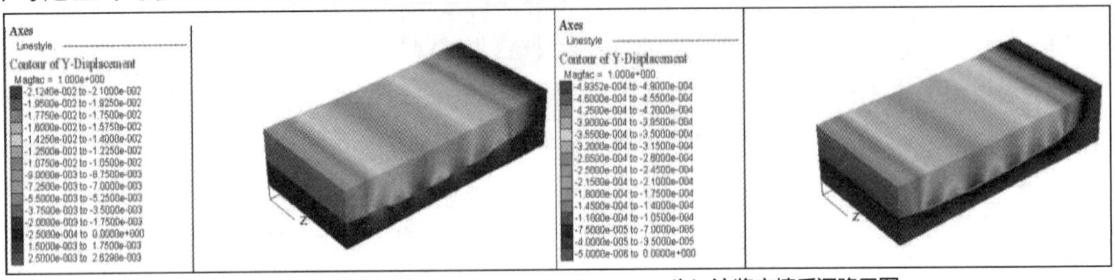

(a) 开采后沉降云图　　(b) 注浆充填后沉降云图

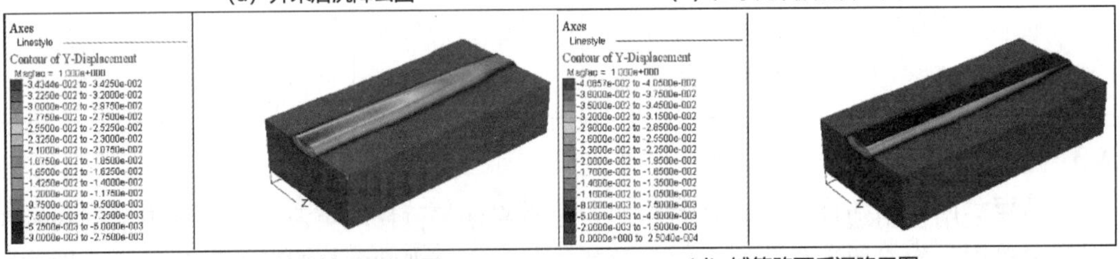

(c) 填筑路基后沉降云图　　(d) 铺筑路面后沉降云图

图 7-75　沉降云图

从开采后剪应变增量云图 7-76（a）看出，矿层条带式开采后，开采上覆区域冒落，预留矿柱剪应变急剧增大，导致其强度劣化；从注浆充填后剪应变增量云图 7-76(b)看出，由于充填整个充填区域剪应变增量比上覆岩土体剪应变增量较大；从图 7-76(c)和 7-76(d)看出，填筑路基和铺筑路面后剪应变增量除路基路面较大外，整体剪应变增量均匀。

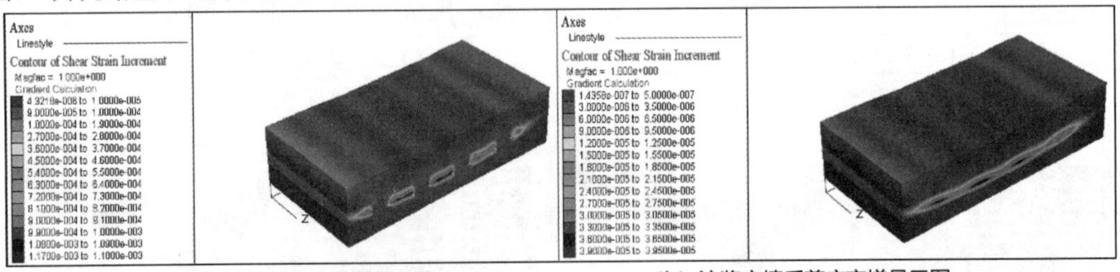

(a) 开采后剪应变增量云图　　(b) 注浆充填后剪应变增量云图

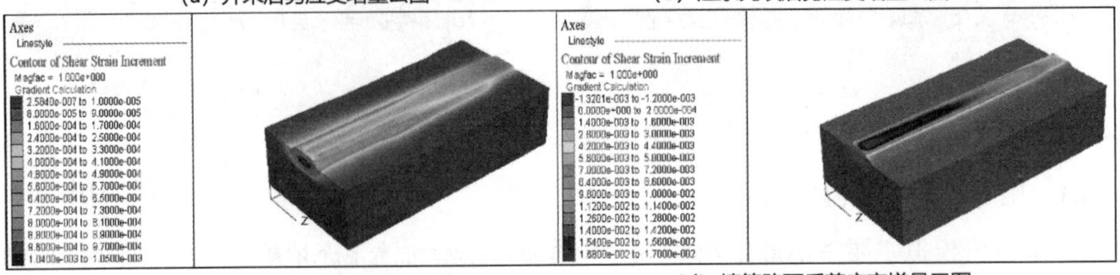

(c) 填筑路基后剪应变增量云图　　(d) 填筑路面后剪应变增量云图

图 7-76　剪应变增量云图

从图 7-77 剪应力 Sxy 云图看出，开采区和预留矿柱的整个矿层，由于开采、注浆体强度与周围扰动岩土体强度不等，剪应力变化急剧且沿路线方向不均匀，影响上覆高速公路的日后运营。

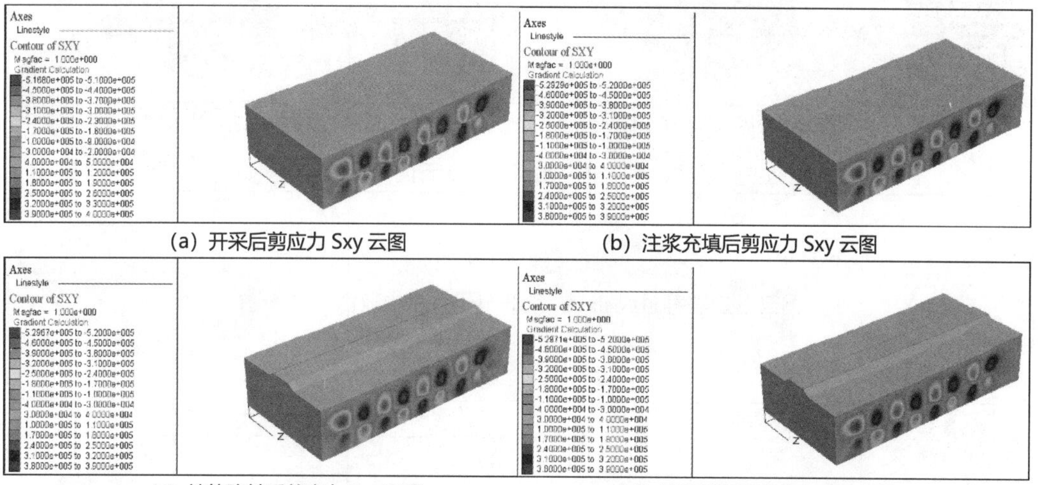

(a) 开采后剪应力 Sxy 云图　(b) 注浆充填后剪应力 Sxy 云图

(c) 填筑路基后剪应力 Sxy 云图　(d) 填筑路面后剪应力 Sxy 云图

图 7-77　剪应力 Sxy 云图

从图 7-78 至图 7-82 各向应力云图看出，开采区和预留矿柱的整个矿层，由于开采、注浆体强度与周围扰动岩土体强度不等，剪应力变化急剧且沿路线方向不均匀，局部剪应力较大，并由于等间距开采而形成应力拱，一旦由于重载影响，应力拱破坏，从而影响上覆高速公路的日后运营。

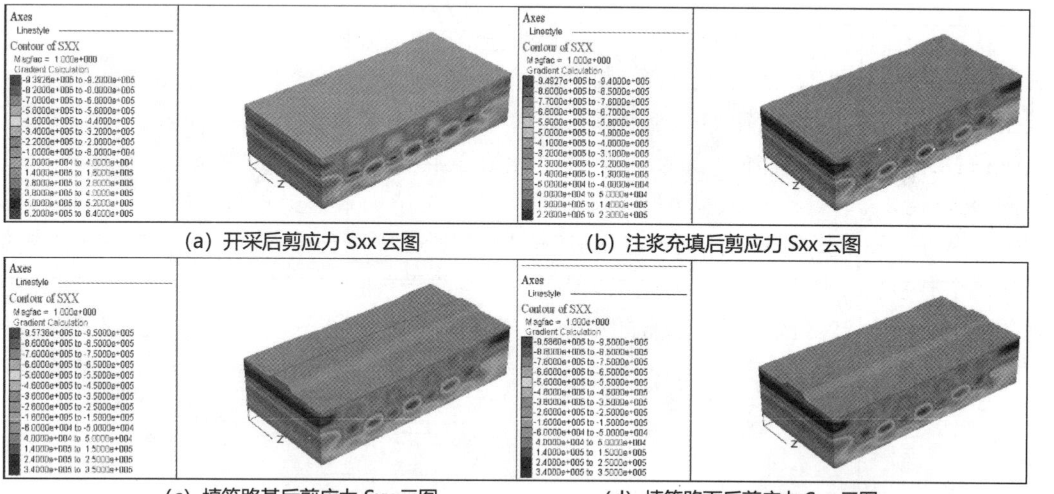

(a) 开采后剪应力 Sxx 云图　(b) 注浆充填后剪应力 Sxx 云图

(c) 填筑路基后剪应力 Sxx 云图　(d) 填筑路面后剪应力 Sxx 云图

图 7-78　剪应力 Sxx 云图

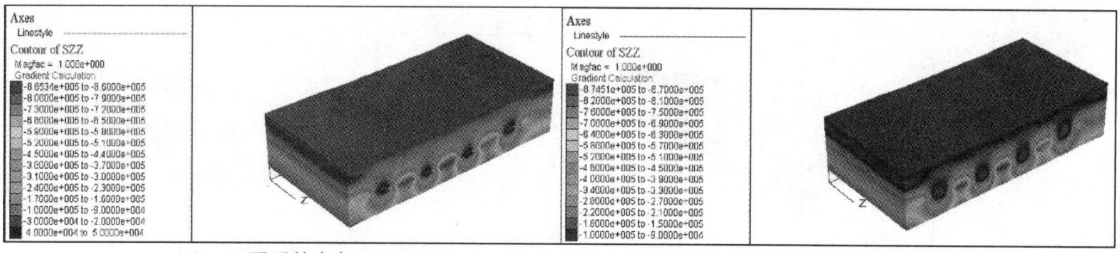

(a)　开采后剪应力 Szz 云图　(b)　注浆充填后剪应力 Szz 云图

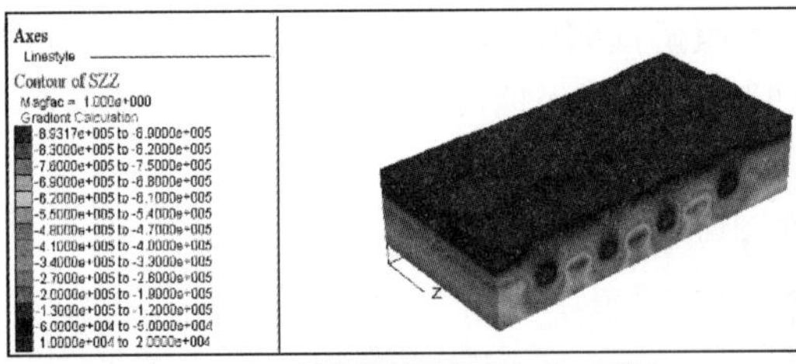

(c) 填筑路基后剪应力 Szz 云图

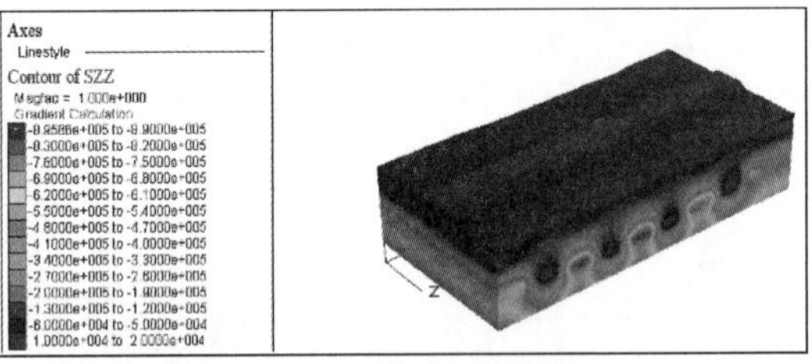

(d) 填筑路面后剪应力 Szz 云图

图 7-79 剪应力 Szz 云图

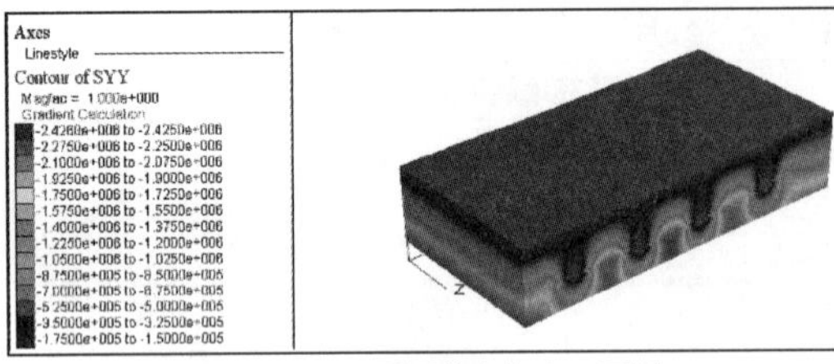

(a) 开采后剪应力 Syy 云图

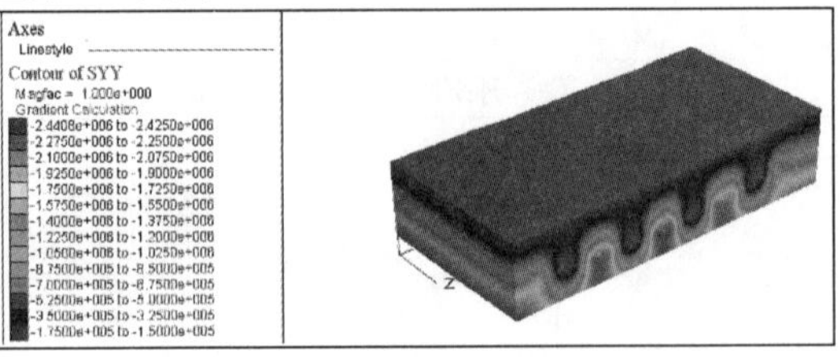

(b) 注浆充填后剪应力 Syy 云图

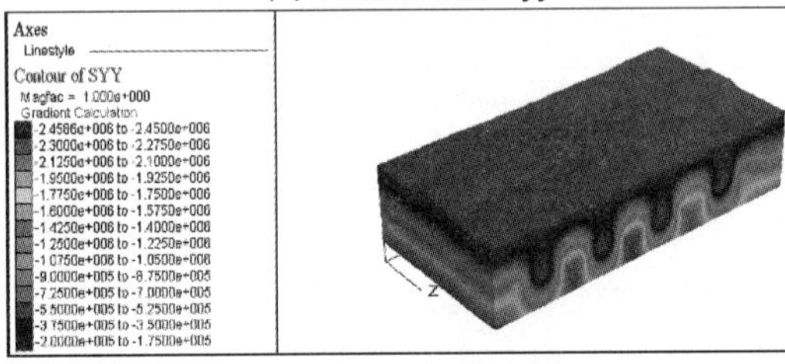

(c) 填筑路基后剪应力 Syy 云图

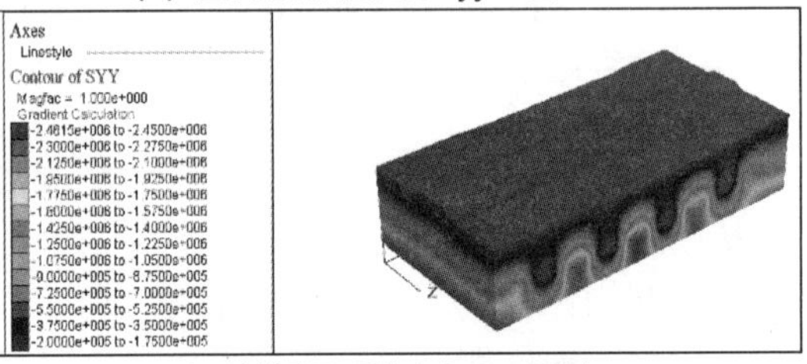

(d) 填筑路面后剪应力 Syy 云图

图 7-80 剪应力 Syy 云图

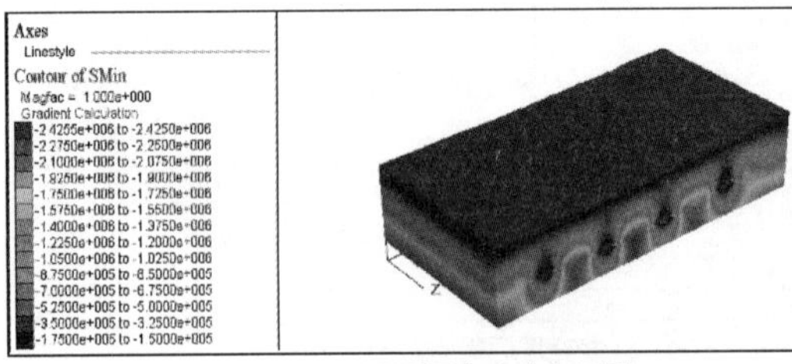

(a) 开采后最大主应力云图

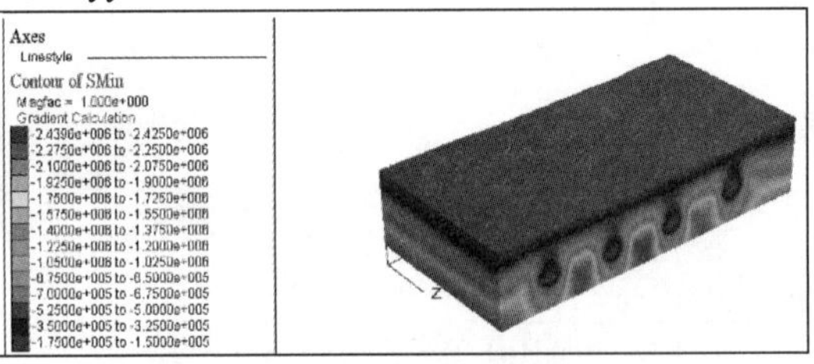

(b) 注浆充填后最大主应力云图

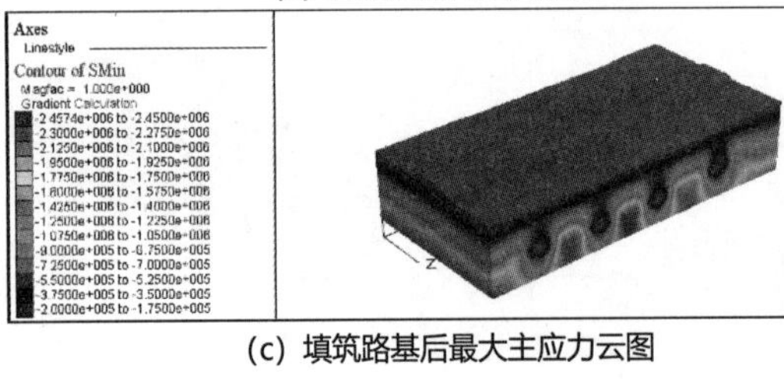

(c) 填筑路基后最大主应力云图

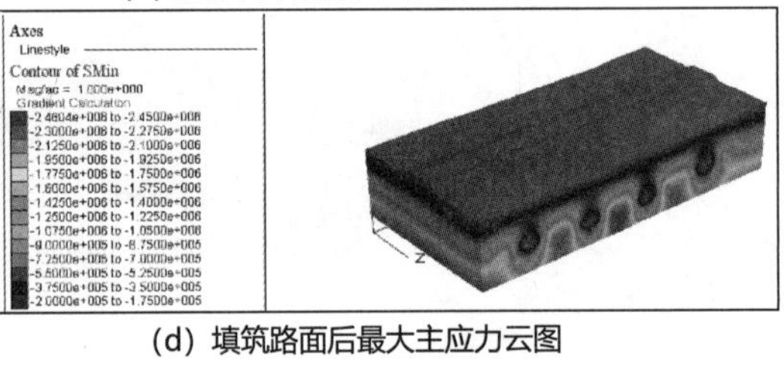

(d) 填筑路面后最大主应力云图

图 7-81 最大主应力云图

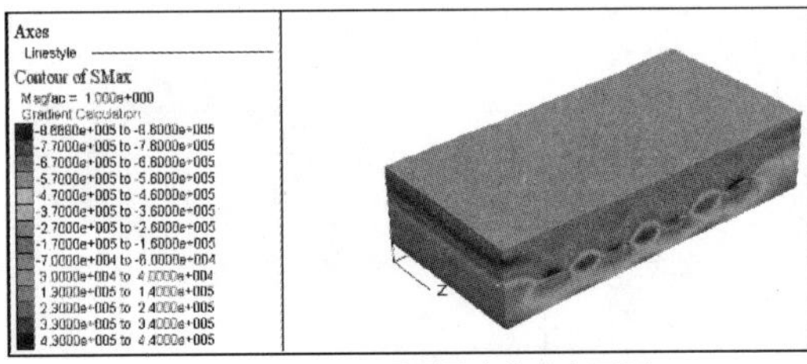

(a) 开采后最小主应力云图

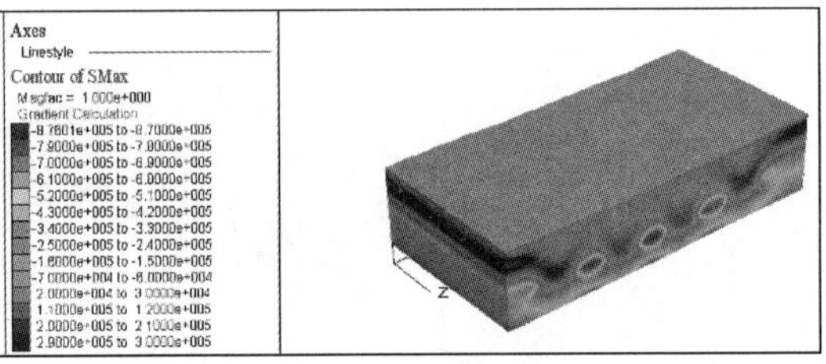

(b) 注浆充填后最小主应力云图

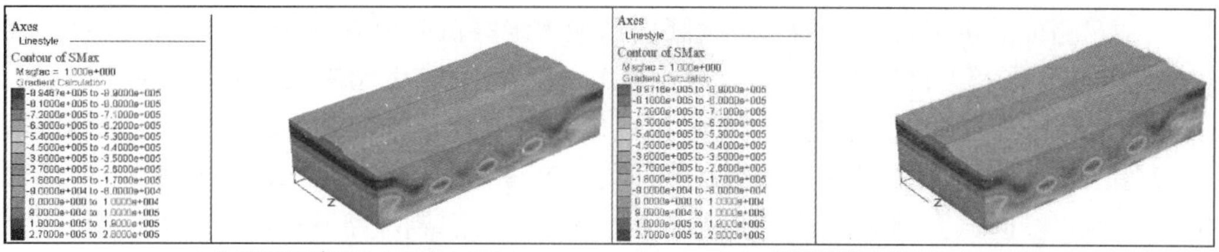

(c) 填筑路基后最小主应力云图　　(d) 填筑路面后最小主应力云图

图 7-82　最小主应力云图

从图 7-83 主应力张量状态图看出，大部分岩土体受压应力，局部受拉应力，这主要是由于开采、注浆充填和路基填筑的影响。

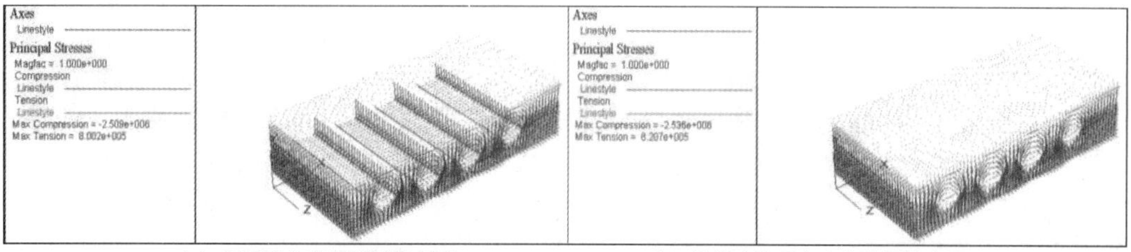

(a) 开采后主应力张量状态图　　(b) 注浆充填后主应力张量状态图

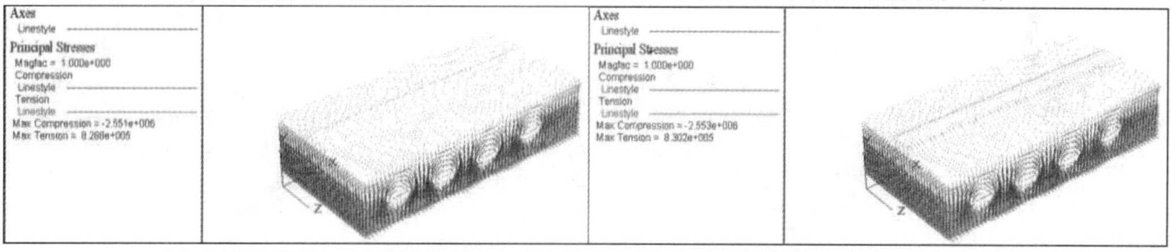

(c) 填筑路基后主应力张量状态图　　(d) 填筑路面后主应力张量状态图

图 7-83　主应力张量状态图

7.4.4.2　采空区“活化”数值模拟结果

(1) 整体模型数值模拟结果分析

路基路面下覆开采活化三维数值模拟主要考虑铺筑路面后和采空区活化两个施工阶段，模拟结果如下所示。矿层开采按条带式开采方式，考虑沿路线方向水平向 30 m 间隔 40%条带开采。

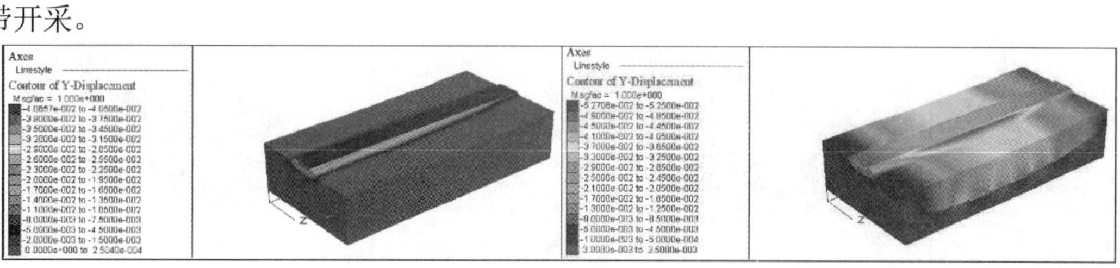

图 7-84　采空区“活化”前后沉降云图

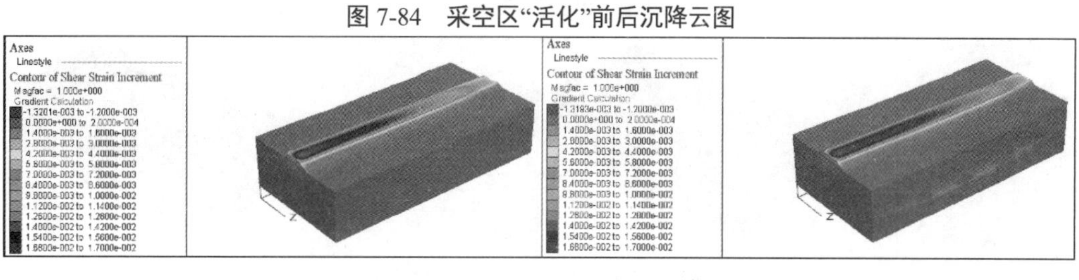

图 7-85　采空区“活化”前后剪应变增量云图

从铺筑路面后沉降云图 7-84 知，道路局部最大最终沉降值为 4.06 cm；当采空区“活化”时，临近采区开采及上覆重载车辆引起采空区“活化”，“活化”引起的最大沉降最终 5.27 cm。从采空区“活化”剪应变增量云图 7-85 看出，采区附近岩石剪应变集聚，顶板覆岩易冒落。

从图 7-86 采空区“活化”前后模型各向应力分布图来看（单位：Pa），因受采空区“活化”的影响，“活化”区、充填区和预留矿柱区应力分布变化急剧，路基路面的应力应变分布比较紊乱，在这种复杂受力条件下，极易使路基路面产生裂隙，加速路面的老化，大大缩短道路的使用寿命。而路面的疲劳开裂，不仅会使路面的抗变形能力降低，更重要的是随着地表水的下渗等影响，会加速下伏路基与基岩的变形与破坏，最终可能导致采区顶板断裂，导致上部路基塌陷。

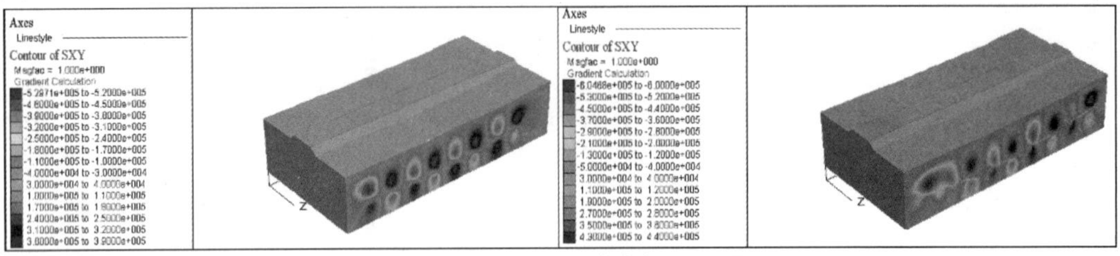

(a) 采空区“活化”前后剪应力 Sxy 云图

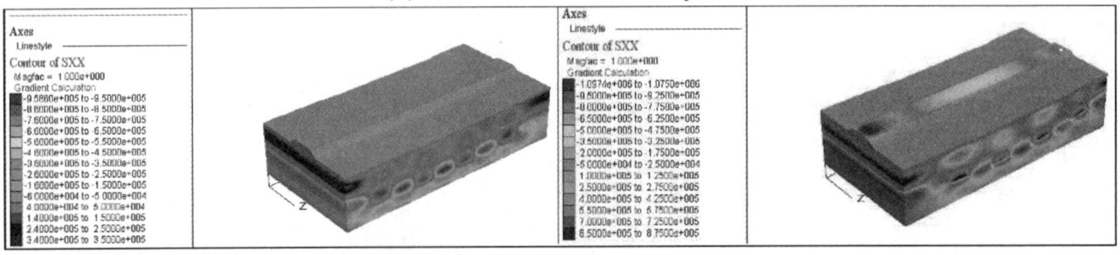

(b) 采空区“活化”前后剪应力 Sxx 云图

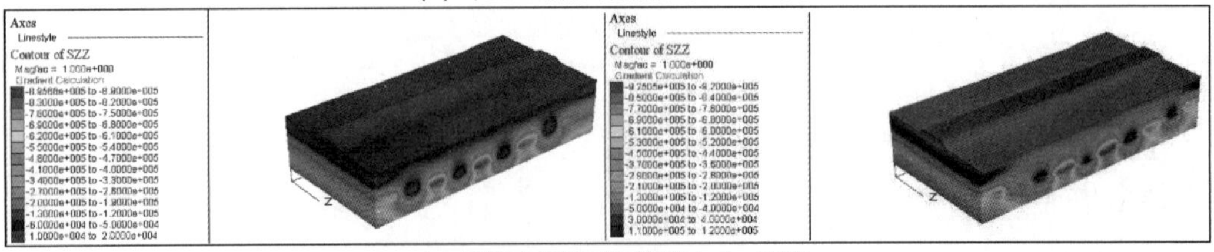

(c) 采空区“活化”前后剪应力 Szz 云图

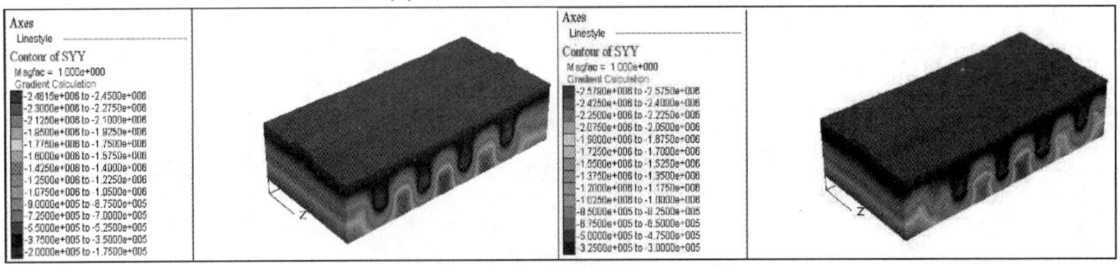

(d) 空区“活化”前后剪应力 Syy 云图

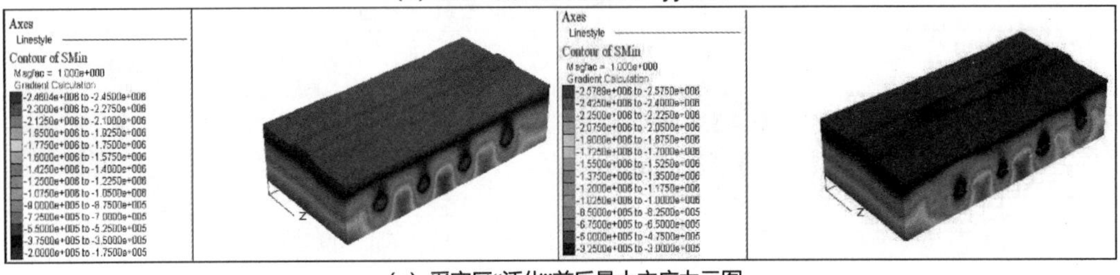

(e) 采空区“活化”前后最大主应力云图

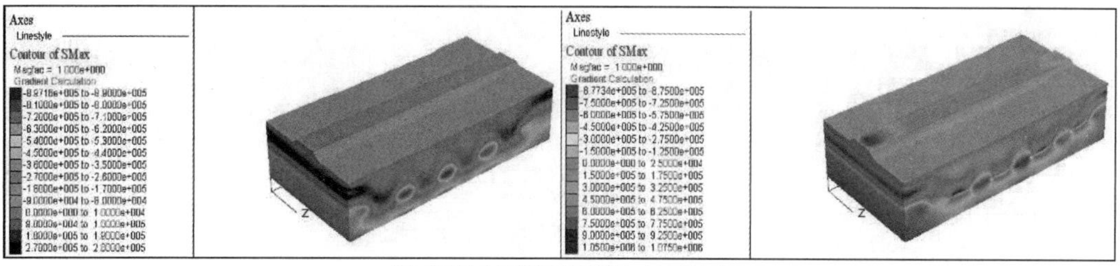

(f) 采空区“活化”前后最小主应力云图

图 7-86　采空区“活化”前后应力云图

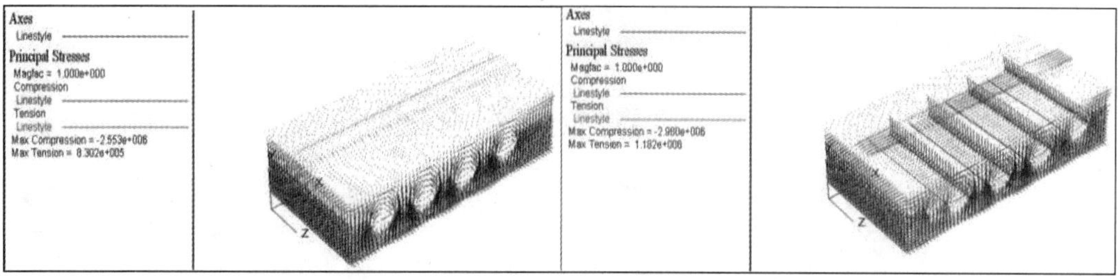

图 7-87　采空区“活化”前后主应力张量状态图

从图 7-87 采空区“活化”前后主应力张量状态图看出，大部分岩土体受压应力，局部受拉应力，主要是由于上覆重载动载车辆和邻近采区开采引起采空区“活化”等因素。

(2) 典型剖面分析

图 7-88 至图 7-90 为路中心线剖面计算结果云图，左侧为铺筑路面后路中心线剖面计算结果云图，右侧为采空区活化后路中心线剖面计算结果云图。图 7-88 为采空区“活化”前后路中心线剖面沉降云图；图 7-89 为采空区“活化”前后剪应变增量云图；从图 7-90 采空区“活化”前后模型各向应力分布图来看（单位：Pa），因受上覆重载车辆和邻近采区开采引起的采空区“活化”影响，“活化”区、充填区和预留矿柱区应力分布变化急剧，应力应变分布比较紊乱，在这种复杂受力条件下，极易使路基路面产生裂隙，加速路面的老化，大大缩短道路的使用寿命。而路面的疲劳开裂，不仅会使路面的抗变形能力降低，更重要的是随着地表水的下渗等影响，会加速下伏路基与基岩的变形与破坏，最终可能导致采区顶板断裂，导致上部路基塌陷。

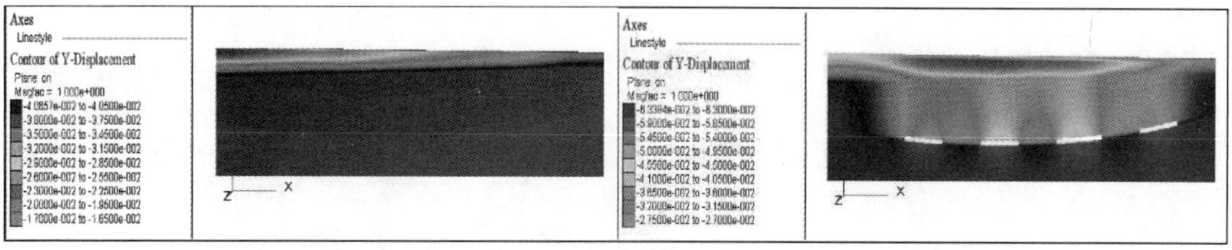

图 7-88　采空区“活化”前后路中心线剖面沉降云图

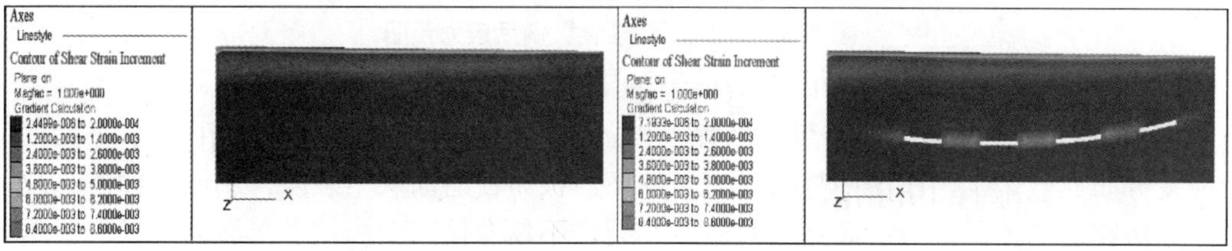

图 7-89　采空区“活化”前后剪应变增量云图

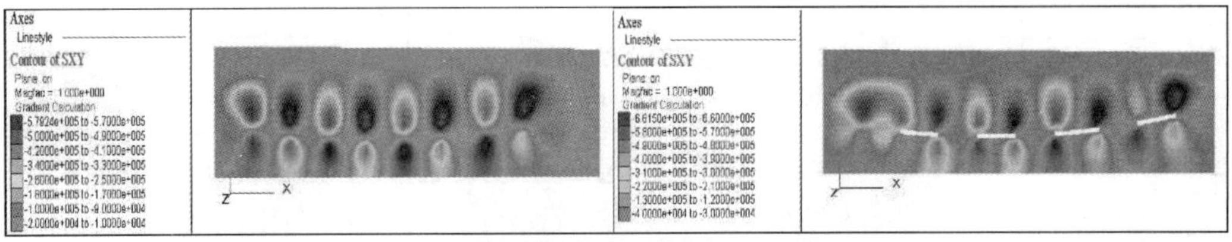

(a) 采空区“活化”前后剪应力 Sxy 云图

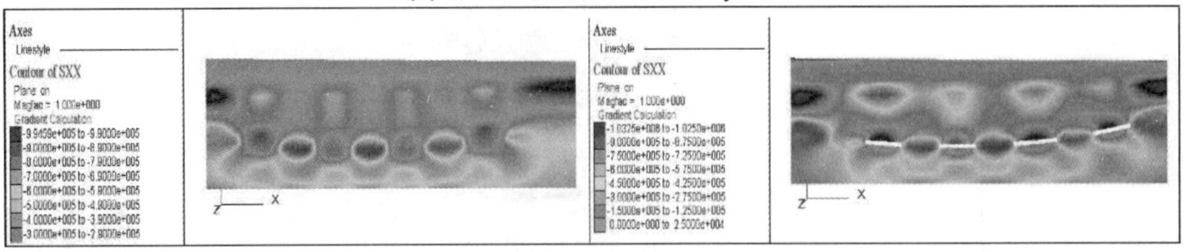

(b) 采空区“活化”前后剪应力 Sxx 云图

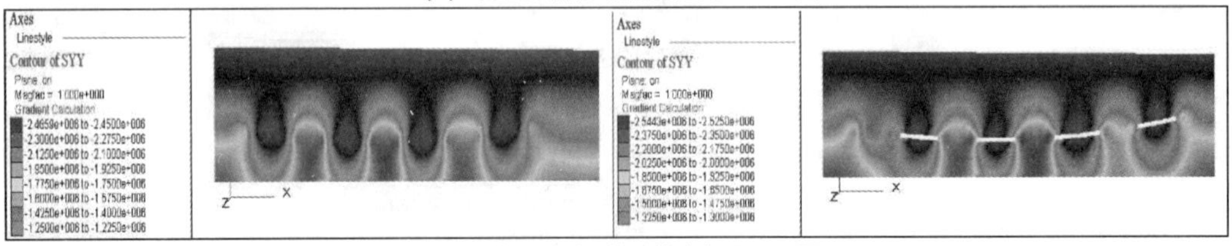

(c) 采空区“活化”前后剪应力 Syy 云图

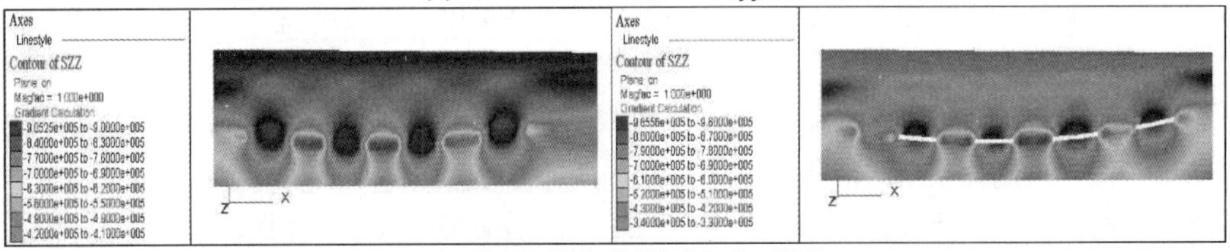

(d) 采空区“活化”前后剪应力 Szz 云图

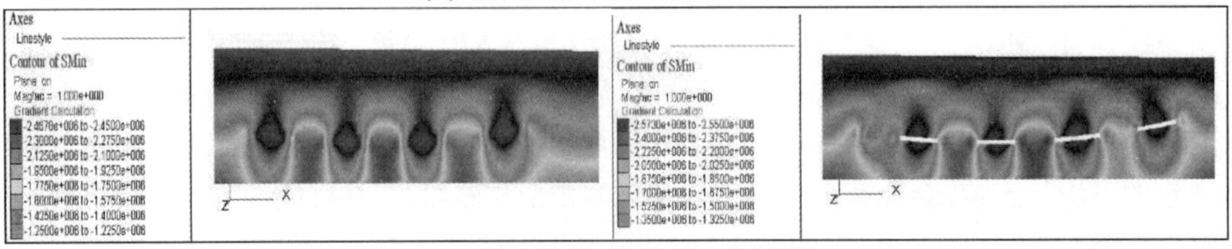

(e) 采空区“活化”前后最大主应力云图

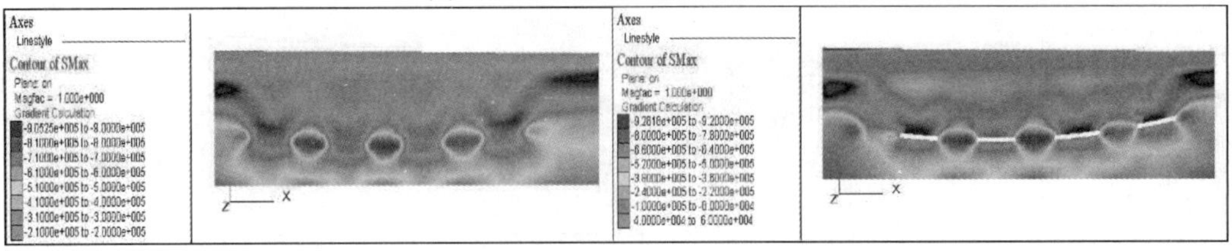

(f) 采空区“活化”前后最小主应力云图

图 7-90 采空区“活化”前后应力云图

(3) 路面数值模拟结果分析

从图 7-91 路面各向应力分布图来看（单位：Pa），因受采空区“活化”的影响，路面的应力应变分布比较紊乱，在这种复杂受力条件下，极易使路面产生裂隙，加速路面的老化，大大缩短路面的使用寿命。而路面的疲劳开裂，不仅会使路面的抗变形能力降低，更重要的是随着地表水的下渗等影响，会加速下伏路基与基岩的变形与破坏，最终可能导致采区顶板断裂，导致上部路基塌陷。

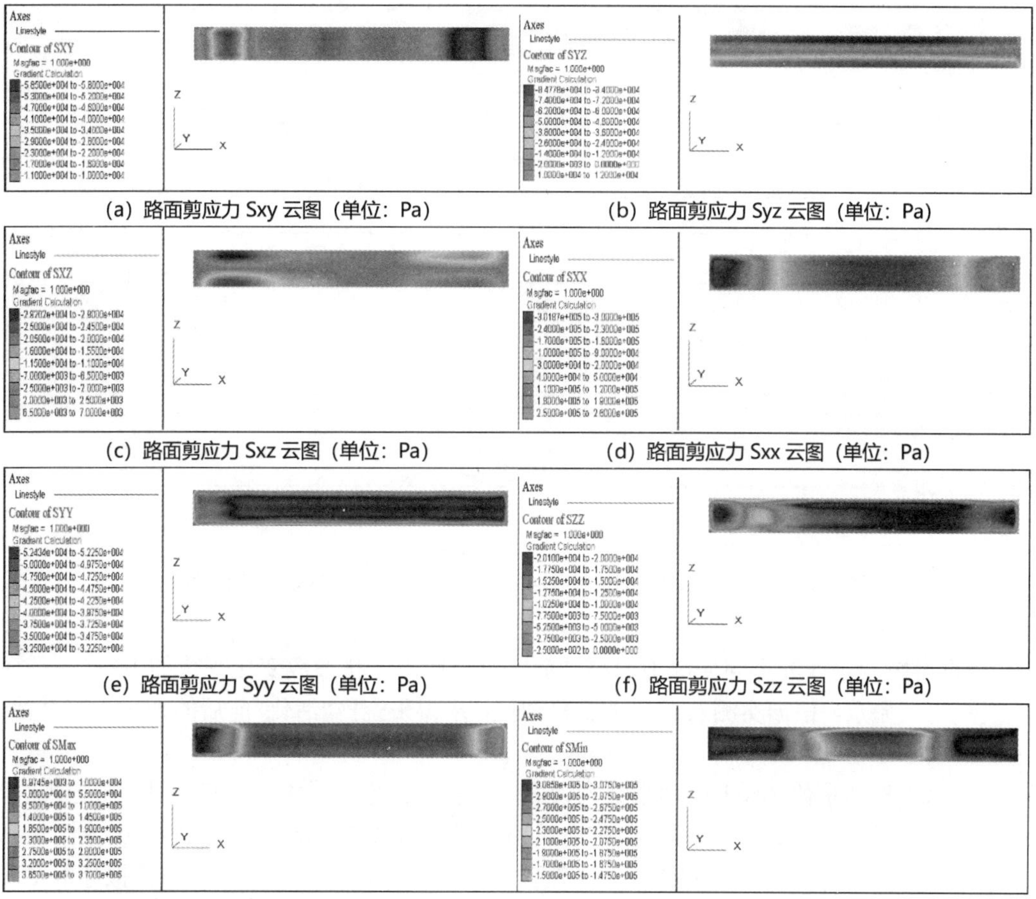

(a) 路面剪应力 Sxy 云图（单位：Pa）　(b) 路面剪应力 Syz 云图（单位：Pa）

(c) 路面剪应力 Sxz 云图（单位：Pa）　(d) 路面剪应力 Sxx 云图（单位：Pa）

(e) 路面剪应力 Syy 云图（单位：Pa）　(f) 路面剪应力 Szz 云图（单位：Pa）

(g) 路面最小主应力云图（单位：Pa）　(h) 路面最大主应力云图（单位：Pa）

图 7-91　路面应力云图

(4) 典型剖面沉降云图与沉降曲线分析

图 7-92 为煤层开采后与采空区“活化”时，模型整体沉降云图；图 7-93 为煤层开采后与采空区“活化”时，主沉降盆地云图；图 7-94 为采空区“活化”时，路面中心线与路面 X=130 横断面沉降曲线。

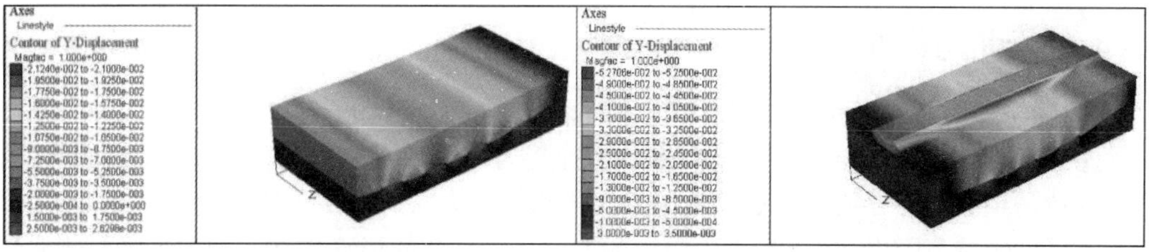

图 7-92　煤层开采后与采空区“活化”后沉降云图

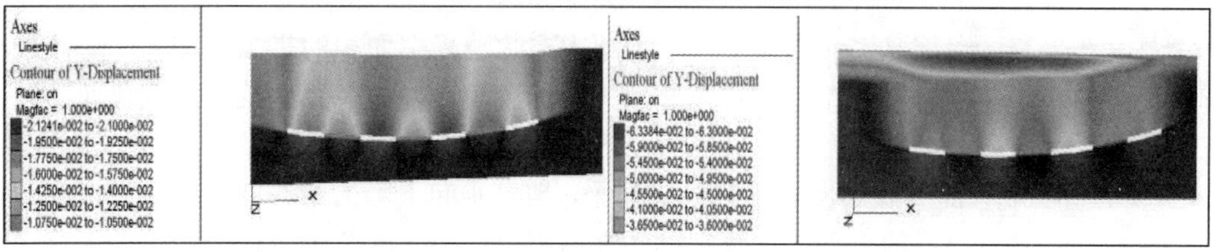

图 7-93　煤层开采后与采空区“活化”后主沉降盆地云图

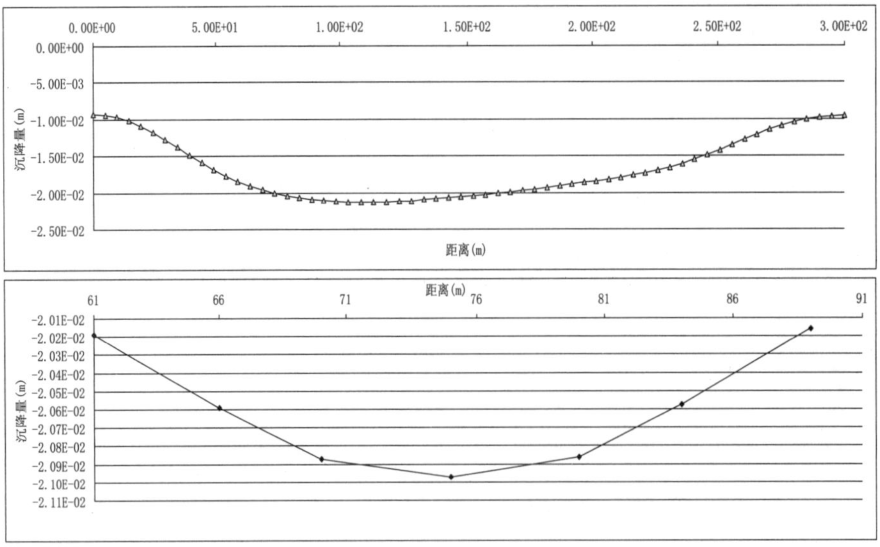

图 7-94　采空区"活化"时，路面中心线与路面 X=130 横断面沉降曲线

(5) 岩移参数变化规律分析

根据有限元预计的不同采深地表移动值，可得地表岩移参数变化规律如下：

① 下沉系数，根据实测及预计地表移动值，求得采空区"活化"前后的地表下沉系数分别为 1.01245 和 1.00531；

② 水平移动系数，水平移动系数为最大水平移动角值与最大下沉值之比，根据地表移动实测值及预计值，求得采空区"活化"前后的水平移动系数分别为 0.29 和 0.30；

③ 拐点偏移距，拐点偏移距代表下沉盆地与采空区相对位置，由岩体模拟分析发现，拐点偏移是岩层弯曲必然出现的，由实测及预计下沉曲线求得采空区"活化"前后的拐点偏移距分别为 23.52 m 和 23.97 m；

④ 由实测值及预计的地表移动值，求得采空区"活化"前后 $\tan\beta$ 分别为 1.4445 和 1.4571；

⑤ 移动角值，随着开采深度增加，地表移动范围越来越大，模拟表明，在岩体内部下沉边界并不是沿一条直线向上发展的，而是一条曲线。但地表移动的边界角、移动角值并未减小，相反有所增大，也就是说，深部开采的移动角值比浅部开采大。

7.4.4.3　分析与评价

(1) 高速公路修建前采空区形成过程的数值模拟

① 应力分析。采前岩土体应力场分布完全符合岩体自重应力场分布规律，应力等值线分布大体与地表形态一致。当煤层开采后，岩土体应力状态发生了明显变化。在采空区顶板上方采动影响范围内，各点最大主应力的方向由开采前的铅直方向改为向采区两侧偏斜。由于顶板上方有一部分原岩的铅直应力向开采空间两壁转移，故两壁上承担的荷载比开采前增高。在采空区端部发生应力集中，应力集中系数随采空面积的扩大而增大。随着采动向深部延伸，对于煤层顶板上方各点，水平应力却随各点距顶板暴露面的高度变化而不同，在形成的采空区内，水平应力和铅直应力在煤柱处存在一个集中区。

② 位移分析。随着煤层向地下深处的开采，地表垂向下降的中心向地下深处方向的投影一侧移动。随着煤层的采动，计算得到塑性屈服及拉裂区的范围也逐渐增大，采空区直接顶板拉裂区随采空区扩大而迅速扩大。

(2) 高速公路修建后采空区长期稳定性的数值模拟

从上述数值模拟分析结果可知：随着煤层采空区的形成，应力主要集中在上下开采区之间的煤柱和开采区两侧的煤层及其附近的岩层中。当在其上方修建高速公路时或高速公路修建后的运营过程中，在上覆压力和地下水等因素的作用下，煤柱和开采区两侧的煤层软化，失去强度，导致上覆岩体进一步塌陷、冒落，从而使地表产生新的沉降，影响公路行车的安全。基于上述原因，在数值模拟计算过程中，按最不利的条件考虑，即该煤柱和开采区两侧的煤层完全失去强度，故将煤柱和开采区两侧的煤层单元按开挖单元考虑（全部挖出）。

① 应力分析。随着煤柱和开采区域两端煤层失去强度，受新形成采空区的影响，水平应力存在一个等于零的等值线，这表明：采空区上方一定范围内的岩体受拉应力的作用；采空区下方和远离采空区部位的岩体受到压应力的作用。铅直应力均比开采前及开采过程中的铅直应力低，并主要集中在近地表的开采区和地下深处的开采区附近。

② 位移分析。拟建公路修建后，随着煤柱和开采区两端煤层失去强度，地表垂向下降的中心位于上下两层煤柱附近，上山方向相对沉降范围小，沉降量大；下山方向相对沉降范围大，沉降量小。

③ 塑性与拉破坏分析。随着煤柱和开采区域两端煤层失去强度，计算得到塑性屈服及拉裂区的范围也逐渐增大，采空区直接顶板拉裂区随采空区扩大而迅速扩大。由于受到采空区覆岩岩性的影响，塑性区主要分布在采空区上方的岩体中。

④ 煤矿采空区稳定分析及数值模拟研究。煤层被采动后，在地下形成了采空区，其上方围岩的自承体系是由原有地应力及上覆岩层压力和地下开采等作用下形成的，在采空区周围、压力拱以内，围岩呈松动破裂状，并有塌落产生，在压力拱以外的岩体向采空区两侧煤层传递，产生强烈的应力集中。开采范围越大，塌落、沉陷形成的破裂岩愈多，形成的应力拱愈大。当高速公路修建后，该采空区在地下水、风化作用等因素影响下，煤柱和开采区域两端煤层失去强度，发生破坏，直接引起废弃老采空区的“活化”，使得上述应力拱越来越大，使覆岩坍塌一直发展到地表，形成塌陷坑，公路路基将会随着采空区的塌陷而产生变形破坏。根据《公路上（下）采空区勘察、设计与施工技术规范》，公路工程的采空区地表容许变形值应满足规定：倾斜 $T\leqslant\pm3$ mm/m；竖曲率 $K\leqslant\pm0.2\times10^{-3}$ /m；水平变形 $\leqslant\pm2$ mm/m。参照这个标准，模拟结果的变形量将加大地表的倾斜和拉伸变形，地表变形的不连续与无规律沉降的不均匀性，使得路面原有坡度出现无规律变化，造成公路路基下沉和破坏。路基在下沉的同时，将伴随着水平方向移动和垂直于路线方向的横向移动，会改变路基的原有方向。沿路基纵向的地表水平变形，使路基受到拉伸与压缩。由于这两种移动的不均匀性，会使公路发生坡度、竖曲线形状和路线方向的变化等，在载荷行车作用下，极易发生事故，严重影响高速公路的运营安全。

因此，该煤矿采空区在高速公路修建后的运营期间，其应力状态及变形特征不能保证公路工程的安全，必须进行工程治理。

(3) 排水设计

富水地区，注浆时会出现浆液的离析、浆液难以下到孔底等不良现象，甚至造成地层上抬、地面大量开裂，从而导致后期地表沉降过大，地下水上升，破坏环境，因此，如何处理地下水是一个重要问题[13]。

① 采取合适的注浆施工顺序。可以在外围做一封闭式的注浆孔排，以防止浆液向外流失，并在某一面保留一个出口，以排出地下水，且为防止地下水对浆液的稀释，在中间孔注浆时，应先从中间一排开始，然后依次向外注浆。

② 利用地下水作为施工用水，抽注结合。

③ 严格控制注浆压力，以避免地层结构的破坏；采取间歇式注浆的方式，少注多次。

④ 根据采空区的方向性，合理布置排水孔。

⑤ 严格监测注浆压力的变化情况，当压力突升时应停止注浆；专人巡视地表变化情况，如发现地表有裂缝或隆起变形现象，应及时报告，停止注浆。

7.4.5 采空区路基路面变形协调控制比例模拟模型试验

(1) 比例模拟模型试验理论

在研究采空区路基路面稳定问题时相似模拟显得很实用，但影响现象的物理常量较多，通常可达 10 多个。因此为了满足现象相似，必须考虑的相似准则也较多。事实上，在模拟时通常不可能保证这些相似准则都相同，而是把若干个比较次要的相似准则略去不计。这样做的结果就难以做到和实物的情况完全相似，因而试验结果的应用也受到影响。采用“比例模拟”的模拟方法，或称“比例律”，可以近似地模拟复杂现象，以满足工程上的需要。

所谓比例模拟方法，就是在模拟时将忽略掉的相似准则的影响（包括已认识到的次要相似准则和尚未认识到、但客观存在的相似准则）用一个称为修正因子和模型实验中的主要相似准则相乘，其结果可使模型与实物的未知系数相等的一种近似模拟方法。

(2) 注浆充填+混凝土板处治路基路面变形失稳模型试验结果分析

由图 7-95 注浆充填后的路基横断面图可以看出：注浆充填后采空区地基呈各向异性，与上面数值模拟的结果相吻合。充填区有些区域充填效果较好，注浆比较密实，承载能力较好；有些区域充填效果较差，密实度较差，不具备良好的承载能力。有些区域在外界环境因素的作用下，出现了空洞区域。在充填区域的周围，存在较小部分的未充填区域。在路面荷载的作用下，检测充填采空区及其上下土体的变形情况。

由图 7-96a，b 车道在一般荷载作用下的横断面图可知，a，b 车道下充填效果较差的区域在荷载和土体自重作用下开始受压，体积减小；但由于采空区深度及充填效果影响，压实度不高。其上部土体出现了整体下沉，土体也变得密实；a，b 车道的路面出现较大沉降。

由图 7-97c，d 车道在一般荷载作用下的横断面图可知，c 车道下充填效果比较好的采空区域上部土体出现的沉降较小。d 车道下充填效果比较差的采空区域出现了压缩变形，充填区域上部没有充填的很小冒落带土体被压实，c 车道充填区域上部土体较 d 车道充填区域上部土体沉降量小。

由图 7-98e，f 车道在一般荷载作用下的横断面图可知 E 车道下部采空区充填效果较好，采空区以上土体沉降变形较小。由于 f 车道下部的土体强度较高，受外界环境影响而产生的空洞变形不大。

由图 7-99g，h 车道在一般荷载作用下的横断面图可知，荷载在 g 车道作用后，位于 g 和 h 车道以下由于受外界环境影响而产生的空洞变形开始有变化。h 车道以下采空区充填效果较好，采空区以上土体变形量不大。由图 7-100 可知，i，j 车道在一般荷载作用下的横断面图可知，i，j 车道的路面出现比较均匀沉降，j 车道下的空洞也出现比较小变形；空洞上部土体出现比较均匀的沉降。

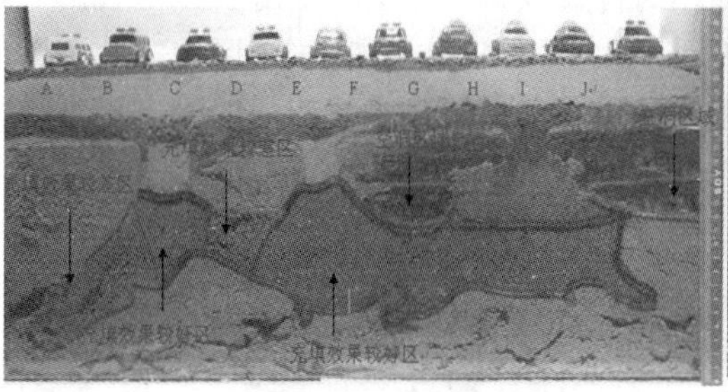

图 7-95　注浆充填后的路基横断面图

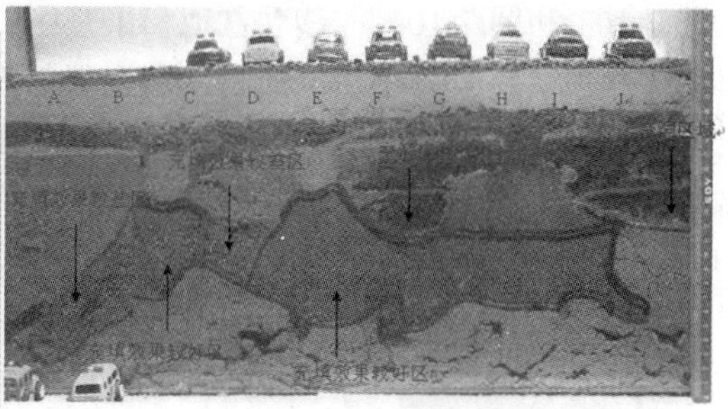

图 7-96　a，b 车道在一般荷载作用下的横断面图

图 7-97　c，d 车道在一般荷载作用下的横断面图

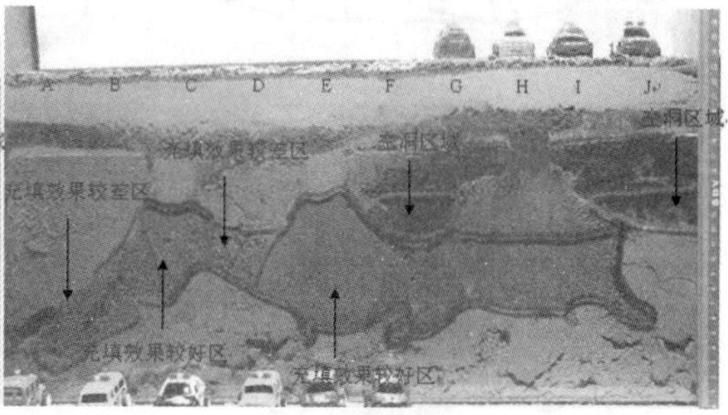

图 7-98　e，f 车道在一般荷载作用下的横断面图

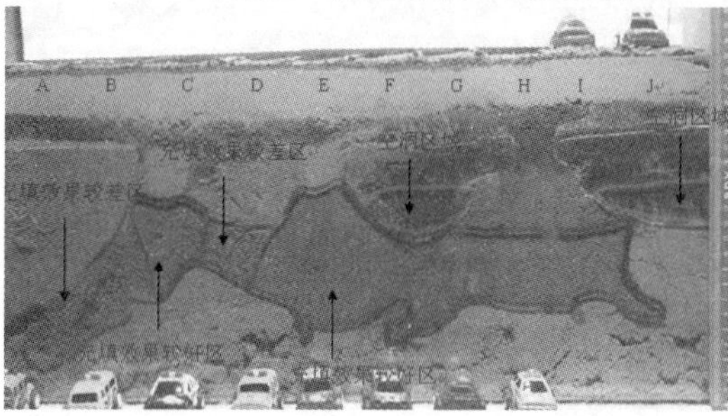

图 7-99　g，h 车道在一般荷载作用下的横断面图

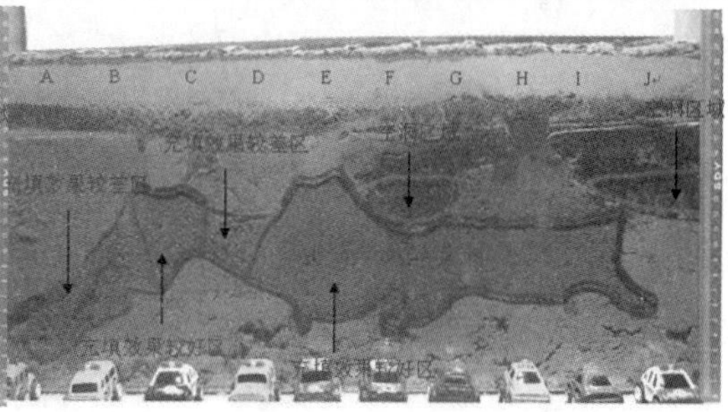

图 7-100　i，j 车道在一般荷载作用下的横断面图

7.4.6　采空区地基移动盆地及路基路面稳定性评价分析

移动盆地的形成过程如图 7-101 所示；移动盆地内地基点最初位置与最终位置指向采空区的中央，如图 7-102 所示。

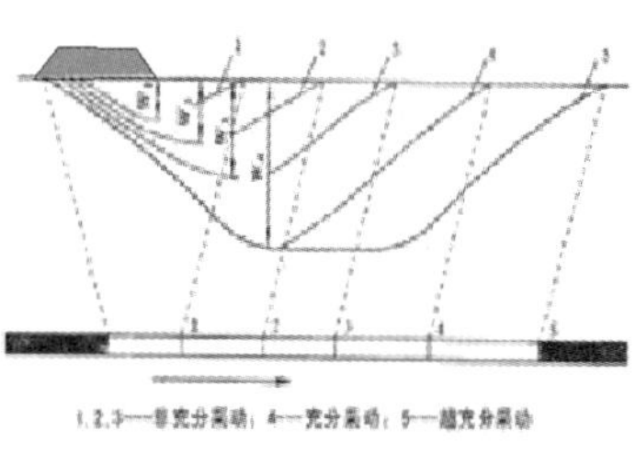

图 7-101　移动盆地的形成过程

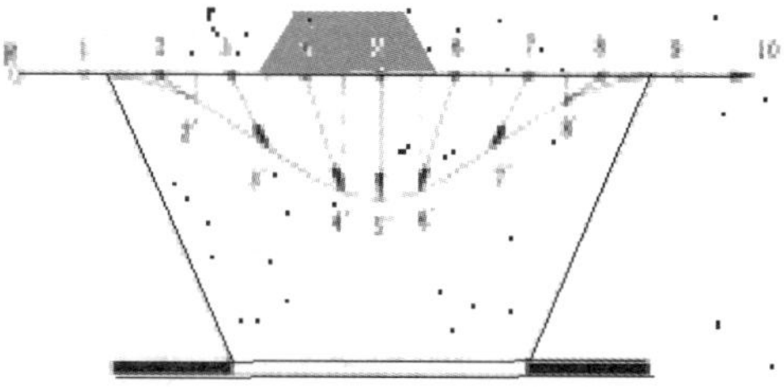

图 7-102　主断面内地表点移动示意图

采空区面积扩大到一定范围后，岩层移动发展到路基，使路基产生移动和变形，路基移动稳定后，在采空区上方地表形成沉陷的区域，称为最终移动盆地。路基移动盆地的范围远大于对应的采空区范围。路基移动盆地的形状取决于采空区的形状和煤层倾角，当采空区为矩形时，移动盆地大致呈椭圆形，水平矿层沿走向方向及倾斜方向都和采空区对称

（图 7-103 和图 7-104）；移动盆地和采空区的相对位置取决于煤层的倾角（图 7-105）。在移动盆地内，路基各个部位的移动和变形的性质及大小不尽相同。在采空区上方地表平坦且达到超充分采动、采动影响范围内没有大地质构造的条件下，最终形成的静态路基移动盆地可划分为中性区域、压缩区域和拉伸区域三个区域（图 7-106）。

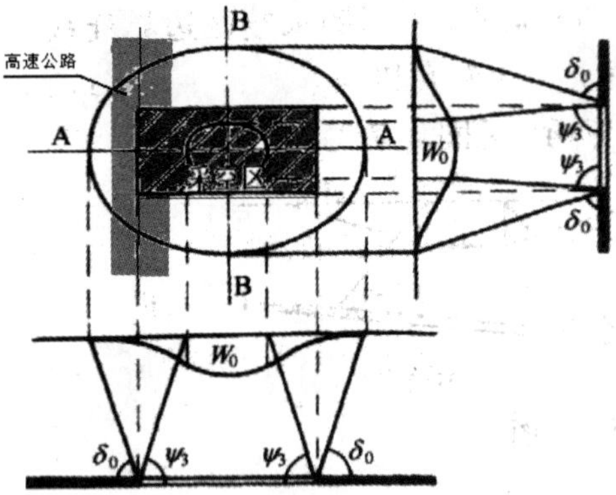

图 7-103　近水平煤层充分采动时地基移动盆地

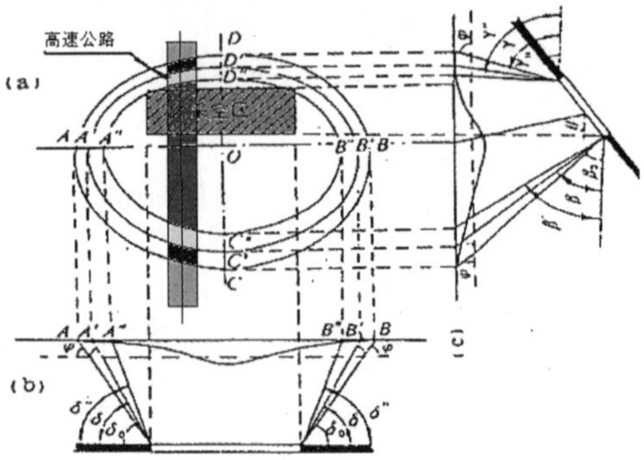

图 7-104　倾斜煤层塌陷盆地边界的确定

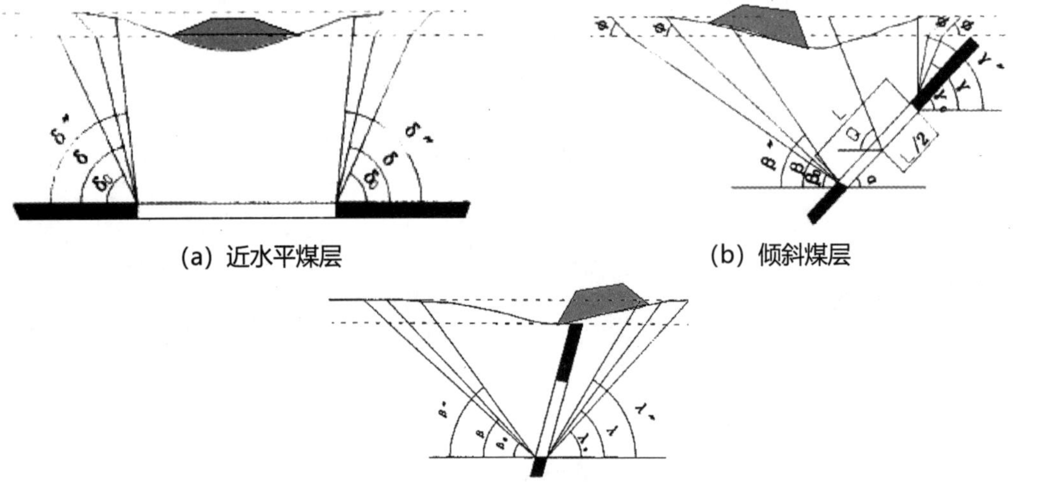

(a) 近水平煤层　　(b) 倾斜煤层

(c) 急倾斜煤层

图 7-105　移动盆地和采空区与煤层倾角关系

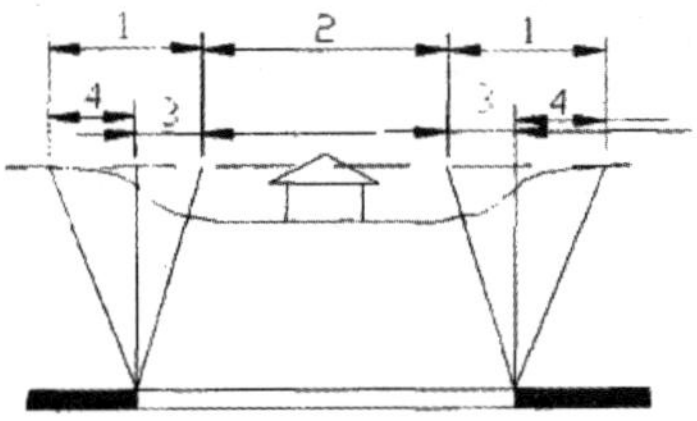

图 7-106　地表下沉盆地的组成

通常将塌陷盆地划分为以下三个边界：

① 塌陷盆地的最外边界。即地基塌陷和变形都为零的部位所圈定的塌陷盆地边界，由仪器测量确定。实用上考虑到测量误差，以下沉 10 mm 的点圈定最外边界，见图 7-104 中 *RACBD*。

② 塌陷盆地的危险移动边界：这是以对公路有危险的地基移动和变形数值所确定的边界，以临界变形值为衡量。目前我国通用的临界变形值是：倾斜 i=3 mm/m，曲率 K=0.2

mm/m²，水平变形 ζ=2 mm/m。如果公路所在的地基变形值，达到上述临界变形值，就认为公路可能会受到损害，图 7-104 中以 $A'C'B'D'$表示。

③ 塌陷盆地的裂缝界线：这是根据塌陷盆地最外侧的裂缝所确定的边界，如图 4-104 中的 $A''C''B''D''$。

7.5　本章小结

结合实体工程，运用 FLAC^{3D} 软件，采空区路基路面变形规律分析结果如下：

① 朝阳沟煤矿采空区路基路面变形分析，主要考虑道路运营期下覆煤层开采至槐夏公路下和高速公路中心线以左 30 m 两种情况，从路基路面整体变形、应力应变、剪应变增量和最大最小主应力等几个方面进行了分析；同时对典型剖面和路面进行分析；并把数值分析结果与现场浅层地震、地震映象检测和沉降、应变监测结果进行对比，从而进行分析评价和提出处治措施。

◎地下煤层采出后，采空区周围的岩层发生了较大的移动变形。其一般的移动过程是：从煤层的直接顶板岩层开始，由下而上依次进行冒落、断裂、离层、弯曲，最后移动终止。研究表明，当采深较小时，冒落带、裂隙带和弯沉带的应力集中差异不大；但随着采深的加大，“三带”的应力集中差异较大，且由下而上应力集中逐渐减小。

◎在松散层厚度、采厚相同的情况下，随着采深的增大，弯沉带、裂隙带、冒落带“三带”的下沉值逐渐减小，采动影响的范围却有所扩大。

◎在松散层厚度、采厚相同的情况下，随着采深的增大，路基的移动和变形逐渐减小，路基变形影响的范围却有所增大，其变形最大值出现的位置由采空区上方向煤柱一侧移动。

② 采空区“活化”段路基路面变形分析，选取了禹登高速刘碑寺停车区和寺沟高填段路基路面进行了分析。主要从邻近矿层开采和上覆重载作用等引起采空区“活化”角度，对采空区“活化”前后路基路面变形、应力应变、剪应变增量和最大最小主应力等几个方面进行了分析；同时对典型剖面和路面进行分析，为“活化”段路基路面变形治理提供依据。

考虑车辆荷载后，采空区“三带”的下沉量都有不同程度的增加，荷载对采空区上覆岩体的影响由上而下逐渐变小。下沉量的分布因荷载作用位置的不同而有所差异，荷载正下方岩体的下沉量较大，不均匀沉降较小；而荷载两侧岩体的下沉量较小，但不均匀沉降较明显。采空区上覆岩体在荷载作用下，内边缘区“三带”的下沉量较大，这是由于在采空区两侧有未压实和未充填完全的空洞所造成的；在采空区充填比较充分位置，自然压密程度较好，上覆岩层的下沉量较小。考虑重载后，路基的移动和残余变形逐渐增大，路基最大变形均发生在采空区荷载作用位置的正下方或者靠近荷载两侧的位置。

③ 振西煤矿浸水路基路面变形分析，主要考虑静水压力长期作用引起采空区地基和路基路面强度降低，结合现场试验和类似工程经验，本路段取强度折减系数 65%，对采空区道路的煤层开采、注浆充填、路基填筑和铺筑路面等四个施工过程及运营期上覆重载引起的采空区“活化”，从路基路面变形、应力应变、剪应变增量和最大最小主应力等几个方面进行了分析；同时对典型剖面和路面进行分析，为道路变形治理提供依据。

主要参考文献

[1] 刘波. FLAC 原理、实例与应用指南[M]. 北京:人民交通出版社, 2005.

[2] 黄润秋, 许强. 显式拉格朗日差分分析在岩石边坡工程中的应用[J]. 岩石力学与工程学报, 1995, 14(4).

[3] 李仲奎, 梁海波. FLAC 程序原理及其使用方法指南[M]. 北京：清华大学出版社, 1993.

[4] HOCK E, BROWN E T. Emperical strength criterion for rock masses[J]. J.Geotech.Engrg Div., ASCE, 1980, 106:1013-1035.

[5] 上海同岩土木工程科技有限公司. 同济曙光有限元软件理论手册[M]. 上海：同济大学出版社, 2004.

[6] TANG C A. Numerical simulation on progressive failure leading to collapse and associated seismically[J]. Int. J. Rock Mech. & Min. Sci., 1997, 34(2)：249-261.

[7] TANG C A, KAISER P K. Numerical simulation of cumulative damage and seismic energy release in unstable failure of brittle rock:Part I. Fundamentals[J]. Int. J. Rock Mech. & Min. Sci., 1998, 35(2)：113-121.

[8] TANG C A, THAM G, PEE LI K K, et al. Coupled analysis of flow,stress and damage (FSD)in rock failure[J]. Int. J. Rock Mech. & Min. Sci., 2002, 39：477-489.

[9] 王玉标. 采空区高速公路路基路面变形破坏规律与演化分析[D]. 长沙：长沙理工大学, 2007.

[10] 王玉标, 李永斌. 地下暗河引起路堤沉陷与失稳过程相似模型试验[C]//公路边坡及其环境工程技术交流会论文集, 北京：人民交通出版社, 2005.

[11] 王玉标, 李永斌. 断层地质构造对采空区路基路堑稳定性影响数值模拟[C]//公路边坡及其环境工程技术交流会论文集, 北京：人民交通出版社, 2005.

[12] 袁海利, 芮勇勤, 袁臻, 等. 岩溶地下洞河诱发路基空间失稳机理数值模拟[J]. 地下空间与工程学报, 2005, 1(7)：1113-1117.

[13] 李健, 邓觐宇, 袁臻, 等. 地下溶洞路床路堑失稳：强度折减反分析[J]. 地下空间与工程学报, 2005, 1(6)：932-935.[1] 刘波. FLAC 原理、实例与应用指南[M]. 北京：人民交通出版社, 2005.

第 8 章　浅埋大跨径连拱隧道施工空间力学特性

在山岭重丘区高等级公路建设中，受地形、地质条件和线路平、纵、横指标及三项指标组合设计的制约、工业城区条件的影响，经常采用连拱隧道。由于交叉处地理环境错综复杂，穿越公路建筑物，采用路堑施工造成工程量大、厂矿民房搬迁，严重影响周围环境，综合考虑采用浅埋大跨径连拱隧道施工方案，以保证原有道路通畅运营，有效降低工程造价、保证工程质量、保护环境，具有良好的经济性、适用性[1-7]。主要开展隧道明暗洞体、仰坡及洞口路堑边坡稳定性分析，进行重载、建筑物下大跨径连拱隧道施工过程空间力学效应分析和岩体质量弱化对隧道施工过程空间力学效应影响分析。

8.1　隧道施工过程数值模拟方法

8.1.1　隧道开挖卸荷模拟

正确模拟卸载过程的效果是地下工程数值模拟的一个重要课题。开挖卸载之前，沿开挖边界上的各点都处于一定的初始应力状态，开挖使这些边界的应力解除（卸载），从而引起围岩变形和应力场的变化。对上述过程的数值模拟通常所采用的方法有两种：邓肯（J.M.Duncan）等人提出的“反转应力释放法”和“地应力自动释放法”[8-17]。

“反转应力释放法”是把沿开挖边界上的初始地应力反向后转换成等价的“释放荷载”，施加于开挖边界，在不考虑初始地应力的情况下进行有限元分析，将由此得到的围岩位移作为工程开挖卸载产生的岩体位移，由此得到的应力场与初始应力场叠加即为开挖后的应力场。其方法如图 8-1 所示。

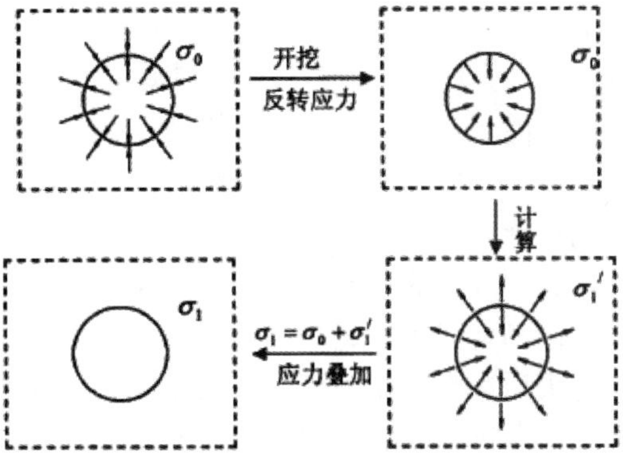

图 8-1　反转应力法

对一般的隧道工程，“反转应力释放法”可以方便地模拟施工过程。对每一步开挖，只需在计算开挖边界释放荷载的同时，把这一步挖出部分的单元改变为“空单元”，即令其弹性模量 $E\to 0$ 即可。此种方法的不足之处在于：应力反转时释放荷载的计算困难，对大型的地下工程如连拱隧道等由于施工工序繁多，应力场需多次叠加，使得分析过程过于繁杂。另外，进行弹塑性分析时，由于应力场需要叠加，对围岩屈服的判断需做特殊的处理，增加了分析的复杂度，降低了分析的准确性。对各开挖阶段的状态，有限元分析的表达式为：

$$([K_0]+[\Delta K_i])\{\Delta\delta_i\}=\{\Delta F_{ir}\}+\{\Delta F_{ia}\}\quad (i=1,2,\ldots,L) \tag{8-1}$$

式中，$[K_0]$—开挖前岩体的初始总刚度矩阵；ΔK_i—施工过程中岩体和支护结构刚度的增量或减量，用以体现岩体单元的挖除、填筑及衬砌结构的施作或拆除；$\{\Delta\delta_i\}$—任一施工阶段产生的节点增量位移列阵；$\{\Delta F_{ir}\}$—由开挖释放产生的边界增量节点力列阵，$\{\Delta F_{ia}\}$—施工过程中增加的节点荷载列阵。

“地应力自动释放法”则是认为洞室开挖打破了开挖边界上各点初始应力平衡状态，开挖边界上的节点受力不平衡，为获得新的力学平衡，围岩就要产生相应的变形，引起应力的重分布，从而直接得到开挖后围岩的应力场和位移场，如图 8-2 所示。分部开挖时，对于每一步开挖，将这一步被挖出部分的单元变为“空单元”，即在开挖边界产生了新的力学边界条件，然后直接进行计算就可得到此工况开挖后的结果，接着可用同样的方法进行下一步的开挖分析。“地应力自动释放法”更符合隧道开挖后围岩应力重分布的真实过程，反映了开挖后围岩卸载的机理，可以实现连续的开挖分析。

它不需人为计算释放荷载，不需进行应力叠加，对于弹塑性分析计算只需建立弹塑性模型，其余计算过程同线弹性，不需做任何特殊处理就可实现连续开挖。因此，本计算中基于“地应力自动释放法”原理，计算中仅考虑自重影响。

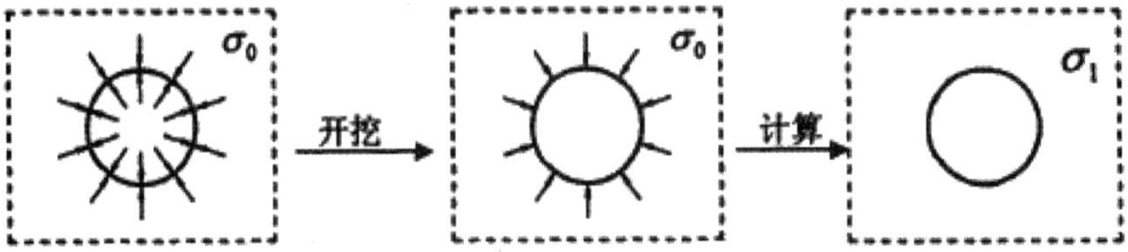

图 8-2　地应力自动释放法

8.1.2　施工过程的模拟

在对大跨径连拱隧道工程进行结构分析时，我们不但关注建成后隧道结构和围岩的稳定性，而且关注各个施工阶段中围岩和尚未完成的结构的受力和变形情况。根据新奥法的基本思想，隧道开挖后，围岩从变形到破坏有一个时间历程，其包括开挖面向前推进围岩应力逐步释放的时间效应和围岩介质的流变效应，如能适时地构筑支护结构，使围岩与支护共同形成坚固的承载环，就能保证整个结构系统的稳定。因此，要想真实地模拟隧道开挖与支护的整个施工作业流程，不仅要考虑围岩介质的复杂性态、施工作业方式，包括分部开挖步序、支护结构形式和施作时机，而且要考虑开挖面推进过程中的空间效应，为此必须建立空间模型，并考虑时间因素的影响。但限于目前的计算手段，用真三维的计算模型来模拟上述复杂的地层特征和施工条件是很难办到的，昂贵的计算费用和有限的计算机内存使人们束手无策，但可采用适当简化的模型，以尽量逼近真实原型。现实中最常用的便是将地下结构按平面应变问题进行计算，因为岩体的流变参数获取困难，有时不考虑岩体的流变特性，仅按线弹性或弹塑性处理。当把岩体的变形看作线弹性或弹塑性问题，建立平面应变模型进行隧道结构分析时，为了比较真实地模拟施工过程，常采用“应力逐步释放”的方法来模拟隧道开挖与支护的时空效应。具体的实现方法有两种：“反转应力逐步释放法”和“施加虚拟支撑力逐步释放法”。

“反转应力逐步释放法”是以“反转应力释放法”为基础，将释放荷载按开挖和支护的工序分成几部分，多次逐步释放。图 8-3 表示应用“反转应力逐步释放法”开挖简单的圆形隧道时各个施工工况计算示意。（a）为开挖前的初始应力状态，其中初始应力可根据实测地应力或用有限元法计算而加以确定，后者即为围岩的自重应力。根据各个单元的初始应力，可以计算其等效节点力

$$F_0^e = \int_{\Omega} B^T \, \mathrm{d}_0 d\Omega \tag{8-2}$$

隧道开挖后，在开挖边界的节点 i 上将作用释放节点荷载

$$f_i = \left[f_{ix} f_{iy}\right]^T = -\sum_e F_0^e \tag{8-3}$$

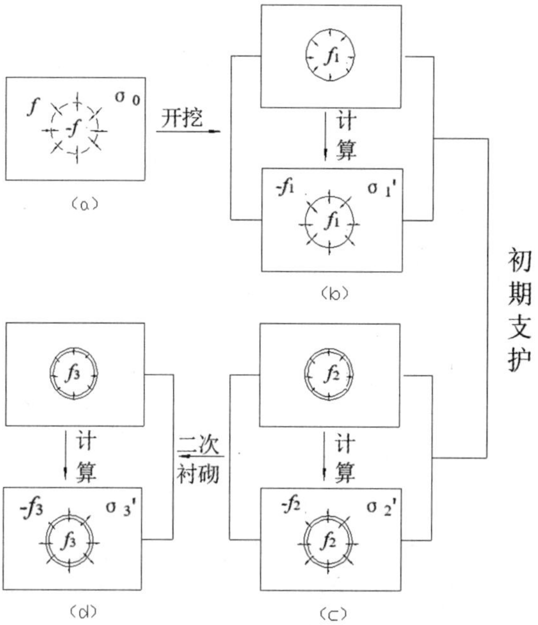

图 8-3　“反转应力逐步释放法”进行隧道施工过程模拟示意图

此节点荷载由连接节点 i 的被开挖掉的有关单元在节点 i 上的等效节点力综合贡献而成。在开挖阶段（b），作用在开挖边界上的释放节点荷载 $f_{1i} = \alpha_1 f_i$，式中 α_1 为此阶段的地应力释放率，可根据量测资料加以确定，通常近似地将它定为本阶段隧道控制测点的变形值与施工完毕变形稳定以后该控制测点的总变形值的比值。在缺乏实测变形资料的情况下，也可按工程类比法加以选定，并根据试算结果予以修正[8]。

在初期支护施作阶段（c），作用在开挖边界上的释放节点荷载 $f_{2i} = \alpha_2 f_i$；二次衬砌阶段（d），作用在开挖边界上的释放荷载 $f_{3i} = \alpha_3 f_i$，式中 α_2 和 α_3 的确定方法与 α_1 相同。围岩和衬砌的最后的应力和位移值为各个施工阶段相应值叠加的结果

$$\left.\begin{aligned} \sigma &= \sigma_0 + \sigma_1 + \sigma_2 + \sigma_3 = \sigma_0 + \sum_1^n \sigma_j \\ u &= u_1 + u_2 + u_3 = \sum_1^n u_j \end{aligned}\right\} \tag{8-4}$$

且有

$$\alpha_1 + \alpha_2 + \alpha_3 = \sum_1^n \alpha_j = 1.0 \tag{8-5}$$

式中，n—施工阶段数，在图 8-3 中 n=3。

因为“反转应力逐步释放法”是以“反转应力释放法”为基础的，其不可避免地存在和“反转应力释放法”一样的不足之处。

“施加虚拟支撑力逐步释放法”是在“地应力自动释放法”的基础上，通过在开挖边界施加虚拟支撑力的方法，模拟围岩的逐步卸载，其示意如图 8-4 所示。

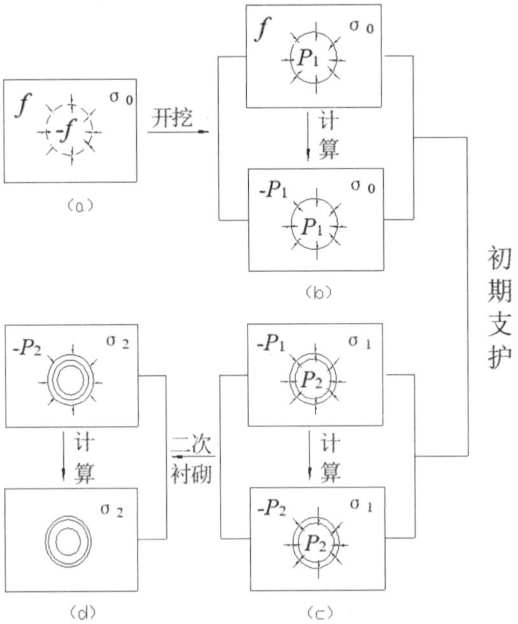

图 8-4　“施加虚拟支撑力逐步释放法”进行隧道施工过程模拟示意图

初始应力阶段（a）为初始地应力状态，与图 8-3 中完全相同；在阶段（b）隧洞的开挖引起开挖边界上的释放节点荷载 $f_{1i}=\alpha_1 f_i$。为实现这一过程，在初始应力场中挖去隧洞单元的同时，在开挖边界上各相应节点施加虚拟支撑力 $P_{1i}=(1-\alpha_1)(-f_i)$，则产生新的载荷边界条件，继续进行计算，就直接得到开挖后围岩的位移场和应力场；在阶段（c），初期支护施作后，又有一部分的节点荷载 $f_{2i}=\alpha_2 f_i$ 被释放，这时只需将虚拟支撑力减小为 $P_{2i}=(1-\alpha_1-\alpha_2)(-f_i)$，继续进行计算，即得到初期支护后围岩和支护的位移和应力；在阶段（d），二次衬砌施作后，剩余的节点载荷被完全释放，这时只需去除虚拟支撑力，继续计算就可得到最终竣工后围岩和衬砌的位移和应力。$\alpha_1\ \alpha_2\ \alpha_3$ 的意义及确定方法同上。

“施加虚拟支撑力逐步释放法”对隧道施工过程的模拟连续进行，不需要应力和位移的叠加，使得分析过程更为简单，也更符合施工实际。本书对双连拱隧道施工过程的模拟主要采用此种方法。

8.1.3　释放荷载的计算

无论用哪种方法来模拟隧道的施工过程，都要进行释放荷载的计算，有些有限元程序可以自动计算节点的释放荷载，而有些时候由于计算程序的限制，往往需要人工计算。释放荷载的确定也有两种方法，一种是将释放边界一侧单元的初始应力转换成相应的等效节点荷载，然后通过叠加，计算开挖边界上各节点总的等效节点荷载

$$F_0^e=\int_{\Omega}B^T\sigma_0\mathrm{d}\,\Omega,\quad f_i=\left[f_{ix}f_{iy}\right]^T=-\sum_e F_0^e \tag{8-6}$$

式中，σ_0—单元初始应力向量；B^T—应变矩阵的转置矩阵；　Ω—积分的区间，平面问题为单元面积，空间问题为单元体积。

另一种确定释放荷载的方法是：根据预计开挖边界两侧单元的初始应力，通过插值求得边界节点上的应力，然后假定两相邻边界节点之间应力变化为线性分布，从而按静力等效原则计算各节点的等效节点荷载，如图 8-5 所示。

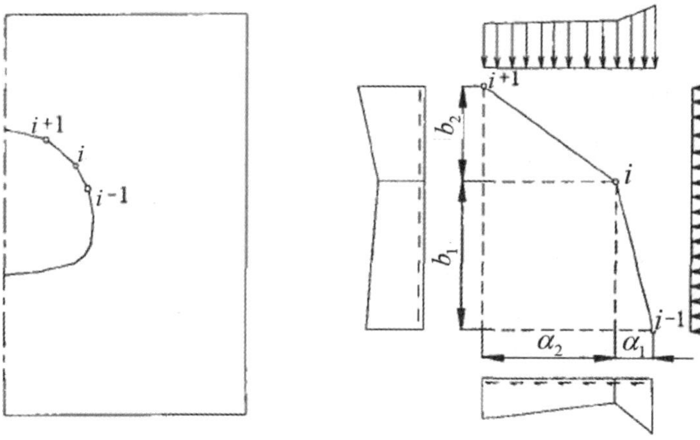

(a) 洞型　　(b) 节点间的应力分布

图 8-5　开挖边界线上应力及等效节点力计算示意图

则对于任一开挖边界节点 i，开挖引起等效释放荷载（等效节点力）为

$$P_{x,i}=\frac{1}{6}\left[2\sigma_{x,i}(b_1+b_2)+\sigma_{x,i+1}b_2+\sigma_{x,i-1}b_1+2\tau_{xy,i}(\alpha_1+\alpha_2)+\tau_{xy,i+1}\alpha_2+\tau_{xy,i+1}\alpha_2+\tau_{xy,i-1}\alpha_1\right] \quad (8\text{-}7)$$

$$P_{y,i}=\frac{1}{6}\left[2\sigma_{y,i}(a_1+a_2)+\sigma_{y,i+1}a_2+\sigma_{y,i-1}a_1+2\tau_{xy,i}(b_1+b_2)+\tau_{xy,i+1}b_2+\tau_{xy,i+1}b_2+\tau_{xy,i-1}b_1\right] \quad (8\text{-}8)$$

式中，$\sigma_{x,i-1}$，$\sigma_{y,i-1}$，$\tau_{xy,i-1}$，$\sigma_{x,i}$，$\sigma_{y,i}$，$\tau_{xy,i}$—开挖前节点 i-1，i，i-1 处的应力分量。当隧道进行分部开挖时，则第二次开挖应以第一次开挖后的应力场作为初始应力场，以此类推。

8.1.4　连拱隧道施工过程模拟在软件中的实现

岩土介质的力学性质非常复杂，影响应力的因素有很多，例如岩土的结构、孔隙、密度、应力历史、时间效应等，在如此多因素下要获得理论解几乎是不可能的，而用 Midas/GTS 可以很好地模拟岩土的力学性能、包括对断层、夹层、节理、裂隙等地质情况的模拟；Midas/GTS 可以考虑非线性应力-应变关系及分期过程，使得实际情况在计算中得到较好的反映。在施工阶段分析过程中，当初始地应力作为初始荷载条件时位移应清零。在施工阶段分析过程中，有时单元的材料会随时间发生变化，需要在不同的施工阶段修改单元的属性。采用有限元法计算自重引起的初始应力。当地面水平时，该方法 $K_0=\mu/(1-\mu)$ 与水平侧压力系数法的结果相同。但是当地面不是水平时，因为存在水平方向的应变，所以计算的结果与水平侧压力系数法不相同且具有剪切应力。

MIDAS/GTS 建模分析过程见图 8-6 所示。Midas/GTS 中，所谓单元的“激活”和“钝化”，是指分析过程中某些单元的存在和消亡，对于钝化的单元，程序将通过用一个很小的因子乘以单元的刚度，在荷载矢量中，和这些“钝化”单元相联系的单元荷载也被设置为 0。隧道开挖时，可直接选择将被开挖掉的单元，然后将其钝化，即可实现开挖的模拟。施作支护时，可将相应支护部分的单元激活。当单元被重新激活时，它的刚度、质量和单元荷载等返回初始设定值。

Midas/GTS 中可以设定施工步来模拟连续施工，模拟的过程中不需重新划分网格。在一个施工步计算结束后，可直接进行下道工序的施工：杀死（开挖）或激活（支护）单元，改变虚拟支撑力等，然后求解计算。如此继续一直到施工结束。在任意阶段添加（激活）的单元不受前面阶段作用的荷载或应力影响，也就是说新添加的单元在激活阶段时的内部应力为零。MIDAS/GTS 的施工阶段分析采用的是累加模型，即每个施工阶段都继承了上一个施工阶段的分析结果，并累加了本施工阶段的分析结果。也就是说上一个施工阶段中结构体系与荷载的变化会影响到后续阶段的分析结果。

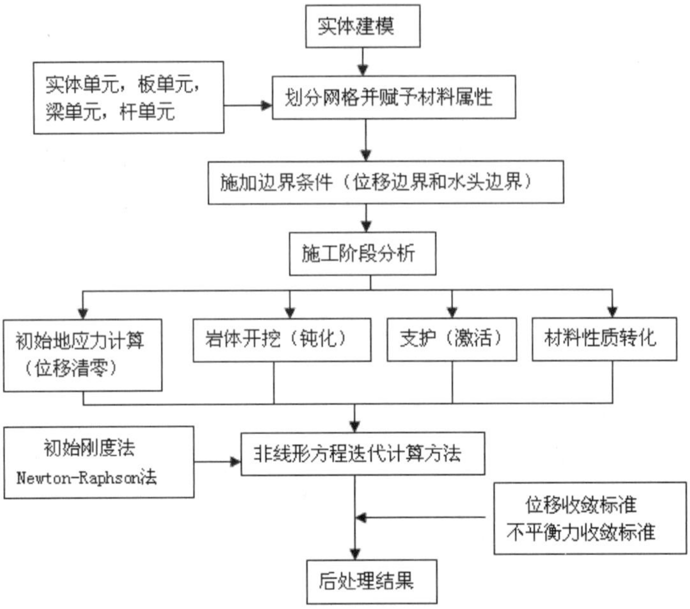

图 8-6　MIDAS/GTS 建模分析过程

8.2　依托工程概况

槐树坪浅埋大跨径连拱隧道位于登封市卢店乡东南部，距卢店镇约 3 km。其设计线路与交通量大、重车多的地方二级公路斜交，同时分布有中外合资耐火材料厂、耐磨矿石材料厂及办公民房等。若采用路堑施工，工程量比较大，厂矿民房等需要搬迁，对周围环境影响严重；而采用浅埋大跨径连拱隧道施工方案，既可以保证原有道路的运营通畅、避免厂矿民房等搬迁，又能有效降低工程造价、保证工程质量和环境。该隧道为上下行双管六车道连拱隧道，隧道进口初步设于 K81+200，出口设于 K81+495，隧道总长 295 m，行车道测量基线间距为 4.9 m，隧道底板高程 K81+351.50～K81+356.55。隧道最大埋深约 15 m，属浅埋大跨径连拱隧道。隧道下穿中外合资耐火材料厂、耐磨矿石材料厂和卢店至大冶矿区重交通公路，如图 8-7 所示。

(1) 地形地貌和气象、水文

本隧道位于低山区，由地质构造作用而隆起，现遭受侵蚀作用，由二叠系的煤系砂岩组成，海拔高程约为 350 m。路区属暖温带大陆性气候区，湿润—半湿润季风气候，四季分明。一般特点是春季干旱风沙多，夏季炎热雨水多，秋季晴和日照足，冬季寒冷雨雪少。路区属淮河流域，主要河流为颍河，发源于嵩山南麓，贯穿登封和禹州全境，两岸多羽状支流。

(2) 岩土分层特征

该区工程段岩土划分为 6 个岩土层。主要包括：人工填土层、冲洪积层、岩石全风化带、岩石强风化带、岩石弱风化带和岩石微风化带。

图 8-7　中外合资耐火材料厂和卢店至大冶矿区重交通公路

(3) 地下水特征

本工程范围内地下水类型主要为赋存于基岩的裂隙潜水和赋存于第四系土层的上层滞水。勘察区地处湿润一半湿润季风气候，大气降雨是本区地下水补给来源，地下水主要以地表蒸发和植物蒸腾的方式排泄。各地层富水性及透水性分述如下：人工填土：主要有素填土、杂填土等类型，富水性弱，渗透系数差异较大。亚黏土：可塑状为主，富水性贫乏，渗透系数为 0.02 m/d。全风化层：厚度不大，富水性贫乏。渗透系数为 0.1 m/d。强风化带：厚度不大，岩芯多呈土夹碎块状，富水性贫乏，渗透性差异较大。渗透系数为 1.00 m/d。弱风化带：岩芯多呈碎块状，局部短柱状，富水性贫乏，主要受裂隙发育程度控制，渗透系数为 1.20 m/d。微风化带：岩芯呈长柱状，常夹弱风化层，局部夹强风化层，富水性贫乏。渗透系数为 0.15 m/d。

(4) 工程地质条件评价

本隧道所在地貌单元为低山区，地形稍有起伏。人工填土成分差异大，属不稳定土体；亚黏土为可塑状，属不稳定土体；全风化砂岩和强风化砂岩稳定性较差，特别在饱和状态下，受施工扰动，强度骤降；微风化砂岩岩面埋深 2.10～5.70 m，隧道主要在微风化岩层中穿过，因地质构造作用，该层发育较多风化不均的软弱夹层，夹层厚度较小，软硬变化较大。隧道顶板距离地面为 4.5～11 m，隧道顶板微风化岩层的厚度为 0～5 m，并且隧道穿过公路和厂房，对顶板围岩的稳定性要求高，其工程地质条件较复杂，见图 8-8 所示。

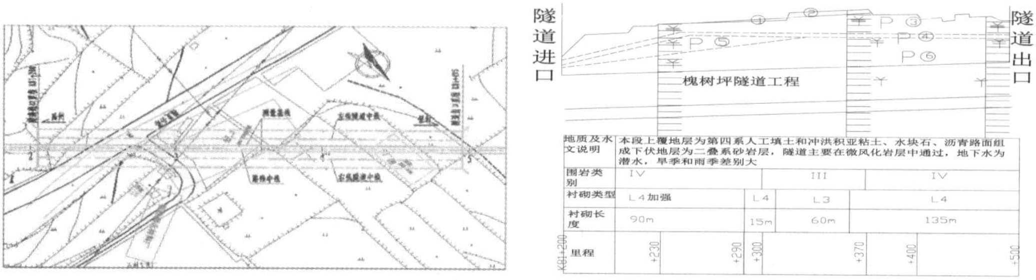

图 8-8　隧道走向与地形及工程地质情况

(5) 工程措施设想

由于隧道埋深较浅，围岩软硬差异较大，并且穿过公路和厂房，设想采用管棚超前支护。由于隧道埋深较浅，雨水容易渗入隧道，影响隧道围岩稳定，特别是进出口围岩和边坡的稳定，隧道进出口应做好防排水措施，同时尽可能避开雨季施工。施工中加强监测工作，采用信息施工法，及时反馈各项监测数据，以便对设计参数和施工方法进行调整，保证安全，特别穿过公路和厂房的地段，应进行重点的监测，确保隧道周围建筑（构筑）物的安全与稳定。

8.3 大跨径连拱隧道明暗洞体、仰坡及路堑边坡稳定性分析

大跨径连拱隧道与槐夏公路近 120° 斜交，公路常年有重载交通通过，洞口断面距离公路只有几米。针对隧道洞口整体仰坡和洞口路堑二级公路二级边坡不良衔接情况，为有效地保护地方二级公路，考虑修建明洞。建立三维明洞施工过程的有限元模型，对明暗洞体、回填土体仰坡、路堑边坡稳定性进行分析，分析其变形和受力情况，为施工提供指导。

8.3.1 模型建立

建立大跨径连拱隧道洞口明暗洞体及围岩模型如图 8-9 所示。

(a) 等轴测视图

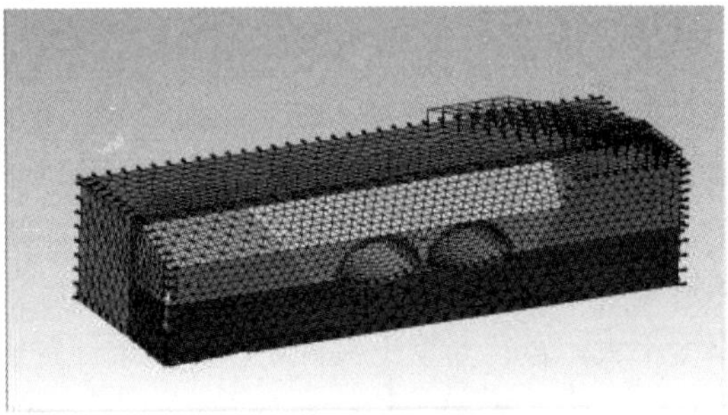

(b) 坐标轴视图

图 8-9 模型及网格剖分图

(1) 模型尺寸

模型的宽度 100 m，中隔墙中心线距离左右两侧边界的距离分别为 50 m。模型长 35 m，其中暗洞长 20 m，明洞长 15 m。明洞洞体左右两侧 5 m 处是路堑边坡，其坡率为 1∶0.5。

(2) 边界条件

大跨径连拱隧道三维模型在沿着隧道走向边界 X 方向约束，垂直于隧道走向边界 Y 方向约束，模型底部 Z 方向约束。

(3) 地下水

考虑到大跨径连拱隧道地下水渗流溢出的实际情况，暗洞出口处总水头为 25 m，明洞进口处总水头为 12 m。

(4) 荷载

为了模拟地面公路重载交通荷载的影响，通过施加 43 kPa 的静荷载模拟重载交通。

(5) 仰坡回填

明洞洞体施工完毕后，分四步对其上部土体回填，各施工步模型考虑如图 8-10 所示。

① 施工步 1∶从暗洞洞口处开始回填土体，仰坡坡顶向明洞方向回填 1 m，坡角向明洞方向回填 4 m，以坡率 1∶0.25 进行回填。

② 施工步 2∶在施工步 1 回填的基础上，仰坡坡顶向明洞方向再回填 1 m，坡角向明洞方向回填 4 m，以坡率 1∶0.5 进行回填。

③ 施工步 3：在施工步 2 回填的基础上，仰坡坡顶向明洞方向再回填 1 m，坡角向明洞方向回填 4 m，以坡率 1：0.7 进行回填。

④ 施工步 4：在施工步 3 回填的基础上，仰坡坡顶向明洞方向再回填 1 m，坡角向明洞方向回填 3 m 到明洞洞口，以坡率 1：2.0 进行回填。

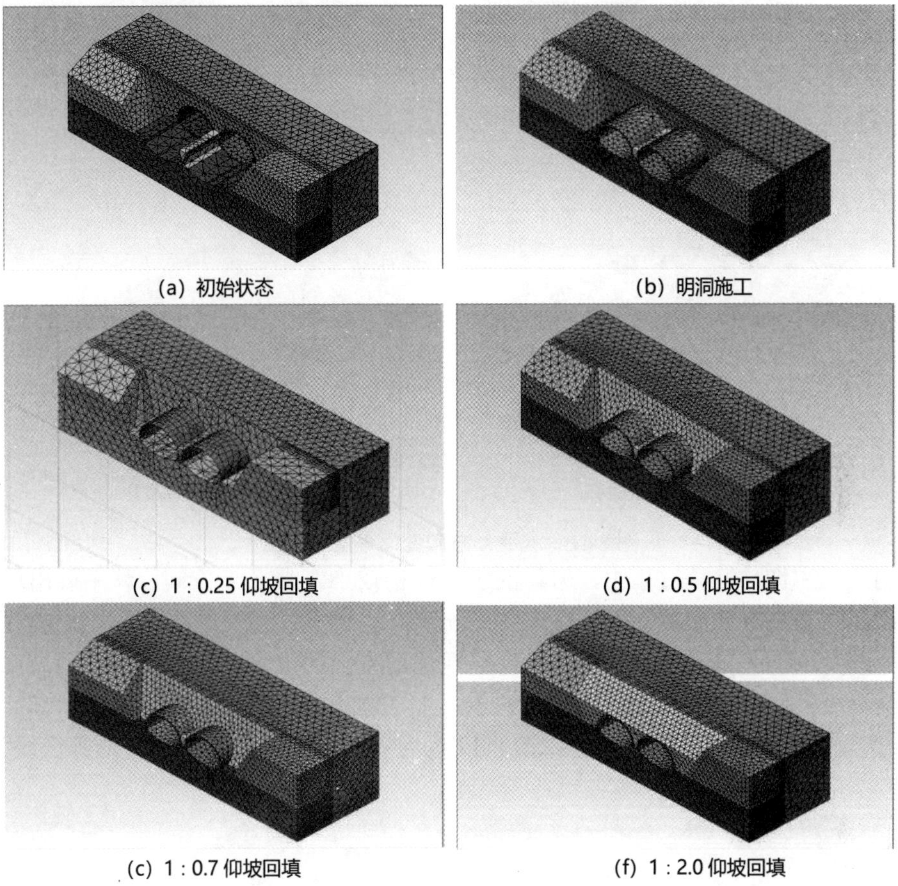

(a) 初始状态　　(b) 明洞施工

(c) 1 : 0.25 仰坡回填　　(d) 1 : 0.5 仰坡回填

(c) 1 : 0.7 仰坡回填　　(f) 1 : 2.0 仰坡回填

图 8-10　各施工阶段与模型网格剖分图

8.3.2　计算参数选取

根据隧道工程地质勘察和现场试验工作，数值模拟分析采用的物理力学参数见表 8-1。

表 8.1　岩体与支护材料物理力学参数指标

隧道岩体	γ/（kN/m³）	E/MPa	μ	C /kPa	Φ/（°）	R_t/kPa
微风化岩层	25.0	700	0.30	350	40	550
强风化岩层	20.0	100	0.31	100	25	150
填土材料	19.0	45	0.33	40	20	20
支护材料	γ/（kN/m³）	E/MPa	μ	2R/m	H	B
衬砌	22.0	28500	0.2	—	0.3	1
二衬	25.0	28500	0.2	—	0.6	1

8.3.3　施工阶段数值模拟与结果分析

(1) 位移结果分析

图 8-11 为连拱隧道明洞施工和仰坡回填过程中的水平 X 方向变形等值线云图。在明洞施工和仰坡回填之前，位移清零。水平 X 方向为垂直隧道走向方向，水平 Y 方向为隧道走向，Z 方向为竖直方向。

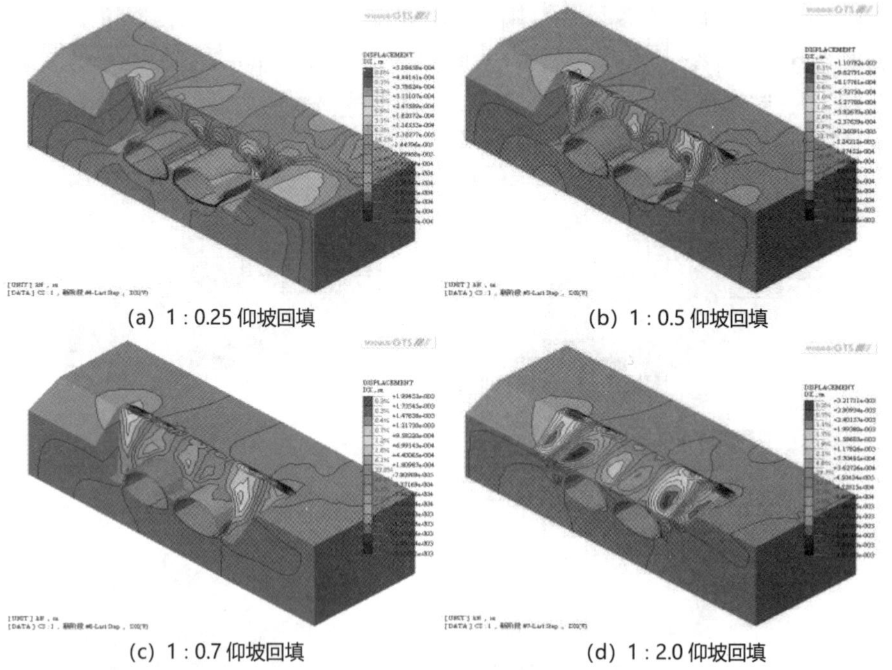

(a) 1 : 0.25 仰坡回填

(b) 1 : 0.5 仰坡回填

(c) 1 : 0.7 仰坡回填

(d) 1 : 2.0 仰坡回填

图 8-11　水平 *X* 方向变形等值线云图

明洞施工和仰坡回填过程中，岩体的水平位移较小，水平 *X* 方向位移主要出现在左右明洞和路堑边坡之间的回填土上，呈 V 字形分布。与路堑边坡交界处的回填土出现向明洞方向的位移，明洞外侧顶部回填土出现向路堑边坡方向的位移。1∶2.0 仰坡回填后，与路堑边坡交界处的回填土向明洞方向产生的最大水平位移为 3.2 mm，明洞外侧顶部回填土向路堑边坡方向的最大位移为 3.3 mm。图 8-12 为各施工阶段水平 *Y* 方向变形等值线云图。

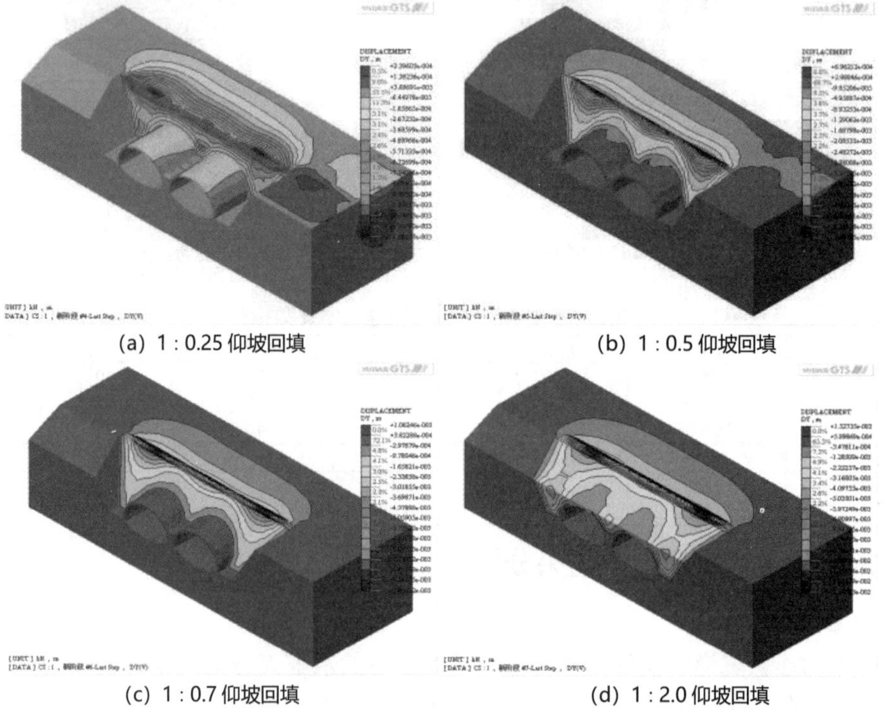

(a) 1 : 0.25 仰坡回填

(b) 1 : 0.5 仰坡回填

(c) 1 : 0.7 仰坡回填

(d) 1 : 2.0 仰坡回填

图 8-12　水平 *Y* 方向变形等值线云图

明洞施工后，最大水平 *Y* 方向位移出现在暗洞仰坡顶，仰坡顶部左右侧最大水平 *Y* 方向位移分别为 1.0 mm 和 0.9 mm。1∶0.25 仰坡回填后，1∶0.25 与 1∶0.5 仰坡交界处出现较大的水平 *Y* 方向位移，其中左侧地表处最大为 1.1 mm，右侧也为 1.1 mm。1∶0.5 仰坡回填后，最大水平 *Y* 方向位移出现在 1∶0.25 与 1∶0.5 仰坡交界处，其中左右侧地表处最大水平 *Y* 方向位移分别为 5.0 mm 和 5.6 mm。1∶0.7 仰坡和 1∶2.0 仰坡回填后，最大水平 *Y* 方向位移的位置没有改变，出现在 1∶0.25 与 1∶0.5 仰坡交界处，左侧最大水平 *Y* 方向位移为 13.2 mm，右侧为 13.4 mm。最大水平 *Y* 方向位移出现在回填土体的地表处，各施工阶段水平 *Y* 方向位移具体值见表 8-2 所列。

表 8-2　各施工阶段水平 Y 方向位移

变形位置	节点位置	1∶0.25 仰坡	1∶0.5 仰坡	1∶0.7 仰坡	1∶2.0 仰坡
明暗洞地表搭接处	左	-0.0011	-0.0018	-0.0020	-0.0022
	中	-0.0010	-0.0016	-0.0018	-0.0021
	右	-0.0011	-0.0018	-0.0020	-0.0023
1∶0.25 与 1∶0.5 仰坡交界处	左	-0.0011	-0.0050	-0.0089	-0.0132
	中	-0.0009	-0.0032	-0.0057	-0.0080
	右	-0.0013	-0.0056	-0.0098	-0.0134
1∶0.5 与 1∶0.7 仰坡交界处	左	0	-0.0039	-0.0083	-0.0126
	中	0	-0.0024	-0.0051	-0.0076
	右	0	-0.0044	-0.0090	-0.0132
1∶0.7 与 1∶2.0 仰坡交界处	左	0	0	-0.0045	-0.0093
	中	0	0	-0.0028	-0.0057
	右	0	0	-0.0047	-0.0094

本章定义节点位置左、中、右分别代表左明洞与左侧路堑边坡中心线的地表处，中隔墙顶部地表处以及右明洞与右侧路堑边坡中心线的地表处。前、中、后分别代表明洞洞口，明洞中部以及明暗洞搭接处的断面。图 8-13 为各施工阶段沉降等值线云图。

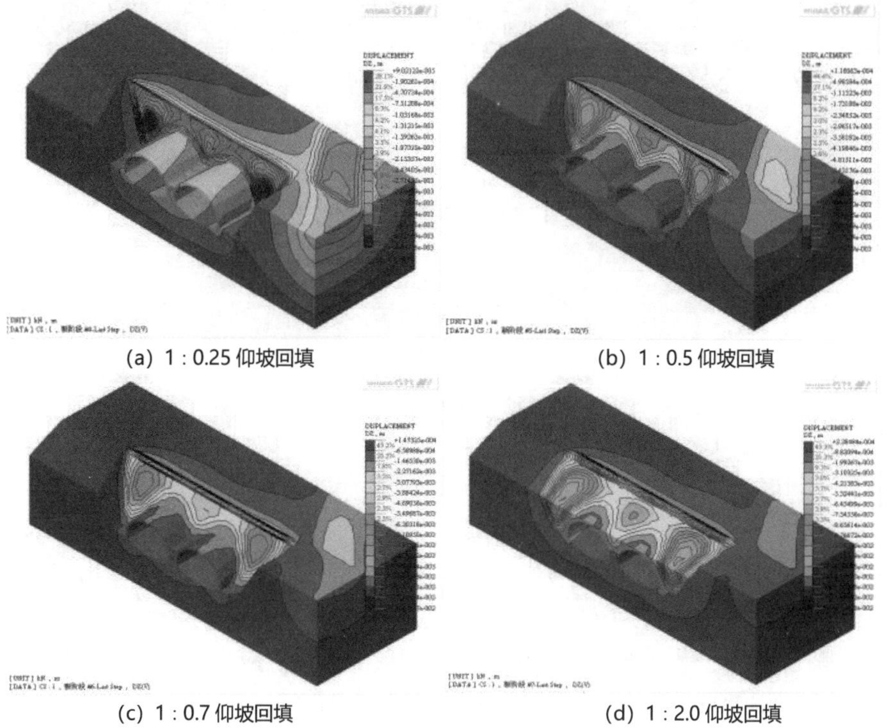

(a) 1 : 0.25 仰坡回填　(b) 1 : 0.5 仰坡回填

(c) 1 : 0.7 仰坡回填　(d) 1 : 2.0 仰坡回填

图 8-13　各施工沉降等值线云图

明洞施工完毕后，明洞洞体沉降很小。不同坡率仰坡回填过程中，最大沉降出现在左右明洞和路堑边坡之间的回填土体上。回填土地表最大沉降出现在 1∶0.5 与 1∶0.7 仰坡交界处，左右侧地表最大沉降量分别为 13.5 mm 和 13.3 mm，施工阶段沉降量见表 8-3 所列。

表 8-3　各施工阶段的沉降（m）

变形位置	节点位置	1∶0.25 仰坡	1∶0.5 仰坡	1∶0.7 仰坡	1∶2.0 仰坡
明暗洞地表搭接处	左	-0.0014	-0.0021	-0.0022	-0.0025
	中	-0.0014	-0.0020	-0.0022	-0.0026
	右	-0.0017	-0.0024	-0.0026	-0.0029
1∶0.25 与 1∶0.5 仰坡交界处	左	-0.0025	-0.0068	-0.0095	-0.0113
	中	-0.0022	-0.0051	-0.0069	-0.0083
	右	-0.0028	-0.0070	-0.0097	-0.0115
1∶0.5 与 1∶0.7 仰坡交界处	左	0	-0.0058	-0.0102	-0.0135
	中	0	-0.0042	-0.0072	-0.0093
	右	0	-0.0059	-0.0101	-0.0133
1∶0.7 与 1∶2.0 仰坡交界处	左	0	0	-0.0057	-0.0107
	中	0	0	-0.0041	-0.0075
	右	0	0	-0.0057	-0.0105

为了更好地了解施工结束后变形情况，特取距离暗洞 5 m 的剖断面结果进行分析：最大水平 X 位移出现在明洞和路堑边坡中间的回填土体上，呈 V 字形分布；最大水平 Y 位移出现在回填土体的地表；最大沉降出现在回填土体的中上部。

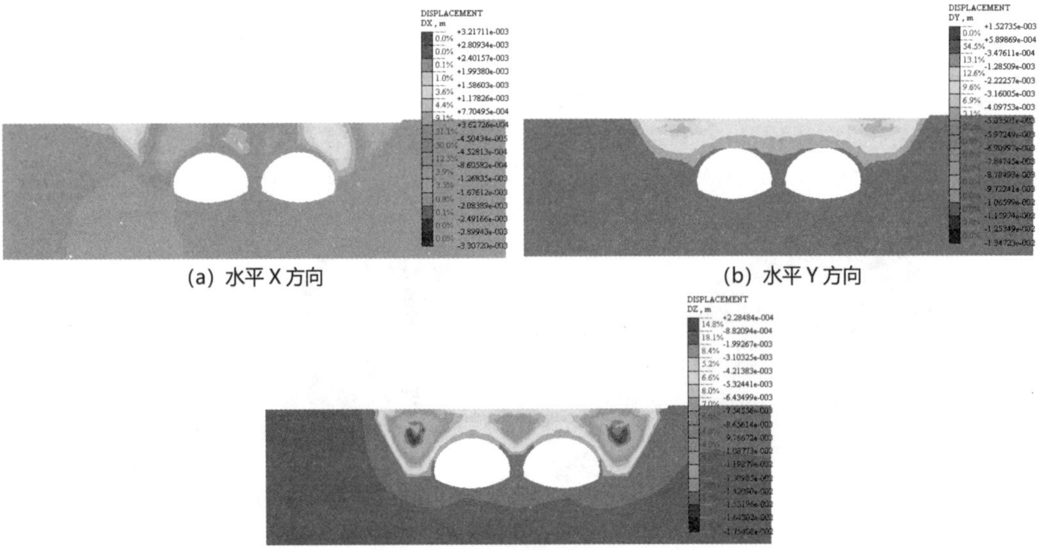

(a) 水平 X 方向　(b) 水平 Y 方向

(c) 沉降

图 8-14　剖断面位移云图

(2) 应力结果分析

考虑到大跨径连拱隧道地下水渗流溢出的实际情况，暗洞出口处总水头为 25 m，明洞进口处总水头为 12 m。在考虑地下水静水头的作用下，总水头和孔隙水压力水头见图 8-15 所示。图 8-16 为各施工阶段水平应力云图。随着施工的进行，左右侧路堑边坡坡角处水平应力逐渐增大，回填结束以后，左右侧路堑边坡坡角处的最大水平应力分别为-159.8 kPa 和-164.4 kPa。随着不同坡率仰坡回填，左右侧明洞顶部的水平应力逐渐增大，1∶2.0 仰坡回填后，左右侧明洞顶部的最大水平应力分别为-962.1 kPa 和-1016.0 kPa，出现在明洞顶部中间。左右洞仰拱中心处受到水平拉应力的作用，左右明洞洞口仰拱中心处的最大水平拉应力分别为 778.6 kPa 和 946.8 kPa。各施工阶段水平应力见表 8-4 所列。

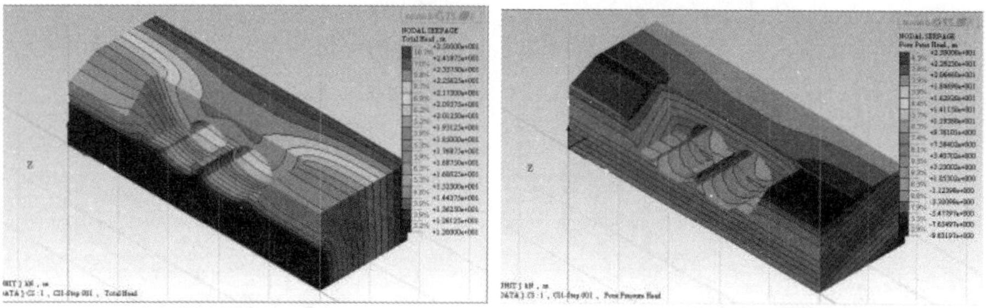

(a) 初始状态下的总水头　　(b) 初始状态下的孔隙水压水头

图 8-15　渗流分析结果

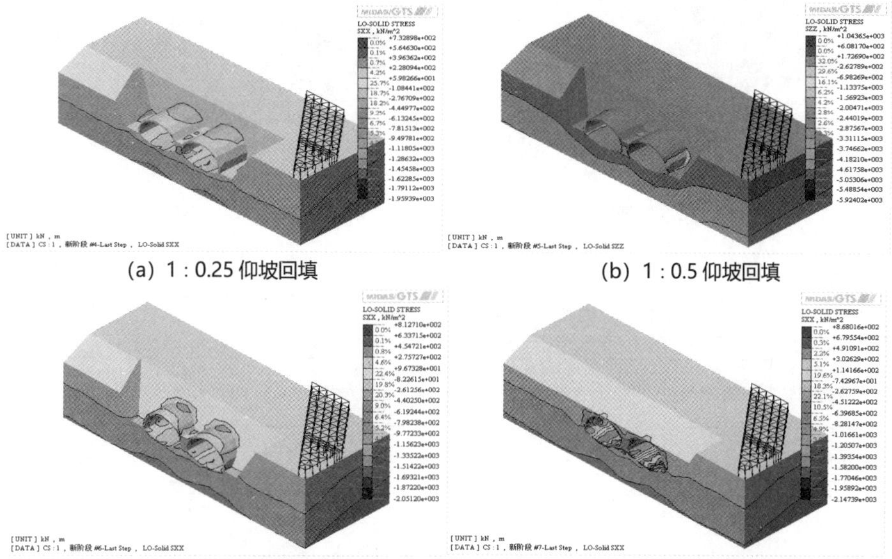

(a) 1 : 0.25 仰坡回填　　(b) 1 : 0.5 仰坡回填

(c) 1 : 0.7 仰坡回填　　(d) 1 : 2.0 仰坡回填

图 8-16　各施工阶段水平应力云图

图 8-17 为各施工阶段的竖直应力云图。左右洞路堑边坡坡脚处的最大竖直应力分别为-369.1 kPa 和-380.0 kPa，出现在暗洞洞口断面的路堑边坡坡角处。明洞拱顶出现了竖直拉应力，左右明洞顶的最大竖直拉应力分别为 430.1 kPa 和 461.3 kPa。最大的竖直应力出现在左右明洞的拱脚处，分别为-1348.0 kPa 和-1300.0 kPa。左右明洞拱脚内侧受到的竖直应力比外侧要大。各施工阶段竖直应力见表 8-5 所列。

表 8-4　各施工阶段水平应力结果分析（kPa）

单元位置		1∶0.25 仰坡	1∶0.5 仰坡	1∶0.7 仰坡	1∶2.0 仰坡
左侧路堑边坡底部	前	-72.6	-72.7	-72.1	-87.1
	中	-106.6	-112.2	-122.9	-127.4
	后	-139.7	-147.9	-153	-159.8
右侧路堑边坡底部	前	-78.4	-78.3	-76.8	-93.0
	中	-94.2	-97.7	-103.1	-113.3
	后	-143.7	-151.1	-156.2	-164.4
左侧明洞顶部	前	-167.7	-163.9	-177.9	-668.5
	中	-183	-309.3	-508.9	-962.1
	后	-266.5	-453.7	-605.2	-740.5
右侧明洞顶部	前	-177.9	-177.1	-191.8	-696.2
	中	-208.4	-284.2	-426.4	-1016.0
	后	-208.9	-339.5	-411.2	-393.7
左明洞仰拱底部	前	184.0	249.1	337.1	778.6
	中	179.1	270.5	372.7	688.1
	后	107.8	211.0	302.9	505.9
右明洞仰拱底部	前	231.1	322.9	437.5	946.8
	中	197.0	299.2	415.5	763.5
	后	153.8	255.3	347.1	556.4

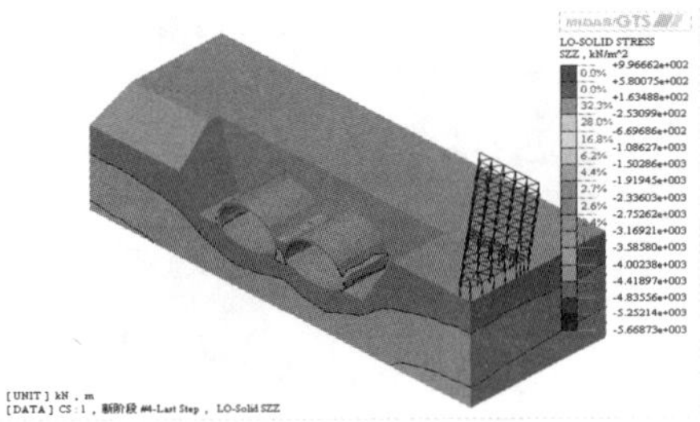

(a) 1 : 0.25 仰坡回填

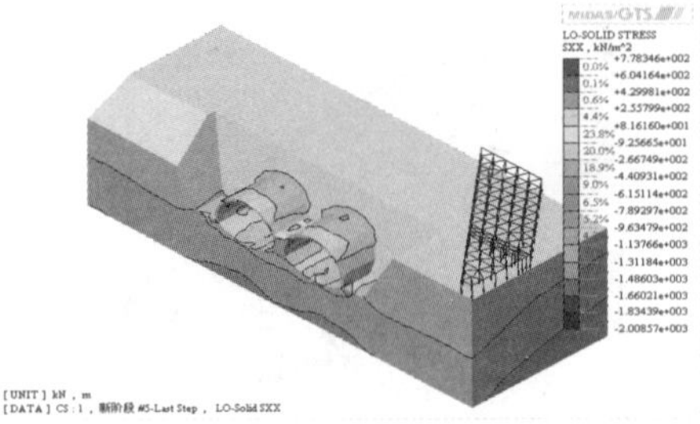

(b) 1 : 0.5 仰坡回填

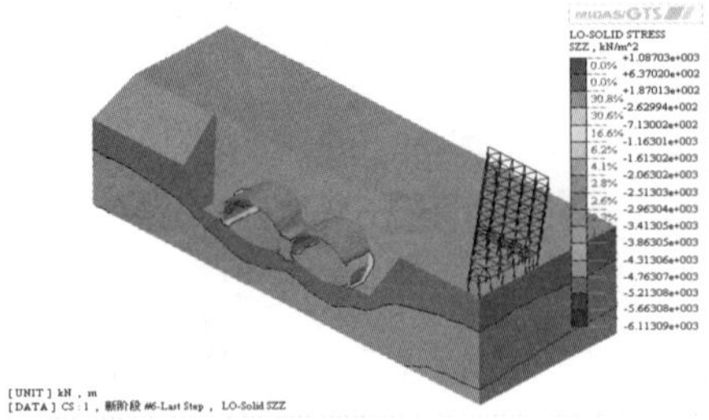

(c) 1 : 0.5 仰坡回填

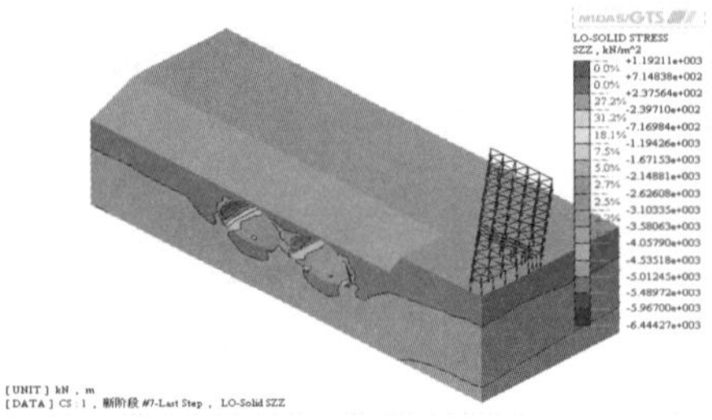

(d) 1 : 2.0 仰坡回填

图 8-17　各施工阶段竖直应力云图

表 8-5　各施工阶段竖直应力结果分析（kPa）

单元位置		1：0.25 仰坡	1：0.5 仰坡	1：0.7 仰坡	1：2.0 仰坡
左侧路堑边坡底部	前	-156.7	-159.6	-163.7	-276.6
	中	-195.4	-227.9	-280.3	-332.1
	后	-271.0	-317.1	-340.1	-369.1
右侧路堑边坡底部	前	-180.8	-184.0	-188.0	-295.5
	中	-205.3	-219.3	-246.3	-322.3
	后	-287.2	-326.5	-349.2	-380.0
左侧明洞顶部	前	26.4	23.2	20.6	80.3
	中	148.0	213.1	281.6	430.1
	后	141.4	239.9	278.9	255.0
右侧明洞顶部	前	26.7	26.0	24.6	75.18
	中	-10.3	-36.6	-9.0	99.43
	后	167.4	281.8	357.1	461.3
左明洞外侧拱脚处	前	-183.2	-245.3	-316.3	-1002.0
	中	-291.9	-459.7	-685.7	-1348.0
	后	-413.6	-618.2	-742.7	-798.8
右明洞外侧拱脚处	前	-201.4	-259.0	-331.4	-1082.0
	中	-279.5	-431.9	-629.7	-1300.0
	后	-452.6	-738.6	-935.9	-1202.0

(3) 应变结果分析

图 8-18 为各施工阶段最大剪应变云图。在各个施工阶段，地表公路由于其上重载交通的作用，剪应变比较大。回填各种坡率仰坡与原来岩体的交界处的剪应变也比较大，围岩最大的剪应变出现在路堑边坡坡角处，最大剪应变为 4.27×10^{-4}。明洞拱腰外侧的最大剪应变很小。具体应变的大小见表 8-6 所列。

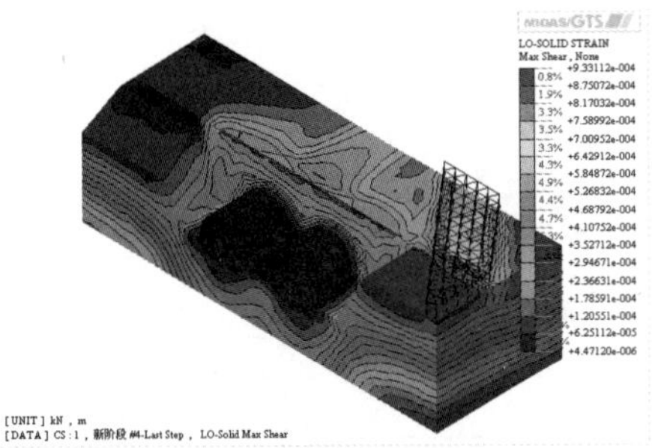

(a) 1 : 0.25 仰坡回填

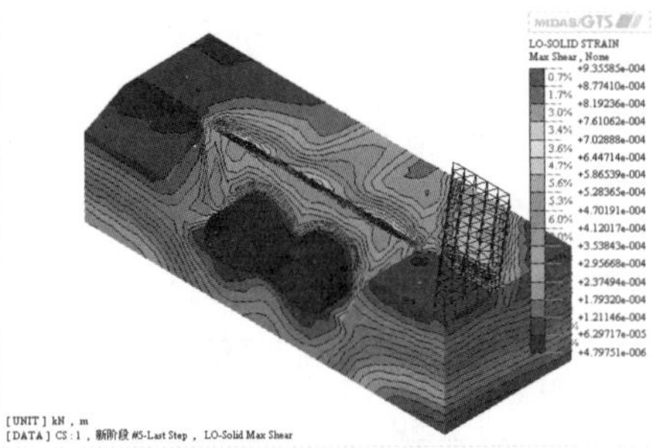

(b) 1 : 0.5 仰坡回填

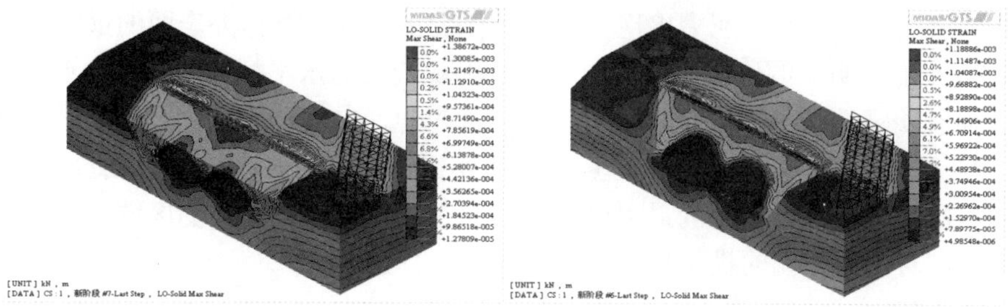

(c) 1 : 0.5 仰坡回填　　(d) 1 : 2.0 仰坡回填

图 8-18 最大剪应变云图

表 8-6 各施工阶段剪应变结果分析

单元位置		1∶0.25 仰坡	1∶0.5 仰坡	1∶0.7 仰坡	1∶2.0 仰坡
左侧路堑边坡底部	前	3.05E-04	3.10E-04	3.14E-04	3.88E-04
	中	3.42E-04	3.53E-04	3.65E-04	4.08E-04
	后	3.82E-04	3.92E-04	3.99E-04	4.13E-04
右侧路堑边坡底部	前	3.47E-04	3.51E-04	3.56E-04	4.17E-04
	中	3.70E-04	3.79E-04	3.92E-04	4.27E-04
	后	3.76E-04	3.91E-04	4.01E-04	4.17E-04
左明洞外侧拱腰处	前	1.48E-05	2.01E-05	2.62E-05	5.88E-05
	中	1.46E-05	2.47E-05	3.59E-05	6.42E-05
	后	1.94E-05	3.08E-05	3.97E-05	5.91E-05
右明洞外侧拱腰处	前	1.17E-05	1.62E-05	2.24E-05	5.57E-05
	中	1.51E-05	2.55E-05	3.70E-05	6.81E-05
	后	2.00E-05	3.43E-05	4.86E-05	8.01E-05

(4) 施工结束后的明洞结果分析

图 8-19 至图 8-21 为施工完毕后的明洞分析结果。

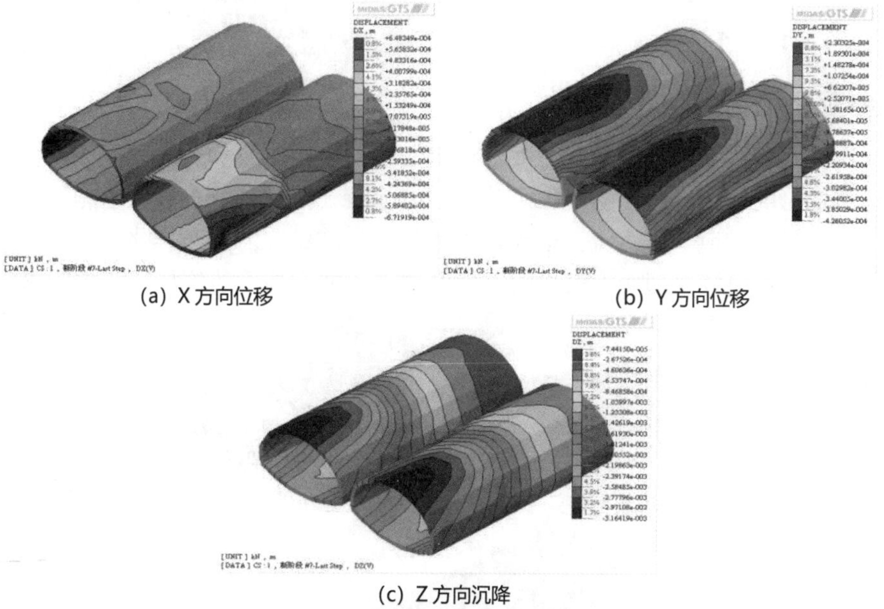

(a) X 方向位移　　(b) Y 方向位移

(c) Z 方向沉降

图 8-19　1∶2.0 仰坡回填二衬的变形等值线云图

最大水平 X 方向位移出现在左右侧明洞洞口的拱腰处，大小为 0.65 mm 左右。最大水平 Y 方向的位移出现明洞洞口的拱顶处，越靠近洞口，水平 Y 方向的位移越大，最大值为 0.43 mm。最大沉降也出现在明洞洞口拱顶处，越靠近洞口沉降越大，最大沉降为 3.16 mm。

洞体外表面的最大水平应力出现在明暗洞体的搭接处，洞体外表面的最大水平压应力为-2023 kPa 左右。明洞洞体仰拱底部中心线处出现较大的水平拉应力，最大水平拉应力为615 kPa。而且明洞的洞体拱脚处出现较大的竖直应力，左右洞外侧拱脚处的最大竖直应力为-1406 kPa 左右，内侧拱脚处的最大竖直应力为-2043 kPa 左右，内侧拱脚处的竖直应力明显大于外侧拱脚。洞体外表面的最大剪应变出现在拱腰与拱脚之间的区域，洞体的最大剪应变出现在左右主洞内侧的拱腰稍下处，大小为 1.2×10^{-4}。

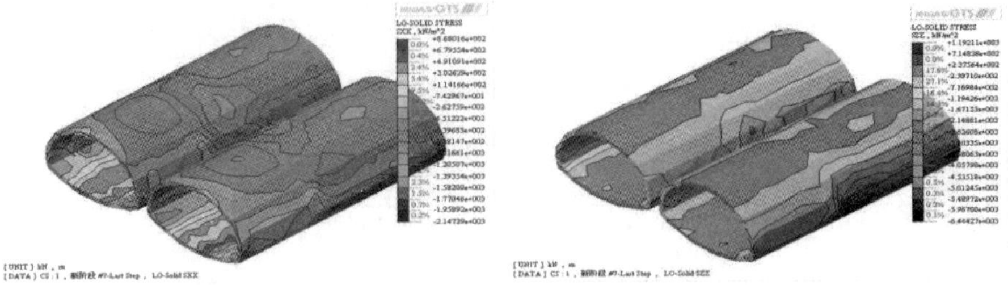

(a) 水平应力云图　　(b) 竖直应力云图

图 8-20　1∶2.0 仰坡回填二衬的应力云图

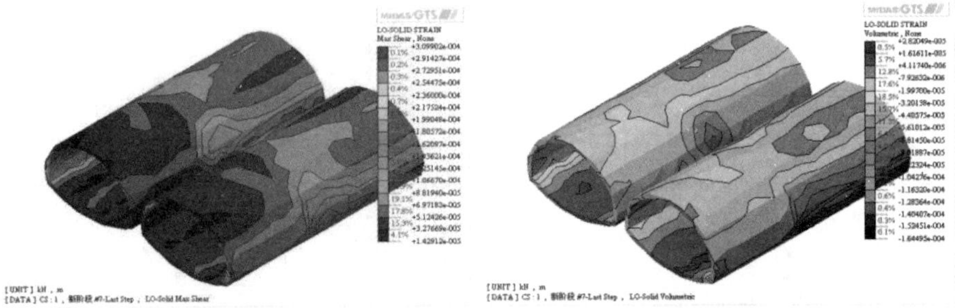

(a) 剪应变云图　　(b) 体应变云图

图 8-21　1∶2.0 仰坡回填二衬的应变云图

8.3.4　路堑边坡稳定性分析

在正常施工工况下，洞口路堑边坡是稳定的。由于明洞及仰坡处理施工滞后，洞口衔接处路堑边坡出现片帮，一定程度上影响了地方二级公路交通安全和隧道施工，通过反分析发现，开挖爆破、地下水渗流、地表水入渗和降雨冲刷、岩体节理化、质量劣化、强度降低和公路重载是边坡局部变形失稳的主要原因。边坡失稳后的位移云图如图 8-22 所示。

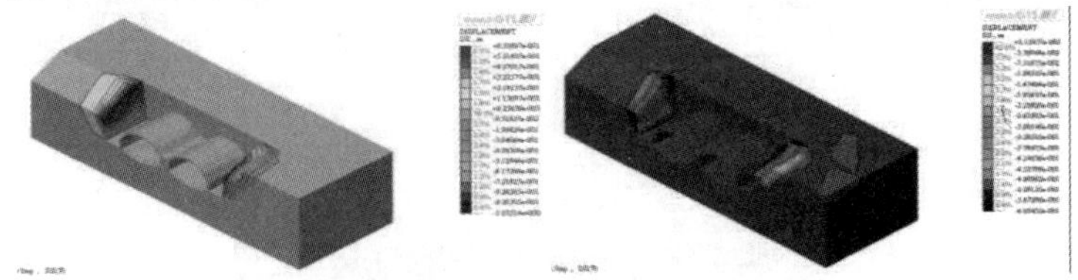

(a) 边坡水平位移　　(b) 边坡沉降

(c) 边坡最大剪应变

图 8-22　边坡变形失稳后的云图

8.4　重载建筑物下大跨径连拱隧道施工过程空间力学效应分析

考虑了重载交通、建筑物荷载影响下，根据大跨径连拱隧道空间位置和合理施工工序，建立三维空间模型，开展了重载、建筑物作用下大跨径连拱隧道各个施工阶段开挖面的空间效应、左右洞施工的相互影响以及中隔墙的变形和稳定性分析。揭示了隧道动态施工过程中围岩、中隔墙应力场、位移场和应变场的变化规律。根据大跨径连拱隧道施工过程数值模拟分析结果，结合地表公路、建筑物变形控制标准，对隧道施工过程中围岩、中隔墙以及地表公路和建筑物的稳定性进行评价。

8.4.1　模型建立

(1) 计算假定

本模型选用通用的有限元分析软件，做了如下假定：① 所有材料为均质、连续、各向同性。② 由于隧道埋深较浅，构造应力很小，初始应力场只考虑自重应力。③ 模型只考虑施工过程中隧道围岩，中隔墙以及初期支护结构的受力和变形情况，没有考虑二衬。

(2) 重载、建筑物下浅埋大跨径连拱隧道开挖过程

根据该连拱隧道的结构设计尺寸建立三维计算模型，上边界可取隧道的实际埋深，纵深方向取试验段的长度 150 m。隧道断面开挖每次进尺 5 m，开挖后立即进行初期支护，图 8-23 为隧道开挖的空间模型及隧道断面围岩具体的施工步骤。

施工步骤可以分为几大步骤：① 中导洞开挖支护，中隔墙的浇注（施工步 1～8）→② 出口左右洞外侧壁导坑 50 m 开挖支护（施工步 9～28）→③ 进口左右洞外侧壁导坑开挖支护（施工步 29～68）→④ 进口左右洞外侧壁导坑开挖 50m 后，左洞内侧壁导坑开始施工，内外侧壁导坑间距为 50 m（施工步 49～108）→⑤ 左洞内侧壁导坑开挖 30 m 后，右洞内侧壁导坑开始施工。左右洞内侧壁导坑开挖的间距为 30 m（施工步 61～120）→⑥ 最后对左右洞的下导坑进行开挖支护（施工步 121～122）。

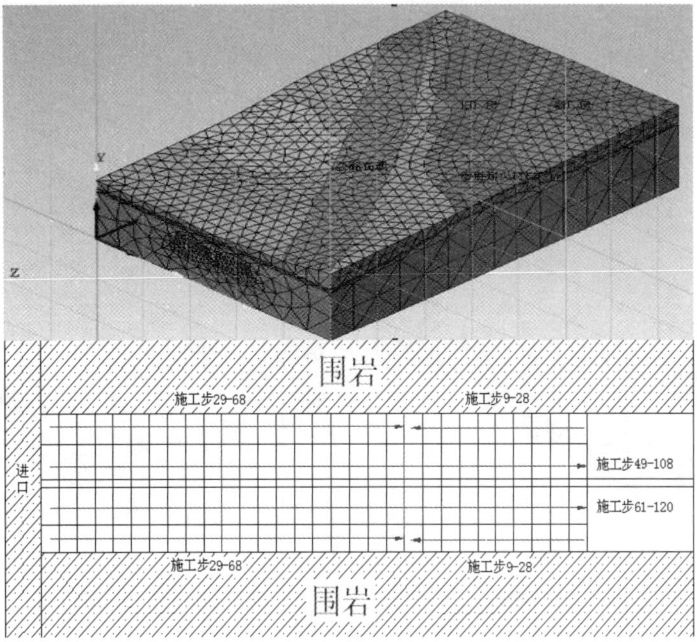

图 8-23　连拱隧道开挖空间模型及隧道围岩具体的施工步骤

(3) 边界条件

边界条件采用位移边界和水头边界条件，上边界至地表为自由面，其他各面为法向约束。进口处的总水头为 22 m，出口处的总水头为 34 m。

8.4.2 计算参数的选取

隧道岩体与支护材料物理力学参数指标如表 8-7 所列。

表 8-7 隧道岩体与支护材料物理力学参数指标

隧道岩体	γ/（kN/m³）	E/MPa	μ	C/kPa	Φ/(°)	R_t/kPa	K/（m/h）
微风化岩层	25.0	720	0.30	350	40	550	0.007
强风化岩层	20.0	100	0.31	100	25	150	0.04
全风化岩层	19.0	50	0.33	12	22	25	0.04
支护材料	γ/（kN/m³）	E/MPa	μ	$2R$/m	H	B	
锚杆	78.0	210000	—	0.025	—	—	
衬砌	22.0	23000	0.20	—	0.3	1	

8.4.3 重载、建筑物下隧道施工过程的空间效应分析

(1) 不同施工阶段洞周围岩变形分析结果

现有的隧道掌子面空间效应分析理论认为隧道掌子面的空间几何效应在纵断面上表现为“半圆弯”约束，在横断面上则表现为“环形”约束，这两种约束方式的联合作用使掌子面附近一定范围内的围岩体在无支护的情况下得以稳定；掌子面的环向约束效应在某种程度上受纵断面方向“虚拟”支撑力影响，在横断面上它使洞周围岩以及与支护结构共同构成的承载拱效应得以加强。连拱隧道开挖的过程中，由于把隧道的左右洞室断面分成几个较小的断面开挖，导洞的开挖引起群洞效应以及中隔墙支撑，使得掌子面在纵断面和横断面上的约束作用与一般的单洞有所不同，目前尚未见到有人对此进行理论上的分析。本节根据数值计算结果，仅从力学计算的角度对连拱隧道掌子面的空间效应做一些初步分析。

连拱隧道施工工序造成施工中存在相互干扰：后施工洞室使先施工洞室造成的临空面产生较大变形；先施工洞室由于后施工洞室的影响再次出现松弛，从而增大了作用在支护上的围岩载荷。通过空间分析可以进一步了解隧道纵深方向上先后洞室施工的相互影响。不同施工阶段的位移等值线云图如图 8-24 至图 8-27 所示。

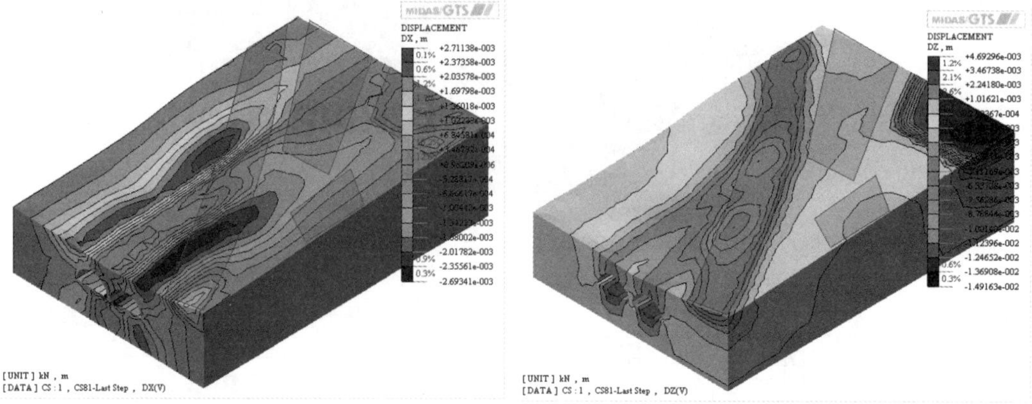

(a) 水平位移　　(b) 沉降

图 8-24 右洞内侧壁导坑开挖 60 m 后位移等值线云图

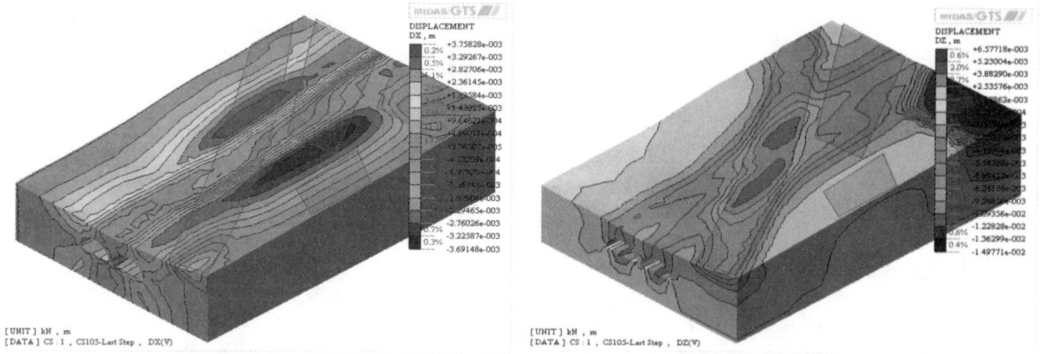

(a) 水平位移　　　　(b) 沉降

图 8-25　右洞内侧壁导坑开挖 120 m 后位移等值线云图

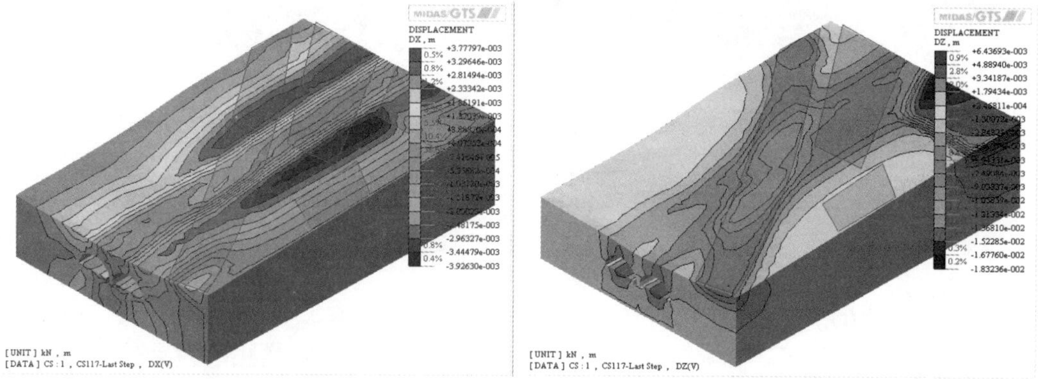

(a) 水平位移　　　　(b) 沉降

图 8-26　右洞内侧壁导坑开挖 150 m 后位移等值线云图

为了更好地了解沉降效应，在洞顶位置选取关键点，研究关键点的变形随隧道施工过程的变化。在这里引入孙钧教授提出的位移释放系数概念，所谓位移释放系数是指开挖到某一距离时，指定点的沉降值与该点最终的位移值的比值。本书中分别对 K81+250，K81+290，K81+325 断面进行分析，得出重载时建筑物下的围岩变形规律。K81+250 断面位置处于隧道右洞中心线与公路中心线交界处，K81+290 断面处于隧道左洞中心线与公路中心线的交界处，K81+325 断面位于新厂房外侧墙与隧道横断面交界处。对这几个断面，分别对其导坑的拱顶进行分析，得出不同施工阶段下的拱顶变形，图 8-28 为导坑拱顶关键点示意图。

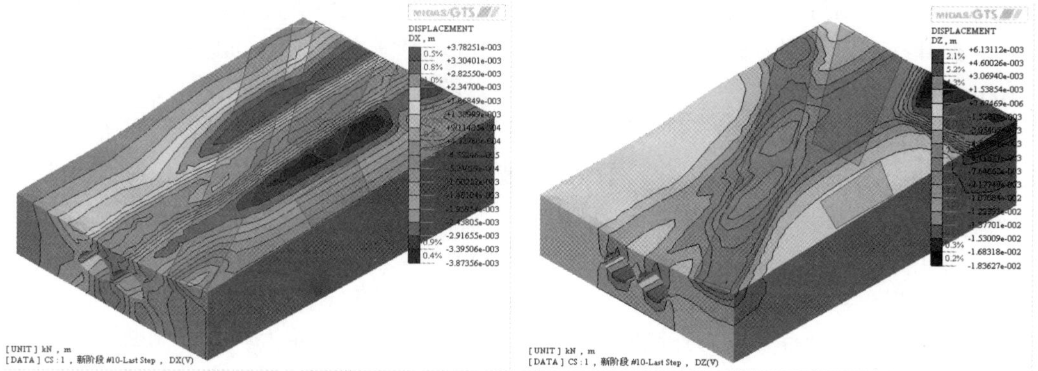

(a) 水平位移　　　　(b) 沉降

图 8-27　最终位移等值线云图

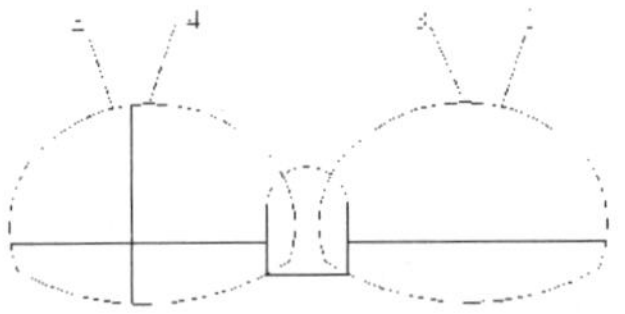

图 8-28　关键点示意图

① K81+250 断面拱顶变形。K81+250 断面位移等值线和关键点随施工步变化的变形曲线如图 8-29 所示。

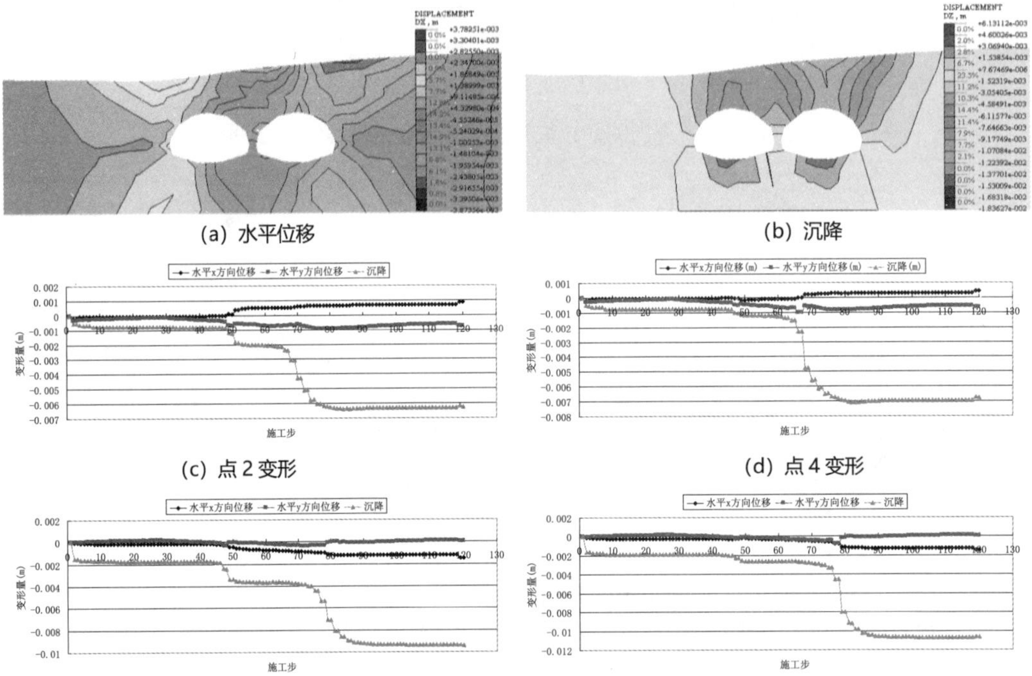

(a) 水平位移　　(b) 沉降

(c) 点 2 变形　　(d) 点 4 变形

(e) 点 1 变形　　(f) 点 3 变形

图 8-29　K81+250 断面关键点变形图

左洞外侧壁导坑顶点（关键点 2）的变形分析：中导洞开挖支护过程中，关键点 2 产生的沉降为 0.7 mm。左洞外侧壁导坑掌子面影响范围为其前后方一个开挖步（5 m），当掌子面经过点 2 时，拱顶变形达到 1.24 mm；掌子面经过关键点 2 一个施工步（5 m）时，变形增大到 1.9 mm，位移释放系数为 30.2%（包括先期沉降），此后变形基本平稳。侧导洞开挖断面比较小，开挖对关键点 2 的空间影响很小。左洞内侧壁导坑开挖时，左洞外侧壁岩体已经全部开挖，上覆围岩失去支撑。左洞内侧壁导坑掌子面的影响范围为前方两个开挖步（10 m）和后方四个施工步（20 m），掌子面经过的关键点 2 四个施工步（20 m）范围内，变形不断增大，变形达到 6.1 mm，位移释放系数为 96.8%。左洞内侧壁导坑掌子面经过关键点 30 m 后，右洞内侧壁导坑掌子面正好经过关键点，右洞内侧壁导坑开挖对点 2 的变形影响不大，右洞内侧壁导坑掌子面影响范围为其前后 5 m，右洞内侧壁导坑掌子面经过点 2 一个施工步（5 m）时，变形稳定，变形达 6.3 mm。

左洞内侧壁导坑顶点（关键点 4）的变形分析：外侧壁导坑开挖到 K81+250 断面时，内侧壁导坑围岩还没有开挖，外侧壁导坑开挖对关键点 4 的影响很小。外侧壁导坑掌子面经过关键点前后，变形由 0.8 mm 变为 1.2 mm，位移释放系数为 17.1%（包括先期沉降）。左洞内侧壁导坑掌子面影响范围为前方两个施工步（10 m）和后方五个施工步（25 m），掌子面经过关键点 4 三个施工步（15 m）范围内，是关键点变形最剧烈的阶段。掌子面经过关键点 25 m 以后，关键点变形逐渐平稳，变形量达到 6.9 mm，位移释放系数为 98.6%。右洞内侧壁导坑的开挖对点 4 的变形影响不大，右洞内侧壁导坑掌子面经过点 4 一个施工步（5 m）后，变形稳定，最终变形达 7.0 mm。

右洞外侧壁导坑顶点（关键点 1）的变形分析：中导洞开挖支护过程中，关键点 1 在地表公路荷载的作用下已经产生了一部分沉降量为 1.7 mm，位移释放系数为 18.3%。外侧壁导坑掌子面影响范围在其前后 5 m 范围内，变形量从 1.9 mm 增加到 3.5 mm，位移释放系数为 37.6%。左洞内侧壁导坑开挖对关键点 1 的变形基本上没有影响。右洞内侧壁导坑掌子面影响范围为前方三个开挖步（15 m）和后方三个施工步（15 m），掌子面经过点 1 时，变形达到 5.3 mm，位移释放系数为 56.9%。掌子面经过点 1 三个施工步（15 m）时，变形逐渐平稳，变形值达到 9.3 mm。右洞内侧壁导坑顶点（关键点 3）的变形分析：中导洞开挖支护过程中，关键点 3 已经产生沉降 1.9 mm。右洞外侧壁导坑掌子面经过点 3 前后，变形量从 2.0 mm 增加到 2.6 mm，位移释放系数为 23.6%，变形变化不大。左洞内侧壁导坑开挖对右洞内侧壁导坑的顶点 3 基本没有影响。右洞内侧壁导坑掌子面影响范围为前方两个施工步（10 m）和后方五个施工步（25 m），最终变形值达到 11.0 mm，其中在经过关键点后 10 m 的范围内沉降变化比较剧烈。左右洞外侧壁导坑开挖到 K81+250 断面时的施工步是 50，左洞内侧壁导坑开挖到 K81+250 断面时的施工步是 69，右洞内侧壁导坑开挖到 K81+250 断面时的施工步是 79。左右洞拱顶的最大沉降分别为 7.0 mm 和 11.0 mm。在重载公路荷载的影响下，右洞沉降量大于左洞。左洞内侧壁导坑开挖对关键点 2 和 4 沉降影响最大，右洞内侧壁导坑开挖对关键点 1 和 3 沉降影响最大。

② K81+290 断面拱顶变形。K81+290 断面位移等值线和关键点随施工步变化的变形曲线如图 8-30 所示。

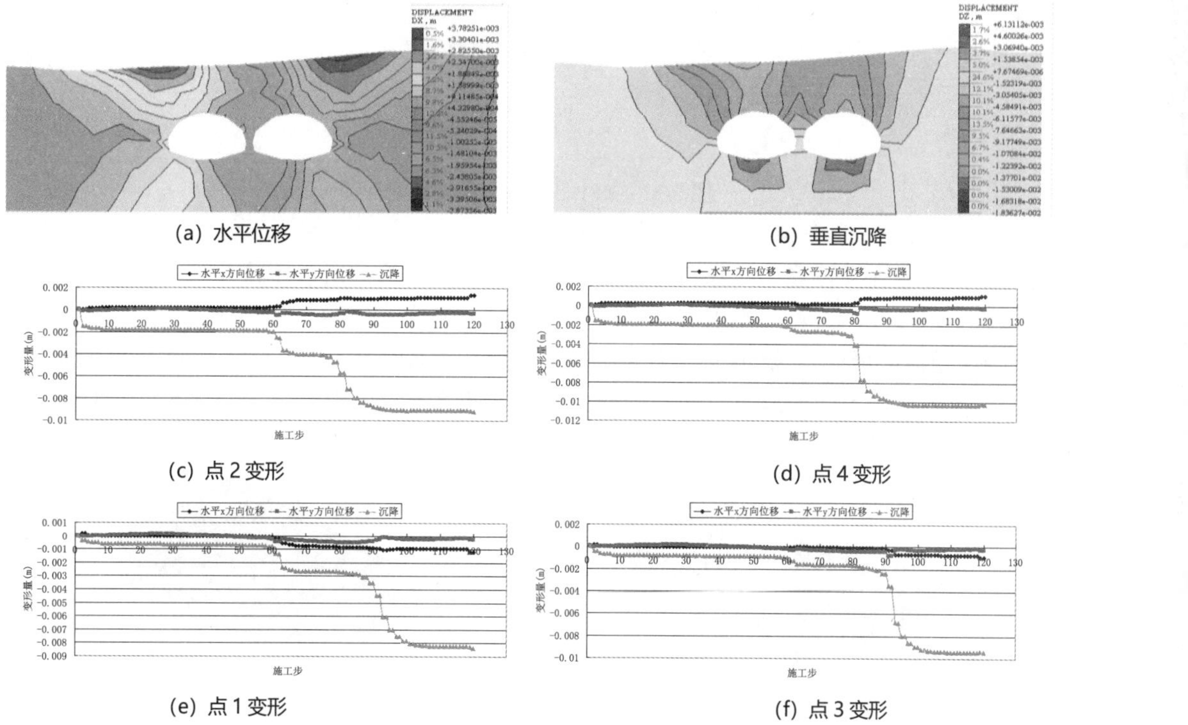

(a) 水平位移　(b) 垂直沉降

(c) 点 2 变形　(d) 点 4 变形

(e) 点 1 变形　(f) 点 3 变形

图 8-30　K81+290 断面关键点变形图

K81+290 断面关键点变形随施工阶段的变化趋势与 K81+250 断面基本相同。在不同地表荷载和围岩作用下，导坑开挖面的影响范围和最终变形量有所不同。关键点 2 和 4 最终变形分别为 9.1 mm 和 10.3 mm。关键点 1 和 3 的最终变形分别为 8.2 mm 和 9.4 mm。左右洞外侧壁导坑开挖到 K81+290 断面时的施工步是 62，左右洞内侧壁导坑开挖到 K81+290 断面时的施工步分别是 81 和 93。

③K81+325 断面拱顶变形。K81+325 断面位移等值线和关键点随施工步变化的变形曲线如图 8-31 所示。关键点 2 和 4 最终变形分别 8.6 mm 和 9.8 mm。关键点 1 和 3 变形量分别为 9.0 mm 和 10.0 mm。左右洞外侧壁导坑开挖到 K81+325 断面时的施工步是 14，左右洞内侧壁导坑开挖到 K81+325 断面时的施工步分别是 99 和施工步 108。

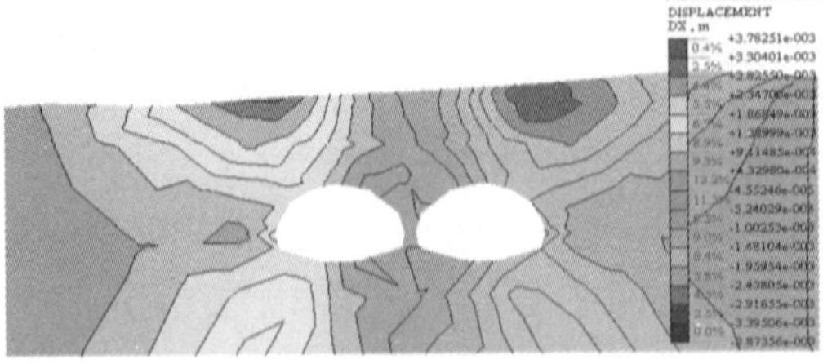

(a) 水平位移

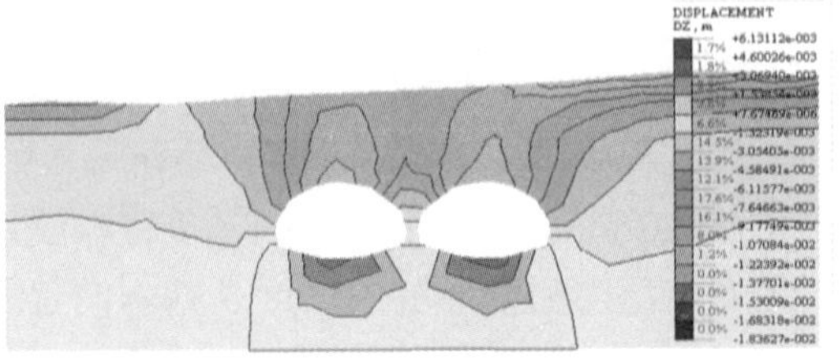

(b) 沉降

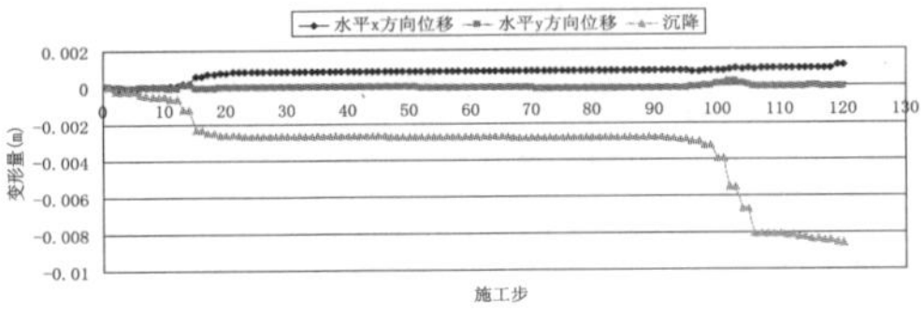

(c) 点 2 变形

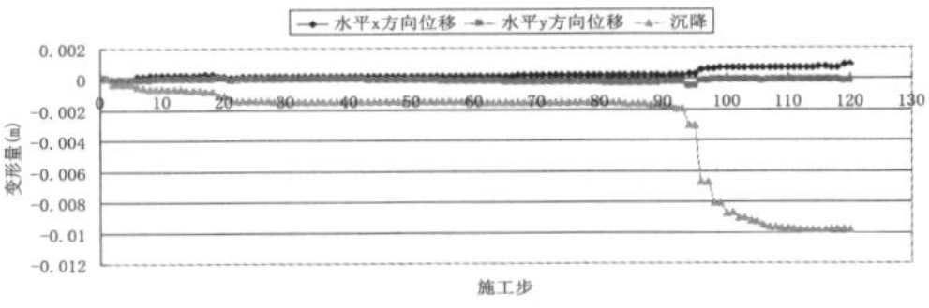

(d) 点 4 变形

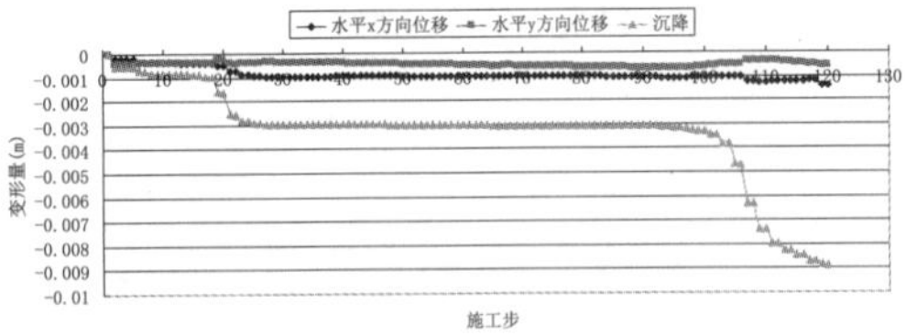

(e) 点 1 变形

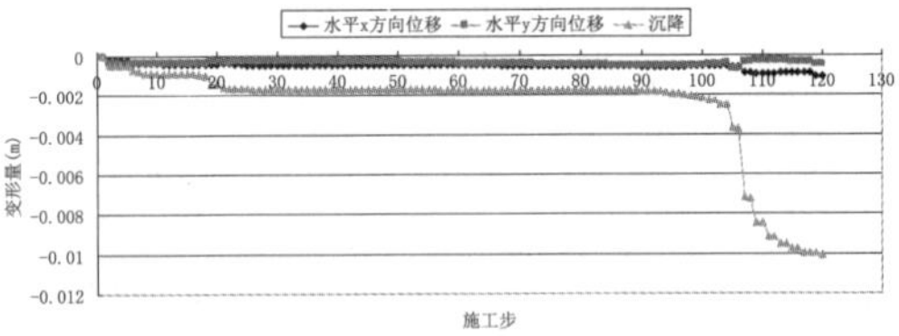

(f) 点 3 变形

图 8-31　K81+325 断面关键点变形图

(2) 不同施工阶段围岩应力的结果分析

连拱隧道埋深较浅，计算荷载主要是上覆围岩的自重，所以本次模拟主要分析竖直应力场的变化情况，着重分析围岩和中墙的竖直应力随施工步的变化规律。隧道岩体开挖，左右洞拱顶应力释放，拱脚处应力集中。下面分别对几个特殊断面拱顶和拱脚处的应力进行分析，得出在不同的施工阶段下的应力状态，图 8-32 和图 8-33 分别为仰拱开挖支护后的应力图和关键点示意图。

(a) 水平应力

(b) 竖直应力

图 8-32　仰拱开挖支护后的应力图

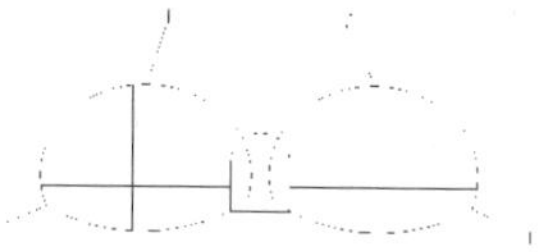

图 8-33　关键点示意图

① K81+250 断面竖直应力结果分析。K81+250 断面围岩应力云图和随施工阶段变化曲线如图 8-34 所示。

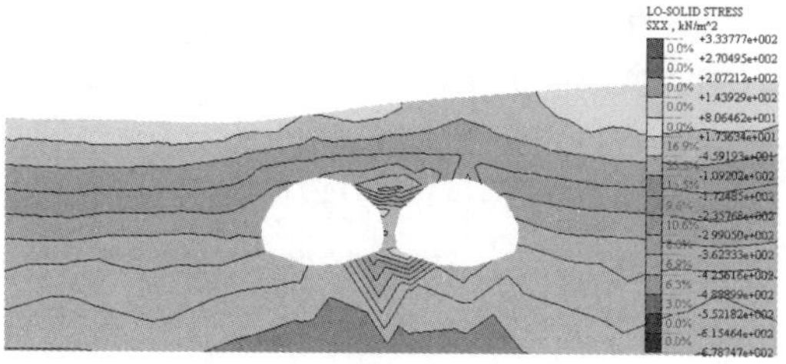

(a) 水平应力

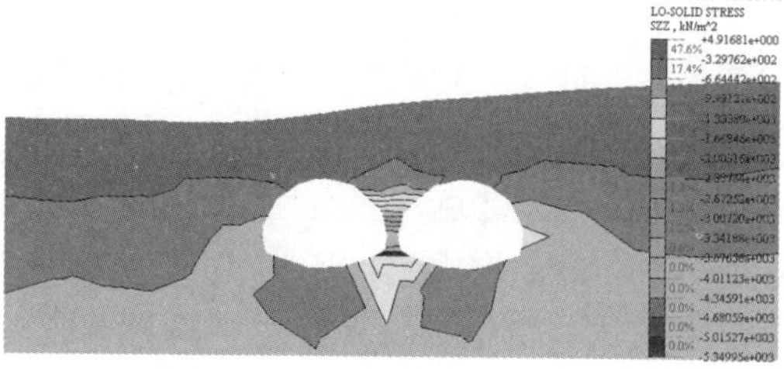

(b) 竖直应力

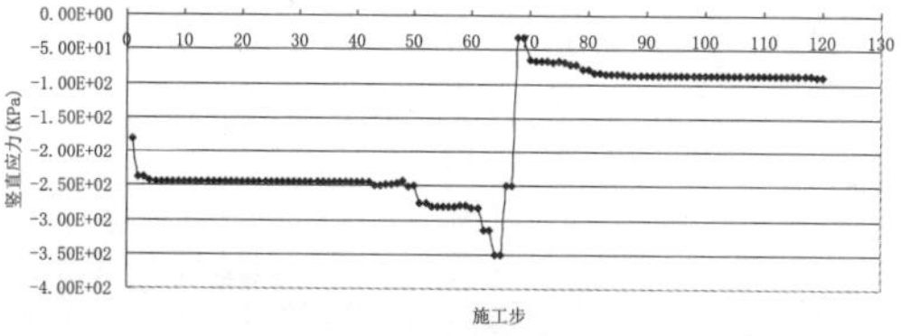

(c) 左洞拱顶应力

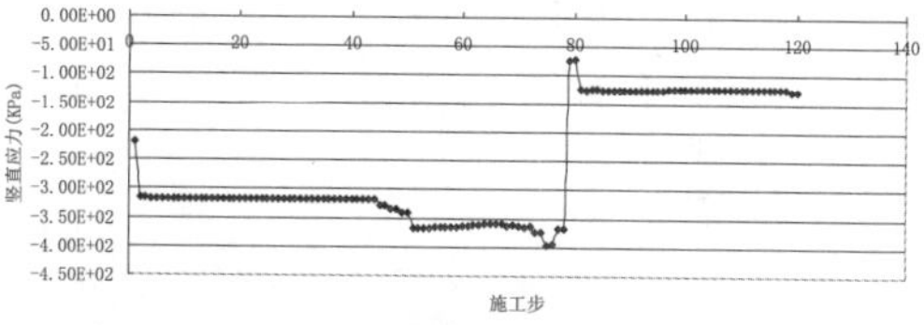

(d) 右洞拱顶应力

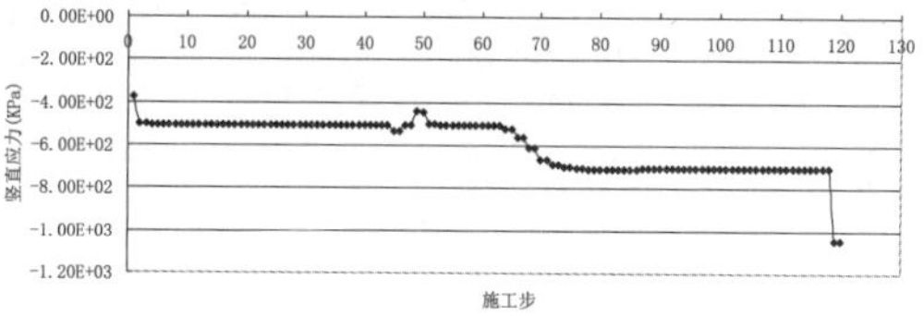

(e) 左洞拱脚应力

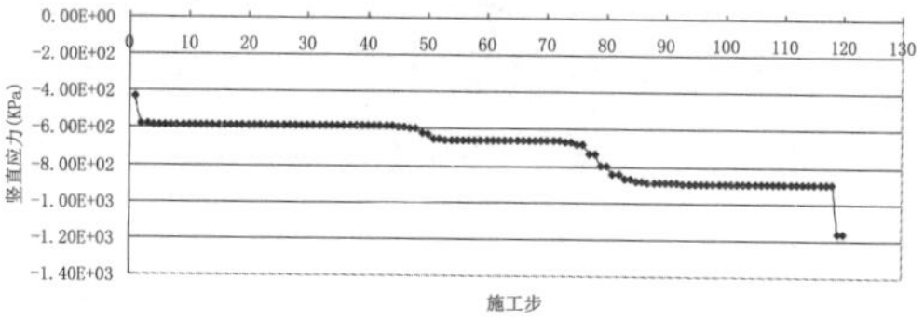

(f) 右洞拱脚应力

图 8-34　K81+250 断面围岩应力

浅埋隧道开挖时，地层岩体内原有的天然应力场将重新分布以达到新的平衡状态。这时，隧道拱顶和拱底产生减压区，压应力减小，隧道围岩聚集的弹性能将被释放出来，造成围岩向开挖空间内突出。同时，拱脚应力集中，竖直压应力增大。自重应力作用下左洞拱顶关键点 1 的竖直应力为-182 kPa。中导洞开挖后，受到上覆围岩压力变大，左洞拱顶竖直应力增大到-245 kPa。左洞外侧壁导坑开挖后，左洞上部围岩的压力主要由内侧壁未开挖的岩体承担，掌子面经过关键点 1 时，竖直应力增大到-276 kPa，此后竖直应力基本平稳。左洞内侧壁导坑掌子面的影响范围为前方三个开挖步（15 m）和后方一个施工步（5 m）。左洞内侧壁导坑掌子面距离点 1 一个开挖步（5 m）时，拱顶竖直应力达到最大-350 kPa。掌子面经过点 1 一个施工步（5 m）时，应力完全释放，拱顶竖直应力迅速减小，应力值为-32 kPa，拱顶处于低压应力状态。掌子面经过关键点 1 以后，拱顶竖直应力稍微恢复，最后稳定在-86 kPa。右洞内侧壁导坑的开挖对关键点应力影响很小。自重应力作用下右洞拱顶关键点 2 的竖直应力为-219 kPa。中导洞开挖后，右洞拱顶竖直应力为-352 kPa。右洞外侧壁导坑开挖使关键点竖直应力值增大到-405 kPa。左洞内侧壁导坑开挖对关键点 2 竖直应力基本没有影响。右洞内侧壁导坑开挖时，右洞外侧壁岩体已经全部开挖，上覆围岩失去支撑，右洞拱顶竖直应力开始增大。右洞内侧壁导坑掌子面的影响范围为前方三个开挖步（15 m）和后方一个施工步（5 m）。掌子面距离拱顶关键点 5 m 时最大竖直应力达到-435 kPa。掌子面经过点 2 一个施工步（5 m）后，应力完全释放，拱顶竖直应力为-78 kPa，拱顶处于低压应力状态。自重应力作用下左洞拱脚的竖直应力为-508 kPa。左洞外侧壁导坑开挖使关键点 3 竖直应力达到-535 kPa。

左洞内侧壁导坑开挖时，左洞外侧壁岩体已经全部开挖，上覆围岩失去支撑，左洞拱脚处的竖直应力开始增大。掌子面影响范围为前方两个施工步（10 m）和后方三个施工步（15 m）。掌子面经过点 3 三个施工步（15 m）时，竖直应力基本平稳，应力值为-705 kPa。左洞下半断面开挖支护时，左洞拱脚的竖直应力增大到-1050 kPa。

右洞外侧壁导坑的开挖使关键点 4 的竖直应力从-589 kPa 增大到-664 kPa。左洞内侧壁导坑的开挖对关键点 4 竖直应力基本没有影响。右洞内侧壁导坑的开挖使关键点 4 的竖直应力从-662 kPa 增大到-885 kPa。左右洞下半断面开挖后，右洞拱脚竖直应力增大到-1170 kPa。左右洞外侧壁导坑开挖对拱脚竖直应力变化影响不大，内侧壁导坑和下半断面的开挖使拱脚处的竖直应力显著增大，没有超出岩体的抗压强度。

② K81+290 断面竖直应力结果分析。K81+290 断面围岩应力云图和随施工阶段变化曲线如图 8-35 所示。自重应力作用下左洞拱顶关键点 1 的竖直应力为-382 kPa。

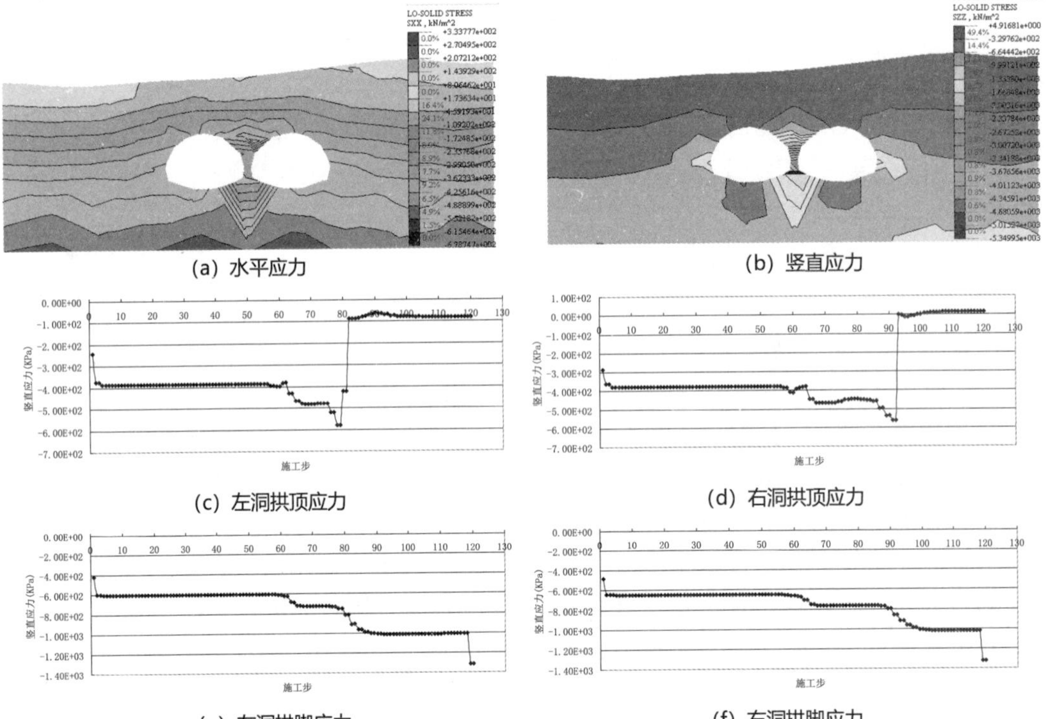

(a) 水平应力

(b) 竖直应力

(c) 左洞拱顶应力

(d) 右洞拱顶应力

(e) 左洞拱脚应力

(f) 右洞拱脚应力

图 8-35 K81+290 断面围岩应力

左洞外侧壁导坑开挖使关键点 1 竖直应力增大到-480 kPa。左洞内侧壁导坑掌子面影响范围为前方三个开挖步（15 m）和后方一个施工步（5 m）。掌子面距离点 1 三个开挖步（15 m）时，拱顶竖直应力开始迅速增大，拱顶竖直应力增大到-581 kPa。当掌子面经过点 1 一个施工步（5 m）时，应力完全释放，拱顶的竖直应力迅速减小，应力值为-87 kPa，拱顶处于低压应力状态。右洞内侧壁导坑开挖对关键点应力影响很小。自重应力作用下右洞拱顶关键点 2 的竖直应力为-379 kPa。右洞外侧壁导坑开挖使右洞拱顶竖直应力从-386 kPa

增大到-469 kPa。左洞内侧壁导坑开挖对关键点 2 的竖直应力基本没有影响。右洞内侧壁导坑掌子面影响范围为前方三个开挖步（15 m）和后方一个施工步（5 m）。拱顶关键点 2 的最大竖直应力为-562 kPa。掌子面经过点 2 一个施工步（5 m）时，应力完全释放，拱顶的竖直应力迅速减小，应力值为 0.04 kPa，为拉应力。施工完毕后，拱顶处于低拉应力状态。左右洞拱脚处的竖直应力随施工步的变化趋势与 K81+250 断面基本相同，掌子面的影响范围也基本相同。施工结束后，左右洞拱脚的竖直应力分别为-1310 kPa 和-1320 kPa。

(3) 不同施工阶段围岩应变结果分析

不同施工阶段的围岩最大剪应变如图 8-36 所示。

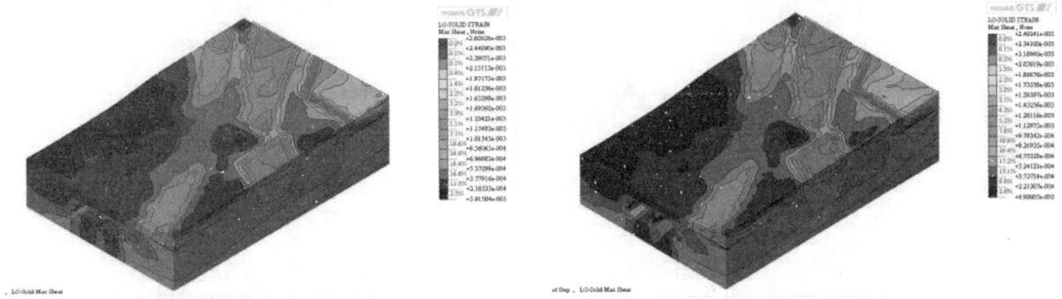

(a) 右洞内侧壁导坑开挖 150 m 后应变图　　(b) 最终应变图

图 8-36　围岩最大剪应变云图

① K81+250 断面应变结果分析。K81+250 断面围岩最大剪应变云图和随施工阶段变化曲线如图 8-37 所示。

左洞外侧壁导坑开挖使左洞拱顶的最大剪应变稍微增大；左洞内侧壁导坑开挖使左洞拱顶的最大剪应变迅速增大，最大剪应变为 3.57×10^{-4}，左洞内侧壁导坑开挖面经过 K81+250 断面 10 m 后，左洞拱顶的最大剪应变逐渐减小至平稳；右洞内侧壁导坑开挖对左洞拱顶最大剪应变的变化影响不大。

右洞外侧壁导坑的开挖使右洞拱顶的最大剪应变稍微增大；左洞内侧壁导坑的开挖对右洞拱顶最大剪应变变化影响不大；右洞内侧壁导坑距离断面 5 m 时，右洞拱顶的最大剪应变迅速增大，最大剪应变为 5.72×10^{-4}，右洞内侧壁导坑掌子面经过 K81+250 断面 10 m 后，右洞拱顶的最大剪应变逐渐减小至平稳。左洞外侧壁导坑开挖使左洞拱脚的最大剪应变从 3.39×10^{-4} 增加到 4.18×10^{-4}。左洞内侧壁导坑的开挖到 K81+250 断面时，左洞拱脚的最大剪应变为 4.35×10^{-4}，左洞内侧壁导坑开挖面经过 K81+250 断面 20 m 时，左洞拱脚的最大剪应变为 6.94×10^{-4}；右洞内侧壁导坑的开挖对左洞拱脚的最大剪应变影响不大。左洞下半断面开挖和支护使左洞拱脚处的最大剪应变增大到 1.43×10^{-3}。

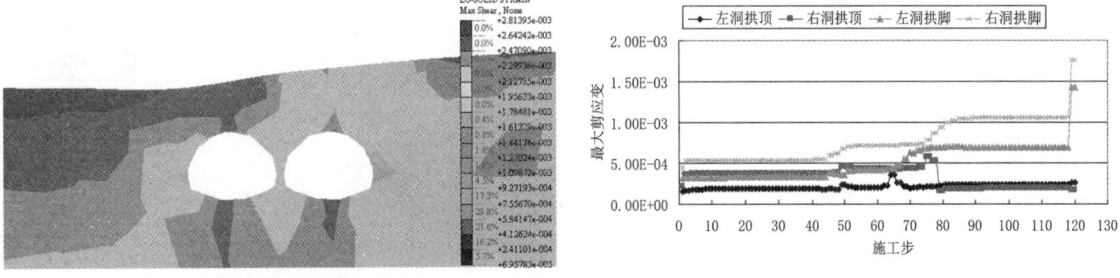

(a) 最大剪应变云图　　(b) 最大剪应变变化曲线

图 8-37　K81+250 断面最大剪应变

右洞外侧壁导坑开挖使右洞拱脚的最大剪应变从 5.40×10^{-4} 增加到 7.17×10^{-4}。左洞内侧壁导坑开挖对右洞拱脚的最大剪应变基本没有影响。当右洞内侧壁导坑开挖到 K81+250 断面时，右洞拱脚的最大剪应变为 7.88×10^{-4}，右洞内侧壁导坑开挖面经过 K81+250 断面 20 m 时，右洞拱脚的最大剪应变为 1.05×10^{-3}；右洞下半断面开挖和支护使左洞拱脚处的最大剪应变增大到 1.77×10^{-3}。

② K81+290 断面应变结果分析。K81+290 断面围岩最大剪应变云图和随施工阶段变化曲线如图 8-38 所示。左右洞拱顶出现的最大剪应变分别为 7.18×10^{-4} 和 6.23×10^{-4}，施工结束后的最大剪应变分别为 2.14×10^{-4} 和 3.44×10^{-4}；下断面开挖支护后，左右洞拱脚处的最大剪应变分别为 1.96×10^{-3} 和 1.79×10^{-3}。

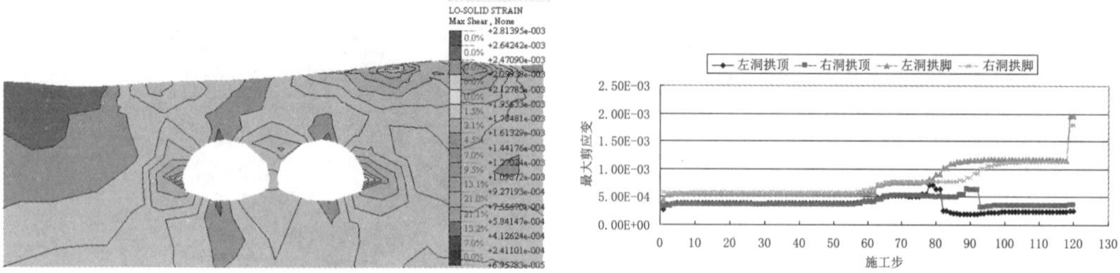

(a) 最大剪应变云图　　(b) 最大剪应变变化曲线

图 8-38　K81+290 断面最大剪应变

(4) 中隔墙变形的结果分析

在施工过程中，中隔墙横向上受到偏压作用，不仅产生整体偏转，而且在偏转的同时产生扭转，引起墙体的弯曲变形。本章通过空间分析，可以看出，施工过程中中隔墙的变形是复杂的，不仅有横断面上的变形，而且纵断面上也存在弯曲扭转。图 8-39 为不同施工阶段中隔墙位移云图。中隔墙浇注完毕后，在上覆围岩和地表荷载作用下，中隔墙在横向上出现了水平位移，纵断面上还出现偏转。

随着开挖进行，中墙各个部分的水平位移和沉降都发生了变化，明显的特征有：左右洞内侧壁导坑没有开挖之前，左右洞外侧壁导坑开挖对中隔墙的变形影响不大，不同断面由于作用在中墙上的荷载形式不同，出现向左或者向右的水平位移；随着左右洞内侧壁导坑的开挖，不同断面中墙的水平位移逐渐变大。施工过程中，中隔墙左右两侧沉降量相差很小，对中墙的稳定性影响很小。下面着重对 K81+250 断面中隔墙的变形进行分析。

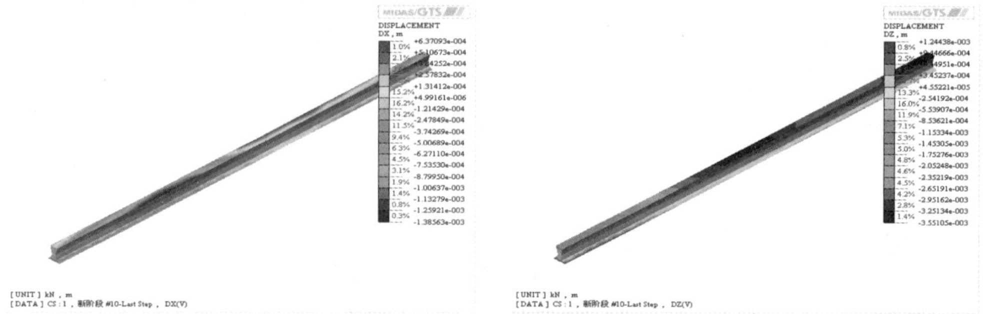

(a) 水平位移　　(b) 沉降

图 8-39　中隔墙最终位移云图

K81+250 断面中隔墙关键点的水平位移随施工步的变化曲线如图 8-40 所示。施工结束后，中隔墙水平位移和沉降的等值线分别见图 8-41 和图 8-42 所示。

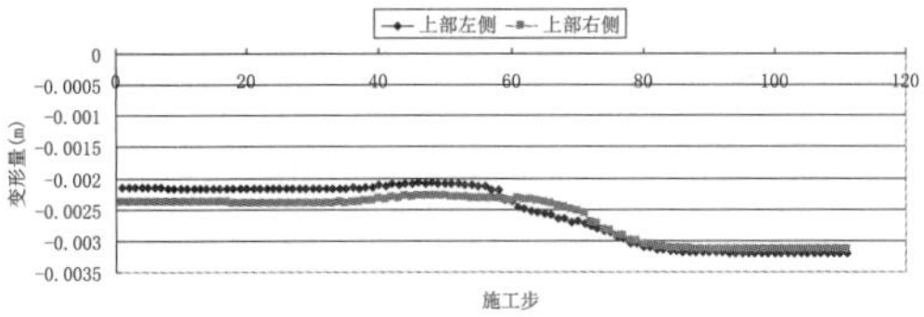

(a) 上部沉降

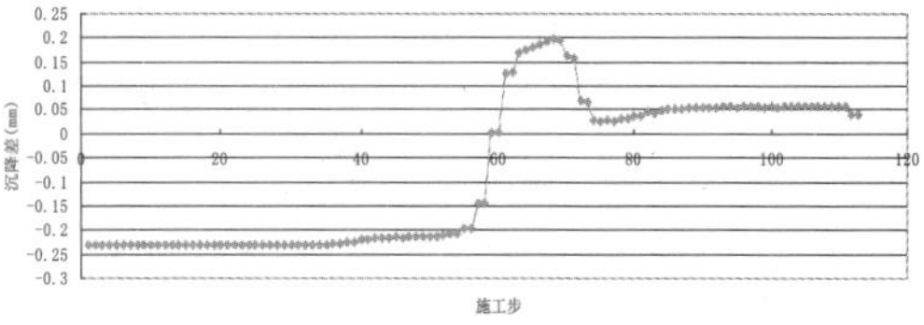

(b) 上部左右沉降差

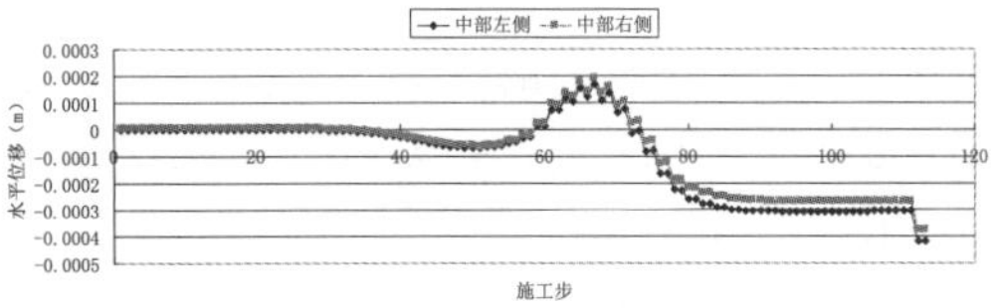

(c) 中部水平位移

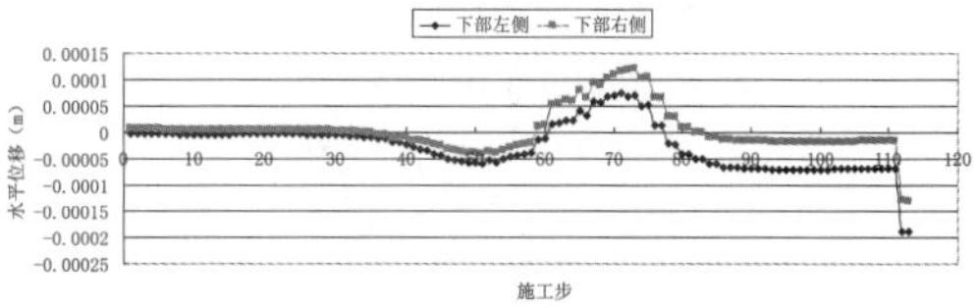

(d) 下部水平位移

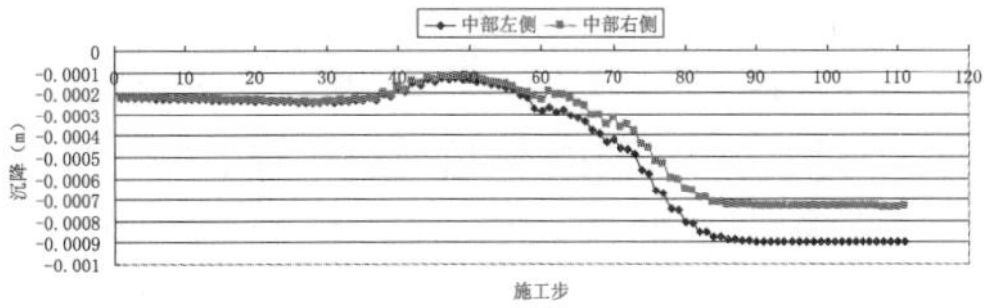

(e) 中部沉降

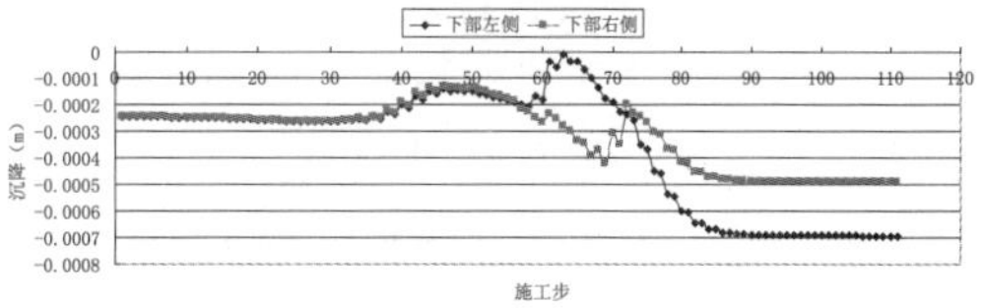

(f) 下部沉降

图 8-40　中隔墙变形曲线

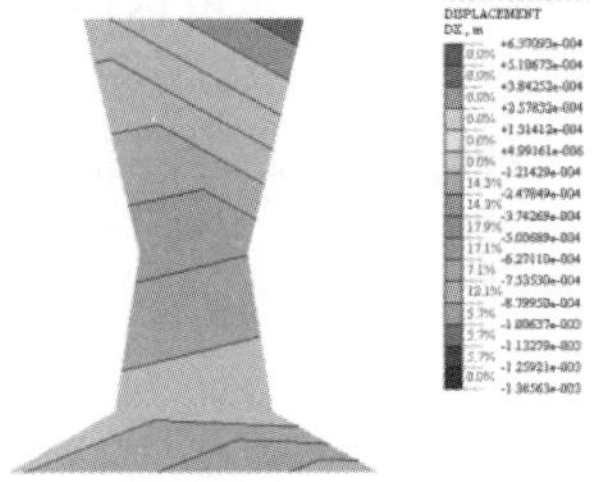

(a) 未变形图

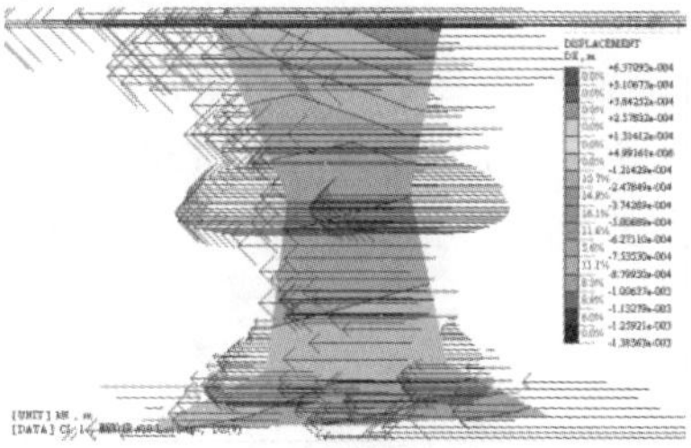

(b) 变形矢量图

图 8-41　中隔墙水平位移等值线图

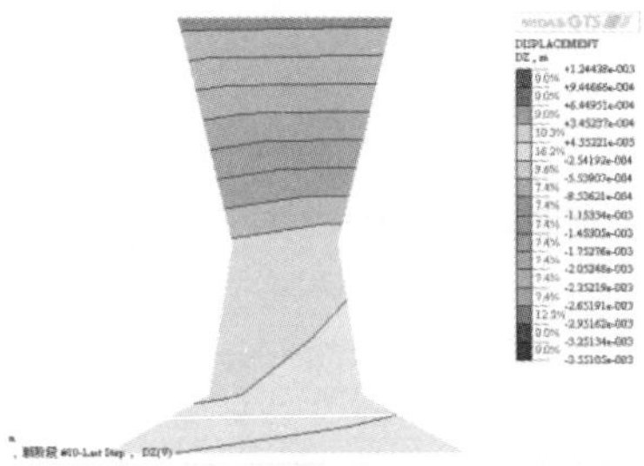

(a) 未变形图

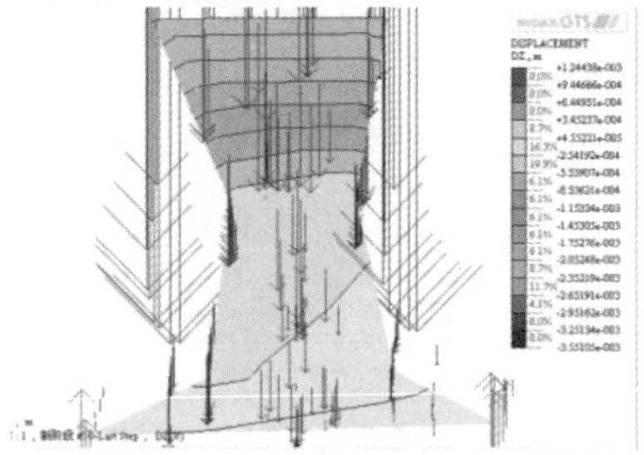

(b) 变形矢量图

图 8-42　中隔墙沉降等值线图

中部左右两侧在中隔墙浇注后基本没有水平位移。外侧壁导坑的开挖使掌子面后方中隔墙产生整体向左的偏转，墙身中部向左侧稍稍鼓出，水平位移大小为 0.05 mm，基部稍微向上抬起。随着左洞内侧壁掌子面的向前推进，掌子面后方的中墙产生整体向左的偏转得到纠正，墙身向左的鼓出大有收敛，中隔墙产生整体向右的偏转，基部左趾沉降减小，向上抬起，右趾下沉。随着右洞内侧壁掌子面的向前推进，掌子面后方的中墙又出现整体向左的偏转，中部再次向左侧鼓出，水平位移的大小为 0.41 mm。基部左趾下沉，右趾沉降先减小后增大，先上抬后下沉。施工结束后，除基部左趾出现向右的水平偏移，其他部位都出现向左的偏移，中隔墙出现逆时针方向的微小偏转。综合分析上部，中部和下部水平位移大小，上部最大，下部最小。中隔墙的水平位移变化模式为左→右→左，下部左右两侧的水平位移和中部变化过程一致。由沉降曲线可以看出，中隔墙上部沉降量最大，中部的沉降大于下部。上部两侧沉降差最小，中部和下部左右两侧的沉降差相对较大。施工过程中，基部左右趾的沉降出现相反方向变形，使中墙出现微小偏转。

(5) 中隔墙应力结果分析

中墙作为双连拱隧道核心构件，其主要作用是承受围岩传递的压力。它的受力状态稳定与否直接关系到整个隧道结构的稳定，是施工质量的重中之重，也是连拱隧道区别于其它类型隧道的本质之所在。图 8-43 为施工结束后中隔墙应力云图。

① K81+250 断面中隔墙竖直应力结果分析。为了清楚了解中隔墙空间应力场变化，取上部和中部等几个具有代表性的点进行分析，上部左右侧分别为关键点 1 和 2，中部左右侧分别为关键点 3 和 4。各施工阶段 K81+250 断面中隔墙竖直应力曲线见图 8-44 所示。中隔墙浇注后，其中部左侧关键点 3 的竖直应力为-174 kPa。外侧壁导坑掌子面影响范围为其前后 5 m，竖直应力从-175 kPa 增大到-288 kPa。左洞内侧壁导坑掌子面影响范围为前方两个施工步（10 m）和后方三个施工步（15 m）。左洞内侧壁导坑开挖经过关键点 3 时，关键点的竖直应力为-1900 kPa；左洞内侧壁导坑开挖经过关键点 3 三个施工步（15 m）后，竖直应力不再增大，其中在经过关键点 3 后 10 m 范围内应力增大最快，最大竖直应力为-4230 kPa。右洞内侧壁导坑逐渐靠近关键点 3 时，关键点 3 竖直压应力逐渐减小，右洞内侧壁导坑开挖到关键点 3 时，竖直应力为-3870 kPa，右洞内侧壁导坑掌子面经过关键点 3 一个施工步（5 m）后，竖直应力大小为-4060 kPa。

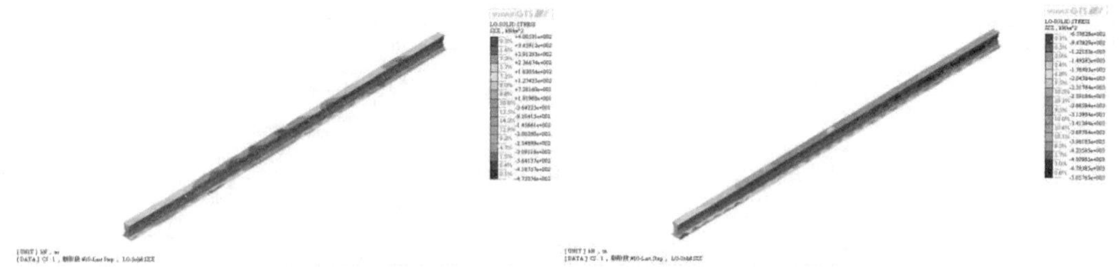

(a) 水平应力　　(b) 竖直应力

图 8-43　施工结束后中隔墙应力云图

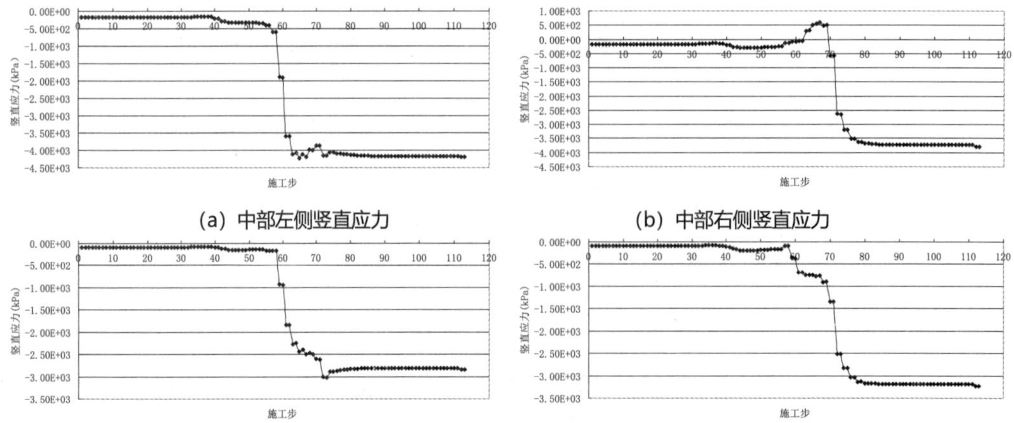

(a) 中部左侧竖直应力　　(b) 中部右侧竖直应力

(c) 上部左侧竖直应力　　(d) 上部右侧竖直应力

图 8-44　K81+250 断面中隔墙竖直应力曲线

中隔墙浇注后中部右侧关键点 4 的竖直应力为-172 kPa。左右洞外侧壁导坑开挖使其竖直应力变化不大，从-142 kPa 增加到-299 kPa。左洞内侧壁导坑掌子面影响范围为前方两个施工步（10 m）和后方四个施工步（20 m）。随着左洞内侧壁导坑的开挖，左洞的上覆围岩压力逐渐集中到中隔墙上，由于右侧内侧壁岩体未开挖，左洞上覆围岩压力主要集中到中隔墙左侧中部。左洞内侧壁经过关键点 4 四个施工步（20 m），右洞内侧壁距离关键点 4 两个施工步（10 m）时，中部右侧受到最大拉应力，大小为 608 kPa。右洞内侧壁距离关键点 4 越近，中部右侧拉应力越小，右洞内侧壁导坑经过关键点 4 五个施工步（25 m）时，关键点竖直应力逐渐平稳，大小为-3730 kPa。整个施工过程中中隔墙上部左侧关键点 1 的竖直应力是逐渐增大的。左右外侧壁导坑开挖对关键点 1 的竖直应力基本没有影响。左洞内侧壁导坑掌子面影响范围为前方一个施工步（5 m）和后方三个施工步（15 m）。距离关键点 1 一个施工步（5 m）时，关键点 1 的竖直应力开始逐渐增大。左洞内侧壁导坑掌子面经过关键点 1 三个施工步（15 m）时，关键点 1 的竖直应力逐渐平稳，大小为-2400 kPa。右洞内侧壁导坑掌子面影响范围为前后 5 m，竖直应力达到最大-3020 kPa。施工结束后关键点 1 保持比较稳定的-2820 kPa。左右外侧壁导坑开挖使中隔墙上部右侧关键点 2 的竖直应力稍微增大。左洞内侧壁导坑掌子面影响范围为前方一个施工步（5 m）和后方两个施工步（10 m）。距离关键点 2 一个施工步（5 m）时，关键点 2 的竖直应力减小，上覆岩体的压力主要集中在左侧。左洞内侧壁导坑掌子面经过关键点 2 时，竖直应力为-368 kPa。左洞内侧壁导坑掌子面经过关键点 2 两个施工步（10 m）时，竖直应力为-745 kPa。右洞内侧壁导坑掌子面影响范围为前方两个施工步（10 m）和后方五个施工步（25 m），稳定的竖直应力为-3190 kPa。

② K81+290 断面中隔墙竖直应力结果分析。各施工阶段 K81+290 断面中隔墙竖直应力曲线见图 8-45 所示。

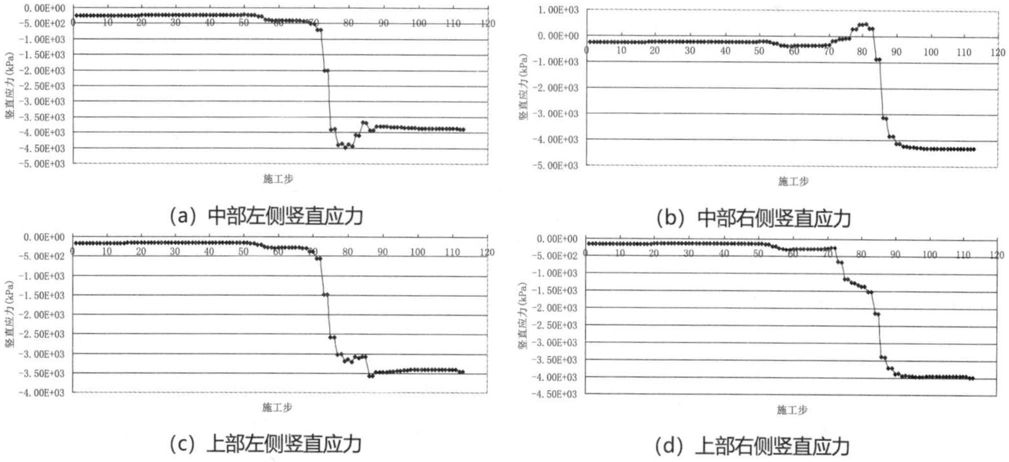

(a) 中部左侧竖直应力　(b) 中部右侧竖直应力

(c) 上部左侧竖直应力　(d) 上部右侧竖直应力

图 8-45　K81+290 断面中隔墙竖直应力曲线

中隔墙浇注后中部左侧关键点 3 的竖直应力为-243 kPa。外侧壁导坑开挖使关键点 3 的竖直应力从-234 kPa 增大到-364 kPa。左洞内侧壁导坑掌子面影响范围为前方两个施工步（10 m）和后方三个施工步（15 m）。右洞内侧壁导坑掌子面影响范围为其前后 5 m 左右，最终关键点 3 的竖直应力为-3860 kPa。

中隔墙浇注后中部右侧关键点 4 的竖直应力为-232 kPa。左右洞外侧壁导坑开挖使其竖直应力从-207 kPa 增加到-364 kPa。左洞内侧壁导坑掌子面影响范围为前方两个施工步

（10 m）和后方四个施工步（20 m）。左洞内侧壁导坑开挖使右侧中部的竖直应力由压应力变为拉应力，中部右侧最大拉应力 497 kPa。右洞内侧壁距离关键点 4 越近，拉应力越小，右洞内侧壁导坑经过关键点 4 五个施工步（25 m）时，关键点的竖直应力为-4300 kPa。

中隔墙上部左侧在整个施工过程中是逐渐增大的。左右外侧壁导坑的开挖对关键点 1 的竖直应力基本没有影响。左洞内侧壁导坑开挖对关键点影响范围前方 15 m 和后方 15 m，左洞内侧壁导坑开挖使关键点 1 竖直应力从-295 kPa 增大到-3080 kPa。右洞内侧壁导坑开挖使关键点 1 的竖直应力从-3080 kPa 增大到-3470 kPa。右洞内侧壁导坑开挖对关键点的影响范围为其前后方 5 m。左右外侧壁导坑开挖使关键点 2 的竖直应力从-132 kPa 增大到-193 kPa。左洞内侧壁导坑开挖对关键点的影响范围为前方 10 m 和后方 20 m，左洞内侧壁导坑开挖使关键点 2 的竖直应力从-251 kPa 增大到-1370 kPa。右洞内侧壁导坑的开挖使关键点 2 的竖直应力从-1370 kPa 增大到 3930 kPa。右洞内侧壁导坑开挖对关键点的影响范围为其前方 10 m 和后方 20 m 左右。

③ K81+325 断面中隔墙竖直应力结果分析。各施工阶段 K81+325 断面中隔墙竖直应力曲线见图 8-46 所示。

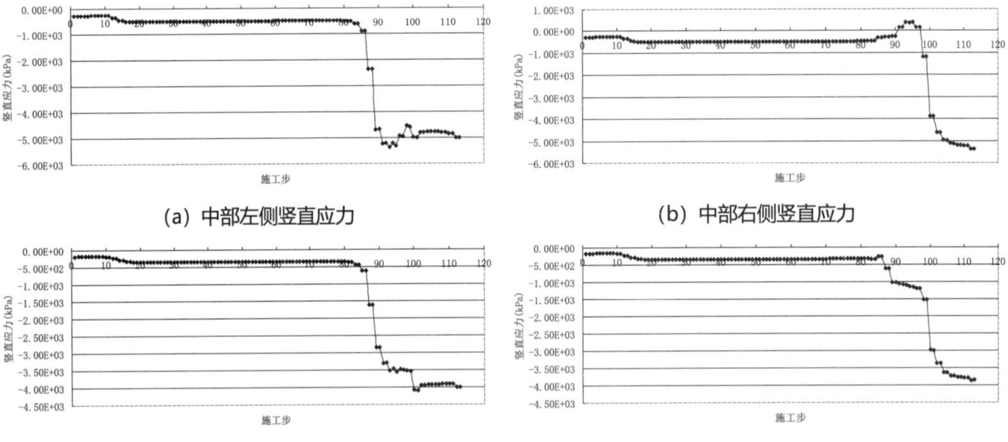

(a) 中部左侧竖直应力　(b) 中部右侧竖直应力

(c) 上部左侧竖直应力　(d) 上部右侧竖直应力

图 8-46　K81+325 断面中隔墙竖直应力曲线

K81+325 断面中隔墙竖直应力随施工阶段的变化规律与以上两个断面相比，变化规律相似，开挖面的影响范围不同。关键点 3 和 4 施工结束后的竖直应力大小分别为-4780kPa 和-5230 kPa。关键点 1 的竖直应力为-3930 kPa。左洞内侧壁导坑掌子面对关键点 1 的影响范围为前方 15 m 和后方 15 m。右洞内侧壁导坑开挖对关键点的影响范围为前后 5 m。关键点 2 的竖直应力-3780 kPa。左洞内侧壁导坑开挖对于关键点的影响范围为前方 5 m 和后方 20 m。右洞内侧壁导坑开挖对关键点的影响范围为前方 10 m 和后方 20 m 左右。综合以上分析，开挖面对中隔墙竖直应力变化影响范围主要在开挖面前方 15 m 和后方 20 m 左右。

④ K81+250 断面中隔墙水平应力结果分析见图 8-47 所示。

各施工阶段 K81+250 断面中隔墙水平应力曲线见图 8-47 所示。中隔墙浇注后，左侧中部关键点 3 的水平应力为-104 kPa。左右洞外侧壁导坑使关键点 3 水平应力稍微减小。左洞内侧壁导坑掌子面影响范围为前方三个施工步（15 m）和后方四个施工步（20 m）。掌子面靠近关键点 3 的过程中，水平压应力逐渐减小，左洞内侧壁导坑掌子面经过关键点 3 时，水平应力变为拉应力，大小为 354 kPa。左洞内侧壁导坑掌子面经过关键点 3 四个施工步

（20 m）时，水平拉应力最大为 930 kPa。右洞内侧壁导坑掌子面逐渐靠近关键点 3 时，水平拉应力逐渐减小。右洞内侧壁导坑掌子面经过关键点 3 六个施工步（30 m）时，水平压应力大小为-301 kPa。左洞内侧壁导坑距离关键点 4 四个施工步（20 m）时，关键点 4 水平应力逐渐变大，左洞内侧壁导坑掌子面经过关键点 4 时，水平应力大小为-459 kPa。左洞内侧壁导坑掌子面经过关键点 4 一个施工步（5 m）时，关键点 4 的水平压应力最大为-640 kPa。此后，关键点 4 的水平压应力逐渐减小。右洞内侧壁导坑掌子面经过关键点 4 时，关键点最大水平拉应力为 32 kPa，此后关键点应力由受拉逐渐变为受压。内侧壁导坑掌子面经过关键点 4 六个施工步（30 m）后，大小为-287 kPa。

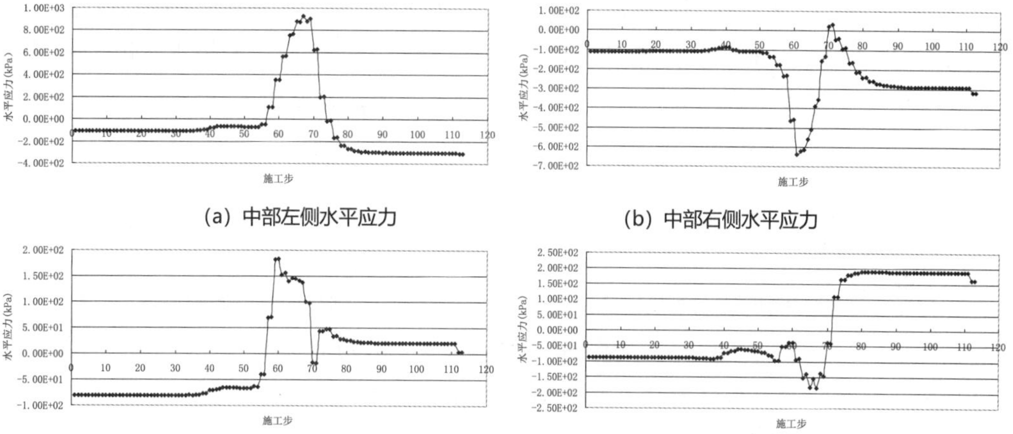

(a) 中部左侧水平应力　　(b) 中部右侧水平应力

(c) 上部左侧水平应力　　(d) 上部右侧水平应力

图 8-47　K81+250 断面中隔墙水平应力曲线

左右外侧壁导坑开挖对于上部左侧关键点 1 的水平应力基本没有影响。左右洞外侧壁导坑开挖使关键点 1 水平应力从-79 kPa 减小为-65 kPa。左洞内侧壁导坑掌子面影响范围为前方三个施工步（15 m）和后方两个施工步（10 m）。距离关键点 1 三个施工步（15 m）时，关键点 1 水平压应力逐渐变为水平拉应力。左洞内侧壁导坑经过关键点 1 时，水平拉应力最大为 183 kPa。左洞内侧壁导坑掌子面经过关键点 1 两个施工步（10 m）时，水平拉应力逐渐稳定在 145 kPa。右洞内侧壁导坑掌子面距离关键点 1 两个施工步（10 m）时，水平拉应力开始减小，从 137 kPa 拉应力变为-18 kPa 压应力。右洞内侧壁导坑掌子面经过关键点 1 两个施工步（10 m）后，关键点 1 水平应力基本稳定，为 20 kPa 拉应力。下半断面开挖支护后，关键点 1 的水平拉应力大小为 4 kPa。

左右外侧壁导坑开挖使得关键点 2 的水平压应力稍微减小，从-87 kPa 减小为-62 kPa。左洞内侧壁导坑掌子面距离关键点 2 两个施工步（10 m）时，关键点 2 的水平压应力减小，左洞内侧壁导坑掌子面经过关键点 2 后，其水平压应力又逐渐增大。左洞内侧壁导坑掌子面经过关键点 2 四个施工步（20 m），右洞内侧壁导坑掌子面距离关键点 2 两个施工步（10 m）时，关键点 2 水平压应力变为最大，大小为-183 kPa。随着右洞内侧壁导坑开挖，关键点 2 的水平压应力逐渐变为水平拉应力，右洞内侧壁导坑掌子面经过关键点 2 四个施工步（20 m）时，关键点 2 水平拉应力基本稳定，为 190 kPa。

⑤ K81+290 断面中隔墙水平应力结果分析。各施工阶段 K81+290 断面中隔墙水平应力曲线见图 8-48 所示。

左洞内侧壁导坑的开挖过程中，中部左侧关键点 3 最大水平拉应力为 232 kPa。右洞内侧壁导坑开挖使关键点 3 水平应力维持在-197 kPa 左右。左右洞外侧壁导坑的开挖对关键点 4 的水平应力基本没有影响。左洞内侧壁导坑的开挖使关键点 4 水平应力增大。右洞内侧壁导坑的开挖使关键点 4 水平应力逐渐减小。左右洞内侧壁导坑开挖时，关键点 4 最大的水平压应力为-1650 kPa，最后稳定在-180 kPa 左右。中隔墙水平应力分析如下：左右洞外侧壁导坑开挖对中隔墙的水平应力变化影响不大，中隔墙水平压应力较小。左洞内侧壁导坑开挖过程中，中部左侧出现较大拉应力，中部右侧水平压应力逐渐增大。右洞内侧壁导坑开挖使中部左侧水平拉应力减小，中部右侧水平压应力也减小。右洞内侧壁导坑掌子面经过一段距离后，中部处于低压应力状态。不同的断面出现的最大拉压应力不同，开挖面影响范围也不同。从整体受力情况来看，都没有超出钢筋混凝土的抗压、抗拉强度。

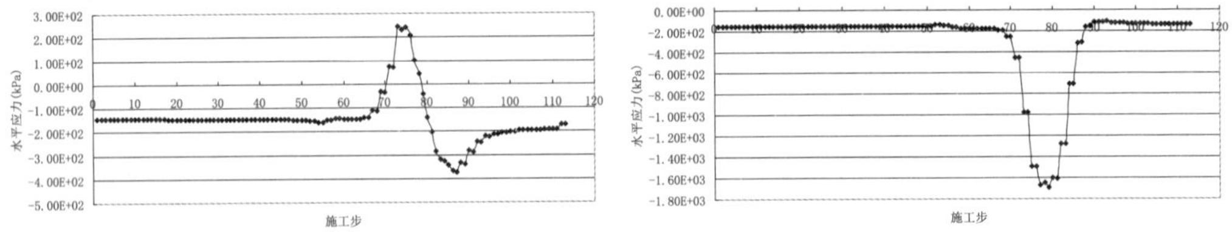

(a) 中部左侧水平应力　　(b) 中部右侧水平应力

图 8-48　K81+290 断面中隔墙水平应力曲线

(6) 施工过程中地表公路及建筑物基础变形特征

施工结束后特殊断面的地表变形曲线如图 8-49 所示。

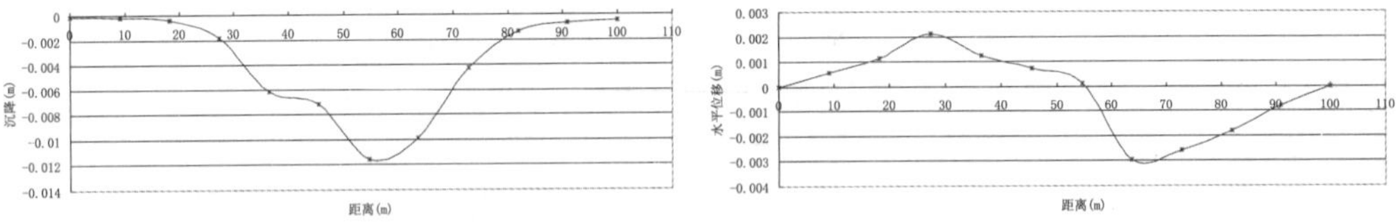

(a) K81+250 断面地表沉降图　　(b) K81+250 断面地表水平位移图

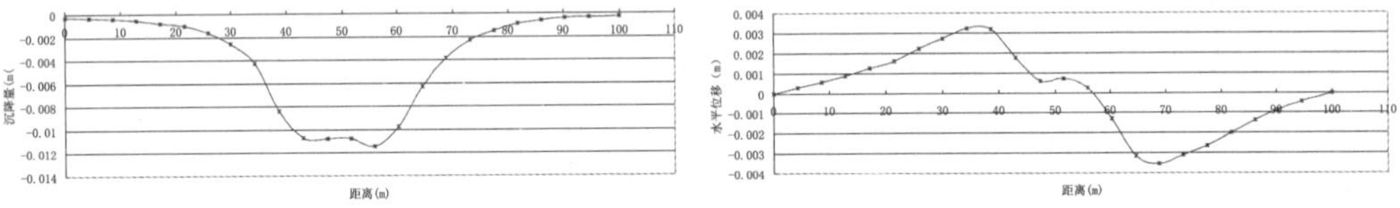

(c) K81+270 断面地表沉降图　　(d) K81+250 断面地表水平位移图

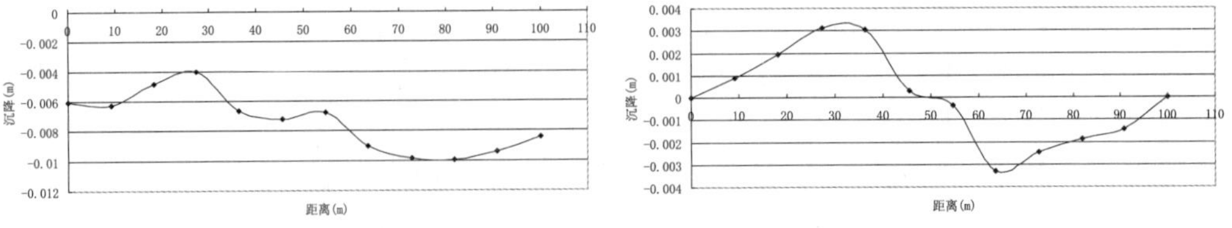

(e) K81+325 断面地表沉降图　　(f) K81+250 断面地表水平位移图

图 8-49　地表变形曲线

K81+250 断面为右洞中心线和重载公路中心线交界处，右洞拱顶对应地表处出现最大沉降为 11.7 mm，左洞拱顶出现的沉降为 6.7 mm；左右两侧的最大水平位移分别为 2.1 mm 和 3.1 mm，右洞地表在公路重载影响下，水平位移和沉降明显比左侧大。K81+270 断面为中导洞中心线和公路中心线交界处，右洞出现最大沉降 11.0 mm，左洞拱顶出现的沉降为

10.2 mm，左右侧的最大分别为 3.3 mm 和 3.5 mm。K81+325 断面在没有荷载影响下，左洞拱顶沉降为 7.0 mm，右洞在受厂房荷载的影响下，沉降达 8.0 mm，厂房荷载作用下软土地基沉降量达 10.0 mm；左右侧的最大分别为 3.2 mm 和 3.3 mm。在隧道施工过程中，公路荷载和厂房荷载作用下地表变形明显增大，单纯从隧道施工的影响来看，隧道施工对新建厂房变形影响不大，新厂房地基产生较大变形一部分影响因素是厂房荷载。由变形曲线和地表变形控制标准得出地表变形满足规范要求。

8.4.4　岩体质量弱化条件下隧道施工过程的空间效应分析

(1) 岩体质量弱化的主要因素

围岩质量弱化的因素有两个方面，一是内在因素，即地质状态影响；二是人为因素，即施工影响。内在因素有岩土体的结构状态、岩石的基本性质、地下水状态及其初始应力状态等。人为因素有施工方法、爆破震动、支护措施、坑道形状及尺寸等。

① 地质及地质结构：岩土体的形成是一个极其复杂的过程，岩体中有接触面、片理、层理、夹层等结构面。这些结构面是岩体的薄弱部分，是影响岩体质量的主要因素。

② 初始应力状态：岩体的初始应力状态一般包括两个方面，一是自重应力，二是构造应力。地下工程由于开挖而引起的应力重分布，围岩应力就会向开挖面方向释放，岩体质量降低。

③ 工程因素：洞室施工是造成围岩质量弱化的一个重要因素。挖掘洞室所采用的施工方法、洞室断面性状、断面尺寸、施工质量、支护形式及实施过程都会对围岩的稳定产生影响。

④ 地下水因素：地下水的存在及活动往往是影响围岩稳定的重要因素，它在洞室周围产生的水利学的、力学的、物理和化学的作用几乎总是不利于洞室的稳定。

⑤ 时间因素：围岩状态随时间恶化及地层压力增加主要有两方面原因，一是岩体的流变性质；二是时间的增长加剧了围岩的弱化过程，施工爆破的冲击震动作用或机械振动引起的疲劳作用都可以逐渐地或大大地削弱围岩的刚度和强度，导致围岩变形增加、塑性或松动破裂区扩大。

(2) 岩体强度折减的主要原理

传统有限元强度折减法是将岩体强度参数同时除以一个折减系数 R，通过逐步调整系数 R，得到不同的 c' 和 φ' 代入有限元程序，反复分析，直至岩体达到临界状态，岩体达到临界状态时的 R 值即作为岩体稳定性安全系数 F_s。

$$c' = c / R,\ \ \varphi' = \arctan(\tan\varphi / R) \tag{8-9}$$

式中，c 和 φ—岩土体抗剪强度参数。

考虑到爆破、超欠挖、初衬施工质量和岩体质量弱化等因素，利用有限元强度折减理论，结合工程探测、岩体变形情况，对隧道围岩体物理力学参数进行折减，本章数值模拟分析采用的参数如表 8-8 所列。

表 8-8　强度折减后隧道岩体物理力学参数指标

隧道岩体	γ/（kN/m³）	E/MPa	μ	C/kPa	Φ/（°）	K/（m/h）
微风化岩层	25.0	360	0.3	175	22.7	0.007
强风化岩层	20.0	50	0.30	56	13	0.04
全风化岩层	19.0	28	0.33	12	22	0.04

⑶ 不同施工阶段围岩变形分析结果，围岩变形云图如图 8-50 所示。

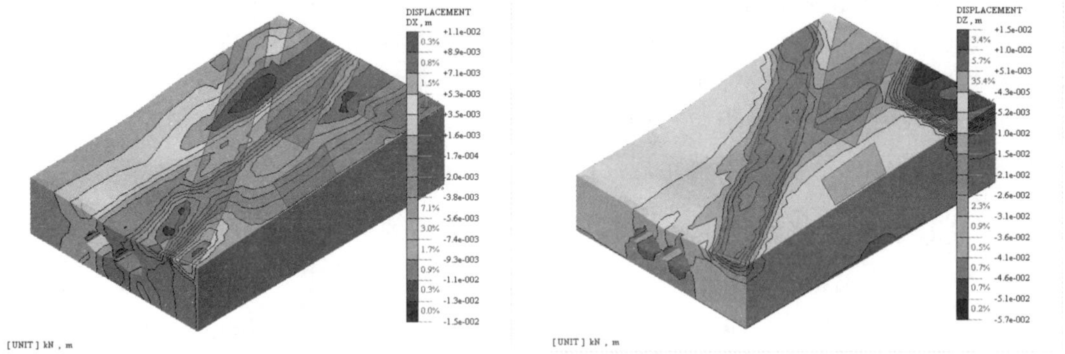

(a) 水平位移　　(b) 沉降

图 8-50　最终变形云图

① K81+250 断面拱顶变形。K81+250 断面位移等值线和随施工阶段变化的拱顶变形曲线如图 8-51 所示。

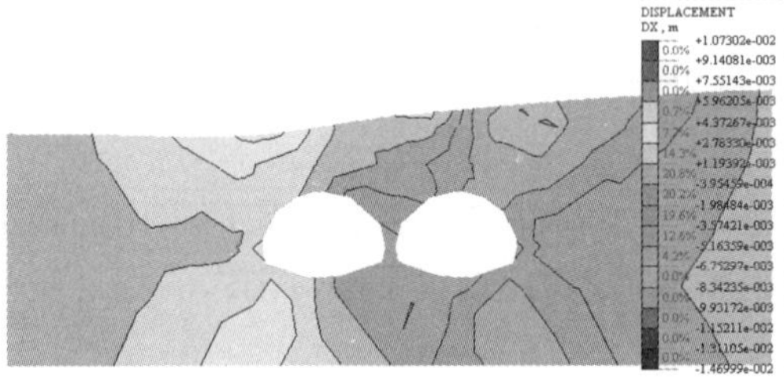

(a) 水平位移

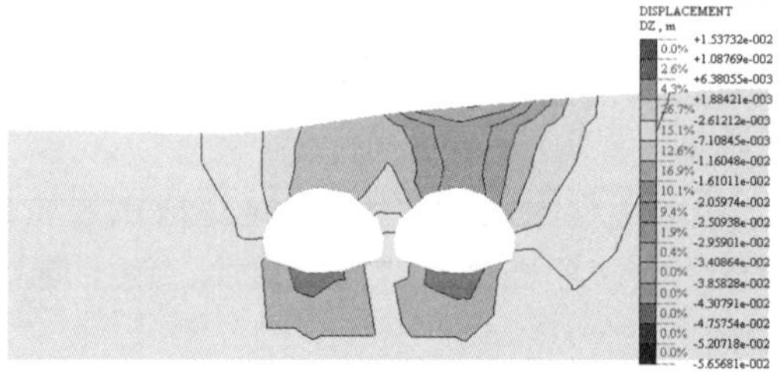

(b) 沉降

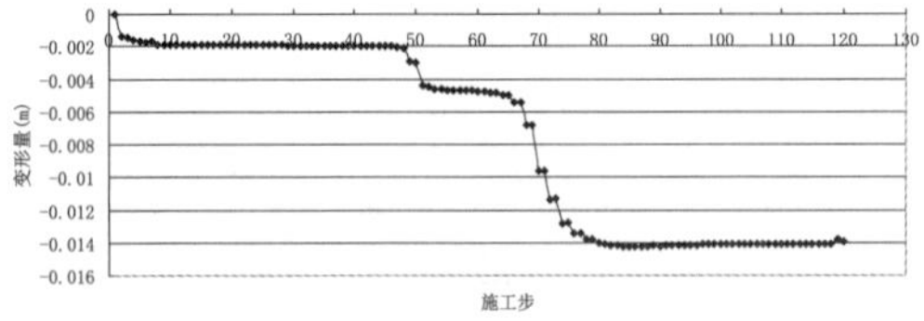

(c) 点 2 变形

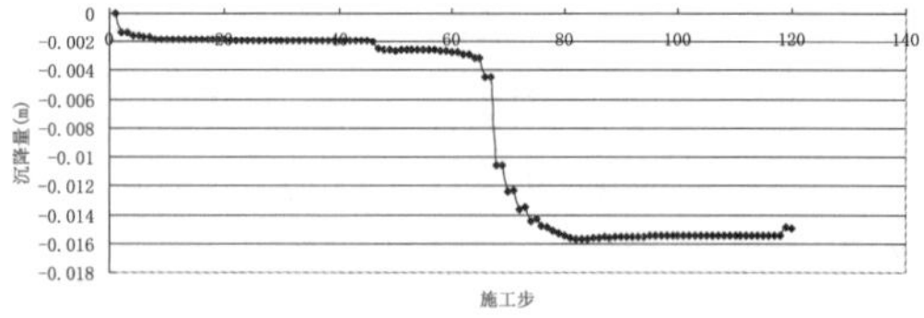

(d) 点 4 变形

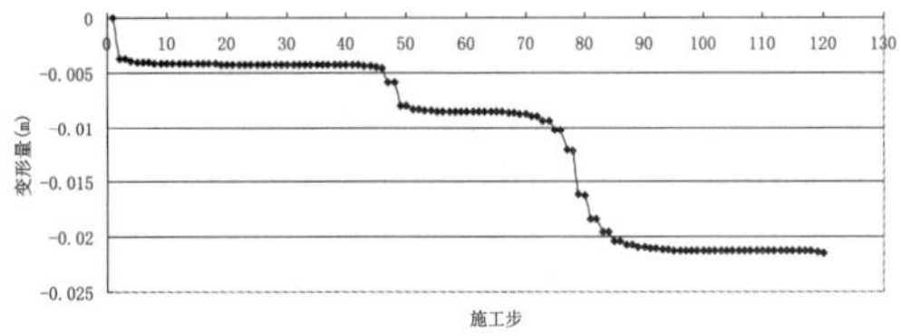

(e) 点 1 变形

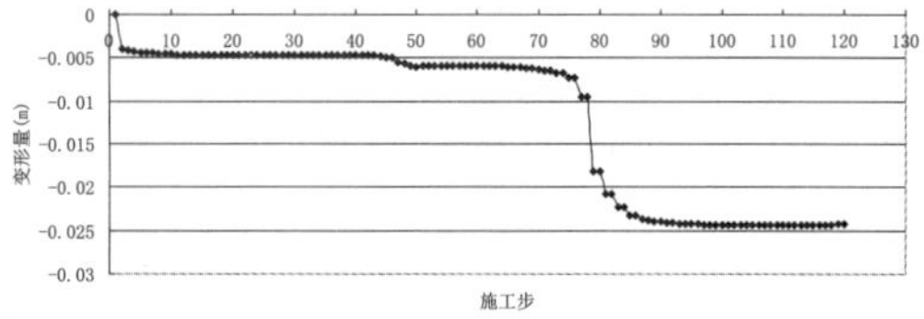

(f) 点 3 变形

图 8-51　K81+250 断面拱顶变形

左洞外侧壁导坑顶点（关键点 2）变形分析：外侧壁导坑开挖对其变形影响不大。掌子面经过点 2 施工步（5 m）后，拱顶变形增大到 4.5 mm，此后变形平稳。左洞内侧壁导坑掌子面影响范围为前方 2 两个开挖步（10 m）和后方六个施工步（30 m），变形达 13.8 mm。右洞内侧壁导坑开挖对点 2 变形影响不大，右洞内侧壁导坑掌子面经过 2 点 5 m 时，稳定变形达 14.1 mm。左洞内侧壁导坑顶点（关键点 4）变形分析：外侧壁导坑掌子面经过关键点前后，变形由 1.9 mm 变为 2.5 mm。左洞内侧壁导坑掌子面影响范围是前方 10 m）和后方 25 m，关键点稳定变形为 15.4 mm。右洞内侧壁导坑开挖对点 4 的变形影响不大，当右洞内侧壁导坑掌子面经过 2 点 5 m 时，稳定变形量为 15.7 mm。右洞外侧壁导坑顶点（关键点 1）变形分析：外侧壁导坑开挖对关键点 1 的变形影响在关键点前后 5 m 范围内，变形量从 4.6 mm 增加到 8.1 mm。左洞内侧壁导坑开挖对关键点 1 的变形基本上没有影响。右洞内侧壁导坑掌子面影响范围为前方 20 m 和后方 20 m，变形值为 21.2 mm。右洞内侧壁导坑顶点（关键点 3）变形分析：关键点 3 的先期沉降量为 4.6 mm。右洞外侧壁导坑掌子面经过点 3 前后，变形量从 5.0 mm 增加到 6.0 mm。左洞内侧壁导坑的开挖对右洞内侧壁导坑顶点 3 的变形基本没有影响。右洞内侧壁导坑掌子面影响范围为前方 15 m 和后方 25 m，变形值达到 24.3 mm，其中经过关键点后 15 m 范围内沉降变化比较剧烈。左右洞外侧壁导坑、左洞内侧壁导坑、右洞内侧壁导坑开挖到 K81+250 断面时的施工步分别是 48，67 和 79。

② K81+290 断面拱顶变形。K81+290 断面位移等值线和随施工阶段变化的拱顶变形曲线如图 8-52 所示。

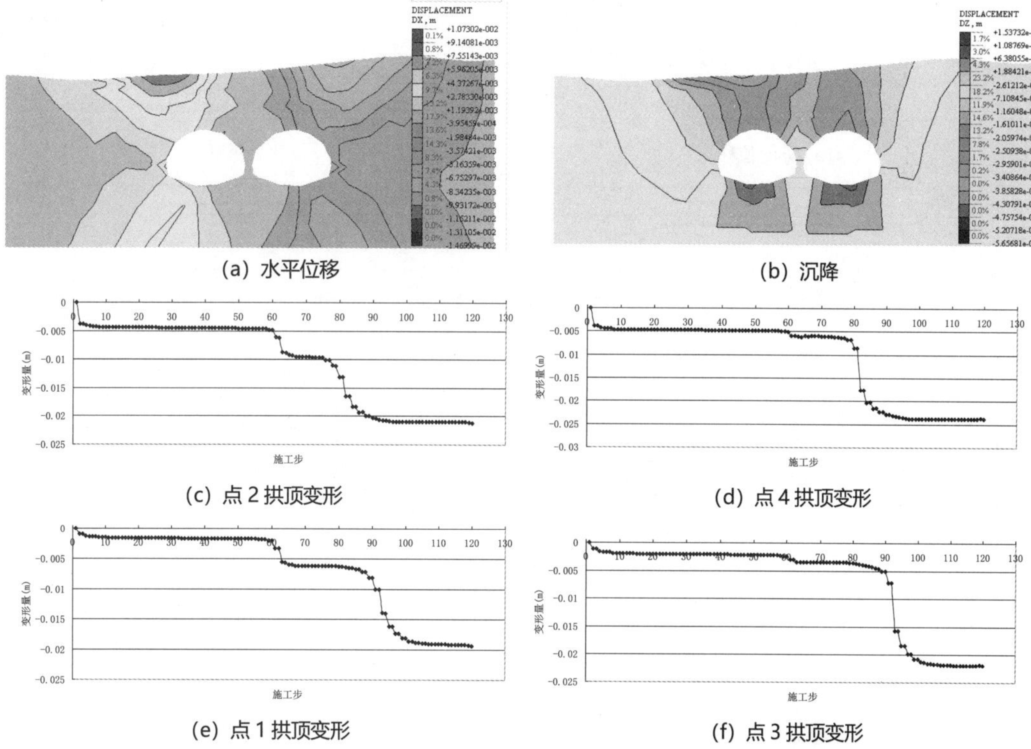

(a) 水平位移　(b) 沉降

(c) 点 2 拱顶变形　(d) 点 4 拱顶变形

(e) 点 1 拱顶变形　(f) 点 3 拱顶变形

图 8-52　K81+290 断面拱顶变形

左洞外侧壁导坑顶点（关键点 2）分析：左洞内侧壁导坑掌子面影响范围为前方三个开挖步（15 m）、后方五个施工步（25 m），变形达到 20.4 mm。右洞内侧壁导坑掌子面经过关键点 2 一个施工步（5 m）后，稳定变形为 21.0 mm。左洞内侧壁导坑的顶点（关键点 4）分析：左洞内侧壁导坑掌子面影响范围为前方两个开挖步（10 m）、后方五个开挖步（25 m）。掌子面经过关键点 25 m 后，稳定变形量为 22.8 mm。右洞内侧壁导坑掌子面影响范围为其前后 5 m，最终变形达 23.8 mm。

右洞外侧壁导坑的顶点（关键点 1）分析：左洞内侧壁导坑开挖对关键点 1 的变形基本没有影响。右洞内侧壁导坑掌子面影响范围为前方三个开挖步（15 m）和后方五个施工步（25 m），最大变形为 18.9 mm。

右洞内侧壁导坑的顶点（关键点 3）分析：左洞内侧壁导坑开挖对关键点 3 基本没有影响。右洞内侧壁和后方五个施工步（25 m），最大变形为 21.8 mm。左右洞外侧壁导坑、左洞内侧壁导坑、右洞内侧壁导坑开挖到 K81+290 断面时的施工步分别是 62，81 和 93。

③ K81+325 断面拱顶变形。K81+325 断面位移等值线和随施工阶段变化的拱顶变形曲线如图 8-53 所示。施工结束后，关键点 2 和 4 的变形分别为 19.9 mm 和 22.9 mm。关键点 1 和 3 的变形分别为 20.1 mm 和 23.6 mm。左右洞外侧壁导坑、左洞内侧壁导坑和右洞内侧壁导坑掌子面经过 K81+290 断面时的施工步分别是 14，99 和 108。

(4) 不同施工阶段围岩应力结果分析

不同施工阶段围岩应力云图如图 8-54 所示。

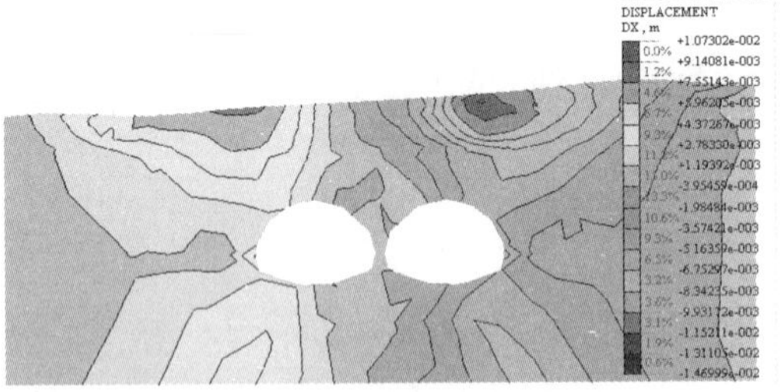

(a) 水平位移

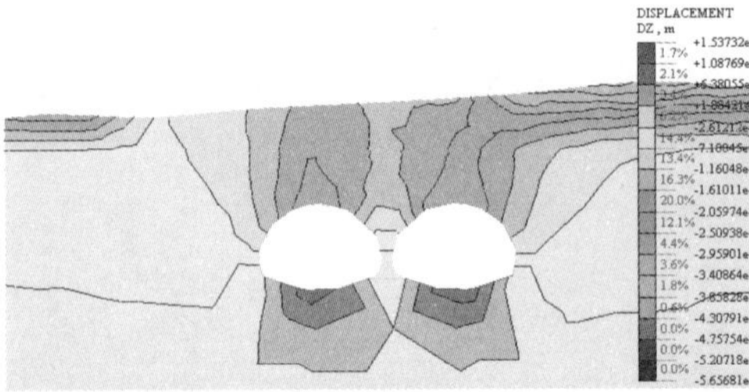

(b) 沉降

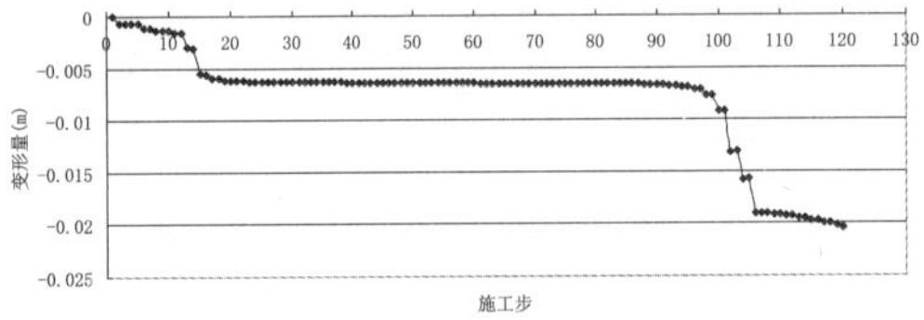

(c) 点 2 拱顶变形

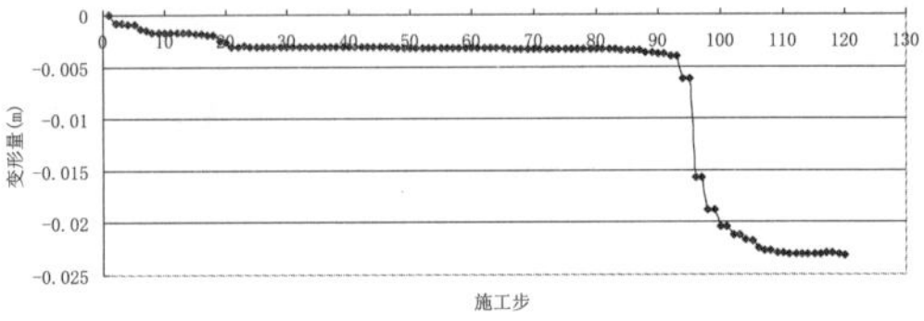

(d) 点 4 拱顶变形

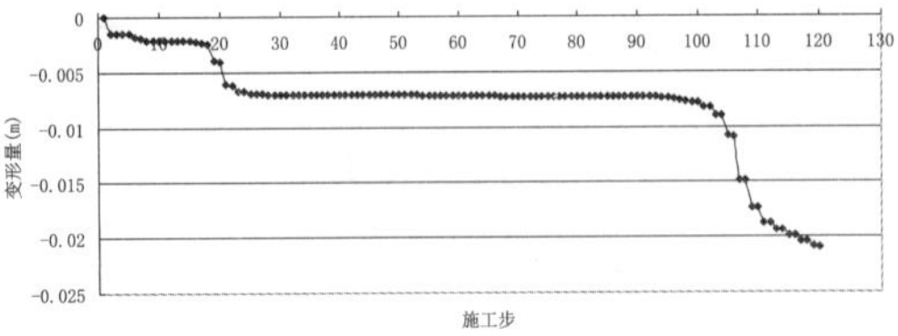

(e) 点 1 拱顶变形

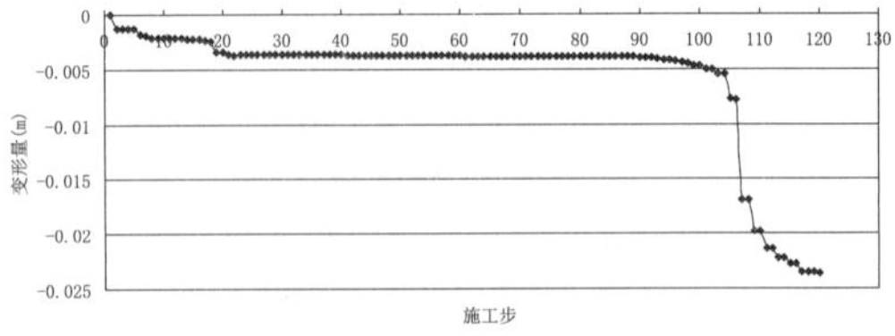

(f) 点 3 拱顶变形

图 8-53 K81+325 断面拱顶变形

(a) 水平应力

(b) 竖直应力

图 8-54 最终围岩应力云图

① K81+250 断面竖直应力结果分析。K81+250 断面拱顶应力和各施工阶段拱顶应力变化曲线如图 8-55 所示。左洞外侧壁导坑开挖使左洞拱顶的竖直应力从-299 kPa 增大到-360 kPa，影响范围为掌子面前后 5 m。左洞内侧壁导坑开挖使左洞拱顶出现最大压应力-487

kPa，掌子面经过 K81+250 断面 5 m 后，拱顶应力释放，应力减小到-59 kPa。随后应力值稍微恢复，竖直应力维持在-120 kPa 左右。右洞内侧壁导坑开挖对左洞拱顶应力影响很小。右洞外侧壁导坑开挖使右洞拱顶竖直应力从-430 kPa 增大到-499 kPa，影响范围为掌子面前后 10 m。左洞内侧壁导坑开挖对右洞拱顶应力影响很小。右洞内侧壁导坑开挖使右洞拱顶出现最大压应力为-542 kPa，掌子面经过断面 5 m 后，拱顶应力释放，应力减小到-91 kPa。随后应力值稍微恢复，竖直应力维持在-173 kPa 左右。

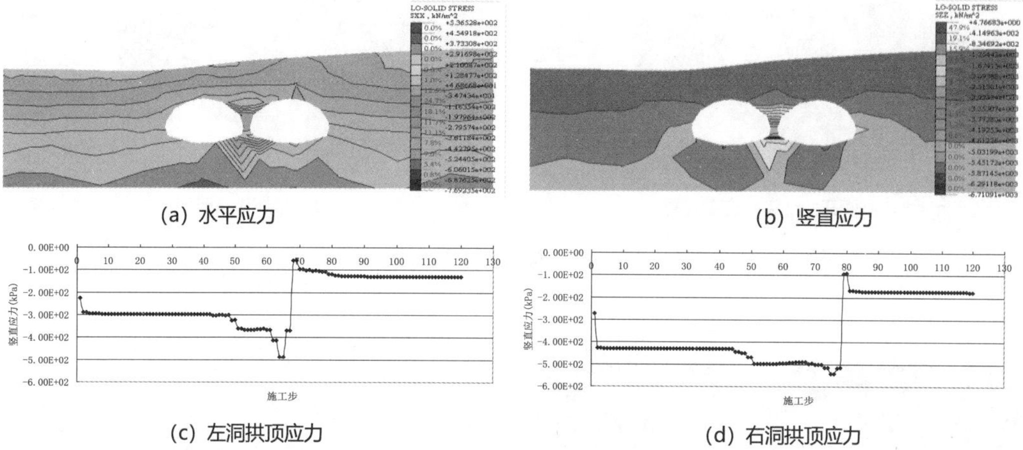

(a) 水平应力　(b) 竖直应力

(c) 左洞拱顶应力　(d) 右洞拱顶应力

图 8-55　K81+250 断面拱顶应力

② K81+290 断面竖直应力结果分析。K81+290 断面拱顶应力和各施工阶段拱顶应力变化曲线如图 8-56 所示。

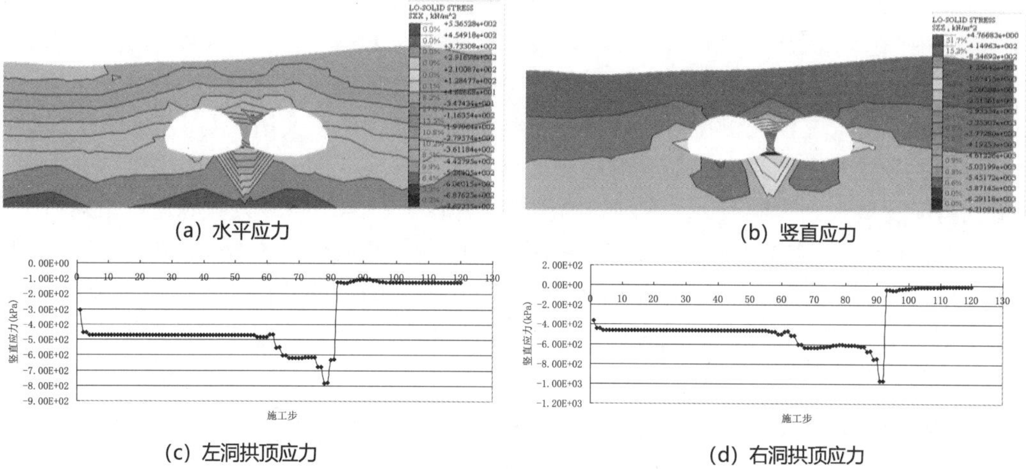

(a) 水平应力　(b) 竖直应力

(c) 左洞拱顶应力　(d) 右洞拱顶应力

图 8-56　K81+290 断面拱顶应力

左洞外侧壁导坑开挖使左洞拱顶的竖直应力从-456 kPa 增大到-618 kPa。影响范围为前后 5 m。左洞内侧壁导坑开挖使左洞拱顶出现最大压应力为-782kPa，掌子面经过断面 5 m 后，应力减小到-122 kPa，随后竖直应力维持在-124 kPa 左右。左洞内侧壁导坑开挖影响范围为掌子面前方 15 m 和后方 5 m。右洞外侧壁导坑开挖使右洞拱顶的竖直应力从-467 kPa 增大到-633 kPa，影响范围为前后 10 m。左洞内侧壁导坑开挖对关键点应力影响很小。右洞内侧壁导坑开挖使右洞拱顶出现最大压应力为-968 kPa，左洞内侧壁导坑掌子面经过断面一个开挖步 5 m 后，拱顶应力释放，减小到-49 kPa。随后应力逐渐稳定，竖直应力维持在-15 kPa 左右，影响范围主要为掌子面前方 15 m 和后方 5 m。

(5) 围岩应变结果分析

最大剪应变云图如图 8-57 所示。K81+250 断面最大剪应变云图和各施工阶段应变变化曲线如图 8-58 所示。由各施工阶段左右洞拱顶和拱脚处最大剪应变图可以看出：左洞内侧壁导坑开挖使左洞拱顶出现最大剪应变为 1.00×10^{-3}。施工结束后最大剪应变为 7.31×10^{-4}。

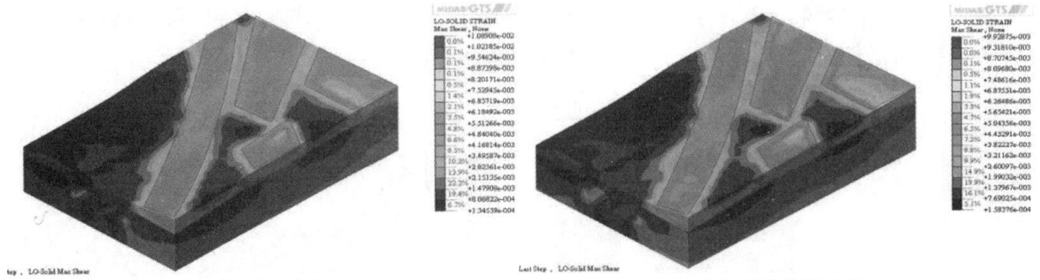

(a) 上半断面开挖结束后应变云图　　(b) 最终应变云图

图 8-57　最大剪应变云图

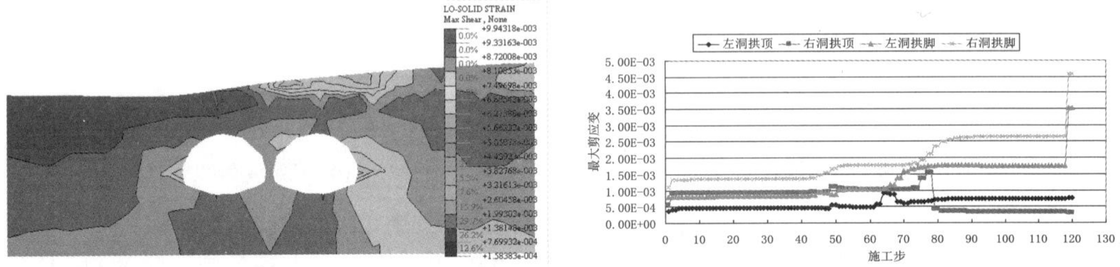

(a) 最大剪应变云图　　(b) 最大剪应变变化曲线

图 8-58　K81+250 断面最大剪应变

右洞内侧壁导坑开挖使右洞拱顶出现最大剪应变为 1.54×10^{-3}，施工结束后，右洞拱顶的最大剪应变大小为 3.28×10^{-4}。左洞外侧壁导坑开挖使左洞拱脚的最大剪应变从 8.46×10^{-4} 增加到 1.03×10^{-3}。左洞内侧壁导坑开挖使左洞拱脚的最大剪应变增大到 1.77×10^{-3}；右洞内侧壁导坑的开挖对左洞拱脚的最大剪应变影响不大。下半断面的开挖和支护使左洞拱脚处的最大剪应变增大到 3.54×10^{-3}。右洞外侧壁导坑开挖使右洞拱脚最大剪应变从 1.38×10^{-3} 增加到 1.75×10^{-3}。左洞内侧壁导坑开挖对右洞拱脚的最大剪应变基本没有影响。右洞内侧壁导坑开挖使右洞拱脚最大剪应变增大为 2.64×10^{-3}；下半断面的开挖和支护使右洞拱脚处的最大剪应变增大到 4.58×10^{-3}。没有进行强度折减前相比，最大剪应变明显增大。

(6) 中隔墙的变形结果分析

中隔墙位移云图如图 8-59 所示。

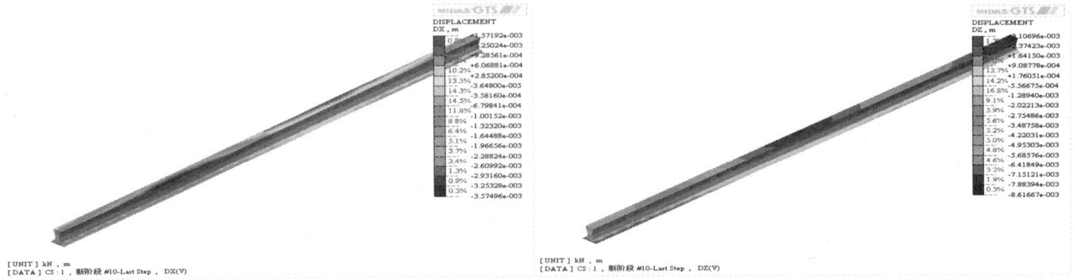

(a) 水平位移　　(b) 沉降

图 8-59　中隔墙最终位移云图

K81+250 断面中隔墙水平位移随施工阶段的变化如图 8-60 所示。

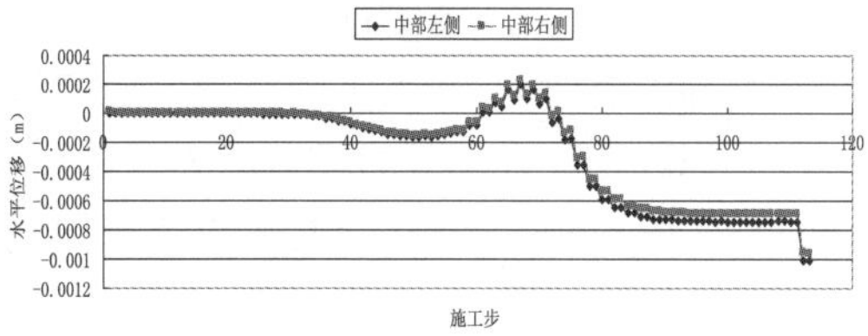

(a) 中部水平位移

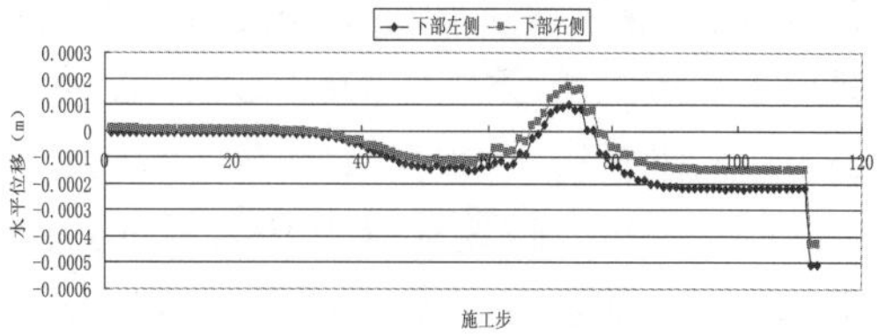

(b) 下部水平位移

图 8-60　中隔墙水平位移曲线

K81+250 断面中隔墙的水平位移经历了左→右→左的变化过程，变化过程与未强度折减前相同。施工结束后，中隔墙出现整体向左的偏转，中隔墙中部最大水平位移为 1.0 mm。与强度未折减前相比较，中墙的水平位移变大。

(7) 中隔墙应力结果分析

中隔墙应力云图如图 8-61 所示。

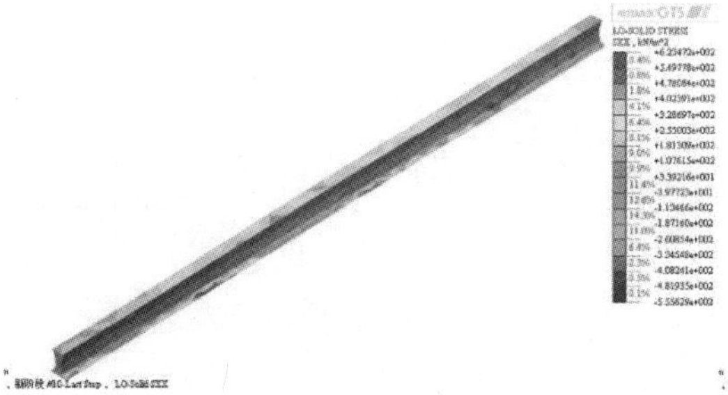

(a) 水平应力

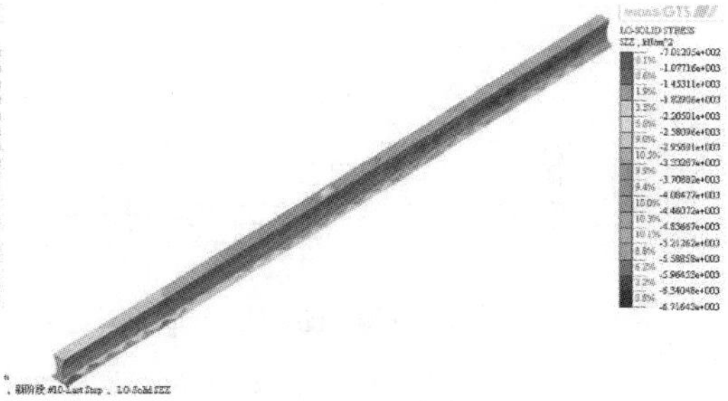

(b) 竖直应力

图 8-61　中隔墙最终应力云图

① K81+250 断面中隔墙应力结果分析。K81+250 断面中隔墙竖直应力随施工阶段的变化曲线如图 8-62 所示。中隔墙上部和中部等几个关键点的位置没有改变，上部左右侧分别为关键点 1 和 2，中部左右侧分别为关键点 3 和 4。外侧壁导坑开挖对关键点 3 的应力变化影响不大。左洞内侧壁导坑开挖过程中，关键点 3 的最大竖直压应力达到-5780 kPa。右洞内侧壁导坑开挖后，其竖直应力有所减小，维持在-5230 kPa 左右。

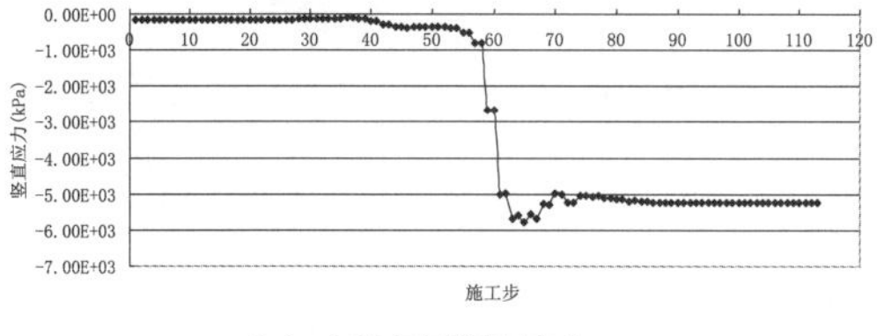

(a) 中部左侧竖直应力

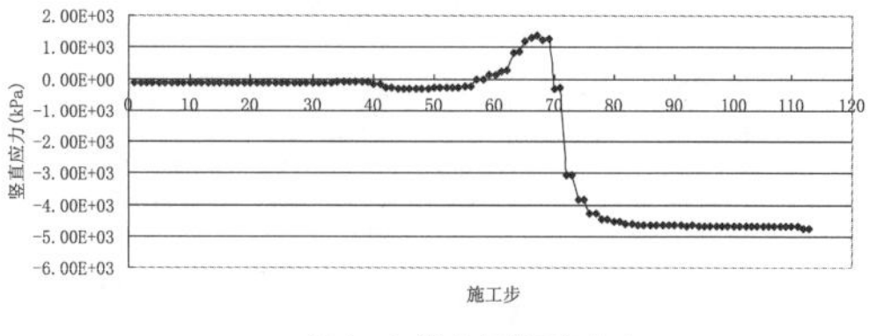

(b) 中部右侧竖直应力

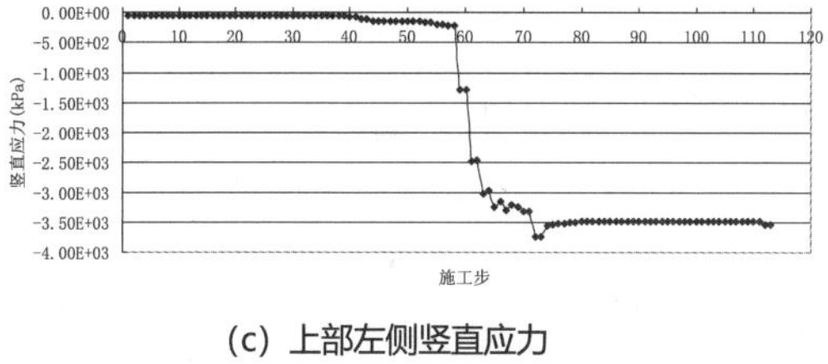

(c) 上部左侧竖直应力

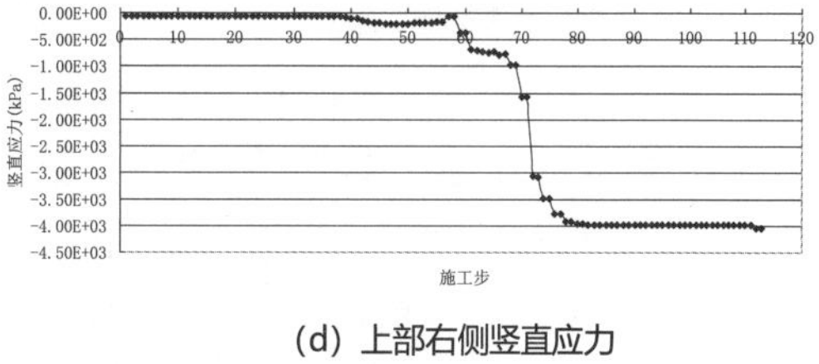

(d) 上部右侧竖直应力

图 8-62　K81+250 断面中隔墙竖直应力变化曲线

外侧壁导坑的开挖使关键点 4 的竖直压应力稍微增大。左洞内侧壁导坑的开挖使关键点 4 受到 1390 kPa 的拉应力。右洞内侧壁导坑开挖使关键点 4 的竖直应力维持在-4660 kPa

左右。左洞外侧壁导坑开挖使关键点 1 的竖直应力稍微增大。左洞内侧壁导坑开挖过程中，关键点 1 的最大压应力为-3750 kPa。右洞内侧壁导坑的开挖使关键点 1 的竖直压应力慢慢减小，最后维持在-3500 kPa 左右。右洞外侧壁导坑开挖使关键点 2 的竖直应力稍微增大。左洞内侧壁导坑开挖使关键点 2 的竖直应力从-167 kPa 增大到-728 kPa。右洞内侧壁导坑开挖使关键点 2 的竖直应力增大到-3970 kPa。

② K81+290 断面中隔墙应力结果分析。K81+290 断面中隔墙竖直应力随施工阶段的变化曲线如图 8-63 所示。中部右侧的最大竖直拉应力在 1350 kPa 左右。

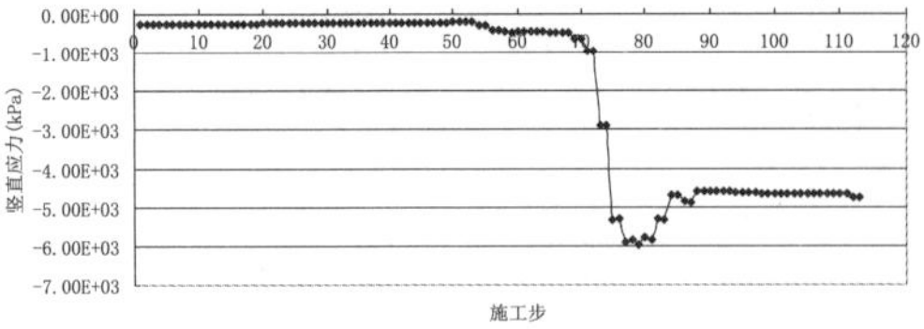

(a) 中部左侧竖直应力

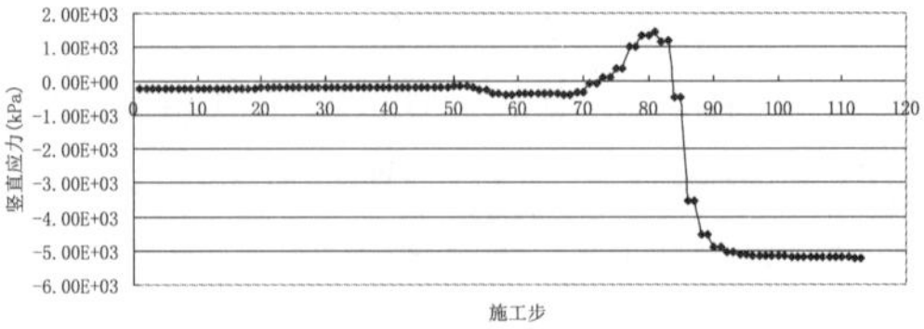

(b) 中部右侧竖直应力

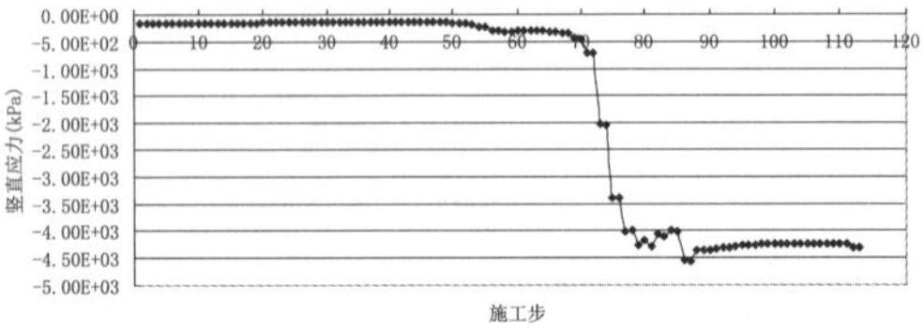

(c) 上部左侧竖直应力

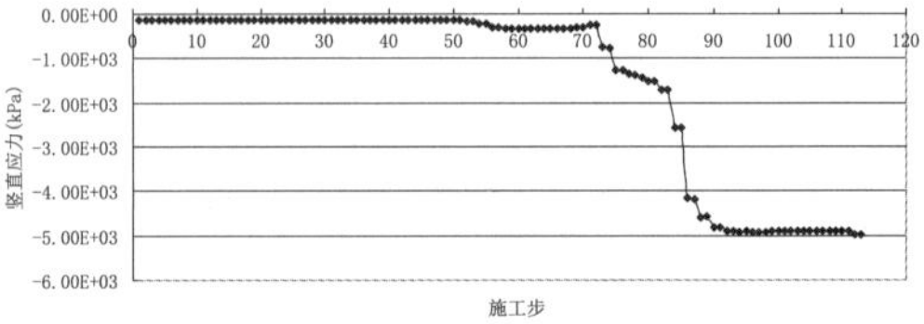

(d) 上部右侧竖直应力

图 8-63 K81+290 断面中隔墙竖直应力变化曲线

③K81+325 断面中隔墙应力结果分析。K81+325 断面中隔墙竖直应力随施工阶段的变化曲线如图 8-64 所示。中部右侧的最大竖直拉应力在 1250 kPa 左右。

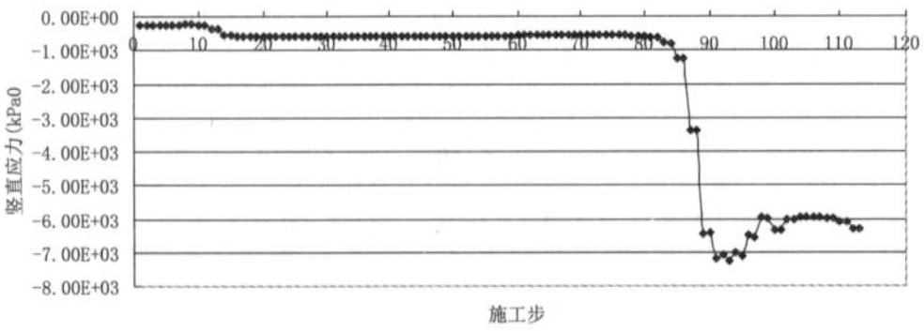

(a) 中部左侧竖直应力

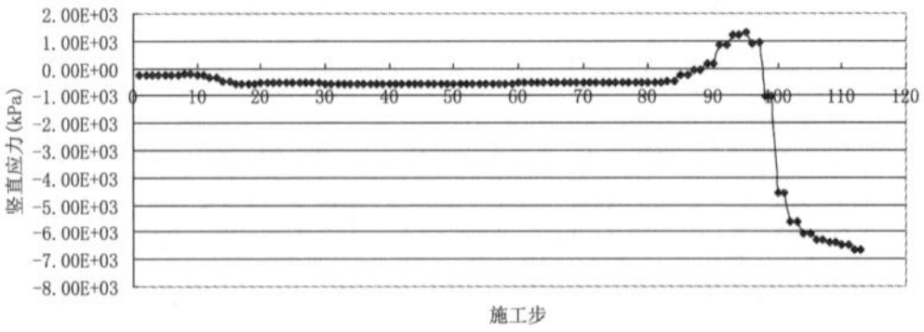

(b) 中部右侧竖直应力

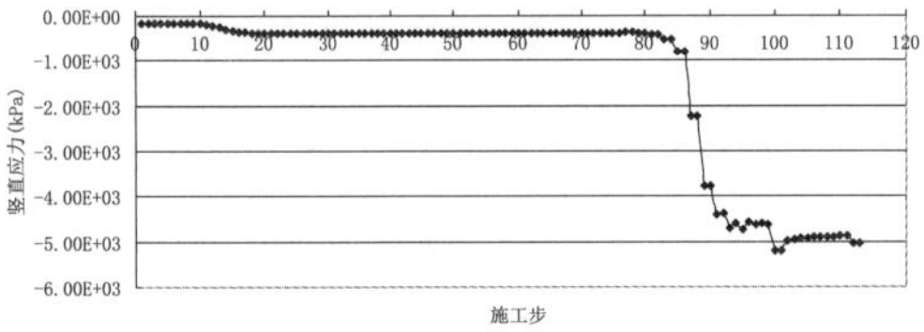

(c) 上部左侧竖直应力

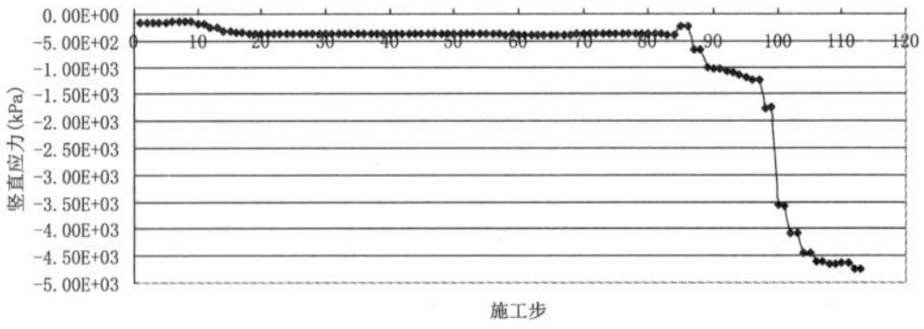

(d) 上部右侧竖直应力

图 8-64 K81+325 断面中隔墙竖直应力变化曲线

(8) 地表公路及建筑物基础变形分析

施工结束后特殊断面的地表沉降曲线如图 8-65 所示。

K81+250 断面右洞拱顶对应地表处出现最大沉降 29.3 mm，左洞拱顶出现的沉降为 15.1 mm；左右两侧出现的最大水平位移分别为 4.4 mm 和 5.4 mm，右洞的水平位移明显大于左洞。K81+270 断面为中导洞和重载公路交界处，右洞的最大沉降为 32.0 mm，左洞拱顶出现的沉降为 27.2 mm，左右两侧出现的最大水平位移分别为 7.2 mm 和 8.5 mm。

K81+325 断面为新建厂房所在断面，在没有荷载影响下，左洞拱顶沉降为 16.1 mm，右洞在厂房荷载影响下，沉降达 25.0 mm，厂房荷载作用下软土地基沉降达 33.1 mm。左右两侧出现的最大水平位移分别为 8.0 mm 和 11.3 mm。岩体质量弱化后，地表变形明显增大，使地表公路和建筑物的整体沉降都加大，在公路和厂房荷载作用下地表部分区域出现大于 30 mm 的沉降，地表不均匀沉降有可能使公路和厂房产生变形破坏。

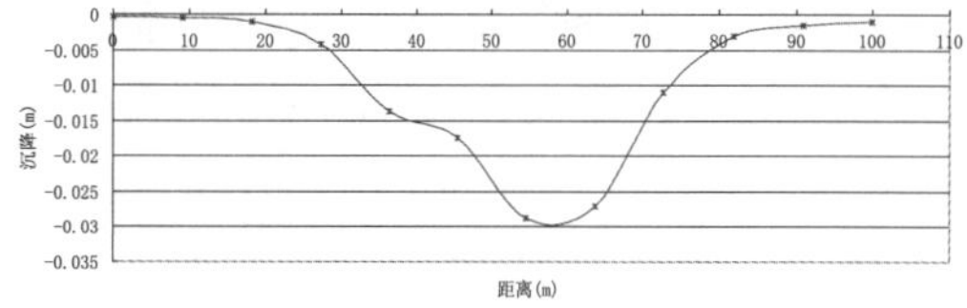

(a) K81+250 断面地表沉降

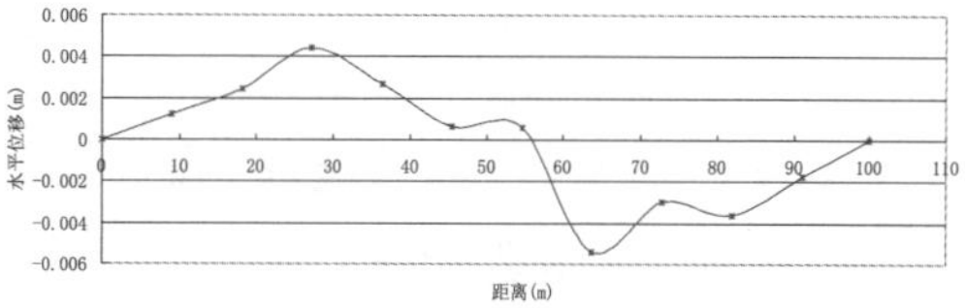

(b) K81+250 断面水平位移

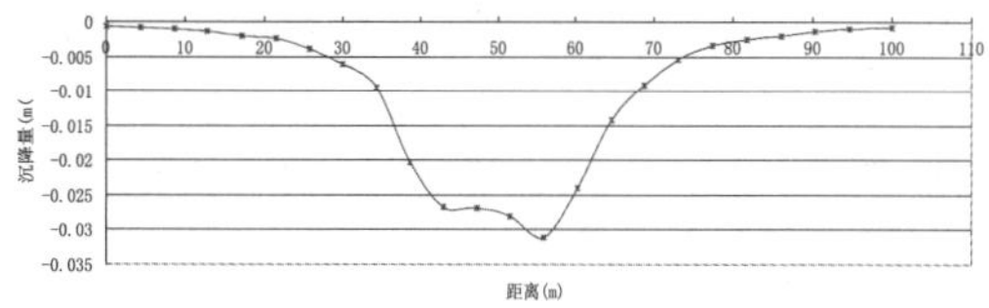

(c) K81+270 断面地表沉降

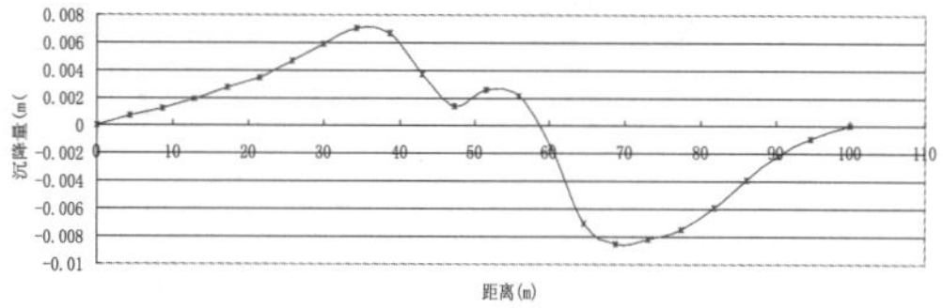

(d) K81+270 断面水平位移

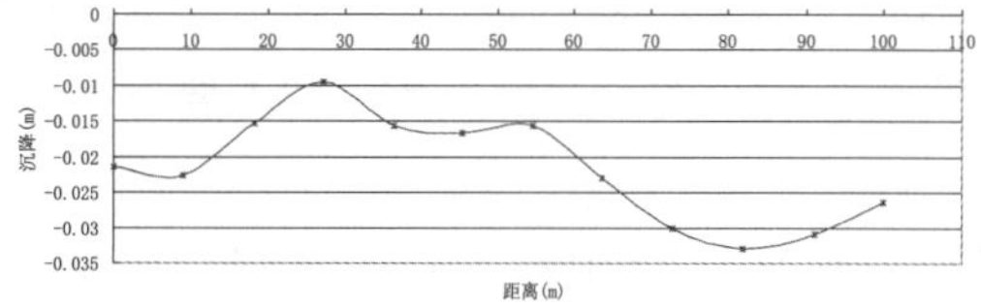

(e) K81+325 断面地表沉降

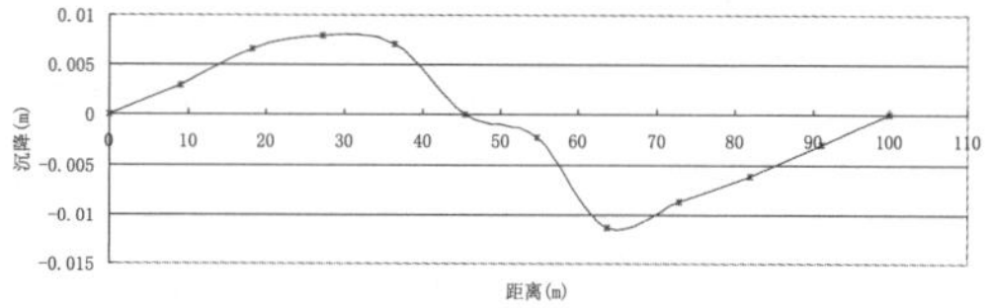

(f) K81+325 断面水平位移

图 8-65　地表沉降曲线

8.4.5　结果分析

根据连拱隧道的实际开挖过程，建立空间模型对大跨径连拱隧道进行动态的三维弹塑性模拟分析，重点考察在正常工况和岩体质量弱化情况下三个特殊断面围岩和中隔墙的位移、应力、应变发展规律，对各个施工阶段的开挖面的空间效应、左右洞施工的相互影响以及中隔墙的变形和稳定性进行分析，得出如下主要结论。

① 左右洞外侧壁导坑施工时，由于开挖面积小，受开挖影响的围岩范围较小，影响范围大约为掌子面前方一个施工步（5 m）和后方一个施工步（5 m）。左右洞外侧壁导坑施工对内侧壁未开挖岩体变形影响很小。

② 左洞内侧壁导坑掌子面对左洞外侧壁导坑拱顶的影响范围为前方两个施工步（10 m）和后方四个施工步（20 m），对左洞内侧壁导坑拱顶的影响范围为前方两个施工（10 m）和开挖面后方五个施工步（25 m）。所以施工时，内侧坑道开挖面和外侧导坑尚未达到强度要求的衬砌之间应保证留至少 15 m 的间距。左洞内侧壁导坑施工时应对掌子面前方 10 m、后方 20 m 范围内的围岩予以重点关注。在岩体质量弱化的情况下，开挖掌子面前后方的影响范围增大。

③ 右洞内侧壁导坑的施工对左洞影响范围在掌子面前后一个施工步（5 m）左右，并且对左洞围岩的变形影响很小。对于大跨径的连拱隧道，右洞内侧壁导坑掌子面对右洞内侧导坑影响范围为前方 10 m 和后方 30 m（只是说了一个大致趋势，由于受到地形和不同地表荷载影响，每个断面开挖面影响范围都有所不同）。

④ 由于受到地形和地表荷载的影响，不同断面拱顶的最大下沉量也不同，同一断面左右洞在不同荷载和上覆围岩作用下的变形也不同。其共同特征主要有：外侧壁导坑拱顶位移发生突变主要出现在两个阶段，所在洞室的外侧壁导坑和内侧壁导坑开挖过程中，对内侧壁导坑拱顶，位移发生突变主要在本洞室的内侧壁导坑开挖过程中。正常工况下，K81+250 断面左洞拱顶沉降为 7 mm，右洞拱顶沉降达到 11.0 mm，在重载公路荷载的影响下，右洞产生了比左洞较大的沉降；K81+290 断面左右洞拱顶的沉降分别为 10.3 mm 和 9.4 mm，这主要是受到地形和公路荷载的双重影响，左洞处于公路重载的影响下，右洞上覆围岩的厚度较大。岩体质量弱化后，K81+250 断面左右洞拱顶沉降分别为 15.7 mm 和 24.3 mm；K81+290 断面左右洞拱顶的沉降分别为 23.8 mm 和 21.8 mm。岩体质量弱化情况下拱顶最大沉降没有超出规范的要求。

⑤ 左右洞拱顶应力分析：左右洞外侧壁导坑开挖使上覆围岩的压力主要集中在中隔墙和内侧壁未开挖岩柱上，拱顶的竖直应力增大。内侧壁导坑掌子面影响范围为前方三个施工步（15 m）和后方一个施工步（5 m）。在正常工况下，K81+250 断面左右洞拱顶的竖直应力分别为-86 kPa 和-78 kPa；K81+290 断面左右洞拱顶的竖直应力分别为-87 kPa 和 40 kPa，隧道拱顶处于低拉或低压状态。

⑥ 由最大剪应变分析可以得出，隧道开挖引起的最大剪应变主要分布在左右洞拱脚处。拱脚处需要承受较大的集中应力，为了防止拱脚处出现破坏，在施工的过程中要对拱脚处进行特殊的处理。

⑦ 从计算结果可以得出，中墙应力分布是相当复杂的，在中隔墙中部的竖直应力最大。左右洞外侧壁导坑的开挖使其竖直应力略有增加。左洞内侧壁导坑掌子面的影响范围大致在前方两个施工步（10 m）和后方三个施工步（15 m）。右洞内侧壁导坑的开挖对其影响范围大致在开挖面前方两个施工步（10 m）和后方一个施工步（5 m）。中墙竖直应力随施工过程的变化情况如下：左右洞外侧壁导坑开挖使中墙左右两侧的应力都稍微增加。左洞内侧壁导坑施工过程中中隔墙中部左侧受压而右侧受拉，在左洞内侧壁导坑开挖面后方 20 m，右洞内侧壁导坑开挖面前方 10 m 处，中墙处于整个施工过程中的最大偏压状态，中隔墙中部偏心矩达到最大，左侧最大压应力-4230 kPa，右侧最大拉应力为 608 kPa。右洞内侧壁导坑开挖过后，中隔墙中部由原来的偏心受压状态逐渐向轴心受压状态转变，左侧最大压应力为-4060 kPa，右侧最大压应力为-3730 kPa。施工结束时在同一标高处中隔墙左右两侧的压应力相差不大，中墙基本处于轴心受压状态，中隔墙在整个施工过程中各区域应力变化较为频繁。根据中隔墙应力大小可得出施工过程中中隔墙基本安全的结论。

⑧ 中隔墙施工过程中 K81+250 断面位移变化规律：中隔墙中部左右两侧在中隔墙浇注后基本没有水平位移。外侧壁导坑的开挖使掌子面后方中隔墙产生整体向左的偏转，墙身中部向左侧稍稍鼓出，水平位移大小为 0.05 mm，基部稍微向上抬起。随着左洞内侧壁掌子面的向前推进，掌子面后方的中墙产生整体向左的偏转得到纠正，墙身向左的鼓出收敛，中隔墙产生整体向右的偏转，基部左趾沉降减小，向上抬起，右趾下沉。随着右洞内侧壁掌子面的向前推进，掌子面后方的中隔墙又出现整体向左的偏转，中部再次向左侧鼓出，水平位移的大小为 0.41 mm。基部左趾下沉，右趾沉降先减小后增大，先上抬后下沉。岩体质量弱化后，和强度未折减前相比较，中隔墙的水平位移变大。

⑨ 地表变形的分析：在正常的工况下，隧道施工引起地表 6 mm 左右的沉降，在公路重载和厂房荷载的作用下，地表出现最大沉降 11 mm。公路重载和厂房荷载的作用下，地

表本身就出现一定的沉降，只要公路和厂房不产生过大的不均匀的沉降，隧道开挖对地表的影响还不足以产生破坏。在岩体质量弱化的情况下，在公路和厂房荷载作用下部分区域出现的沉降在 30 mm 左右，地表的不均匀沉降有可能使公路和厂房部分区域产生变形破坏。所以在施工过程中要加强监控量测，对出现较大变形的位置采取适当的处理措施。

8.5　本章小结

① 开展隧道明暗洞体、仰坡及洞口路堑边坡稳定性分析，进行了重载、建筑物下大跨径连拱隧道施工过程空间力学效应分析，以及岩体质量弱化对隧道施工过程空间力学效应影响分析。

② 揭示大跨径连拱隧道在重载、建筑物下动态施工过程中围岩、中隔墙应力场、位移场和应变场的变化规律，较好地认证了 A，B 类监控量测数据。

③ 在岩体质量弱化的情况下，地表的不均匀沉降有可能使公路和厂房部分区域产生变形破坏。所以在施工过程中要加强监控量测，对出现较大变形的位置采取适当的处理措施。

④ 从空间、时间上认识了隧道施工过程中施工工序合理安排的重要性，优化的施工方案有效地指导了依托工程的施工。

主要参考文献

[1] 申玉生. 软弱围岩双连拱隧道设计施工关键技术研究[D]. 成都: 西南交通大学, 2003.

[2] 公路隧道设计规范: JTAN D70—2004[S]. 北京: 人民交通出版社, 2004.

[3] 曹磊, 黄兵. 公路隧道经济设计的几个问题[C]//国际隧道研讨会暨公路建设技术交流大会论文集. 北京: 人民交通出版社, 2002: 11.

[4] 李德宏. 连拱隧道施工监测与分析[J]. 现代隧道技术, 2003, 40(1): 59-54.

[5] 王文通. 象山大跨四联拱隧道施工监测及分析[J]. 西部探矿工程, 2000, 62: 57-60.

[6] 王军, 夏才初, 朱合华, 等. 不对称连拱隧道现场监测与分析研究[J]. 岩石力学与工程学报, 2004, 23(2): 267-271.

[7] 申玉生, 赵玉光. 高速公路连拱隧道的中墙力学特性分析[J]. 地下空间与工程学报, 2005, 1(2): 200-204.

[8] 王文正. 公路连拱隧道开挖方法及施工过程数值模拟研究[D]. 西安: 长安大学, 2003: 6.

[9] 王建秀, 朱合华. 连拱隧道建设的关键技术及进展[C]//2003 年全国公路隧道学术会议论文集. 北京: 人民交通出版社, 2003: 60-69.

[10] 靳水明, 关向群, 巩湘军, 等. 浅埋暗挖五连拱地下商场设计与施工[J]. 施工技术, 1996(1): 16-17.

[11] 杨建民. 金竹林双连拱公路隧道设计[J]. 世界隧道, 1999(1): 16-20.

[12] 杨晖, 俞波. 猫山双跨连拱隧道的设计与施工[J]. 广东公路勘察设计, 1999(1-2): 31-37.

[13] 柏松平, 周建昆. 我省第一座整体式双跨连拱隧道的设计与施工[J]. 云南交通科技, 1999, 15(4): 42-46.

[14] 陈斌, 李泳伸, 伍祥林, 等. 石梯沟连拱隧道的施工对策[J]. 西部探矿工程, 2001(1): 54-55.

[15] HAACK A. Political and social aspects of present and future tunneling[J]. Tunnels and Underground Structures, 2001(3): 3-14.

[16] HUNASAKI T Y. Mechanizing and construction result of world largest diameter tunnel for Trans-Tokyo Bay Highway[C]//Proceeding of the world tunnel congress 99-Challenges for the 21st Century. Norway A A Balkema, 1999: 543-554.

[17] BECKER C, YSS W, FREYTAG. Zimmerberg tunnel zurich thalwil section[J]. Tunnels & tunnelling international, 1999, 31(10).

[18] 李永斌. 浅埋重载大跨径连拱隧道施工过程空间力学效应分析[D]. 长沙: 长沙理工大学, 2007.

[19] 李永斌. 大跨度连拱隧道中墙结构数值模拟研究[J]. 现代隧道技术, 2006(增刊): 11.

[20] 王玉标, 李永斌. 地下暗河引起路堤沉陷与失稳过程相似模型试验[C]//公路边坡及其环境工程技术交流会论文集. 北京: 人民交通出版社, 2005.
[21] 王玉标, 李永斌. 断层地质构造对采空区路基路堑稳定性影响数值模拟[C]//公路边坡及其环境工程技术交流会论文集. 北京: 人民交通出版社, 2005.

第 9 章　结论与展望

本书主要开展了交通道路工程防灾减灾关键技术方法、防灾减灾网格体系构建、依托工程实际应用示例的研究，关键技术方法中重点对形变监测中 3S+CRInSAR 空间监测技术、空间数据挖掘技术进行了研究。

9.1　结　论

研究内容及形成主要结论包括以下几点。

① 系统归纳总结了道路工程地质灾害与路基路面病害调查方法、现场检测技术、常规监测技术、室内土工试验方法、室内模型试验方法、计算机数值模拟分析方法、处治措施、预测预报技术等，这些技术方法与 3S+CRInSAR 形变监测技术是道路工程防灾减灾网格技术体系丰富的基础技术资源。

② 详细分析了前沿的 3S+CRInSAR 空间监测技术,包括地理信息系统（GIS）、遥感（RS）、全球定位系统（GPS）、InSAR 技术、人工角反射器 CR 点，3S+CRInSAR 空间监测技术能够快速、精确监测交通道路工程路面、路基、红线范围地表条带形变，为道路工程灾害监测、预测预报提供了新的技术方法与手段。

③ 高速公路 DEM 建立是之后形变场空间数据挖掘工作展开的基础，DEM 空间数据挖掘技术对其表征的显式和隐含的空间知识进行挖掘和发现。在道路沿线周围布设角反射器 CR，能够更加精确地了解道路条带的变形情况，利用 GPS 与 CRInSAR 融合的技术优势，不但可以测出各反射器 CR 相应的三维坐标，还能利用 GPS 对流层资料改正角反射器点的大气延迟，更可方便地对公路条带离散像元的相位进行解缠。借助 GIS 制图技术，能准确地表征道路 DEM 和变形监测数据的空间格局。开展空间数据挖掘技术的深入研究，为解决道路空间变形演化和安全运营问题提供数据支持。

④ 运用网格和网格体系结构的知识，开展道路工程防灾减灾网格及网格技术的研究，探讨将网格这一新环境引入到道路工程灾害预警与诊治体系构建中。建设道路工程防灾减灾网格省级节点,组成国家道路工程防灾减灾网格。道路工程防灾减灾网格采用面向“服务”的设计思想，采用分布式、多层开放式的网格体系结构，可以按照需求横向设置多个服务器，纵向设置多层、多级服务器。

⑤ 在国家道路工程防灾减灾网格虚拟平台上，主要通过网格中间件，共享分布于整个互联网上的道路工程防灾减灾关键技术、方法等异构资源。共享国家网格虚拟平台上的道路工程防灾减灾关键技术方法，运用 GIS 技术，研究各等级道路工程在初步勘察设计、详细勘察设计、信息化施工阶段等不同建设时期，以及投产运营时期的道路工程灾害综合评价系统结构构建方法，各等级道路工程灾害综合评价系统是道路工程防灾减灾网格技术体系的重要组成部分。

⑥ 综合运用 D-InSAR、角反射器 CR、GPS 等监测技术进行禹登高速公路运营期形变监测工作，实地考证禹登高速公路地表地物破坏情况，与监测结果进行对比分析，验证变形监测结果的可靠性。实验将 GPS 与 InSAR 数据融合，充分运用 GPS 高时间分辨率、高平面位置精度，InSAR 高空间分辨率、较好的高程变形精度，在地面形变监测领域展现出高空间覆盖与高精度探测的潜力。利用地质统计学的空间变异函数分析公路形变场的各向

异性，建立了拟合度较高的变异函数模型，计算参数，反映高速公路的空间变异特征及分布规律；有效控制路基路面变形，预测沉降变形趋势，为高速公路变形监测、预测提供数据支持。

⑦ 研究高速公路养护评价方法，对道路养护性能进行初步评价，从而得到高速公路养护现状及发展趋势，为养护管理工作提供依据；通过层次分析法建立了一套高速公路养护的评价指标体系。在对京港澳高速公路郑州至漯河段进行科学性检测和养护的工作基础上，取得了大量的数据库数据，建立高速公路路基路面病害调查、检测管理系统，并对系统功能进行展示。系统的建立方便了高速公路建设单位、运营单位以及管养单位的建设、运营和养护工作的开展。

⑧ 成功的类似灾害预警系统的建立与应用经验，不良的环境影响，迫切需要开展交通道路工程灾害预警与治理工作的研究。前沿的防灾减灾技术方法，特别是我国自主的北斗卫星导航系统 BD 的建成，信息产业发展的新浪潮云计算的发展，为道路工程灾害预警与治理工作提供了技术方法。建设道路工程防灾减灾网格各省级节点,构成国家道路工程防灾减灾网格，提出了主要先从高速公路入手，共享国家网格虚拟平台上的道路工程防灾减灾关键技术方法，运用 GIS 技术，建立各条高速公路在可行性研究、初步勘察、详细勘察设计阶段、信息化施工阶段、投产运营时期的灾害综合评价系统。逐级扩展到整个公路网内的各级公路的各个阶段的灾害综合评价系统，构建中南地区湖南省道路灾害预警网格体系。

⑨ 中南地区湖南省高速公路灾害预警网格体系构建中，分别对垄茶高速公路初步勘察路线设计优化、炎汝高速公路岩溶环境曾家大桥施工勘察设计优化、浏醴高速公路温家冲段软基高填路堤信息化施工、浏醴高速公路和尚山段通信基站高陡边坡稳定性预警、浏醴高速公路双井隧道连拱隧道洞口滑坡治理预警进行了展示。

⑩ 郑州市环城区 3S+CRInSAR 的城市交通流控导示例研究。通过研究 3S+CRInSAR 与交通流监测的关系，针对郑州市道路网关键节点交通状况，对环城区道路交通流进行评价，得到三环交通已经达到高峰饱和状态，导致市区内交通不能有效分散，三环的快速化是非常迫切和必要的。

⑪ 依托禹（州）登（封）高速公路朝阳沟煤矿采动区、刘碑寺停车区、寺沟高填段和振西煤矿浸水段四个工程实例，对路基路面整体变形、应力应变、剪应变增量和最大最小主应力、典型剖面、路面运用 $FLAC^{3D}$ 数值分析软件进行数值模拟分析，同时进行比例模拟模型试验分析，将分析结果与现场监测结果进行对比，分析采空区路基路面变形破坏规律，提出对应的处治措施。

⑫ 开展隧道明暗洞体、仰坡及洞口路堑边坡稳定性分析，进行了重载、建筑物下大跨径连拱隧道施工过程空间力学效应分析和岩体质量弱化对隧道施工过程空间力学效应影响分析，揭示大跨径连拱隧道在重载、建筑物下动态施工过程中围岩、中隔墙应力场、位移场和应变场的变化规律，较好地印证了 A、B 类监控量测数据。从空间、时间上认识了隧道施工过程中施工工序合理安排的重要性，优化的施工方案有效地指导了依托工程的施工。

9.2 成 果

① 建立了道路工程防灾减灾的网格理念。

② 将网格这一新环境引入到道路工程灾害预警与诊治体系构建中，构建了国家道路工程防灾减灾网格体系结构。

③ 详细构建了道路工程灾害综合评价网格技术体系。

④ 综合运用前沿的 D-InSAR、角反射器 CR、GPS 空间监测技术进行禹登高速公路运营期形变监测工作，运用 SDM 技术提取有用的形变监测数据，有效控制路基路面变形，预测沉降变形趋势。

⑤ 提出了中南地区湖南省高速公路灾害预警网格体系构建思路。

⑥ 运用 $FLAC^{3D}$，Midas/GTS 数值分析软件进行禹登高速公路采空区路基路面变形破坏规律、浅埋重载大跨径连拱隧道施工过程空间力学效应数值模拟分析，同时进行比例模拟模型试验分析，将分析结果与现场监测结果进行对比，提出对应的处治措施。

9.3 创新点

① 引用前沿的 3S+CRInSAR 空间监测技术，在大区域小尺度高精度形变场中进行形变监测，并应用 SDM 技术提取道路工程路基、路面、红线范围内的地表条带形变数据，解决道路工程灾害预警中灾害形变数据的监测与提取基础工作。

② 将网格这一新环境引入到道路工程灾害预警与诊治系统构建中，研究构建道路工程防灾减灾网格体系结构，详细建立不同等级道路在各个时期的灾害综合评价系统，共用网格虚拟平台上的资源。

9.4 展　望

交通道路工程灾害预警与防治工作是一个动态、复杂、多样性的工作，而且网格建设是国家行为，必须有政府的大力支持，国家交通道路工程防灾减灾网格的建造一定要先从局部开始，各省区交通道工程防灾减灾网格得到一定发展之后，才能最终构建国家交通道路工程防灾减灾网格，网格的发展需要整个社会的介入参与。

因此，构建交通道路工程防灾减灾网格体系是一个庞大的工程，本书的研究对此领域做了一定的探索，取得了部分研究成果，但有待进一步研究的工作：

① 国家交通道路工程防灾减灾网格体系结构有待进一步完善；

② 交通道路工程防灾减灾网格运行需要计算机科学的支持，网格运行需要大型的编程、制订网格中间件的规则。